劳动与社会保障系列教材

社会保障国际比较

（第二版）

主　编　林闽钢

副主编　周　薇　周　蕾

科学出版社

北　京

内 容 简 介

本书基于社会保障比较研究从模式比较向体制比较转变的趋势，从国际上最有影响的“福利体制”比较研究成果出发，遵循“非商品化”和“阶层化”两个比较量纲，对多种福利体制，特别是自由主义福利体制（美国、加拿大为代表）、保守主义福利体制（德国、法国为代表）、社会民主主义福利体制（瑞典、英国为代表）及东亚福利体制（日本、韩国、新加坡、中国台湾和香港为代表）进行了全面介绍和分析，反映了社会保障领域发展的最新动态，为我国社会保障制度的改革与完善提供有益的借鉴。本书在第一版的基础上，对部分内容进行了调整，增加了各国社会保障制度发展的最新内容，并选取了新的案例，力求全书资料丰富、翔实。

本书可作为高等学校劳动与社会保障专业本科生教材，同时也可供从事人力资源与社会保障工作的人员阅读和参考。

图书在版编目（CIP）数据

社会保障国际比较 / 林闽钢主编 . —2 版 . --北京：科学出版社，2015

劳动与社会保障系列教材

ISBN 978-7-03-044884-2

Ⅰ.①社… Ⅱ.①林… Ⅲ.①社会保障—对比研究—世界—高等学校—教材 Ⅳ.①D57

中国版本图书馆 CIP 数据核字（2015）第 126855 号

责任编辑：王京苏 / 责任校对：贾如想
责任印制：徐晓晨 / 封面设计：蓝正设计

科学出版社出版
北京东黄城根北街 16 号
邮政编码：100717
http://www.sciencep.com

北京中科印刷有限公司 印刷

科学出版社发行 各地新华书店经销

*

2007 年 2 月第 一 版 开本：787×1092 1/16
2015 年 6 月第 二 版 印张：15 1/2
2020 年 1 月第十三次印刷 字数：356 000

定价：42.00 元

（如有印装质量问题，我社负责调换）

总　序

社会保障制度是人类社会发展和进步的结果，从英国1834年颁布并实施的新《济贫法》算起，已有170多年的历史。即使从1883年德国推出最早的现代社会保险制度算起，至今也有120多年的历史。社会保障制度已经成为现代社会文明的重要标志，成为当今世界上绝大多数国家都在运用的社会政策。尽管各国在保障的对象上或普遍或特殊，在保障的范围上或宽泛或狭窄，在保障的水平上或很高或较低，但社会保障制度的实行极大地改善了各国的民生状况，促进各国民众共享经济繁荣和社会进步的成果，并在经济社会运行方面发挥着重要的“稳定器”和“安全网”的作用。

新中国成立以后，我们曾经构建了同当时实行的高度中央集权的计划经济体制相适应的劳动与社会保障制度，正是由于这套制度的有效运行，许多被称为“社会主义优越性”的正向功能才得以彰显，诸如“广就业、低工资、多福利”和“生老病死有依靠”等。当然，当时所能保障的水平还很低下。中共十一届三中全会以来，伴随着计划经济体制向市场经济体制的改革过渡，劳动与社会保障制度自20世纪90年代起也开始了改革之旅，原有的建立在计划经济体制基础之上、与计划经济体制相适应的劳动与社会保障制度难以适应新的形势。皮之不存，毛将焉附？建立健全同社会主义市场经济体制相适应的新的社会保障制度，确保劳动者的基本权益，成了当务之急。

环顾四周，有关矿难的报道不断，我国煤炭产量占全世界总产量的1/3左右，矿难所导致的死亡人数却占全世界矿难死亡总人数的80%。有些地方的“黑矿主”与弱势的矿工签订所谓“生死合同”，花几万元就能买一条命，“私了”。终年劳苦的农民工不仅难以与其他职工“同工同酬”，而且常常面临工资被“拖欠”的窘境，甚至需要国家总理亲自出面为农民工“讨工资”。面对许多城市特别是大中城市飙升的房价，无数的无房者感叹何时才能实现“居者有其屋”，很多依靠贷款购得住房的居民则成了名副其实的“房奴”，还贷几乎花去了他们的全部收入。医疗市场化的结果，导致“看病难，看病贵”，人们“无病时怕生病，有了病怕进医院，进了医院怕出不去”。教育产业化引发学杂费上涨甚至“乱收费”，高校“扩招”成了“扩大内需”（又被称为“撬开老百姓的钱袋子”）的“妙招”，读书受教育对于很多收入不高的城乡家庭来说就意味着“致贫”。女大学生就业常常难于同等条件的男大学生，性别歧视依然存在。农民、残疾人等在就学、就业、就医以及各项社会权利的行使方面，更是遭到或明或暗的歧视。所有这些都表明，我们的社会保障制度还不健全，现有的社会保障领域的改革思路与政策设计还有缺陷，劳动者的基本权利和合法权益还未得到有效的维护！

毋庸讳言，当今世界正处在工业经济社会向知识经济社会的过渡之中，现代服务业在整个国民经济中的比重已经超过工业经济时期的支柱产业——制造业，灵活就业即非正规就业逐渐替代大规模集体就业而成为新的用工趋势，这就打散了“产业工人大军”，大大降低了劳动者与雇主进行讨价还价的能力。劳资关系呈现出“强资本，弱劳动”的博弈格局，资本到处都在指挥劳动、欺负劳动、压榨劳动，并运用软硬兼施的手段诱使权力为其服务。经济全球化的浪潮日益高涨，资本在世界范围内的流动，无论是在规模、频率上还是在后果、影响上，都大大超越劳动在世界范围内的流动。这固化了“强资本，弱劳动”的格局。随着经济全球化的发展，一国政权和法律的权威性和强制力同过去相比也打了不小的折扣，这就使得权力和法律在对资本施加必要的限制以保护劳动的利益时往往也会事倍功半。这种大趋势对于各国和地区推进社会保障制度建设，保护劳动者和弱势群体成员的基本权利和合法权益，都是十分不利的。

然而，所有这些不利因素，不仅不能成为各国和地区政府放弃社会保障制度的借口，而且要求各国和地区政府顺应信息社会、知识经济和全球化的发展趋势，针对“产业工人大军”被打散和非正规就业日益普遍的新特点，通过社会保障的制度创新、政策创新、组织创新、服务创新，在“强资本，弱劳动”的格局下更加有效地保护劳动者的基本权利和合法权益。以此要求反观我国，不仅社会保障制度的改革与重建、覆盖农民工的劳动保护法规的落实、包含农村居民在内的最低生活保障制度的完善以及住房、医疗、教育改革的调整与完善等都不可或缺，迫在眉睫，而且行政体制改革、财税体制调整、政府职能转换、政绩考核创新等也都成了时不我待的大事。可喜的是，进入 21 世纪，党中央提出了实现全面小康、构建和谐社会的奋斗目标，认真贯彻落实“以人为本”的科学发展观，大力推进社会建设和新农村建设事业。我们相信，随着中央这一系列决策落到实处，随着经济发展和社会进步的深入，劳动者的基本权利和合法权益将会得到更有效的保护，包括弱势群体成员在内的社会公众一定能够共享繁荣发展的成果。

在本质上，社会保障是一国宏观的制度安排和政策设计，即国家或社会通过立法和行政手段对国民收入进行再分配，以社会消费基金的形式，为因年老、疾病、伤残、死亡、失业及其他不幸遭遇而使生存出现困难的社会成员提供一定的物质上的帮助，以保证其基本生活权利。但宏观制度和社会政策要落实到基层并真正发挥作用，既离不开一系列由制度和政策所决定的措施和活动，也离不开各机关、企业、事业、社会单位的劳动人事或人力资源部门的运作与管理，因而具有很强的实务性和操作性。

在一定意义上，社会保障就是资金的保障。俗话说：“钱不是万能的，没有钱却是万万不能的。”资金保障的重要性当然不言而喻，特别是对于我国这样一个还处于社会主义初级阶段的发展中国家来说，更是如此。但是，社会弱势群体乃至一般社会公众的某些需求却是金钱无法买到的，如老年人所需要的亲情慰藉与邻里照顾、孤寡无助者所需要的特殊服务与心理疏导等。许多服务与帮助都具有个性化特征，这就要借助于志愿者服务和社会工作的介入。因此，从事社会保障专业工作，需要较高的职业道德水准以及较为强烈的奉献精神和社会同情心。

社会保障既是一种制度安排和政策体系，也是一个特殊的专业领域。它运用经济、法律和行政手段，解决社会问题，实现政治目标。从事该专业领域的工作，除了必须具备职业道德、奉献精神、同情心以及实务性、操作性很强的技能、技巧以外，还需要相应的知识积累和专业训练。根据我国现行的学科专业分类，社会保障在本科教育阶段属于经济学门类的劳动经济学领域，到了研究生教育阶段则属于管理学门类的公共管理领域。社会保障所依托的学科涉及经济学、管理学以及政治学、社会学、法学，并且同劳动人事（人力资源）管理、社会工作等专业有着密切的联系，在一定程度上甚至存在交叉关系。

劳动与社会保障实践的发展，迫切要求劳动与社会保障的学科理论繁荣和专业人才辈出。仅就江苏省而言，目前已有13所普通高校设有劳动与社会保障本科专业以及社会保障研究生专业，它们是南京大学、东南大学、南京农业大学、河海大学、南京航空航天大学、南京师范大学、苏州大学、扬州大学、南京财经大学、南京工程学院、苏州科技学院、金陵科技学院、三江学院，这些院校在读的本科生上千，研究生过百。为了促进学科建设发展、提高人才培养质量，在江苏省劳动保障学会的主持下，由南京大学公共管理学院牵头，于2005年12月召开了“江苏省劳动保障理论教学与科研研讨会”，决定采取联合协作的方式，集中大家的智慧和力量，共同编写“劳动与社会保障系列教材”，主要用于本科生教学。大家推举我主持本系列教材的编写工作。众意难违，于是我欣然应允，承担了牵头、组织与协调的工作。通过两次集体讨论，确定了首批12本教材的编写大纲、撰稿人员、体例风格，由上述13所高校长期从事劳动与社会保障主干课程教学的教师分头编写，各负其责，最后由我和我的助手林闽钢、严新明、张海波通阅、修改并定稿。我的学生董华也做了大量的文字技术性工作。

本系列教材首批共包括以下12本：《公共管理学》《公共经济学》《社会保障学》《社会保险学》《劳动经济学》《社会保障国际比较》《劳动法与社会保障法》《薪酬管理》《劳动关系》《人力资源管理》《社会保障资金管理》《社会救助与社会福利》。

由于编者在理论功底、学术水平、实践经验和观察视野等方面都有一定的局限性，本系列教材难免有疏漏甚至错误之处，敬请读者批评指正。

对于本系列教材的出版，科学出版社给予了大力支持，并将其列入重点教材出版计划，责任编辑林建先生更是倾注了大量的精力，全过程关心，全方位提供方便。我们表示由衷的感谢！

特作此序。

童　星
2006年8月于南京大学

目 录

第一章

导　　论

迄今为止，社会保障制度在世界150多个国家已经不同程度地建立起来，它发挥着保障人们生活、促进经济发展等重要的社会职能，健全和完善的社会保障制度已成为现代社会的重要标志。进入20世纪90年代，全球化进程全面加快，经济全球化、政治全球化、文化全球化凸显，社会保障制度在全球化背景下有了新的发展。因此，迫切需要我们确立全球化这一新的认知坐标，来重新审视全球社会保障制度的转变。

第一节　全球化背景下社会保障的发展轨迹

社会保障制度是经济社会高度发展的产物，特别是工业化和城市化的发展不仅强化了劳动分工，带来了大规模的工业生产，同时也带来了更大的劳动风险，它削弱了以往由家庭、邻里所承担的保障功能，因而在客观上要求国家建立社会性的保障制度。

一、全球化背景下社会保障发展的黄金时期

第二次世界大战后至20世纪70年代中期，被称为社会保障发展的“黄金时期”。第二次世界大战结束后，西方发达国家经历了较长时期的经济繁荣，在这一时期，社会保障制度的覆盖面和受益范围进一步扩大，政府用于社会保障方面开支的绝对值和其占国民生产总值（GNP）的比重显著上升。1948年，英国首相艾德礼自豪地宣布：英国已建成福利国家，即建成公民“从摇篮到坟墓”均有保障的福利国家。接着，西欧、北欧、北美、大洋洲和亚洲发达国家都陆续宣布实施“普遍福利”政策。

（1）社会保障发展“黄金时期”的主要特点。它主要表现为：第一，社会保障以充分就业政策为基础，以社会保险为主要手段，视劳动市场为解决贫穷问题的主要渠道；第

二，由政府主办的社会保障项目得到迅速发展；第三，社会保障项目不断普及化、全民化；第四，社会保障由临时性措施转变成稳定性制度；第五，社会保障逐步走向国际化。

（2）福利国家产生的理论根源和现实条件。从理论根源来看，福利经济学、凯恩斯的国家干预理论以及贝弗里奇（William Beveridge）的《社会保险和相关服务》报告构成福利国家的理论基石。其中以贝弗里奇的《社会保险和相关服务》报告为代表，该报告提出了社会保障的三大原则：一是普遍性原则，将实施的范围从贫困阶层扩大为所有公民；二是政府统一管理原则，通过国家收入再分配实施社会保障；三是根据需要的全面保障原则。从现实条件来看，福利国家的产生与发展是西方主要国家政治、经济等诸多因素综合作用的产物。在政治上，国民民主权利，尤其是选举权的获得与扩大以及统治阶级为迎合两种社会制度斗争的需要而采取的让步是福利国家产生的政治根源；在经济上，工业化的飞速发展拓宽了政府的税源，大大增加了政府的收入，使政府代表国家加强对社会的管理与控制成为可能。

（3）福利国家的特点和作用。第二次世界大战后是福利国家的全面建立与发展时期。在此期间，西欧各国政府几乎都完成了社会保障制度的立法，设立了有关项目和管理机构。这时的社会保障不再是以慈善为出发点，而是以国民有权享有社会保障、政府有责任为国民提供社会保障为前提。政府提供的社会保障项目越来越多，政府对社会保障的介入也越来越深。

福利国家的特点表现为：第一，体现公平原则，社会保障内容庞大，覆盖面宽，保障水平高；第二，有统一的管理机构进行监督和管理；第三，在实行的全民性的高福利中，国家提供了一种制度化的社会保障供给机制。

第二次世界大战结束至20世纪70年代中期是福利国家不断发展并达到鼎盛的时期。在这一时期，各福利国家经济发展迅速，社会保障水平也不断攀升。由于福利国家奉行内容多、范围广、覆盖面宽的社会保障政策，因此有利于降低贫困人口比重，满足国民基本生活需求，缓和社会矛盾，形成了经济发展和社会保障之间的良性循环。一方面，社会保障制度的有效运行促进了经济的发展；另一方面，经济的发展为社会保障制度提供了有力的支持。

二、全球化背景下社会保障发展的改革时期

进入20世纪70年代中后期，福利病出现，福利国家进入被动的改革时期。20世纪70年代中后期，接连几次经济危机，使全球经济形势发生了逆转，经济增长速度明显下降，特别是西方国家普遍进入经济滞胀时期，经济停滞不前，通货膨胀加剧，福利国家陷入困境。

1. 福利国家危机

伴随着20世纪70年代石油危机引发的经济发展速度放缓以及人口老龄化、家庭核心化等问题的凸现，政府对社会保障干预过度的问题也日渐显露。福利国家开始面临危机，主要表现在以下三方面。

（1）社会保障开支过大，政府财政困难。福利国家以高福利为重要特征。在国民经

济快速发展的条件下，政府财政收入有可靠的增长，也就有充裕的财力为社会保障提供补贴。随着经济发展速度放缓，政府财政收入的增长日渐萎缩，而社会保障支出因其刚性特点而不断增加，二者产生正向矛盾。社会保障补贴的增长速度超过了经济的增长，使得各国政府的社会保障开支数额巨大，一般已占到本国政府总支出的 1/2～2/3，引起财政状况恶化，赤字和国债急剧增长。以瑞典为例，1961～1971 年，瑞典国民经济每年递增 6.7%，而政府的社会保障津贴和社会救济款开支每年递增 9.2%，国民经济与社会福利开支增长速度的对比为 1∶1.37。在同一时期，联邦德国、法国、英国、意大利和丹麦的这一对比分别为 1∶1.28、1∶1.41、1∶1.96、1∶2.02 和 1∶2.17①。在英国，从 20 世纪 50 年代到福利黄金期的 70 年代，社会福利开支增长了 2.7 倍，占国内生产总值（GDP）的比例从 14.4%上升到 29.4%；80 年代，这一比重继续升高，1983 年，已增至 527 亿英镑，占政府财政总支出的 38.2%②。在美国，1985 年的保健费用占 GNP 的 5.9%，1991 年占 13.2%，1992 年占到了 14%③。

（2）社会保障管理机构膨胀，效率低下。随着社会保障水平的提高和项目的增加，福利国家建立起相应的社会保障管理机构，并配备大量的专业技术人员和行政管理人员，这就为官僚主义、人浮于事、效率低下等弊端埋下了隐患。在英国，全国各地的福利事务所达 500 多个，工作人员将近 8 万人，仅管理机构费用每年就达 16 亿英镑。在意大利这个只有 5 710 万人口的国家，20 世纪 70 年代末，社会保险和社会救济官办机构已达到 41 500 多个，此外还有 20 000 多非官方机构④。在美国，从联邦政府到各州、地方政府成立了一个庞大、专门的组织机构体系，负责社会保障的管理，但其管理非常烦琐，开支庞大，官僚主义严重，效率低下，漏洞百出。1995 年美国社会保障税的无谓损失就达 680 亿美元⑤。日益膨胀的福利机构，不仅成了阻碍社会保障制度发挥应有作用的因素，还成了政策调整的障碍。

（3）过高的社会保障水平助长了国民的惰性，削弱了企业及国家的竞争力。长期以来，福利国家的政府把提高国民社会保障水平视为政府的责任，而广大国民也把享有社会保障视为个人的权利，这就不可避免会造成福利依赖现象的发生。在福利国家中，有相当数量的人钻社会保障制度的空子。一方面，主动失业，领取政府的失业津贴；另一方面，从事“地下经济”活动，逃避税收，不承担社会责任。政府为此将大批资金用在养活闲人、懒人上，严重削弱了企业及国家的竞争力。福利国家的初衷之一在于使国民收入分配和再分配趋于最优化，体现社会公正，而政策实施的结果却是养了大批的闲人、懒人，严重阻碍了经济和社会的发展。

2. “福利病”的出现引发了对社会保障制度的反思和改革

20 世纪 70 年代末 80 年代初，一大批新自由主义学派代表人物及其代表作，表达了与传统国家干预理论不同的新思想。例如，萨谬尔森（Paul Anthony Samuelson）发

---

① 曹长盛. 民主社会主义模式比较研究. 长春：东北师范大学出版社，1996：196

② 王振华，刘绯，陈志瑞. 重塑英国：布莱尔主义与“第三条道路”. 北京：中国社会科学出版社，2000：107

③ 黄安年. 当代美国的社会保障政策. 北京：中国社会科学出版社，1998：263

④ 黄素庵. 西欧“福利国家”面面观. 北京：世界知识出版社，1985：214

⑤ 张玉柯. 美国社会福利制度及其改革趋势. 世界经济，1998，(2)

表《经济学》，加尔布雷斯（John Kenneth Galbraith）发表《经济学和公共目标》，弗里德曼夫妇（Milton Friedman and Rose Friedman）发表《自由选择》，哈耶克（Friedrich A. Hayek）发表《通向奴役的道路》。他们的主要思想是：批评凯恩斯的政府干预理论，反对政府过多干预经济，认为正是政府干预经济理论以及一系列包括社会保障政策上的失误，导致英国、瑞典等一些国家高福利政策上的失误。这一时期对社会保障的诸多批评促使了人们更加关注和思考社会保障的负面作用，也促使许多国家采取行动，从各方面对社会保障制度进行改革。

1981 年，经济合作与发展组织（Organization for Economic Co-operation and Development，OECD）举办了一场名为“80 年代的社会政策”的研讨会，并将与会论文编成《福利国家的危机》，正式开启了对福利国家的声讨。对福利国家质疑的焦点开始集中在经济问题、政府的合法性问题、政府扩张问题、财政问题以及道德问题上[①]。为消除福利国家的消极影响，对福利国家的改革势在必行，西方国家纷纷走上改革的道路。

在改革思潮上，以 20 世纪 70 年代末的撒切尔夫人和 80 年代的里根政府为新右派自由主义思想的行动代言人，主张缩减政府的福利支出，以解决福利国家所面临的经济衰退的危机。在社会保障制度方面，主张政府权力分散化，社会保障责任由政府部门与非政府部门（即市场、非营利部门、家庭和个人）共同承担，推行“混合福利经济”（mixed economy of welfare）模式。

在改革措施上，福利国家先后在不同程度上推行了各种措施，如开征社会保障收入所得税；提高社会保障费率和纳费上限；修改社会保障支付金的调整办法；削减福利性补助；减少社会福利项目，变免费医疗为适当收费的医疗服务等。在保障范围、支出标准、社会保障基金管理等各个方面也做出不同程度的调整，以适应促进就业、振兴经济的要求。例如，英国职工的社会保险税率从 1979 年的 6.5%提高到了 1983 年的 9%。1978～1983 年，德国职工社会保险税占劳动收入的比例从 19.3%提高到 20.9%。在削减开支方面，提高医疗保健服务收费标准，减少疾病津贴，社会保障金的数目也减少了。例如，德国疗养所的职工原来每两年可享受一个月的带薪休假，1982 年以后改为每三年享受一个月的带薪休假。1981 年，英国减少了对病人、孕妇、残疾者、失业者的附加补助，1982 年则取消了这些补助[②]。

总之，这些改革措施集中表现在两大方面：一是增加财政收入，调整税率；二是紧缩支出，改革已有社会保障制度。这些改革在一定程度上延缓了社会福利支出的增长，但由于社会保障支出的刚性特点，很难实现大幅度的下降。因而各国还普遍维持了高水平的社会保障支出。

三、全球化背景下社会保障发展的转型时期

长期以来，福利国家在实现社会权利方面达到了相当高的水平。社会保障制度为规

① Norman J. The Welfare State in Transition：The Theory and Practice of Welfare Pluralism. Brighton：Wheatsheaf，1987：33-47

② 陈银娥. 现代社会的福利制度. 北京：经济科学出版社，2000：135，136

避社会风险提供了一把保护伞，但是，全球化的冲击使这个制度越来越难以为继，并与日益增长的新风险之间出现了“脱节”。一方面，福利国家对社会风险所提供的保障已经不符合需要；另一方面，受到保障的群体本来不应予以保护。这就引发了一个悖论：国家提供的保障越多，福利依赖发生概率反而越大，结果在加重国家福利负担的同时又孕育着新的风险。“被大多数人看成是社会民主政治之核心的福利国家如今制造出来的问题比它所解决的问题还要多。”①

1. 全面转型

进入20世纪90年代，随着全球化进程的加快，社会保障发展进入全面转型时期。特别以美国的克林顿、意大利的普罗迪、法国的若斯潘、英国的布莱尔和德国的施罗德等为代表的左翼政党相继上台执政，他们不约而同地宣称在政治、经济和社会等方面奉行一种既不同于传统左派，又不同于右翼主流的“新中派”（the new centre）策略。在克林顿率先把其新的政治经济策略称为“第三条道路”（the third way）后，博得了欧美左翼力量的广泛响应，形成欧美国家中一种新兴的政治运动，而且也是一种新的政治思潮。“第三条道路”是各国社会民主党为了摆脱困境、迎接挑战而提出的一套提高竞争力和就业能力、限制和削减消极与不稳定因素的政策体系。“第三条道路”力图寻找解决资本主义社会经济问题的整体方案。

2. 转型思路

许多福利国家积极探讨改革路径，提出了许多转型策略与方案。在英国，有“福利多元主义”（welfare pluralism）、“福利的政治经济与混合经济”；在美国，有“共同生产”（co-production）、增权（empowerment）；在欧洲大陆，有“福利组合”“社会经济”；在新西兰、澳大利亚有“从福利国家到福利社会”等被提出和实施。对社会保障发展的转型提出了主要思路。

（1）重新认识福利国家。福利国家是在应对外部风险的过程中发展起来的保险体系，这一制度体现了自由、平等、相助的原则。但是福利国家建立初时的社会条件已发生了非常明显的改变，在现今认为不确定性占主导地位的时代，建立在外部风险基础上的福利制度开始瓦解。也就是说，在全球化的背景下，社会生产方式转变，产业结构发生重大调整，结构性失业现象加剧，福利国家传统的保障方法遇到了有关“技术变迁、社会排斥、环境污染、单亲家庭”等新型风险。福利国家失去了原来的基础，而解决外部风险的手段无法解决制造出来的风险。因此可以说，“福利国家危机在很大程度上是一种风险管理危机”②。但是，改革并不意味着彻底抛弃福利国家，而是在保持福利国家制度对整个社会机体积极作用的同时克服其消极影响，使福利国家现代化。为此，可依据“机会和风险平衡，风险和机会转换”的理念，靠积极福利措施来迎击风险管理的危机。吉登斯认为，应摆脱事后关怀的旧手段，而用直接的、参与的方式来解决风险，强调发展二次政治，福利政策在提供物资供应的同时还需关注个人体验和自我认同。政

---

① 吉登斯 A. 第三条道路：社会民主主义的复兴. 郑戈译. 北京：北京大学出版社，生活·读书·新知三联书店，2000：17

② 吉登斯 A. 失控的世界. 周红云译. 南昌：江西人民出版社，2001：14

府必须在保障公民物质生活的同时，关心其精神状态，如此才能在新的风险下保持社会秩序的稳定。

（2）转变社会福利观念。过去民主社会主义的社会保障基础价值观，大都强调全民福利、确保福利开支、扩大保障覆盖面、提高保障水平，较多地强调国家与集体的责任，不注重个人的义务，而新自由主义者只论个人的责任，忽视国家的义务。因此，应主张权利与义务的统一，提倡自律式的自由，强调有责任的权利。“不承担责任就没有权利，权责统一。”“我们应该把强调的重点转到积极的福利上，除了国家以外，个人和其他组织都对它负责，而且它会推动财富的创造。”① 在坚持享有社会福利是公民合法权利的前提下，从社会索取的权利与为社会尽责的义务同时并举。建立以“没有责任就没有权利”为原则的新制度。

（3）实现从消极福利向“积极福利”（positive welfare）的转变。建立以提高就业能力取代就业保障为核心的福利体制，从救济性的福利政策转向开发性的福利政策，把生活福利改变为工作福利。社会保障资金支持的重点不是简单地发放救济金，而是创造条件促进公民学习新技能，接受新工作，变“授人以鱼”为“授人以渔”，使社会保障政策与讲求竞争和风险意识相联系，以培养个人对自己负责的精神和独立意识，发挥社会各种组织和机构的作用，使它们对社会保障制度建设做出更积极的贡献。

（4）变福利国家为“社会投资国家”（social investment state）。改革后的福利国家制度应更重视生活政治措施，强调授权，发挥各种主体的自主性及责任感。在社会福利的提供上，政府需与非政府组织（non-governmental organization，NGO）建立新的伙伴关系，倡导多元化的福利供给模式，主张建立以企业家和工会为主体、有广泛社会力量参与的“劳动、革新和公正联盟”，形成一种积极的社会伙伴关系。为此，要改变过去那种征收高额累进税，造成压抑经济发展的现象，要减少税收，改善投资环境，形成良性经济增长，增大福利总数。安东尼·吉登斯认为，政府应通过提供工作机会，投资人力资源，进行终身教育，创造良好环境，开展公私合作，以形成一个积极改革的福利国家——积极福利社会中的社会投资国家。

在全球化背景下，人们对社会保障的认识不断提高，但要消除社会保障中所存在的弊端，向更完善、更有效的方向发展，仍是全球社会共同发展中所面对的核心问题，社会保障制度应在改革中不断发展。

第二节　全球化背景下社会保障的发展动力

一、经济全球化

现代社会保障制度是工业化和城市化的产物，是对应于工业化大生产的国家制度设

① 吉登斯 A. 失控的世界. 周红云译. 南昌：江西人民出版社，2001：101

置的。这样的一种制度安排的普遍化是在现代社会化大生产的转变中获得的。工业化以前的社会，生产落后，由单一的经济单位——家庭组成，生产在家庭范围内进行，家庭具有生育、生产、消费、抚幼、养老等多种功能，个人的生、老、病、死等问题，由家庭解决，社会没有力量也没有必要对成员提供社会保障。在这一时期，虽然也曾出现社区、教会、行会和慈善团体对成员在日常生活上给予照顾，并在其遭遇危困时提供特殊帮助，但与当时占主导地位的家庭保障相比，显得微不足道。

产业革命以后商品经济的发展，打破了由家庭为生产单位的传统，带来了劳动方式、分配方式、消费方式的转变，同时社会结构、产业结构和家庭结构也发生了变化。家庭的保障功能弱化，社会成员遭受风险的机会增多，工伤、失业、职业病、疾病、退休、遗属生活等问题超出了家庭范围，需要由社会提供保障。大机器生产方式也使劳动者伤残的危险性增加，劳动技能更新的速度不断加快，同时工业化带来的物质资料扩大再生产，要求劳动力在扩大规模的基础上实现再生产，费用大增，家庭显然无力全部承担下来，这种情况导致劳动力再生产的社会化，要求国家和社会对劳动者提供必要的生活保障，因此，社会化大生产是现代社会保障制度形成和发展的第一要素。

工业化的浪潮打破了生产规模的地区特性，开始在全国范围内重新组织生产和配置资源，对劳动力的保护措施随之扩大，安全保障开始社会化，制度性的社会保障得以确认，特别是第二次世界大战后，不论是资本主义国家还是社会主义国家，其都在工业化和城市化的进程中对各自的社会保障制度进行了拓展和完善，巩固了以政府为主导的公共社会服务体系，现代社会保障制度因而在全球确立①。

自 20 世纪 80 年代中期以来，特别是冷战结束后，经济全球化加快发展，成为支配世界发展的新趋势。经济全球化无论在发展的深度和广度上，还是在推进速度上都超越了以往。经济全球化与早期的经济发展相比最重要的区别之一，就是建起一套对全球市场开放的国际经贸规则体系：包括世界贸易组织（World Trade Organization，WTO）的多边经贸规则体系，国际货币基金组织和世界银行主导的金融开放与援助发展的全球规则体系，以及区域经济一体化组织建立的跨境制度规则体系。这是人类历史上第一次通过国际经济组织、区域经济一体化组织初步建立全球（地区）通行的国际市场规则和行为规范。

经济全球化推动生产要素在全球范围内的自由流动和合理配置，逐渐消除各种壁垒和阻碍，使其国家间的经济关联性和依存性不断增强。出现了世界各国经济在生产、分配、交换和消费环节的全球趋同化趋势。在这一时期，经济全球化表现出以下几个特点。

(1) 发展市场经济成为各国经贸联系的共同基础。从全球范围内看，随着东欧剧变和苏联解体，中亚、中东欧等国家开始由计划经济向市场经济的体制转型；发展中国家通过对第二次世界大战后经济发展经验的反思，开始由国家动员和配置资源以启动发展的体制转向以市场为基础的体制改革；即使是发达的市场经济国家，为获得全球竞争优势，也开始对各自长期实施的市场管制、干预和保护体制进行体制结构调整。

① 林闽钢．现代社会保障．北京：中国商业出版社，1997：9

（2）经济全球化的核心是全球开放，这就必然加剧全球竞争，改变现有的国际分工和交换格局，形成对世界各国现有体制的激烈冲击。这种冲击和影响是全面、深刻的，它不仅要求世界各国进一步降低关税、取消非关税措施和开放市场，而且市场开放的范围从传统的货物市场扩大到服务市场、金融市场以及各类要素市场，最终实现全方位的市场开放；不仅要求有开放的市场经济体制以方便生产要素的自由流动，而且要求各国经济的微观基础和财产结构对外开放，以适应企业跨国并购，建立全球生产和经营网络的需要；不仅要求开放贸易、投资和生产等经营性活动，而且要求开放各国的交通运输基础设施、通信和金融基础设施，以适应信息技术（information technology，IT）革命、物流革命、组织管理革命以及推行全球供应链管理的发展需要。

（3）经济全球化还要求政府的宏观经济管理体制必须是开放透明的，实行非歧视原则，并接受国际监督。在经济全球化环境中，各国的宏观经济调控体制正面临着重大挑战。

在经济全球化的发展过程中，由于市场机制有助于实现经济资源和经营资源在全球范围内的最佳配置，有助于促进全球范围内的自由竞争和优胜劣汰，所以各国和世界范围内的市场经济化，就成为经济全球化的前提。在这个意义上，全球化的影响是巨大的。从世界经济增长的角度来说，它可能会带来一个新的发展机会，使得全球经济呈现新的繁荣。从对各国经济的发展来说，它所要求的不仅仅是市场经济体制，还要求在一个全球市场体系里，经济运行的方式、法规和惯例趋于协调。因此，各国需要使自己的方式、法规与国际的规定或通行的惯例接轨。随着市场经济体制在全球广泛扩展，社会保障制度作为市场经济体制的重要组成部分之一，也进一步体系化。在这个意义上，社会保障制度的全球性对应于工业化大生产的全球性，而市场经济体制在全球的扩展进一步加速了社会保障制度的全球化。

二、治理全球化

20世纪70年代以来，西方各国的公共行政一直处在改革中。在70年代，主要问题是重新界定政府和市场的关系，提倡公共服务的民营化、市场化；80年代，普遍关注科层组织运行机制的有效性，提出了“重塑政府”的口号；进入90年代以后，随着经济全球化的加快，加剧了社会风险的后果，全球化还放大了社会风险的影响，需要重新探索国家和社会公共事务的管理模式。

1989年，世界银行在概括当时非洲的情形时，首次使用了“治理危机”（crisis in governance）一词。此后，“治理”便被广泛地用于政治和社会发展研究中。西方学者之所以提出治理概念，主张用治理替代统治，是因为其在社会资源的配置中既看到了市场的失灵，又看到了政府的失灵。市场的失灵指的是仅运用市场的手段无法达到经济学中的帕累托最优。市场在限制垄断、提供公共品、约束个人的极端自私行为、克服生产的无政府状态、统计成本等方面存在内在的局限，单纯的市场手段不可能实现社会资源的最佳配置。同样，仅仅依靠政府的计划和命令等手段，也无法达到资源配置的最优化，最终不能促进和保障公民的政治利益和经济利益。正是鉴于国家的失灵和市场的失灵，“愈来愈多的人热衷于以治理机制对付市场和（或）国家协调的失败”①。治理全球化表现以下几个方面。

（1）全球化浪潮对公共行政管理的冲击。全球化浪潮正以前所未有的广度和深度向前推进。全球化使人们的活动跨越了国家疆域的界限，因此也产生了一些国际性的跨国经济、社会组织和世界性的活动群体，对它们的管理也必然会导致新的公共管理领域和管理主体，而这些新的管理领域和管理主体的出现是对传统的公共行政的挑战，这就需要一种普遍适用的全球性质的公共行政理论。

（2）“统治式公共行政”危机的出现。在传统的政治学和公共行政理论看来，公共行政是政府机构对国家和社会公共事务进行的垄断性和强制性的管理活动。然而，从20世纪70年代起，西方各主要资本主义国家都相继陷入一场空前的危机，具体表现为：在政治上，民众不断增长的要求与政府的软弱被动形成鲜明的对比，政治冷漠与政治冲突同时存在，政治丑闻不断，政府的合法性面临着巨大挑战；在经济上，政府对社会全面干预造成社会资源配置效率低下，高福利造成政府的巨额财政赤字，社会不堪重负；在社会上，吸毒、犯罪、信仰危机、单身家庭、失业等社会问题不断出现，政府在这些问题面前束手无策，社会整合程度降低。所有这些，都要求人们对政府的性质、职能及其行为方式进行反思。

（3）行政改革成为各国政府的选择。一方面，面对种种危机的发生，进行行政改革成为一种必然。工业主义和理性主义是当前管理发展的两个基本维度，它们不仅体现在管理组织结构、体制和机制中，也体现在管理的具体手段和方法中。另一方面，信息技术革命的巨大成就也深刻地改变着社会面貌，就公共行政而言，要重新划分公共权力、要重新定位政府的地位、要重新界定政府的角色，还要改变政府的行为方式。进行行政改革客观上需要政府与社会、公民和组织建立新型互动关系。

（4）市民社会理论的再度流行。市民社会是国家或政府之外的所有民间组织或民间关系的总和，其组成要素是各种国家或非政府所属的市民组织，包括非政府组织、公民的志愿性社团、协会、社区组织、利益集团和公民自发组织起来的运动等。20世纪70年代以来，市民社会概念得以“复活”并再度流行，逐渐融入西方主流派知识话语体系中。探讨市民社会与国家的关系是市民社会理论研究的一项重要内容，市民社会理论认为，一个强大的、活跃的、参与式的市民社会将使国家更负责任地行动。政府与市民社会的合作具体表现为政府与各种形式的市民社会组织之间的积极合作，与市民组织建立良好的伙伴关系。市民社会理论再度成为当代世界一个重要的社会政治思潮。

作为一种新的公共行政理论，治理理论具有以下五个论点。

（1）就主体而言，治理意味着一系列来自政府但又不限于政府的社会公共机构和行为者。治理理论最突出的特征就是要求人们重新理解政府，并对传统的国家和政府权威提出挑战，它认为政府并不是国家唯一的权力中心。各种公共的和私人的机构只要其行使的权力得到了公众的认可，就都可能成为在各个不同层面上的权力中心。治理是政治国家与公民社会的合作、政府与非政府的合作、公共机构与私人机构的合作、强制与自

① 杰索普 B. 治理的兴起及其失败的风险：以经济发展为例的论述. 国际社会科学（中文版），1999，(2)

愿的合作。公共管理的行为者由包括政府在内的众多机构和个人组成。

（2）就公共行政的责任而言，治理意味着在为社会和经济问题寻求解决方案的过程中存在着界限和责任方面的模糊性。公共事务管理的责任曾理所当然地落到政府身上，但随着对政府失灵认识的加深，人们对政府全面履行责任的能力已不抱过高的期望。在现代社会，国家正在把原先由它独自承担的责任转移给公民社会，即各种私人部门和公民自愿性团体，后者正在承担越来越多的原先由国家承担的责任。近年来，非政府组织和个人在满足多方面需要，解决社会问题而又无须运用政府的资源和权威方面的优势日益彰显，治理理论要求社会承认它们的贡献和作用。这就意味着承认它们对那些传统上是由政府来管理的部分事务的管理权。这样，国家与社会之间、公共部门与私人部门之间的界限和责任便日益变得模糊不清。

（3）就公共行政主体之间的关系而言，治理理论明确肯定了在涉及集体行为的各个社会公共机构之间存在着权力依赖。所谓权力依赖，是指致力于集体行动的组织必须依靠其他组织；为达到目的，各个组织必须交换资源、谈判共同的目标；交换的结果不仅取决于各参与者的资源，而且也取决于游戏规则以及进行交换的环境。传统公共行政的唯一权力和责任中心是政府，如果说存在着其他一些社会公共机构的话，那也只是作为政府的助手或下属而发挥作用。在这一认识的基础上，治理理论反对坚持国家职能的专属性和排他性，而强调国家与社会组织间的相互依赖关系。

（4）就公共行政的运行机制而言，治理理论认为治理意味着参与者最终将形成一个自主的网络。公共管理参与者的多元化，多元化主体之间的权力依赖和合作伙伴关系，以及协商、谈判和交易，最终必然形成一种自主自治的网络。这一网络在某个特定的领域中拥有发号施令的权威，它与政府在特定的领域中进行合作，分担政府的行政管理责任。该网络的特征不再是监督，而是自主合作；不再是集权，而是权力在纵向和横向上的同时分散；不再追求一致性和普遍性，而是追求多元化和多样性基础上的共同利益。

（5）就公共管理的政府行动策略而言，治理理论认为办好事情的能力并不仅限于政府的权力，不限于政府的发号施令或运用权威。在公共事务的管理中，还存在着其他的管理方法和技术，政府有责任使用这些新的方法和技术来更好地对公共事务进行控制和引导。治道变革在某种程度上讲是对传统公共管理方式的改变，从而实现更高效的公共服务和提供更好的公共产品。"政府掌舵而不划桨、政府授权而不必躬亲。"治理理论提倡合同包工、权力分散、根据市场原则运作、国家和私营部门合作等多元化的治理方式①。

治理理论认为治理的主要特征"不再是监督，而是合同包工；不再是中央集权，而是权力分散；不再是由国家进行再分配，而是国家只负责管理；不再是行政部门的管理，而是根据市场原则的管理；不再是由国家指导，而是由国家和私营部门合作"②。所以，全球性的治理运动主张，用治理替代统治，治理可以弥补国家和市场在调控和协

---

① 为叙述的方便，这里以英国学者格里·斯托克的观点为主要框架。参见斯托克 G. 作为理论的治理：五个论点. 国际社会科学（中文版），1999，(2)

② 梅理安 F. 治理问题与现代福利国家. 国际社会科学（中文版），1999，(2)

调过程中的某些不足。善治（good governance）的本质特征，就在于它是政府与公民对公共生活的合作管理，是政治国家与市民社会的一种新型关系，是两者的最佳状态。在现实中，政府与市民社会的合作具体地表现为政府与各种形式的市民社会组织之间的积极合作，与市民社会组织建立良好的伙伴关系。其组成要素是各种非国家或非政府所属的市民组织，包括非政府组织、市民的志愿性社团、协会、社区组织、利益团体和市民自发组织起来的运动等。

基于这样的理念，在全球社会保障改革的热潮中，开始突出强调政府应当结合市民社会的资源与力量来实施各项社会保障，国家不应该是社会保障的唯一提供者；社会保障的责任应该由公共部门、营利部门、非营利部门和家庭社区四个部门共同承担。由此所形成的“福利多元化”和“福利社区化”的两大改革取向，获得各国政府的广泛认同。在这个意义上，治理运动的全球化使大家对社会保障制度的主旨、目标、手段和途径等有了新的认识，在更深层次上促进了社会保障制度全球性的发展。

第三节 全球化背景下社会保障的发展共识

一、“积极的福利国家”共识

20 世纪 90 年代，安东尼·吉登斯在《第三条道路：社会民主主义的复兴》一书中明确提出，应当以“积极的”或“主动的”福利政策代替目前的传统福利模式，使传统福利国家现代化。

“无责任即无权利”是“积极的”或“主动的”福利政策的基本原则，它反对传统的倾向于把福利视为不附带任何条件的种种权利要求的观念，主张福利既是每个人的权利也是每个人的义务和责任；在福利不断增加的同时，个人的责任和义务也应当不断延伸。而且每一个公民仅仅具有对社会负责的意识是不够的，他还应该具备对社会及个人负责的手段和技能。因此，主动的、负责任的个人是新福利政策的核心所在。为此，积极的福利政策十分注重教育和培训，认为教育和培训是培养负责任的个人这一目标的最积极、最经济的手段，是促使一部分人，特别是年轻人从“依赖福利”走向“工作福利”的桥梁。

为此，政府应将投资的重点由公益事业转为人力资本投资，即增加教育与职业培训投入，将高质量的学校教育和终身教育作为西方国家应对全球化挑战和解决各种社会问题的主要手段，将原来的福利国家改革为“社会投资国家”。20 世纪 90 年代末，英国工党和德国社会民主党上台执政后，相继把增加教育经费、培养开发人的潜能作为其新政策的最优先考虑的领域。

积极福利国家改革的实质是进一步调整国家、个人之间的责权关系，意在保持福利国家制度对整个社会机体积极作用的同时修改其消极的一面，所要达到的目标是减轻政府的负担、激发企业活力、培养增加个人的社会责任感，鼓励个人对自己的行为负责，从而培育一个国家、企业、个人彼此协调负责、积极互动、充满创新和活力的公民社会。在国家、企业、个人三者的关系中，培养和提升个人的社会责任感和生存技能是新政策至关重要的部分。

与传统的福利国家制度相比，积极的福利国家制度有以下新的特点：①传统福利国家所提供的广泛的社会保障是以人们普遍的、终身的就业为前提的；而积极的福利制度则认为在迅速发展的信息社会和技术社会中，普遍的、终身的就业在某些时候可能成为例外，因此，接受高质量的终身教育或培训是必要的。②传统的福利国家倾向于把权利作为不附带任何条件的要求；而积极福利国家则认为无责任即无权利，责任和权利相统一。③传统福利国家只是被动地承受经济、社会发展的后果，视风险为消极因素；积极福利国家则认为应当主动面对风险，风险不只是一个消极因素，风险中还孕育着机会，因此，福利不仅仅是提供保障，还应对风险进行管理[①]。

二、“社会投资”共识

社会保障不仅是具有保障功能的社会制度，而且是具有发展功能的经济制度。社会保障虽然是经济发展到一定程度（即社会化大生产）的产物，但它不能由经济过程自发形成，只能由经济之外的社会因素促成。因而，通常人们把它当做一种社会制度看待。然而，作为经济系统外生变量的社会保障制度一旦建立，便开始内化，成为内生变量，它不仅是具有保障功能的社会制度，而且是具有发展功能的经济制度。它不仅对社会具有安全网、稳定器的功能，还对经济发展具有加速器、推动器的功能；它不仅受制于经济发展水平，而且又能推动经济的增长，促进经济的发展。

在全球化下，既然充分就业、再分配以及提供费用较高的普遍福利已经成为不可能的选择，那么社会福利支出只有用于人力资本的投资和增加个人参与经济的机会才会有可行性。因此，随着国际竞争的加剧，福利国家都将重点转向人力资本投资这一方向。近年来，很多国际组织、政府及社会政策研究者就社会保障的作用方面逐渐达成一个共识，即社会保障具有帮助人们实现潜能的作用。一方面，社会保障支出也有其经济成本，但它能够补偿由于失业、残疾和老龄化等带来的负面效应；另一方面，在全球化下，社会保障应被看做对人力资本与社会资本的投资，其对经济发展和劳动力素质的提高有重要的作用。社会资本与人力资本的提高有助于对瞬息万变的全球化经济环境做出积极的响应，并对提高竞争优势有着极为重要的作用。所以，人们容易看到社会保障的支出，而看不到它的投资功能的收益。事实上，社会保障的效用或收益通常在长时间之后才会显现出来，如对人力资本和社会资本的促进作用就不是一个能够在短期内见效的事情[②]。

在这个意义上，社会保障必须投资到具有促进人力资本、就业、社会资本、劳动技能以及低成本高效益的社会项目上，将社会资源分配于具有生产性和以投资为导向的社

---

① 李宏．从消极福利国家到积极福利国家——民主社会主义探索新福利制度．当代世界社会主义问题，2001，(1)

② 梁祖彬．演变中的社会福利政策思维：由分配到社会投资．中国社会科学，2004，(6)

会计划，由此提高社会成员的经济参与能力，进而对社会发展做出积极的贡献，并致力于消除社会成员参与经济的障碍，实现经济政策和社会政策的融合。

三、“福利社会”共识

福利国家通过改革建立积极的社会保障制度，从“福利国家”转变成“福利社会”。20世纪70年代中期以后，在新右派理论兴起的背景下，对传统福利国家的批判或反思一直持续至今，反对国家干预，主张削减福利开支，引入竞争机制、实行私有化或公私合作等，是福利国家的批判者们共同倡导的改革措施，也是过去20多年来福利国家改革的主要内容。然而，强调市场的作用必然会带来一定的社会风险，加剧社会的不平等和不稳定性，而如果社会不稳定，经济发展必然会受到影响。

到20世纪90年代，社会保障的国际共识是：福利国家既不能建立以国家为主导的模式，也不能单纯依靠市场，而是需要建立一个积极的社会保障制度，使社会各主体都能够充分发挥各自的作用。同时还认识到，全球化使国家面临许多新的风险和挑战。资本与劳动力在全球范围内的自由流动使国家的竞争优势主要表现为人力资本、灵活的劳动力市场和较低的税收等方面的优势。此外，面对传统家庭功能减弱、工作日益不稳定或就业保障下降、人口老龄化及社会排斥等问题，过去一直围绕市场与国家的争论已逐渐平息，取而代之的是福利多元主义模式。福利多元主义的两个主要概念是分权/分散化（decentralization）及参与（participation）。分权/分散化不仅只是将福利服务的行政权由中央政府转移至地方政府，同时要从地方政府移至社区，由公部门转给私部门。分权/分散化指的是政府将福利服务提供的责任转移至私有市场，同时也含有中央政府将职权下放给地方政府和资源继续分散至邻里或是小型社会服务团体的意义。参与是指希望福利提供者（社区、非营利组织等）和福利消费者共同参与福利服务的制度决策及服务输送过程，如服务提供者可以根据机构、社区属性设计提供服务内容的权利①。

政府、市场、社区、自愿组织和非正规部门进行合作，共同满足社会的需要。作为社会福利的提供者，这些机构之间的区别已不明显；原来的“福利国家”事实上已变成了“福利社会”。政府的角色既可以是筹资者、规则制定者或协调者，也可以是服务的直接提供者，而所有这些角色的实施涉及的都是治理的问题。几乎所有国家的政府都接受了这样一种混合型的社会福利思想。所以，政府面临的挑战是如何营造一种灵活的、以提高人力资本为目标的社会保障制度框架，从而增加国家的竞争力。

➤本章小结

社会保障制度已成为现代社会的重要标志。进入20世纪90年代，全球化进程全面加快，需要我们确立全球化这一新的认知坐标，来重新审视全球社会保障制度的转变。

在全球化背景下，社会保障发展经历了三个重要时期：①全球化背景下社会保障发

① 林闽钢. 福利多元主义的兴起及其政策实践. 社会，2002，(7)

展的黄金时期。在这一时期，社会保障以充分就业政策为基础，以社会保险为主要手段，视劳动市场为解决贫穷问题的主要渠道；由政府主办的社会保障项目得到迅速发展；社会保障项目不断普及化、全民化。社会保障制度的有效运行促进了经济的发展，同时，经济的发展为社会保障制度提供了有力的支持。②全球化背景下社会保障发展的改革时期。进入20世纪70年代中后期，福利病出现，引发了对社会保障制度的反思和改革。③全球化背景下社会保障发展的转型时期。许多福利国家积极探讨改革路径，提出了许多转型策略与方案。

全球化背景下社会保障的发展动力，主要表现为：①经济全球化。社会保障制度的全球性对应于工业化大生产的全球性，而市场经济体制在全球的扩展进一步加速了社会保障制度的全球化。②治理全球化。在这个意义上，治理运动的全球性使大家对社会保障制度的主旨、目标、手段和途径等有了新的共识，在更深层次上促进了社会保障制度全球性的发展。

全球化背景下社会保障的发展共识，主要表现为：①“积极的福利国家”共识。积极的福利制度认为在迅速发展的信息社会和技术社会中，普遍的、终身的就业在某些时候可能成为例外，因此，接受高质量的终身教育或培训是必要的；认为无责任即无权利，责任和权利相统一；福利不仅仅是提供保障，还应对风险进行管理。②“社会投资”共识。社会保障具有帮助人们实现潜能的作用。一方面，社会保障支出也有其经济成本，但它能够补偿由于失业、残疾和老龄化等带来的负面效应。另一方面，在全球化下，社会保障应被看做对人力资本与社会资本的投资，其对经济发展和劳动力素质的提高有重要的作用。③“福利社会”共识。福利国家既不能建立以国家为主导的模式，也不能单纯依靠市场，而是要建立一个积极的社会保障制度，使社会各主体都能够充分发挥各自的作用。

➢关键术语

全球化　福利国家　福利国家危机　福利病　治理　经济全球化　积极福利　福利多元主义　风险社会　福利社会　社会投资　积极的福利国家　第三条道路　新中派

➢案例　　威廉·坦普尔和“福利国家”的提出①

1941年威廉·坦普尔（William Temple）提出“福利国家”，坦普尔利用英语中的“福利国家”（welfare state）与“战争国家”（warfare state）两个词在发音上较为相似的特点，对二者加以比较。他把福利国家作为一个不同于纳粹德国在希特勒操纵下所形成的“强力国家”（powerful state）和对外发动战争的“战争国家”的对立物而提出来。

威廉·坦普尔（William Temple，1881～1944年），英国著名的基督教神学家、思

① 林闽钢．现代西方社会福利思想：流派与名家．北京：中国劳动社会保障出版社，2012：91-93

想家，基督教社会改良主义者，和他父亲一样，坦普尔进入牛津大学的波里奥学院，毕业后被任命为牛津皇后学院的哲学讲师，1910 年离开牛津大学，任雷普敦学校（Repton School）校长。之后，1922 年，受任曼彻斯特主教，后长期担任英国约克大主教（Archbishop of York，1929～1942 年），并于 1942 年升任第九十八任坎特伯雷大主教（Archbishop of Canterbury）。坦普尔相信基督教信仰可以成为一切生活的基础，并可以通过社会实践表现出来。他认为基督教的公民应当参加政治活动，在政治与经济范围内来证明和实行基督教的原则。在 1944 年《教育法案》的通过中，坦普尔起到了重要的作用，这个法案不仅是英国教育史上的里程碑，而且是英国福利国家政策的一项重要内容。

由于坦普尔是上议院议员，他积极运用他的影响来迫使财政部恢复削减掉的失业救济金；他抓紧每一个机会来提醒英国政府，民众的穷困“不仅根本不符合于基督教的原则，而且在经济上也是不合理的”。1941 年年初，时任约克大主教的坦普尔，主持召开了主题为“基督教应该以什么样的思想引导社会秩序的重建”的马丰（Malvern）会议。许多宗教界的著名人物出席了该次会议，并针对有关社会问题进行了热烈的讨论。虽然当时第二次世界大战仍在进行，且还无迅速结束的迹象，人们却普遍认为：谈论战后社会秩序的重建问题并非为时过早。坦普尔在马丰会议上明确指出，失业问题是许多罪恶的根源，必须尽快解决，并提出了自己的社会改良主张。坦普尔的观点得到了大多数与会者的赞同和支持。

坦普尔在 1942 年年初出版的《基督教与社会秩序》（*Christianity and Social Order*），向人们描绘出符合基督教伦理的理想社会，并指出要解决失业、贫困等社会问题，促进民众福利的发展。《基督教与社会秩序》集中论述了坦普尔的社会改良思想，即把基督教的社会伦理原则运用到社会生活之中，建立基督教化的社会秩序。同时，这本书中明确地提出了全面的社会改良思想。他的社会改良思想涉及经济、政治、教育等方面的内容。经济方面，坦普尔提出的改良主张有：改善工人住房、普遍实行带薪休假、实行家庭补助制度、解决失业问题、反对各种经济投机行为、反对金融控制生产、反对土地私有、反对不平等的国际贸易等。政治方面，坦普尔主张国家建立工人参与各项事业管理的长效机制，保障工人参与政治的权利。教育方面，坦普尔的改良主张是：延长义务教育的年限、免费为学生提供牛奶、重视学生个性发展、重视学生在学校的团体生活、注重教育公平。显然，坦普尔的这些社会改良主张着眼于促进社会的公平正义，力求解决不平等、失业、贫困等突出的社会问题并促进民众的福利。

坦普尔希望通过社会改良实现以下六个方面的目标：第一，每一位儿童的家庭，都应该有整齐体面的居室，以便在愉快的家庭生活中长大成人，而不会因营养不良、居室狭陋、环境污秽、生活单调而受污损。第二，每一位儿童在成年以前，都应当有受教育的机会，而且教育制度应当能使每位儿童的个性和天赋得到正当发展。教育中应当贯彻正当的信仰，以培养孩童敬虔端正的人格。第三，每一位公民，都应当有稳定的收入，使他能依照第一条目标所举的标准，维持家庭，教养子女。第四，每一位公民，对于他所从事的事业的管理经营，应当有参与的机会，使他感觉到自己的贡献与整个社团的福音有关。第五，每一位公民每天都应该有充分的休息时间，每周应有两天例假；如果是雇员，每年应有一定的带薪休假，以便享受私人生活，发展其个性与天才。第六，每一位公民都当有信仰、言论、集会、结社自由的保障。坦普尔认为，这六个方面的目标，体现了基督教化的社会秩序的要求。

可以看到，坦普尔要建立的符合基督教伦理原则的社会秩序，也应是广大民众的社会福利得到充分发展的社会秩序。坦普尔积极投身于各种社会实践活动，广泛地宣传自己的社会改良主张，推动了福利国家思想在英国社会达成共识。

复习思考题

1. 福利国家产生的理论根源和现实条件有哪些?
2. 第二次世界大战后到20世纪70年代中期，社会保障发展黄金时期有哪些主要特点?
3. 20世纪70年代中后期，福利国家的危机主要表现在哪些方面?
4. “积极福利”和“社会投资国家”的主要内容是什么?
5. 在全球化背景下，社会保障发展动力是什么?
6. 在全球化背景下，社会保障发展有哪些共识?

第二章

全球化背景下社会保障的比较路径

在全球化背景下，社会保障制度发展环境出现了根本转变，特别是经济、政治等领域的变化加速了世界各国社会保障制度的新发展。因此，在全球化视野下，分析和比较全球社会保障制度架构时，社会保障的传统划分模式必然要给予重新的认识，同时还应该为之设立一种新的比较路径。

第一节　从模式划分到体制比较

一、“模式”与“体制”之分

20 世纪 60 年代初，威林斯基（Wilensky）和莱博克斯（Lebeaux）在研究工业化对美国社会福利制度的影响时，认为考察社会福利的观点主要有两种——“补缺式”和“制度式”[①]。这是对福利类型最早的划分之一，之后也有很多学者从不同的角度对社会保障进行了划分。然而，在理论界聚焦于社会保障的分类、测量和结构等方面的分析时，社会保障中一些基本概念和范畴的研究受到一定程度的忽视，特别是在区分社会保障的不同类型时一直没有一个合适的概念工具。

直到 1990 年，艾斯平-安德森（Esping-Andersen）在《福利资本主义的三个世界》中首次使用了“福利体制”（welfare regime）的概念。在同年的《后工业经济的社会基础》中，他仍坚持使用“体制”（regime）这个基本范畴。从此，关于福利“模式”和“体制”的研究开始进入学者的视线，并逐渐成为研究、比较福利国家和社会保障制度

① Wilensky H L, Lebeaux C N. Industrial Society and Social Welfare. New York: The Free Press, 1958: 138-140

的一个基本概念和研究路径。

在先前的社会保障研究中，“模式”和“体制”之间的界线是十分模糊的，大部分学者都约定俗成似的互换使用“模式”或“体制”这两个概念，较少有人加以仔细的区分。但有一点是可以肯定的：在艾斯平-安德森之前，学界大多数人使用的是“模式”，而艾斯平-安德森却大量地使用了“体制”这个概念[①]。艾斯平-安德森建立一种新的分析工具，不仅能够通过路径依赖这一新的维度去研究各国社会保障制度的架构选择问题，而且反过来能够分析社会保障制度对资本主义世界运行形式的制度性影响。

社会保障“模式”是对不同社会保障制度的内在基本规定性及其主要运行原则进行的理论概括，体现了一个国家社会保障制度的内容与特征，反映了一个国家在某一历史时期社会保障制度发展的战略方向和运行原则[②]。

在一定历史时期，一个国家究竟应该选择什么样的模式，受当时社会的一些主客观因素的制约。鉴于此，社会保障“模式”概念主要涉及保障范围、实施方式、原则取向、制度安排等不同层面的内容。因此，在进行社会保障模式划分时，可以根据“模式”概念的内涵确立适当的标准。

“福利体制”的概念是由艾斯平-安德森首先提出的。他对“福利体制”内涵的考察建立在对不同“社会政策体制”（social policy regime）的研究之上。

第一，从“社会政策体制”的定义来看，“福利体制”不仅仅是指国家制定和执行的各种政策的总和，而是指总体上的社会政治解决方案[①]。

第二，从政府、市场、家庭三个福利支柱来看，“福利体制”不是仅仅局限于政府的公共福利，更不是限于单一、特定的福利政策与方案，而是包括政府、市场与家庭的总体福利生产。

第三，从对福利国家的分析来说，“福利体制”的概念不仅是从公共支出的规模、范围或福利资格权对资本主义国家的福利进行比较，而且进一步从决策过程、阶层形成的潜在模式与政治结构来剖析福利国家。

总之，“福利体制”是资本主义世界的福利国家的福利方案、福利水平和福利成效的抽象表达。

通过上述对社会保障“模式”、社会保障“体制”概念的比较研究，可以看到两者之间存在一定联系和明显的区别。

（1）社会保障“体制”的分析框架体现了社会保障制度结构受福利国家路径依赖限制的规律。制度的路径依赖是指存在于每个社会中、具有历史文化发展标志和社会经济显示标志的时间和空间的统一体[③]。路径依赖制约了选择相关社会福利政策架构的可能性。社会福利的发展变化始终笼罩在“过去政策选择的强大压力之下”。因此，福利国家形成的不同轨迹或不同路径将导致不同模式的福利制度。具体来说，就是一国的经

① 郑秉文.“福利模式”比较研究与福利改革实证分析——政治经济学的角度.学术界，2005，(3)
② 任保平.影响社会保障模式选样的一般因素分析.陕西师范大学学报，1998，(2)
③ 罗斯纳 H J.工业国家的福利政策经验对发展中国家的借鉴意义.社会保障研究，2005，(1)

济、社会和国家制度作为一个整体存在的制度框架影响着该国的社会保障制度形成和发展的过程。

(2) 在比较政治经济理论的视野下，社会保障体制不仅是一种政治和经济发展的结果，更是维持、加强既有国家价值的制度，而且与一个国家的政治、经济、社会制度有一种紧密的动态关系。艾斯平-安德森也提出过类似的观点。他认为，福利体制的制度性遗产决定了各种社会、经济和政治变化对福利体制变化产生的影响①。具体来说，在发达工业化国家中，社会保障体制应该被视为其制度综合体的一个重要组成部分。它对一国经济运行形式发挥了重要作用，同时也是“当代资本主义组织和分层的根本力量”。而社会保障“模式”则更多强调的是社会保障或福利的微观运行方式，缺乏视社会保障制度与其他社会制度同等重要的战略眼光。

(3) 从西方社会福利学者对“南欧模式”的争论中可以看出，社会保障“模式”的内涵事实上还是小于艾斯平-安德森所使用的“体制”这个概念②。无论是把南欧国家视为“合作主义”的不成熟“版本”，还是把“社会民主主义体制”替换成“北欧福利模式”，都没有走出“体制”概念的范围，都还是沿用艾斯平-安德森的逻辑进行分析。

二、模式划分类型

迄今为止，世界上几乎所有的国家都已经在不同程度上实行了社会保障制度，这些制度大多内容不同、特点各异。可以采取各种不同的分类标准对其进行模式划分。

1. 从国家对社会进行干预的角度出发，可分为三种模型

(1) A模型。即社会服务，包括公共援助、公共补贴和社会保险等项目。

(2) B模型。通过减免税等方式鼓励自置产业、人寿保险等个人行为。

(3) C模型。公共服务和市政建设，其中包括公共交通、治安和文化教育等工作③。

2. 从社会政策学角度出发，可分为两种模式

(1) 残补模式 (residual welfare model)。它是指社会保障只有在正常的社会供给渠道（即家庭和市场）遭受破坏时才发挥作用，从而是一种将目标有选择地集中在一群残留的、人数不断减少的少数需求者身上的保障④。这种保障制度往往被视为家庭和市场的补充系统，具有暂时性、替代性的特点。在其中，还隐含了对社会弱势群体不利的价值判断，即将个人或家庭的失败归结为一种“社会偏差”。因此，这种残补型的社会保障制度往往带有“耻辱性”标签⑤。但是，这种模式却代表着早期社会福利制度最核

---

① 转自皮尔逊 P. 福利制度的新政治学. 汪淳波，苗正民译. 北京：商务印书馆，2004：305

② Kosonen P. Globalization and the Nordic welfare states. *In*: Sykes R, Palier B, Prior P. Globalization and European Welfare States. Basingstoke: Palgrave, 2001: 153-172

③ 周弘. 福利的解析：来自欧美的启示. 上海：上海远东出版社，1998：8

④ 郑功成. 社会保障学：理念、制度、实践与思辨. 北京：商务印书馆，2000：142

⑤ 陈银娥. 社会福利. 北京：中国人民大学出版社，2004：45

心的内容。

（2）制度模式（industrial achievement-performance model）。它是指将社会保障制度化，并使之成为整个社会经济运行机器中不可分割的一部分。这种福利模式把社会福利服务当做工业社会常态和第一线的功能。它的福利对象从弱势群体扩展到了所有公民，从而实现了从选择性社会保障向普遍性社会保障的转变，使社会保障真正成为公民的一项基本的社会权利。

在威林斯基和莱博克斯确立了这一概念框架之后，蒂特姆斯（Titmuss）在其中又增加了一个新类型，即“工业成就型”福利模式，用来指代德国和原苏联的福利制度[①]。从以上的分析可以看出，残补模式和制度模式都是从功能主义的逻辑出发，但却不能够解释为什么这些国家采取这样的保障制度，并且忽视了社会保障的一个重要的成分——市场[②]。

3. 从福利国家对福利目标的不同侧重角度出发，可分为三类

（1）积极的国家（positive state）。美国就属于这一类型。其特点是：政府对经济生活的干预，主要是为了保证企业的发展效率，以较高的生产水平，带动较高的消费水平，并在此基础上建立与经济条件相适应的社会保障制度。

（2）社会保障国家（social security state）。这一类型的国家以英国为例。其特点是强调充分就业计划，力求实现较高的收入水平，与此同时，也提供超过一般水平的社会保障。

（3）社会福利国家（social welfare state）。以北欧的瑞典、挪威和丹麦等为代表，它是“福利国家”典型。其特点是偏重于收入均等化的目标，同时也重视对经济活动进行调节，保证充分就业。在这一类型国家里，社会福利是第一位的[③]。

4. 从对受保人及其供养家属提供经济保障的方式来看，可分为两类

（1）收入型保障。它是指对由于老年、工伤、失业、伤残和死亡、疾病和生育等造成的收入损失，给予现金补偿的社会保障模式。

（2）服务型保障。其特点是以服务的形式提供保护。它主要是指对受保人直接资助服务或提供服务的社会保障模式，包括安置住院、医疗照顾和康复服务等[④]。

5. 从社会保障的内容和性质来看，可分为五种类型

（1）就业（收入）关联保障制度。它的对象主要是工薪者，并适度扩展到受保人的家庭成员。其资金主要来源于雇主和雇员的缴费。因此，享受社会保障年金或定期补助的权利，取决于受保障对象受雇年限的长短或者缴纳保险费时间的长短。美国、德国就属于这种模式。这种类型的社会保障对雇主和雇员通常具有强制性，允许独立劳动者自愿参加。其最终保证人是政府，尤其对低工资的雇员，政府将提供资金支持，帮他们缴纳保险费。

---

① 尚晓援．“社会福利”与“社会保障”再认识．中国社会科学，2001，（3）

② 周弘．国外社会福利制度．北京：中国社会出版社，2004：53，59

③ 魏新武．社会保障世纪回眸．北京：中国社会科学出版社，2003：179，180

④ 林闽钢．现代社会保障．北京：中国商业出版社，1997：16，17

(2) 普遍保障制度。它面向全民实施，坚持普遍主义原则。不论居民或公民的收入、工作和经济状况如何，都按照统一标准给予现金补助。通常一个国家所有的公民或居民都属于社会保障的对象，都有按照法律规定享受现金补助的权利。其资金来源于政府财政拨款或征税。这种福利模式以瑞典等北欧或西欧国家为代表。

(3) 社会救助制度。它是以家庭经济状况为依据，针对生活在贫困线以下的国民，为他们提供最低生活需要保障。这项社会保障制度的资金也由国家财政提供。在本质上是一种扶贫计划，大多数国家都将此作为社会保障制度的一个必要补充。

(4) 储蓄型保障制度。实质上，它是一种强制储蓄制度，依法要求雇员与雇主都缴纳等额的保费。双方缴纳的保费单独建立专款，记入每个雇员的账户。当雇员发生保险事故时，其账户下的全部储蓄金额连同利息一次发给受益者。但在少数情况下，受益人也可自行选择分期领取年金，或将储蓄存款发给其遗属。

(5) 雇主责任型保障制度。有一部分国家用法律规定雇主对雇员实行各项保障措施。凡是有保险责任的雇主，应就某一具体保险项目直接向雇员支付规定的保险金或提供保险服务。主要包含以下各种待遇：一次性的养老金或残疾退职金，伤病医疗或病假补助，生育补助或家属津贴，短期或长期性的工伤抚恤金和医疗照顾，解雇费等。在这项制度中，个别雇主可以针对他们的责任，各自向保险公司为自己进行责任保险。到目前为止，除工伤保险外，这种雇主责任保险大多已被社会保险替代[①]。

6. 从社会保障资金筹集和供给方式的不同来看，可分为四种模式

(1) 社会保险型。美国、德国、日本等国都采用这种模式。其特点是：对不同的社会成员选用不同的保险标准，并以劳动者为核心建立社会保险制度；强调劳动者个人在社会保险方面的责任，以雇员和雇主缴费为主，国家适当给予财政支持。这种模式体现了互助互济、共担风险的原则[②]。

(2) 国家福利型。也称为“社会民主式”社会保障制度，最早起源于英国。其遵循的原则是“收入均等化，就业充分化，福利普遍化，福利设施体系化”。其保障制度的核心是社会保险。这项制度的内容庞大，覆盖面广，保障水平较高。其资金主要来源于雇主。

(3) 国家保障型。这种类型由原苏联创造。全体劳动者都在国家保障的范围之内，而且其保险费用全部由国家和企业负担。

(4) 个人储蓄型。新加坡、智利等国属于这一类型。它强调个人在社会保障上的充分责任。国家通过立法，强制劳资双方按一定比例缴费，以职工个人名义存入专门管理机构，当职工退休、购房、治病时可以使用账户上的资金。职工之间不共同承担风险，属于自助型的社会保险模式[③]。

7. 从各国社会保障制度的实践角度出发，可分为两种基本类型

(1) 供款基准制（defined contribution，DC）。它是指受益人的受益标准主要取决

---

① 林闽钢. 现代社会保障. 北京：中国商业出版社，1997：17-19

② 孙光德，董克用. 社会保障概论. 北京：中国人民大学出版社，2000：15

③ 童星. 社会保障与管理. 南京：南京大学出版社，2002：20

于他对保障体系的供款量。这种模式普遍实行个人账户制，以预筹积累的方式来筹集资金，先积累后受益。它的优点主要在于能够为社会保障提供可靠的资金来源，但是由于距离社会保障基金的支付还有一段时间差，因此需要实现保值和增值。

（2）受益基准制（defined benefit，DB）。它是根据年龄、身体健康状况、失业时间等标准来确定受益的水平。这种制度具有鲜明的收入再分配性质。受益基准制采用的是现收现付制，大部分以征税的方式来筹集资金。由于它注重的是受益条件的公平性而不注重受益人的经济贡献，因此有可能出现对劳动和生产缺乏激励的问题①。

总之，通过上述对各种社会保障模式划分的阐述，可以看出其主要依据的是保障功能、保障内容、保障方式等微观层面的制度特征。因此，根据福利模式内涵的标准划分社会保障制度虽然清晰明了，但是只是停留在特定的福利政策或方案层次之上，尚未深入到社会经济政治结构的层次，这就是模式划分的不足之处。

三、体制比较量纲

在福利体制的比较中，其分类标准的选取是艾斯平-安德森与众不同的地方，他使用了非商品化和分层化两个概念而非福利支出规模作为划分的依据。并且由每个概念扩展开来的分析量纲也成为其分析的关键和特点之一。

1. 非商品化——福利水平的度量

资本主义是伴随着“前商品化”时期社会保障的凋敝而发展的。当人类的需求必须通过商品交换得以满足时，特别是劳动力商品化之后，人们独立于市场之外的生存权利便岌岌可危了，由此构成了社会政策中一个最为矛盾的问题。在马克思看来，商品化问题是对资本积累过程中的阶级演变分析的核心所在。马克思把劳动力的商品化视为人异化的象征②。

艾斯平-安德森的研究方法深受马克思主义的影响。在他的分类研究中，劳动力的商品化是最重要的分类标准。他认为，在资本主义社会，劳动力的商品化是最重要的制度标志。为了生存，工人必须在市场上出售他们的劳动力。通常他们唯一的收入来源就是出售劳动力得到的收入③。不过，退休金、失业保险、医疗保险等社会福利政策能够减少劳动力商品化的程度。因此，艾斯平-安德森用劳动力的“非商品化”来衡量资本主义世界社会福利政策的水平。“非商品化”这个概念指的是个人福利相对地既独立于其收入之外，又不受其购买力影响的保障程度。

艾斯平-安德森在衡量“非商品化”的容纳能力时受到了卡尔·波拉尼和 T. H. 马歇尔观点的启发，使用了“社会权利”的概念。在这两个学者看来，社会权利的扩展既是社会政策的基础，又能有助于解决商品化和阶级区隔问题。基于此，艾斯平-安德森

① 林闽钢. 现代社会保障. 北京：中国商业出版社，1997：20

② 艾斯平-安德森 G. 福利资本主义的三个世界. 郑秉文译. 北京：法律出版社，2003：38

③ 陈银娥. 社会福利. 北京：中国人民大学出版社，2004：46，47

认为，社会权利是按其公民身份而非市场购买能力区分的，判断标准是它在多大程度上允许人们依靠市场以外的力量去改善其生活水准。正是在这个意义上，社会权利削弱了公民作为“商品”的地位。因此，非商品化与社会权利之间的关系是：社会权利扩展得越宽泛，非商品化程度就越高；如果社会权利受到限制，非商品化程度也就会低一些。

要分析各种社会政策的非商品化程度不能限于对社会支出水平的分析，而需要通过经验主义的跨时间、跨国家的分析方法揭示出来。因此，为这些不同国别和阶段的福利政策设定适当的分析坐标和准则，即因子，是十分关键的。按照艾斯平-安德森的观点，非商品化的因子主要分成以下三组。

第一组因子：人们进入权利的规则，即资格标准和资格限制。如果“易于”进入，即保障获得适当生活水准的权利无须与以往的就业记录、工作业绩、需求检验（need-test）或缴费记录挂钩，那么这个计划就具有较大的非商品化潜力。“进入”的另一面是退出。如果某些计划只是在一个有限的时期内提供给付，显然它们的非商品化能力较弱。

第二组因子：收入替代（income-replacement）。因为当给付水平下降至社会所满意或认可的正常收入或生活水平以下时，可能的结果就是迫使接受者尽快重返工作。因此，必须考虑收入的替代水平。

第三组因子：资格授权的范围。几乎所有先进资本主义国家都认识到，某些形式的社会权利能保护人们抵御基本的社会风险，如失业、伤残、疾病和年老等。最超前的例子或许是不论原委向公民支付社会工资。斯堪的纳维亚①国家和荷兰正在酝酿的实际保障社会工资（citizens’ wage）的设想以及美国的负所得税（negative income-tax）的方案越来越体现这一趋势②。

根据资格条件的因子，社会保障制度安排的类型可以分为三种。

第一种体制是在盎格鲁-撒克逊（Anglo-Saxon）国家的历史中确立的，其资格授权针对的是那些被家计调查或收入调查证明的贫困者。其社会救助方式源于济贫法的传统。在这一类型的制度中，公民权利并未得以扩展，满足人们最基本的需要是盎格鲁-撒克逊国家福利政策的宗旨，英国补充给付（supplementary benefit）计划、美国附加收入保障计划（supplemental security income）以及澳大利亚的全国性福利体系都属于这一类型的代表案例。

第二种体制是欧洲大陆国家福利制度，它是以工作业绩为基础给予资格权利的。在这些国家里，参与劳动力市场和缴费记录是享受权利的前提，并在制度中体现着保险精算的原则。这个体制的非商品化程度取决于保险精算放宽的程度，即工作期限和参保期限的长短要达到多少才符合资格标准。

第三种体制是斯堪的纳维亚国家福利体制。在这一体制中，只有国民或长期居民才

---

① 斯堪的纳维亚位于欧洲大陆北部，包括三个国家——丹麦、挪威和瑞典。通常来说，北欧所指的五个国家包括斯堪的纳维亚以及邻近的芬兰和冰岛。

② 艾斯平-安德森 G. 福利资本主义的三个世界. 郑秉文译. 北京：法律出版社，2003：52，53

具有享有该国社会保障福利的资格，并且遵循定额给付的原则。因此，这一类型的福利体制具有很强的非商品化程度。

艾斯平-安德森根据对养老金、医疗保险、失业保险三项社会福利计划的综合评分来区分不同福利体制国家的非商品化能力。在分析中，艾斯平-安德森使用了三个变量进行评分：首先是资格条件，如工作资历、缴费或家计调查等；其次是内在限制因素，如现金给付的等待期或权利最大持续期等；最后是给付水平逼近正常收入期望值的程度①。基于此，他得出了 18 个主要工业化国家的非商品化数据表，见表 2-1和表 2-2。

表 2-1　养老金、疾病给付和失业保险的非商品化程度（1980 年）

国别	养老金	疾病给付	失业保险
澳大利亚	5.0	4.0	4.0
奥地利	11.9	12.5	6.7
比利时	15.0	8.8	8.6
加拿大	7.7	6.3	8.0
丹麦	15.0	15.0	8.1
芬兰	14.0	10.0	5.2
法国	12.0	9.2	6.3
德国	8.5	11.3	7.9
爱尔兰	6.7	8.3	8.3
意大利	9.6	9.4	5.1
日本	10.5	6.8	5.0
荷兰	10.8	10.5	11.1
新西兰	9.1	4.0	4.0
挪威	14.9	14.0	9.4
瑞典	17.0	15.0	7.1
瑞士	9.0	12.0	8.8
英国	8.5	7.7	7.2
美国	7.0	0.0[1)]	7.2
平均值	10.7	9.2	7.1
标准差	3.4	4.0	1.9

1）不存在此类计划，故为 0.0

注：分值越高，非商品化程度就越高

资料来源：艾斯平-安德森 G. 福利资本主义的三个世界. 郑秉文译. 北京：法律出版社，2003：56

① 艾斯平-安德森 G. 福利资本主义的三个世界. 郑秉文译. 北京：法律出版社，2003：55

表 2-2　福利国家非商品化综合排序（1980 年）

国别	非商品化指数	国别	非商品化指数	国别	非商品化指数
澳大利亚	13.0	意大利	24.1	奥地利	31.1
美国	13.8	日本	27.1	比利时	32.4
新西兰	17.1	法国	27.5	荷兰	32.4
加拿大	22.0	德国	27.7	丹麦	38.1
爱尔兰	23.3	芬兰	29.2	挪威	38.3
英国	23.4	瑞士	29.8	瑞典	39.1

注：平均值为 27.2，标准差为 7.7

资料来源：艾斯平-安德森 G. 福利资本主义的三个世界. 郑秉文译. 北京：法律出版社，2003：58

从表 2-2 可以看出，福利体系呈现出系统性特征。所有盎格鲁-撒克逊国家各个福利计划项目得分均较低，集中在低指数区，其非商品化程度低；斯堪的纳维亚国家和奥地利、比利时、荷兰的福利计划得分较高，非商品化程度很高；处于两极之间的欧洲大陆国家和日本的非商品化程度居中。

2. *分层化——福利效果的度量*

福利国家为其国民提供了服务和收入保障，使他们能够免受社会风险的侵害，这是社会保障制度最直接的效果之一。然而，就其对社会阶级的效果来看，福利通常也是一种社会分层化体系。因此，福利国家是阶级和社会等级形成过程中的重要制度，它的组织特征决定着社会共同责任、阶级分化和身份差别的连接方式①。虽然人们已经认识到福利的阶级化效果，但是艾斯平-安德森认为目前聚焦于总体收入再分配和生活水准的经验研究都不足以清楚地表述福利体制与社会分层化之间的实质性联系。于是，他的研究集中于收入维持这一福利国家传统行为，以此分析各国在构建社会公民权利方面的结构差异，从而得出福利体制对分层化的影响。

在艾斯平-安德森看来，不同福利国家的规模和广泛性可能是相同的，但是它们对社会结构的影响却大相径庭。有的国家可能根据职业来安排社会保障体系，旨在维护既有的地位差别和等级。有的国家奉行普救主义社会保障制度，以此达到削弱阶级地位的目标。在另外一些国家，救助式社会保障计划针对的是真正有需要的人，但却客观上形成了贫困者和中产阶级之间的二元状态②。因此，从社会分层和聚合的结构来看，福利国家的社会保障制度可以归纳为三种不同的体制。

虽然所有福利国家都会涉足社会分层化的过程，但是它们的表现是各不相同的。因此，为了区分福利体制的各种类型，就需要设定分层化的比较量纲，以此发现分层化中各方面的细微差别。根据艾斯平-安德森的观点，衡量不同福利类型需要的具体量纲如下。

衡量保守主义分层化的量纲主要有两点：第一，阶层隔阂的程度或合作主义，以在实际运行中的职别养老金计划的数量来度量；第二，国家主义的程度，以政府雇员的养

---

① 艾斯平-安德森 G. 福利资本主义的三个世界. 郑秉文译. 北京：法律出版社，2003：62

② 艾斯平-安德森 G. 福利资本主义的三个世界. 郑秉文译. 北京：法律出版社，2003：65，66

老金支出在 GDP 中的百分比来度量。

辨别自由主义分层化特征的三个变量是：第一，家计调查式的福利给付的相对比例，以它在全部社会公共支出中的比重来测量；第二，私人部门在养老金计划的重要数据，以私人部门养老金在全部养老金中的比重来测量；第三，以私人部门医疗保健支出在全部医疗保健支出中的比重来测量自愿性私人部门福利在保健服务中的相对分量。

分析社会主义体制特征可以使用的两个变量是：第一，福利计划的普救主义程度，以 16～64 岁有资格享受医疗、失业和养老金福利的人口平均比例来度量；第二，给付结构的平等程度，以该计划中养老、失业和医疗在基本给付水平与可能达到的最高合法给付额之比的均值来度量①。

根据以上七种衡量福利国家分层化特征的量纲，与非商品化比较一致，艾斯平-安德森也对 18 个福利国家进行了分析，得出了这些国家的特征分布情况，见表 2-3 和表 2-4。

表 2-3 18 个福利国家的合作主义、国家主义、家计调查式的贫困救助、私人部门养老金、私人部门医疗保健支出、平均普救主义、平均给付平等程度（1980 年）

国别	合作主义1)	国家主义2)	家计调查式的贫困救助占全部社会公共支出的比例3)/%	私人部门养老金占全部养老金的比例/%	私人部门医疗保健支出占全部支出的比例/%	平均普救主义4)	平均给付平等程度5)
澳大利亚	1	0.7	3.3	30	36	33	1.00
奥地利	7	3.8	2.8	3	36	72	0.52
比利时	5	3.0	4.5	8	13	67	0.79
加拿大	2	0.2	15.6	38	26	93	0.48
丹麦	2	1.1	1.0	17	15	87	0.99
芬兰	4	2.5	1.9	3	21	88	0.72
法国	10	3.1	11.2	8	28	70	0.55
德国	6	2.2	4.9	11	20	72	0.56
爱尔兰	1	2.2	5.9	10	6	60	0.77
意大利	12	2.2	9.3	2	12	59	0.52
日本	7	0.9	7.0	23	28	63	0.32
荷兰	3	1.8	6.9	13	22	87	0.57
新西兰	1	0.8	2.3	4	18	33	1.00
挪威	4	0.9	2.1	8	1	95	0.69
瑞典	2	1.0	1.1	6	7	90	0.82
瑞士	2	1.0	8.8	20	35	96	0.48
英国	2	2.0	—	12	10	76	0.64
美国	2	1.5	18.2	21	57	54	0.22

① 艾斯平-安德森 G. 福利资本主义的三个世界. 郑秉文译. 北京：法律出版社，2003：81，82

续表

国别	合作主义[1)]	国家主义[2)]	家计调查式的贫困救助占全部社会公共支出的比例[3)]/%	私人部门养老金占全部养老金的比例/%	私人部门医疗保健支出占全部支出的比例/%	平均普救主义[4)]	平均给付平等程度[5)]
平均值	4.1	1.7	5.9	13	22	72	0.65
标准差	3.2	1.0	5.1	10	14	19	0.22

1）度量职别公共养老金机制的数目，只包括主要的计划

2）度量政府雇员的养老金支出在GDP中所占的百分比

3）对济贫支出的估计不包括一般家计调查计划的给付（如斯堪的纳维亚国家的住房津贴，德国的失业补助，澳大利亚和新西兰的老年、失业和医疗补贴）

4）老年、失业和医疗给付的平均数（家计调查式救助计划因其不能提供全面的公民给付权利而被评为0分，如澳大利亚和新西兰的失业和医疗给付）

5）老年、失业和医疗的社会给付的基本额与最大额之间的平均差（根据税后的净给付额计算）；给付差额根据该体系中保证基本社会给付与可能达到的最高合法给付额的比例计算

资料来源：艾斯平-安德森 G. 福利资本主义的三个世界. 郑秉文译. 北京：法律出版社，2003：80，81

表 2-4　根据保守主义、自由主义和社会主义体制特征对福利国家的分组

类别	保守主义的程度		自由主义的程度		社会主义的程度	
强	奥地利	(8)	加拿大	(12)	丹麦	(8)
	比利时	(8)	瑞士	(12)	挪威	(8)
	法国	(8)	美国	(12)	瑞典	(8)
	德国	(8)	澳大利亚	(10)	芬兰	(6)
	意大利	(8)	日本	(10)	荷兰	(6)
中	芬兰	(6)	法国	(8)	澳大利亚	(4)
	爱尔兰	(4)	荷兰	(8)	比利时	(4)
	日本	(4)	丹麦	(6)	加拿大	(4)
	荷兰	(4)	德国	(6)	德国	(4)
	挪威	(4)	意大利	(6)	新西兰	(4)
			英国	(6)	瑞士	(4)
					英国	(4)
弱	加拿大	(2)	奥地利	(4)	奥地利	(2)
	丹麦	(2)	比利时	(4)	法国	(2)
	新西兰	(2)	芬兰	(4)	爱尔兰	(2)
	澳大利亚	(0)	爱尔兰	(2)	日本	(2)
	瑞典	(0)	新西兰	(2)	意大利	(0)
	瑞士	(0)	挪威	(0)	美国	(0)
	英国	(0)	瑞典	(0)		
	美国	(0)				

注：括号中数值是累积指数

资料来源：艾斯平-安德森 G. 福利资本主义的三个世界. 郑秉文译. 北京：法律出版社，2003：85

从表 2-3 和表 2-4 可以看出，就保守主义特征来看，合作主义和国家主义在各国分布上具有相关性，奥地利、比利时、法国、德国、意大利、芬兰在这两方面得分都较高；就自由主义体制来看，其特征分布不是这么明显，但大体上，美国和加拿大得分较高，澳大利亚和瑞士属于中等水平；从社会主义体制的角度来看，在斯堪的纳维亚国家中，普救主义已经成为主导原则，而许多自由主义国家的社会权利则发育不良，如美国、澳大利亚和新西兰，属于另一个极端。

根据表 2-4，我们发现福利国家体制特征的群组化情形确实存在。保守主义指数高的国家（意大利、德国、奥地利、法国和比利时）在自由主义和社会主义指标上得分中等或较低。那些具有强烈自由主义色彩的国家（澳大利亚、加拿大、日本、瑞士和美国）在保守主义和社会主义方面得分中等或较低。社会主义群组（包括斯堪的纳维亚国家和荷兰）在另两个方面得分中等或较低。因此，在认识福利国家的不平等性和阶级差异时，仅仅比较平等性的大小是不够的，需要分析不同类型的福利国家在社会阶层形成中的作用，因为福利体制是与社会分层化的逻辑密切联系在一起的。此外，还可以发现福利体制的另一个指标——非商品化与社会分层化是基本对应的。在斯堪的纳维亚国家中，高度非商品化和强势普救主义相符合；在盎格鲁-撒克逊国家，低度非商品化与强势的个人主义倾向一致；欧洲大陆国家则是合作主义、国家主义与非商品化程度保持对应①。

第二节 福利体制的比较

在“福利体制”的分析框架中，艾斯平-安德森把福利国家理解为一种支持社会公民权的概念，并延伸为“非商品化”（de-commodification）和福利的阶层化（stratification）效果。根据“非商品化”和“阶层化”这两个标准，他将福利资本主义分为三种福利体制：自由主义体制（liberal regime）、保守主义体制（conservative regime）和社会民主主义体制（social democratic regime）。

一、自由主义福利体制

自由主义福利体制的主要代表国家有美国、加拿大和澳大利亚，即盎格鲁-撒克逊国家群组。

在这种福利体制中，居支配地位的是经济调查式的社会救助、少量“普救式”的转移支付或作用有限的社会保险计划。给付主要提供给那些收入较低、依靠国家救助的保护者，通常是工人阶层。在这一体制中，社会改革的进程受到传统的自由主义劳动道德准则的严重束缚：福利的极限等价于以福利取代工作的选择的边际倾向。因而资格条件十分苛刻且通常带有羞辱性，给付数额极为有限。继而，国家运用消极的和积极的两种手段促使市场机制发挥作用：消极手段是只保证最低限度的给付，积极手段则是对私人

① 艾斯平-安德森 G. 福利资本主义的三个世界. 郑秉文译. 北京：法律出版社，2003：82，83，85，86

部门福利计划予以补贴①。因此，在自由主义福利体制的情况下，隶属于该类型的国家的非商品化效应最低，社会权利的扩张受到有力的抑制，建立的社会秩序属于分层化的类型。

第一，从政治权力关系来看，这些国家缺乏稳定的跨阶级联盟，工人阶级权力动员对这一类型福利特征形成具有重要的影响，强大的劳工运动是对抗自由主义福利国家商品化和分层化的坚固屏障。从观念上看，人们普遍相信社会福利不可能降低工作热情。盎格鲁-撒克逊国家强调个人在市场的权利，寻求市场解决的方式，并且认为国家的介入越少越好。

第二，从福利国家制度形态与劳动力市场行为一般特征之间的关联来看，这些国家既不鼓励退出劳动力市场，也不鼓励女性就业。就后工业化社会的就业变动和社会分层角度看，作为自由主义福利国家的代表，美国形成了商业服务与“休闲”服务，即好工作和坏工作并存的二元化就业结构，其职业品味、工资和福利给付方面的不平等程度较高。

第三，从政府、家庭和国家三个维度的关系来分析，这一类型的国家是以市场扮演为核心，家庭与国家角色均是边际性的；社会凝聚形成的主要方式是个人式的，即靠个人在市场得到福利与服务，其非商品化的程度是很小的。

总之，这些国家的特征是较高的就业率、较低的税赋、较低的社会支出规模以及较高的工资差异与所得不平等。

二、保守主义福利体制

保守主义福利体制主要包括历史上的合作主义（corporatism）国家和德国俾斯麦以来的家长式威权主义国家，如意大利、德国、奥地利和法国。

这种制度类型的特点是社会权利的资格以工作业绩为计算基础，即以参与劳动市场和社会保险缴费记录为前提条件，带有保险的精算性质。总体来说，其社会权利是根据不同国家所能提供的非商品化程度和不同的保险精算程度而产生变化的，即取决于一个人的工作和参保年限、过去的表现与现在的给付之间的关联程度②。因此，在此制度下，劳动力中度非商品化，力求保护既有的阶级分化。

从福利体制和意识形态、其他制度之间的相互关系来看保守主义福利体制的国家，其特点包括如下几方面。

第一，在这些国家中，社会福利已经成为公民权的一部分，但天主教政党强度的存续、传统的权威结构以及合作主义的安排对其仍有很大影响。在家庭和性别分工中，宗教的和传统的信念依旧占据着统治地位。

第二，政府确立这种福利体制的目的是确保劳工阶级的忠诚以及中产阶级的支持。在社会政策安排中，都强调社会整合和国家的强力介入，希望通过阶级和地位分化（包

① 艾斯平-安德森 G. 福利资本主义的三个世界. 郑秉文译. 北京：法律出版社，2003：29

② 郑秉文.“福利模式”比较研究与福利改革实证分析——政治经济学的角度. 学术界，2005，(3)

括职业地位）的社会政策来形成阶级结构并达到对国家的忠诚。

第三，在对社会福利的态度上，国家一方面希望取代市场成为福利供应者（如提供基础公共年金以及以社会保险方式提供的职业附加给付），另一方面又赋予家庭承担福利的责任，让家庭取代福利国家来提供各种服务。只有在家庭服务无能为力时，国家才提供辅助性的福利与服务，即依赖并极大化家庭主义（familialism）所扮演的福利服务功能。

第四，从这一类型国家的就业结构来看保守主义福利体制对资本主义社会的制度性影响。保守主义福利国家大力扶持退出劳动力市场、减少劳动力供给，通过税收限制女性劳动力参与就业。从后工业就业来看，以德国为例，其就业结构未发生很多变化，各职业阶层和就业部门之间没有新的分层形式；相反，其以“从业人”和“局外人”（指没有工作的人）来划分社会阶层的问题却有可能引发社会冲突。

从福利体制的生活总体性概念来考察，在保守的福利体制国家中，政府、家庭和市场三者关系如下：家庭角色最为重要，政府扮演辅助性角色，而市场只是边际性的。社会团结依赖家庭主义与国家主义而形成。

总之，这类福利体制国家的特征是较高的失业率，较低的女性劳动参与率，中度的税赋，中度社会支出规模以及中度所得不均与工资差异，社会安全体系以提供高替代率的所得转移为主。

三、社会民主主义福利体制

社会民主主义福利体制只存在于斯堪的纳维亚国家，如瑞典、挪威和丹麦等国。这种福利制度还被称为“人民福利”模式。

它源于贝弗里奇的普遍公民权原则。福利资格的确认主要取决于公民资格或长期居住资格。与其他两种制度相比，它寻求相当水平的甚至能够满足新中产阶级品味的平等标准的服务和给付。社会民主主义福利体制排斥工人阶级和中产阶级之间的二元化局面，力图追求平等以保证工人能够分享中产阶级所享有的权利。因此，这种制度的非商品化程度最强，社会福利项目高度制度化，给付最慷慨，分层化水平最低，人们常常称之为“福利橱窗”①。

第一，从社会保障体制形成的政治动因来看，这些国家中左翼劳工组织与小农广泛联盟所形成的压力，确保了政府对充分就业和全民性给付的承诺，再加上中产阶级与劳工阶级的利益，使社会主义福利政策具有明显的再分配性质。另外，社会民主主义福利国家体制还强调去家庭化（de-familialization），它指的是社会民主主义福利国家将家庭关系的成本社会化，也使个人能拓展其独立能力。在去家庭化的观念下，政府提供大量的社会服务和工作机会满足家庭以及妇女的需求。

第二，从福利国家形态对就业制度的影响来看，在社会民主主义福利国家，年长男性劳动力市场退出率较低，而女性劳动力参与率很高。以瑞典为例，其就业结构是以社会福利为主导的。另外，虽然在瑞典的就业结构中专业化程度很高且卑微职业不断减

---

① 郑秉文.“福利模式”比较研究与福利改革实证分析——政治经济学的角度.学术界，2005，(3)

少，但是性别和部门的就业分隔却不容忽视。

第三，从政府、家庭和市场的角色位置来看，这一类型的国家是以福利国家的角色为核心，家庭与市场角色是边际性的；社会团结是通过福利国家所提供普遍式的福利与服务达成的。

总之，这类福利体制国家的特征是较高的就业率，较高女性劳动参与率，较高的税率，较高的工会组织率，较大的社会支出规模，社会安全体系以相当慷慨的社会服务为主，低度的所得不均与工资差异，社会民主党在政治领域中扮演支配性的角色。

艾斯平-安德森的福利体制划分已经成为目前被引用最多的社会福利类型分析的方法。这种分析方法优于模式比较的地方在于：一方面，“福利体制”的概念隐含了社会保障制度的路径依赖和制度性影响两个核心内容，而这恰恰是被社会保障模式划分忽视的；另一方面，这种体制比较框架使社会保障制度在理论化方面达到了一个更高的程度，不仅避免了陷入强调共性或统一性的目的论或功能论的泥沼，而且能免受强调国家或亚国家个性的后现代观点的束缚[①]。

当然，这三种体制划分也存在着一个问题：它只包括了少数西方发达的资本主义国家，对新兴工业化国家、发展中国家和社会主义及后社会主义国家，类型研究还没有给予应有的注意[②]。特别是对东亚社会保障制度应该引起足够的重视。而且，体制比较的标准和模型不一定能够直接用于对这些国家的分析。用福利体制分析法对它们进行分析研究时，必须要做到谨慎[③]。

第三节　福利体制的争论

艾斯平-安德森的福利国家和福利体制的研究，引起了世界范围内众多的经济学家、政治学家和社会学家从各自学科和角度出发对福利体制开展讨论。

一、福利体制的“南欧”争论

20 世纪 90 年代关于福利体制的争论主要是围绕着是否存在一个独立的“南欧模式”展开的。

以亚伯拉罕逊（Abrahamson）等为代表的学者将合作主义因素作为衡量福利类型的一个重要标准，认为南欧[④]国家与德国、法国等西欧国家相比可以被看成是合作主义

---

① 斯哥 R，伯仁特 C. 地球村的社会保障：全球化和社会保障面临的挑战. 华迎放，等译. 北京：中国劳动社会保障出版社，2004：38

② 尚晓援. “社会福利”与“社会保障”再认识. 中国社会科学，2001，(3)

③ 斯哥 R，伯仁特 C. 地球村的社会保障：全球化和社会保障面临的挑战. 华迎放，等译. 北京：中国劳动社会保障出版社，2004：39

④ 南欧特指欧洲南部地区，它包括阿尔卑斯山脉以南的巴尔干半岛、亚平宁半岛、伊比利亚半岛及其附近岛屿。一般包括罗马尼亚、保加利亚、阿尔巴尼亚、希腊、南斯拉夫、克罗地亚、斯洛文尼亚、波黑、意大利、梵蒂冈、圣马力诺、马耳他、摩纳哥、西班牙、安道尔、葡萄牙和土耳其的欧洲部分。

福利国家中的一个不完善的或不成熟的“版本”，也就是说，在保守主义体制中，包含着一种“次体制”，这是一种不成熟或不完全的保守主义体制。还有一些学者在具体分析“社会民主主义”体制类型的过程当中，提出这个类型中所归纳的北欧国家不是整齐划一的，他们通过对“社会民主”的作用的比较分析认为，北欧事实上存在着两类国家，它们之间存在着本质的区别：丹麦和芬兰属于一类，挪威和瑞典则属于另一类。由于历史和地缘等因素，前一类中社会民主的作用不是很大，而后一类中社会民主则发挥着真正的作用。因此，对于福利模式的划分，或是应该将之分为四个类型，或是换成另外一个更为“中性”的概念——“北欧福利模式”（Nordic welfare model），这样就可以把所有的北欧国家都包括在内①。

在这些学者那里，“模式”的内涵事实上还是小于艾斯平-安德森所使用的“体制”这个概念的，他们所使用的分析工具和分析结果最终还是没有走出艾斯平-安德森“三个世界”的逻辑，区分和判断“体制”分类的一个重要标志还是“家庭化”的程度，从这个“原则”来考察，南欧国家还没有完全偏离保守主义的福利体制①。

二、福利体制的“东亚”争论

在最近几年来关于东亚福利制度的研究中，认为在当今世界上存在着一个“东亚群”（cluster），如日本、新加坡、韩国、中国台湾和香港等。

霍利德（Holliday）在艾斯平-安德森非商品化程度、阶层化效果以及政（国家）经（市场）关系的三个维度上，再加上社会与经济政策间的关系这个维度，提出东亚是生产主义的福利资本主义（productivism welfare capitalism）的概念，认为东亚的福利体制是生产性的，社会政策是服务于经济发展的②，即主要的体制特点是：经济政策目标中压倒一切的是经济增长；此外，在社会权利和社会分层化方面，政府、市场和家庭这三者之间的关系等方面也存在着许多不同的特征。

在对东亚福利体制的讨论中，学者们对东亚体制的形成和原因有不同的看法：第一种观点认为，东亚的左翼政党及劳工运动力量薄弱是福利低度发展的主要原因；第二种观点认为，家庭在东亚的福利中扮演重要的角色，称之为“家庭式的福利国家”；第三种观点认为，儒家文化甚至亚洲价值是东亚特色之所在。作为对东亚福利体制研究有影响的学者，韩国的Kown指出，东亚福利国家的形成特性表现为：一是基于国家发展的缘由，政府在福利中的主要角色为规范者，而非提供者；二是福利系统往往是分散而零碎的小风险分担，而非整合的体制；三是东亚国家的福利再分配效果较小；四是在政治上以保守政权占优势。怀尔丁（Wilding）则进一步指出东亚福利体制共同的特性为：低的政府福利支出；聚焦于经济成长的积极性福利政策；政府对福利的敌视态度；强烈的残补概念；以家庭为中心；政府扮演规范及鼓励的角色；片断、零散方案的福利发

---

① 郑秉文.“福利模式”比较研究与福利改革实证分析——政治经济学的角度.学术界，2005，(3)

② 李易骏，古允文.另一个福利世界？东亚发展型福利体制初探.台湾社会学刊，2003，(31)

展；借助福利来支持及建立政权的稳定与合法性；对福利权的有限承诺①。

三、福利体制的“四分法”

20世纪90年代初，卡斯尔斯（Castles）和米切尔（Mitchell）针对艾斯平-安德森的三分法，他们在《福利资本主义世界是三个还是四个?》② 一文中提出了“四个福利资本主义体制”的分类法。

卡斯尔斯和米切尔认为，对福利制度给予分类的理论根据应该是福利国家赖以生存的社会支出的规模和福利工具等；与艾斯平-安德森相同，他们也选择了18个OECD样板国家，并大幅度调整了参数，将诸如房产等财产转换成GDP，进而将转移支付和津贴给付的平等程度作为重要参数予以交叉列表，从而将福利国家分为四类。其中，前三类基本是对艾斯平-安德森三分法的复制。例如，第一类是“转移支出低/津贴给付平等”类型的国家，对应于自由主义模式；第二类是“转移支付高/给付平等程度低”类型的国家，对应于保守主义模式；第三类是“转移支付高和津贴给付平等”类型的国家，对应于社会民主主义模式。他们争论的是第四种类型的识别问题，认为还存在着一种“转移支付低/给付平等程度高”类型的国家。例如，澳大利亚、新西兰、芬兰、爱尔兰和英国都属于这种类型。他们将“第四世界”称为大洋洲国家（Antipodean states）福利体制类型，认为第四世界与自由主义福利体制是不同的，而艾斯平-安德森却简单地将这些国家置于自由主义福利体制之中。第四世界的特点是，它们减少社会不平等的办法总体说采用的是税制和其他转移支付的机制来完成的，而且它们都有一些独特的政治特征，如高度的工会密度和低水平的左翼党派的执政等③。

卡斯尔斯和米切尔的四分法在后来卡斯尔斯1998年出版的《公共政策比较》中得到了进一步的补充和发展③。他明确地将南欧一些国家划入第四种类型，并且，将样板国家扩大到21个OECD国家；此外，在将这21个国家的公共政策进行了比较研究之后，他发现四种类型福利国家恰好与其文化分类是一致的，即英语区、欧洲大陆区、斯堪的纳维亚和南欧。他的研究中发现了一个困境：四分法很难将瑞士和日本纳入到任何一个类型里，这两个国家的归属成为一个“问题”。最后，卡斯尔斯认为他的四分法与艾斯平-安德森的三分法非常类似，只是附加了一个南欧。总体来说，将南欧独立出来的“四分法”在欧洲学界的影响很大，许多学者、大学和科研机构早已将之作为学术研究的一个基本工具。例如，在劳动力市场的研究中就很普遍。有的学者将南欧独立分出来，称之为“拉丁模式”。

不但一些欧洲学者对“四分法”非常青睐，对艾斯平-安德森的三分法提出挑战的还有一些亚洲学者，他们极力倡导“四分法”甚至“五分法”。其中，引起争议最大的

---

① 李易骏，古允文. 另一个福利世界？东亚发展型福利体制初探. 台湾社会学刊，2003，(31)

② Castles F，Mitchell D. Three worlds of welfare capitalism or four? *In*：Castles F. Families of Nations. Brookfield：Dartmouth，1993：93-128

③ 郑秉文. “福利模式”比较研究与福利改革实证分析——政治经济学的角度. 学术界，2005，(3)

是对日本的测度与评价问题[①]。同时，还有一些学者在赞成艾斯平-安德森“三分法”的基础上又将之予以细化和具体化。例如，夏特（W. Schut）等采用了“无限穷尽的方法”对艾斯平-安德森的三分法进行了深入的考察，不但发现其研究结果支持了三个福利世界的划分，而且在每一个“世界”里又继续“细分”了几个“档次”。自由主义模式虽然包括美国、加拿大、澳大利亚和英国，但它们之间存在着一定的细微差异，可以将它们继续“分割下去”。例如，“最补救的”的福利国家是美国，其次是“相对补救”的澳大利亚，加拿大和英国是“不纯的”“次补救”福利国家。合作主义模式包括法国、德国、比利时等，它们之间的差异性不是很大，混合的性质更多一些，如荷兰既有合作主义的特征，又有一点社会民主的特征；社会民主主义模式也是这样，瑞典和丹麦是最纯的北欧模式，而挪威的社会民主主义福利国家形式纯度差一点。这样细化的分析不仅从更广泛的角度证明了艾斯平-安德森的分类法，而且更好地评价了每个国家的具体情况。

总之，在艾斯平-安德森之后，对福利模式“三分法”的争议可谓见仁见智。但不管其观点如何，不管主张应该划分多少个模式，不管其测度标准是什么，几乎所有的理论争议和探讨都是以艾斯平-安德森的福利体制的研究作为起点的，都是从他的“三分法”开始的，并最终还是将之作为重要甚至唯一的参考系。这些争论和发展都无碍于福利体制概念作为当前比较社会政策中有效且最为重要的分析架构。

➢本章小结

“福利体制”的概念最早是由艾斯平-安德森提出的。目前，这种划分方法已经成为比较社会政策中最为重要且被引用最多的分析框架。“福利体制”的分析框架优于福利模式划分之处在于：第一，“福利体制”体现了社会保障制度结构受福利国家路径依赖限制的规律。第二，它还包含了社会保障对社会经济等运行形式的制度性影响的内涵。

根据“福利体制”的分析框架，资本主义福利国家可以分为自由主义福利体制 、保守主义福利体制和社会民主主义福利体制。其分类方法主要以体现福利水平的非商品化程度和福利的分层化效果为依据。“非商品化”是指个人福利相对地既独立于其收入之外又不受其购买力影响的保障程度。其比较量纲主要有三组：第一组是资格标准和资格限制，第二组是收入替代，第三组是资格授权的范围。福利的“分层化”效果也是“福利体制”划分的另一个重要标准。虽然不同福利国家的规模和广泛性可能是相同的，但是“福利体制”对社会阶层结构的影响却大相径庭。

在获得肯定的同时，福利体制分析框架也引起了世界范围内众多的经济学家、政治学家和社会学家的探讨，这主要包括对“南欧模式”“东亚”福利制度以及福利体制“四分法”的争论和发展。

---

① 郑秉文.“福利模式”比较研究与福利改革实证分析——政治经济学的角度. 学术界，2005，(3)

➢关键术语

福利模式　福利体制　路径依赖　制度性影响　自由主义福利体制　保守主义福利体制　社会民主主义体制　福利体制比较量纲　非商品化　分层化　东亚福利体制

➢案例　福利国家发展的多样性①

从国家开始承诺社会责任一直到福利国家的形成，经历了一个工业化的大变革。工业化带来了一系列的社会问题。一方面，大工业使市场越来越扩大，在冷酷的市场竞争中，人成为盈利的工具。一切不符合竞争需要的个人都被无情地抛弃，工业竞争过程中的产业结构性调整带来了工人的结构性失业。另一方面，工业化也大大增加了政府的税源，使政府代表国家加强对社会的管理与控制成为可能。不同国家所采取的社会政策措施虽有不同，但所针对的社会问题却是工业化社会所共有的：由于年迈、疾病、伤残、失业等造成的收入损失或生活无着。总之，主权国家的发展、工业化的发展以及它们的交互作用，促成了福利国家后来的发展。

马舍曾经将英国民族国家形成初期的旧《济贫法》称为“微型福利国家”，他在提出这个定义的时候强调的不是“福利”，而是国家功能的发展变化。因为英国政府在17世纪初曾经通过实施旧《济贫法》重新划分了15 000个教区，从而加强了中央政府的社会行政管理。民族国家在英国的发展伴随着国家对于罗马教会的挑战、英国教会的国家化、教区的重新划分以及世俗政府社会行政功能的强化。英国的中央政府通过剥夺教会的社会功能，在解决社会贫困问题的同时发展了主权国家的社会管理机制，增强了国家的力量，提高了国家的权威。在这个意义上，可以说，西方福利国家的源头在民族主权国家形成之初。

面对英国工业化进程所带来的工业社会的风险，政府不能不更新对社会需求的认识，改换社会管理模式，从而最终导致了国家功能观念的变革和国家行为方式的转变。国家不仅被赋予新的责任，而且需要提供适合于缓解工业社会风险的服务。德国的社会保险法是一个经典的例证，这种方法后来被许多工业化国家效仿。

社会保险法的问世得益于德国独特的历史传统。就像英国新崛起的王权在17世纪初以旧《济贫法》替代教区的社会管理一样，到了19世纪末才实现了统一的德国也需要以《社会保险法》来统一社会。不过，和英国不同，这时德意志国家面对的主要问题是各个联邦的分离倾向和资产阶级与无产阶级之间尖锐的对立与冲突。为了维护脆弱的统一，德国政府通过加强社会职能增强德国人的国民意识和爱国情怀。不过，由于外部的社会条件发生了变化，特别是工业化的进展和工人运动的发展，《济贫法》和《德国社会保险法》在观念和方法上都有巨大的差别。在英国，在旧《济贫法》基础上发展起来的新《济贫法》沿袭了旧《济贫法》的补救模式，以救济贫民和预防贫困为主旨，将

---

① 周弘. 福利国家向何处去？中国社会科学，2001，(3)

政府的援助扩大到全民，而《德国社会保险法》中体现的政府社会功能则包含着一种明确的阶级调和的内容。

在德国，国家的地位和作用一直是国家社会功能理论中的主线，有关国家社会角色的辩论也异常激烈。保守主义继承黑格尔的传统，强调国家是理性的，国家为整体的福利服务，工业化和阶级分裂造成的社会革命性冲突只能由国家来解决。自由主义则否定国家进行社会干预的效用，反对国家功能向社会性法制国家发展。新马克思主义者干脆提出，阶级协调与合作是国家合法性的尺度，在国家的合法性由于工业社会的发展而出现危机的时候，在“危机和危机管理”方面国家就不再是某个特定阶级的机构，而是一种复合结构。这种国家机器经常在重大的稳定政策上进行阶级合作，以维持资本主义制度。

实践中，在工业化国家的社会功能领域里出现了两种不同的模式：一种传承英国的《济贫法》精神，以救助贫困者作为政府社会功能的基本出发点，进而发展到把国家的社会保护网扩大到覆盖所有在工业社会中可能遭遇社会风险的人群；另一种则因袭德国的社会保险法传统，以制度性的阶级调和作为政府社会干预的基本措施，在阶级之上另外建立起一套机制，使社会各有关成员都为工业社会的风险承担责任。这两种模式在相互借鉴与补充的基础上遵循着自己的轨道发展，并且影响了整个世界。这两种模式都产生于欧洲，造成它们不同的根源就是英国和德国在民族主权国家发展过程中那一百多年的时间差。统一的民族国家政权对工业化早期的社会现实做出进行社会干预的决定，就产生了《济贫法》；统一的民族国家政权对大规模的工业化社会矛盾做出进行社会干预的决策，就产生了《社会保险法》。

20 世纪 30 年代的经济大危机是西方国家观念彻底更新的催生剂。在凯恩斯主义的影响下，贝弗里奇爵士在他最具有影响力的著作《自由社会中的充分就业》中明确提出：“保护国民免于大规模的失业……这必须确定无疑是国家的职能，就像国家现在保护国民免于来自国外的威胁和来自内部的强盗和暴力的威胁一样 。”无论是在欧洲大陆，还是在英伦三岛，甚至远及北美，由于市场的不完善和社会的无力量，国家利用手中的权力，保护国民免于社会风险已经成为国家观念中不可分割的组成部分，成为政权合法性和政府权威的依据之一。国家的对内社会保护职能与国家的对外职能具有同等重要的地位已成为现代工业国家的共识。

这种共识具体地体现在三个主要方面的政策上：第一，由政府出面提供与个人及家庭收入相应的最低收入保障。第二，政府有责任帮助个人和家庭抵御社会风险（如疾病、老龄和失业）可能带来的危机。第三，政府保证所有的国民个人（无论其社会地位的高低）享受尽可能最好的、没有确定上限的社会服务。这三个方面政策的发展导致了福利国家的出现，每个福利国家都根据本国的特定情况选择不同的政策组合。余下的问题不再是政府干预社会的必要性，而是干预的方式和方法。

福利国家是工业化时代主权国家社会功能的具体体现，它突出地强化了现代主权国家的社会功能。主权国家机器对于社会的干预受制于三个决定性的因素。第一个因素是国家合法性的构成，第二个因素是国家对于工业社会需求的认识和承诺，第三个因素是国家在工业化时代调动财源的能力。在工业化时代，这三个因素几乎同时发展，共同成为福利国家发展的主要原因。

复习思考题

1. 福利模式和福利体制的内涵分别是什么？

2. 从社会政策学的角度出发，可以将社会保障模式划分成几类？它们的主要内容分别是什么？

3. 自由主义福利体制、保守主义福利体制和社会民主主义福利体制的特点主要表现在哪些方面？三种福利体制的代表国家有哪些？

4. 非商品化的比较量纲的主要内容是什么？

5. 在三种社会政策中，分层化效果主要有哪些特点？

6. 简述东亚福利体制争论的主要观点。

第三章

自由主义福利体制

自由主义福利体制以美国、加拿大等国家为代表。早期的经济自由主义从根本上反对制度化的社会保障。在社会保障已经成为工业化社会的基本制度以后，自由主义的价值观念和政治主张就融入了具体的社会政策，成为在整个制度中维护市场和个人利益的流派。现代经济自由主义是福利国家紧缩的积极倡导者，并且在全球市场迅速发展的时代，强调市场在社会保护中的作用①。

第一节　自由主义福利体制总论

一、自由主义福利体制非商品化特征

自由主义的一般假设是：市场对于自立的劳动力来说，是最佳的保护壳。它有利于劳动力的解放，只要没有外力的干扰，市场可以通过其自我调节机制以确保所有有工作意愿的人被雇用，同时，市场也可以通过其自身的作用保证劳动力的福利。当然在自由主义福利体制中，个人遇到贫穷、风险的情况是不可避免的。但是，当劳动者在生活中出现缺乏安全感、风险、陷阱等孤立无助的情况时，自由主义认为这并不是自身制度的错误，而是个人的道德沦丧、奢侈、懒惰的结果。

这虽然是自由主义“理想社会”的初步模式，但它仍有着许多弱点②。自由主义的一般假设是建立在确定所有的个体都有参与市场的能力的基础上的。但是，现实情况与此大相径庭。社会中存在着没有市场参与能力的年老者、体弱者或是残疾人，当他们遇

① 周弘. 国外社会福利制度. 北京：中国社会出版社，2004：56

② 艾斯平-安德森 G. 福利资本主义的三个世界. 郑秉文译. 北京：法律出版社，2003：46

到社会风险时，多数情况并不是因为其自身的道德、懒惰等原因。他们降低或规避风险的途径则是依靠家庭，从而又相应地限制了这个家庭参与市场的能力。如果劳动者的工资只能维持最低限度的生存，说明其不可能拥有多余的储蓄，因此必然不可能以储蓄的方式预防未来发生的社会灾变。所以，当遇到这些情况时，自由主义体制就不得不向诸如家庭、教会以及社区求助。但是一旦这些组织承担了某些社会责任，就必然给市场施加除其自身以外的外力作用，这些外力也势必破坏市场的自我调节能力，使市场不能按照固有的游戏规则行事。这就与自由主义的一般假设构成了矛盾。

1. 自由主义福利体制的商品化

与自由放任主义资本主义原则相伴而生的是劳动的商品化。当人们为了生计和必要的生活保障而不得不到市场上去寻找工作和就业机会的时候，他本人及其家庭成员的所有经济来源与生活保障就不得不依靠他的“工资劳动”了；当资本主义绝大多数社会成员的生活需求必须通过商品交换得以满足时，购买力和收入分配问题便凸显出来了；当人们的劳动成为商品的时候，他们独立于市场之外的生存权利便岌岌可危了；这时，“现金交易能力”和“现金交易关系”占了主导地位。独立的生产者转变为无产的领薪者，失去的是对自己劳动力的支配权，换取的是劳动工资，因此，他们的家庭及其一切福利必定开始依赖市场，开始依赖雇主的支配。在资本主义社会，与其他任何商品一样，劳动力这个商品之间也存在竞争；也遵循着同样的供求规律，竞争越激烈，价格就越低，工人的生活就越陷入贫困之中不能自拔，就越依赖于劳动工资的获得，其福利和生活保障对现金交易关系的依赖性就越大。当资本主义生产关系完全占据统治地位，普遍的市场商品化原则渗透于社会的每个角落的时候，个人福利的状况和水平就开始逐渐被货币关系彻底支配，货币就成为劳动的唯一目的。自由主义者通过以下两种途径来处理劳动力商品化。

第一种途径是调整修正“资格不及”（less eligibility）原则。由原来的济贫法转向家计调查式的社会救助体制。在这种方式下，社会权利的无条件扩张可以得到避免，同时只有被证明确实是最需要的人群，政府才会定向地给予补贴，这种方式可以促使工人不依赖福利，而是主动选择工作。在某种意义上，以家计调查为基准的救助制度，是一种能确保将非市场收入留给那些没有任何能力参与市场的人的方法。自由主义者追求的是，公共责任只能进入市场失灵的领域，而商品的逻辑是至高无上的。

第二种途径也体现了同样的哲学。即使最纯粹的自由主义学派，也从不反对慈善或保险本身，重要的是慈善或者任何类型的保险都应基于契约原则和保险精算原则之上。既然天下没有免费的午餐，那么权利与给付必然与相应的缴费相关联。一旦自由主义接受工联主义的原则，将个人保险观念扩展至集体协商的社会给付之中就成为完全可能的了。

总之，一般会认为自由主义既然追求市场的最大化，就必然会忽视社会保障和社会保护，但是在实际过程中，由于自由主义的社会保护的适应性富有弹性。在某些条件下，自由主义能够实现既保证劳动力的商品地位，又不引发负面的社会效应。

2. 自由主义福利体制的非商品化

没有商品化的劳动就不可能产生以非商品化为主旨的工人运动，工人就不可能将非商品化作为工人运动政策的主导原则；对劳工运动发展而言，非商品化既是劳工团结与统一的起点和重点，又是工人集体行动的动机和目标。所谓起点和动机，是指现代福利国家经济社会政策的源动力以及人类需求和劳动商品化的过程；所谓重点和目标，主要是指工人的福利取决于能否最终将其从现金交易关系的束缚中解放出来。所以说，劳动商品化导致了“非商品化”的工人运动政策。

在现代社会，社会权利既可以被看成是对福利国家起源的一个诠释，又可以被看成是福利国家的本来意义。在工业化社会中，既然福利国家的福利政策和经济政策必须对工人给予强烈的社会保证，以最大幅度地规避和降低工业化社会给个人带来的各种社会风险，旨在继续资本主义的再生产，那么，人们就可以对“社会权利”做出这样的定义：社会权利是保证企业竞争和最大限度地适应经济发展的过程中的一种“生产性投资”。

既然现实社会中并不存在抽象和纯粹的劳动商品化形式，那么社会权利的确立就将福利国家的福利支出规模以法律的形式固定下来①。

3. 自由主义福利体制的非商品化特征

在艾斯平-安德森“非商品化”概念下，人们的福利保障和福利供给与下列两个因素发生了分离：一是与福利受领者的当期收入相分离；二是与福利受领者参与其中的市场交易相分离。这就是说在非商品化存在的福利分配机制中，起主要作用不再是看得见的那只手——市场，而是看不见的那只手——政府或国家。由此可见，非商品化，是一个这样的概念：它与市场和政府在分配福利资源机制中所起作用的大小密切相关。据此，可以做一个表述概念的词语转换，用“市场作用”来表述福利保障和福利供给中的作用机制。这样，若非商品化程度高，则市场作用小；若非商品化程度低，则市场作用大②。自由主义福利体制强调发挥市场的作用，只有在假设市场和家庭这两个部门都不起作用时，国家才临时发挥作用。但是，偏向市场的体制也可能是由积极的、直接的政府政策引导的，如政府对于私营的社会保障往往是给予支持的。

依据这种较低的非商品化程度，自由主义福利体制的特点表现为：第一，非商品化程度最低，有力地抑制社会权利的扩张。第二，强调发挥市场的作用，只有在假设市场和家庭这两个部门都不起作用时，国家才临时发挥作用。第三，经济调查式的社会救助居于支配地位，辅以少量的普救式转移支付或作用有限的社会保险计划。给付对象主要是低收入的、依靠国家救助的受保护者。第四，福利的极限等价于福利取代工作的选择的边际倾向。资格条件苛刻且通常带有羞辱性，给付数额极为有限。第五，国家运用消极的和积极的两种手段促使市场机制发挥作用，消极手段是只保证最低限度的给付，积极手段则是对私人部门福利计划予以补贴。

4. 自由主义福利体制中非商品化程度的衡量

第一，要考量的是决定人们“进入权利”的规则：资格标准和资格限制。也就是说，社会权利从来都不是无条件的，申请者至少应该符合或病、或老、或失业的条件才

---

① 郑秉文. 社会权利：现代福利国家模式的起源与诠释. 山东大学学报，2005，(2)

② 祁亚辉. 划分福利国家制度模式的新方法. 理论与改革，2005，(3)

能够获得给付。如果保障获得适当的生活水准的权利无需与以往的就业记录、工作业绩或是缴费记录挂钩，那么这个计划就具有较大的非商品化潜力。如果某些计划只是在一个有限的时期内提供的给付，显然它们的非商品化能力较低。在自由主义福利体制下，其社会保险常常与其缴费记录挂钩，因此说，自由福利体制的非商品化程度较低。第二，要考量的是收入替代水平。如果给付水平下降至社会所满意或认可的正常收入或生活水平以下时，可能的结果就是迫使接受者尽快重返工作。第三，要考量的也最为重要的是资格授权的范围。几乎所有西方国家都认识到，诸如失业、伤残、疾病和养老等某些主要形式的社会权利能保护人们抵御基本的社会风险，它们被认为是基本的社会权利。在自由主义福利体制中，社会救助是针对那些已被证明的确是一贫如洗的贫困者，主要方法就是采取家计调查。

二、自由主义福利体制分层化特征

1. 自由主义福利体制中，较强的个人自由主义倾向与其较弱的非商品化程度是一致的

在福利国家制度安排中人们所处的地位是不同的，在福利保障和福利供给方面所享受的待遇也是不同的。这就是说，福利国家中的某些福利计划是专为某些群体设置的，而其他群体无法或无权享受。据此，可以将分层化转换成“选择主义”或“补救主义”与“普救主义”的概念加以表述。这就是说，分层化程度高，为选择主义或补救主义；而分层化程度低，则为普救主义①。根据自由主义福利体制的特征，可以看出，其采取的是典型的补救主义。

自由主义福利体制否定政府采取积极的政策，认为自由放任的政策和制度可以导致最理想的社会阶级结构，只要政治权利对市场制度或“市场出清”不干预，就可以实现在法律、契约和现金纽带面前人人平等。在自由主义福利体制中，工会作用受到遏制，精英主义得到崇尚，平等主义深入人心，市场原则至高无上。自由市场制度下的货币交易关系在社会各阶层的福利关系中发挥着主导作用，社会分层的结构也几乎是按照市场化和货币化的原则形成的。在社会分层化的残酷竞争过程中，针对“市场失灵”下出现的弱势群体，国家采取的贫困救助政策就表现为典型的补救主义②。

2. 自由主义福利体制倾向于将私人保险和协商的职业福利与社会保险相结合，从而形成了个人的自我责任与二元主义的奇特组合

社会底层的团体主要依赖羞辱性的救助，中产阶级是社会保险的支配性主体，特权集团有能力从市场中获得他们的主要福利③。

3. 分层化对劳动力市场的影响

福利国家中的劳动力市场不是独立自主运行的，而是在一定程度上受到福利国家制度的某种约束。在自由主义福利体制中，社会分层化对劳动力市场的影响体现在以下

① 祁亚辉. 划分福利国家制度模式的新方法. 理论与改革，2005，(3)

② 郑秉文. 社会权利：现代福利国家模式的起源与诠释. 山东大学学报，2005，(2)

③ 艾斯平-安德森 G. 福利资本主义的三个世界. 郑秉文译. 北京：法律出版社，2003：74

方面。

（1）对就业增长途径的影响。由于在自由主义福利体制中，其津贴是补缺型和救助型的，所以在医疗保健等一些服务领域，就业增长比较强劲。

（2）对产业成长及其就业趋势的影响。自由主义福利体制表现出了几种产业竞相发展、共同繁荣的趋势，不同传统的工业经济仍保持着持久的活力，朝着专业化方向强力推进，而且，生产服务领域、商业服务领域和休闲服务业都得到了长足的发展。不仅高管白领职业的需求享有很大的市场潜力，低技能的职业也存在很大的市场潜力，受到最大限度的吸纳，发展势头日益看好。

（3）对职业结构的影响。自由主义福利体制中，企业因福利国家的缺位而产生的对管理人员的需求导致了企业的一个重要管理倾向——“过度管理”；政府的“过度管理”使“好工作”增长速度快，甚至快于“坏职业”的增长速度，而私人服务性职业的数量的格外庞大也使“垃圾职业”占很大比例；“过度管理”和“垃圾职业”的同步快速增长使拓展就业机会的领域十分广阔，就业机会的增长很快。

（4）就业二元化倾向。自由主义福利体制中，就业二元化倾向为“好工作”和“坏职业”共存并举。商业和休闲业的迅猛发展导致了“好工作”和“坏职业”的二元化趋势快速发展，带来了职业品位和工资福利待遇方面的事实不平等。这种二元化倾向的继续发展，必然会带来“职业隔离”现象，即社会弱势群体对“垃圾职业”和服务部门的依赖程度没有明显减弱，他们成为服务行业中从事低薪职业的主要劳动后备军之一。而在自由主义福利体制下，其基本的就业取向是以市场化就业分配机制为主的。该机制导致的分层化结果使少数民族和妇女等弱势群体仍然在底层人口中占绝大多数，基本上被“锁定”在“垃圾职业”部门——一旦进入就难以逃脱的“职业隔离区”，同时他们的工资几乎接近于贫困线。因此，社会福利的目标也基本定位在这一群体身上，他们成为这种补救型再分配制度的主要转移支付对象。

总之，自由主义福利体制国家缺乏稳定的跨阶级联盟，国家福利主要以贫困线为贫穷者提供残补式的安全网。强调个人在市场的权利，并寻求市场解决的方式，并且认为国家的介入越少越好，因此这一类型国家强调的是以资产调查的救助、有限支付转移或社会保险为主的社会政策。这一类福利体制国家的特征是较高的就业率、较低的税赋、较低的社会支出规模以及较高的工资差异与所得不平等。

第二节　美国社会保障制度

美国是自由市场经济的典型代表，与其经济制度相配套的社会保障制度也是世界诸多社会保障制度的典型。与欧洲国家相比，美国的社会保障制度起步较晚，直到 20 世纪 30 年代大萧条时期才基本建立。从 1935 年《社会保障法》（Social Security Act）颁布至今，美国社会保障制度已经形成了自己的特色。

一、美国社会保障制度产生基础

任何一个国家的社会保障制度的产生、发展及其运行都蕴涵着多元而独特的理念基础。美国的社会保障制度的产生、发展及运行同样如此。

1. 崇尚个人奋斗的文化传统

美国是一个移民国家，早期的定居者是为了逃避欧洲的封建与宗教迫害而抵达美洲大陆的。因此，在这些早期拓荒者身上流淌着个人奋斗的血液。而且早期迁往美洲新大陆的移民中，大多数为卡尔文教徒，他们崇尚克勤克俭，厌恶懒惰。因此可以说，从一开始美国社会就形成了这样一种传统：提倡个人奋斗，把贫困归因于个人的懒惰和无能，而不是社会的责任。所以，在早期美国历史中，福利事业仅仅是被当做一种济贫措施[①]。

2. 自由放任主义和社会达尔文主义

美国社会保障制度建立的初期深受自由放任主义和社会达尔文主义思想的影响。其主要论点是：社会不幸和贫困是不可避免的，造成贫困的责任不在社会而在个人，因为新社会给每个人提供了成功的平等机会，应尽量减少公共（国家）救济。贫困是个人道义上的事，因而不应救济，特别是不应进行公共援助。由于认为贫困的责任在个人不在社会的自由放任主义和社会达尔文主义思想的主导，这一时期美国社会保障的主要形式是自愿捐助和民间团体救济。这些个人和组织基本上是通过捐税、私人捐赠、赠予、赠遗产及其他私人财产来济贫的。联邦政府基本上不参与社会保障活动，而只有极少数的州政府的活动与社会福利有关。

自由放任主义和社会达尔文主义的思想突出强调市场的自动调节功能，限制政府干预社会经济生活。社会保障的功能主要由非政府组织成分（社团、教会等等）来完成。由于国家在社会保障中参与程度很低，社会保障的建设主要集中于社会保障中的社会救济。

3. 新自由主义思想

新自由主义经济学家崇尚一个最低限度的政府和一个自由的市场。他们从强化市场自由、弱化政府职能入手，否定福利国家的福利政策。要求政府进行一系列的改革，降低福利标准，缩小福利保障范围，减少政府财政支出，同时通过减税来减轻企业负担，放松管制，加快私有化，促进经济发展。新自由主义对美国社会保障制度的影响在于它对国家参与社会保障持强烈的否定态度，要求分散国家管理风险，实行权利和财务下放到地方政府，同时转变政府在社会保障中的职能，主张用选择性的社会保障代替全面的社会保障模式，强调混合式的社会保障模式（政府与非政府组织共同参与社会保障），极力推行志愿主义，并突出市场和职业福利的作用，推行社会保障产业化、社会保险的商业化、社会服务社会化。

---

① 张桂琳，彭润金，杨光，等．七国社会保障制度研究：兼论我国社会保障制度建设．北京：中国政法大学出版社，2005：109

二、美国社会保障制度历史沿革

1. 美国社会保障制度的萌芽

作为世界上最发达的工业化国家，美国社会保障制度的形成在时间上相对较晚。在殖民地时代，北美地区的欧洲移民仍然要面对天灾人祸、失业、流浪、贫困等现实的社会问题。起初的移民大多数来自盎格鲁-撒克逊民族，因此，他们自然地仿效英国有关济贫制度来实施社会福利。

北美最早的济贫所出现于纽约殖民地伦斯勒，随后出现于波士顿。较早的私人慈善团体是1657年出现的苏格兰人慈善协会。此外，波士顿还出现了圣公会慈善协会、爱尔兰慈善协会等团体，纽约出现了法国人慈善协会和德意志人慈善协会等团体。私人慈善组织主要通过捐税、捐赠、遗赠及其他形式提供慈善基金，向需要救助的穷人提供现金及食品、衣服、居住条件。事实上，在殖民地时期，各类社会团体在协助解决贫困问题上起到了重要的作用。殖民地政府不是通过社会保障立法，而是通过纳税人缴纳济贫基金，实施有限的慈善济贫。北方新英格兰各殖民地议会设有专门的行政官员负责济贫工作，南方各殖民地则由教区委员会负责济贫事宜。美国建国以后，“促进公共福利”思想被正式写进了1787年《美利坚合众国宪法》，它规定：“国会有权课征直接税、关税、输入税和货物税，以偿付国债，提供美利坚合众国共同防务和公共福利。”这是美国社会保障制度法制化的起点①。工业化时期和南北战争时期，由于美国盛行自由放任主义和社会达尔文主义，人们认为每个社会成员都被平等地提供了成功的机会，导致贫穷的责任不在社会而在个人。所以，当时的公共帮助被严格地限制在收容所、济贫院等机构里。

南北战争对美国的劳工立法和社会保障制度建设起到了积极的推动作用。内战结束后，美国的工人运动迅猛发展。1886年，几十个全国性工会组织联合成立了“美国劳工联合会”，增强了美国工人阶级的力量。该联合会的宗旨是，以合法的手段增进、保护工人的权益，包括增加工资、减少工时、改善工作条件、维护女工和童工的权益等。大规模的工人运动极大地改善了劳动者的境遇。总体看来，早期美国社会保障制度的萌芽主要体现在各州的社会立法中，主要涉及工资、工时、工伤、女工和童工保护等方面；各州的立法进度和制度差异很大，直到“新政”时期才逐步统一起来。

在工资保护方面，州立法限于女工和童工保护领域，成年男工的工资问题主要由工会与雇主谈判解决。1912年，马萨诸塞州颁布法律，成立了一个专门委员会来管理女工工资。在工时保护方面，各州的立法也主要集中在女工和童工领域。1836年马萨诸塞州颁布法律，规定必须保护童工受教育的权利，这就意味着必须缩短童工的工时。到1914年，除去南部的6个州外，美国其他各州都已经规定14岁以下的儿童应强制入学，除假期外不得工作。同时，到第一次世界大战以前，美国所有的州都立法规定了女工的最高工时，有的州还规定女工不能从事夜班工作。在工伤赔偿方面，按照当时的习

---

① 黄安年. 当代美国的社会保障政策. 北京：中国社会科学出版社，1998：7

惯，在发生工伤事故时，雇主只有在应由其本人负责的时候才负有赔偿责任。1902 年，马里兰州颁布了美国第一个《工伤赔偿法》，改变了原有习惯法的原则。第一次世界大战结束后，美国多数州都建立了工伤赔偿制度。

美国社会保障制度萌芽时期最显著的特征就是："职业福利"一直处于"社会福利"制度的核心位置。"新政"以前，美国没有国家出面组织的社会保障制度；"保障"是企业与职工之间的一种契约关系，国家则负责社会救济事务，以填补职业福利的空缺。

第一次世界大战结束后，美国的职业福利制度有了很大的发展，开始向"福利资本主义"的方向发展，其表现在以下方面。

（1）美国的主要企业纷纷推行"职工入股"制度，以强化职工与企业之间的联系，瓦解工人阶级的斗志。但实际上，职工的股份额很低，对个人和企业都没有什么实质性的意义。美国联邦贸易委员会的统计表明，1922 年美国职工购买的企业股份只占普通股的 1.5%，而且这些股票的拥有者多半还是企业的白领。

（2）美国的企业普遍承担了更多的社会职能，通过增进职业福利来稳定职工队伍。当时，很多企业面向职工推行教育计划，鼓励职工拥有自己的住房，实行免费医疗和带薪休假制度。

（3）企业为职工办理了各种形式的团体保险制度，包括工伤、残疾、死亡等险种。据统计，到 1927 年职工已经领取的团体保险费达到 56 亿美元，涉及在职职工的人数为 470 万人。同时，美国的职业养老金制度也开始发展起来。1926 年宾夕法尼亚州养老金委员会的研究表明，当时至少有 400 个工厂建立了养老金制度，涉及员工数量达到 400 万人①。

2. 美国社会保障制度的建立

1929～1933 年的大萧条给美国经济带来了沉重的打击，但同时也是美国社会保障制度的催生剂。1929 年，一场罕见的经济危机首先猛烈地袭击了美国各行各业，同时引发了工业危机、农业危机与信贷货币危机。不多久，危机便席卷整个资本主义世界。许多殖民地、半殖民地和不发达国家也感受到了它巨大的冲击力。这次危机使得西方世界工业生产下降 40%以上，许多国家失业率高达30%～50%，几百万小农破产，无业人口颠沛流离。面对危机的沉重打击，失业者、老年人、残疾人、孤立无援的母亲及无依无靠的儿童都处于极端困境之中。大危机使成千上万兢兢业业的劳动者，一夜之间变成需要接受救济的穷人。不仅如此，大危机还改变了长期以来左右社会舆论的传统看法——贫困出自懒惰。人们逐渐意识到，贫困不只是个人的问题，还有社会的责任。最重要的是，大危机打破了廉价政府、自由放任和无为而治的政治观念，人们强烈要求政府承担起社会责任。

在美国经济和社会一片混乱之际，1932 年，罗斯福当选为美国第 32 任总统，他采取了大刀阔斧的"新政"措施，主要内容之一就是救济工作。1933 年 5 月，国会通过《联邦紧急救济法》，在此基础上成立了联邦紧急救济署，实行"以工代赈"的救济措施，逐渐使国家渡过了工人严重失业，老人生活无保障，许多人缺衣少食、无家可归的

① 顾俊礼，田德文. 福利国家论析：以欧洲为背景的比较研究. 北京：经济管理出版社，2002：248

经济难关。但这些措施都属于临时性应急措施，并非长期起作用的社会保障立法，难以缓解当时的社会保障危机。随后，罗斯福总统在新政的改革当中逐渐系统地提出社会保障化的主张，即“安全保障社会化”的理论：“在早先的日子里，安全保障是通过家庭成员之间的互相依靠和小居民点内各个家庭之间的互济实现的。当前大规模社会和有组织行业的复杂情况，使得这种简单的安全保障方法不再适应。因此，我们被迫通过政府来运用整个民族的积极关心来增进每个人的安全保障。”① 在罗斯福看来，家庭安全、生活保障和社会保障这三大任务是政府向人民提出的最低限度的承诺。没有经济上的独立和安全，就谈不上个人的自由；贫困的人没有真正的自由，美国也就无法成为一个真正的自由社会。

1935 年 8 月 14 日，罗斯福签署了由美国众、参两院分别通过的《社会保障法》，这是美国历史上第一部社会保障法典。根据这一法案，美国成立了社会保障署，约翰·G. 怀南特被任命为第一任社会保障署署长②。

《社会保障法》中，社会保险包括以下四个方面：其一，养老金；其二，失业保险；其三，老年保险；其四，对盲人、需赡养的儿童和其他遭遇不幸者的救济。根据该法律第一部分的规定，州政府如提出妥善的养老金计划，联邦政府可拨款补助，以鼓励各州制定养老金法。

该项法律规定，失业保险由联邦政府和州政府合办。联邦政府按企业的工资表向雇主征收失业保险税，当做救济失业基金，有各州政府代管。如果州立法机关通过的失业救济法得到联邦政府的认可，上述税款的 90%可以拨给州政府处理，但要求州政府设立社会就业机构，负责管理这笔基金。尽管这种失业救济金没有解决失业者的全部问题，但大大减轻了他们的困难，使他们暂时度过短期失业难关。

按照《社会保障法》的规定，只有退休金（即老年保险金）由联邦政府单独掌管。这项法律的这一部分一般被称为“社会保险”。联邦政府向企业主和工人同时课税，筹措退休基金，以便每月向符合条件的年逾 65 岁的老年人支付退休金。对工人和企业主课税的税率，在 1935 年开征时都规定为 1%，到 1948 年，劳资双方的负担都被提高到 3%。每月退休金数额，最初规定为 10～85 美元③。

总体来说，《社会保障法》是一个确立社会保障制度、规划有关保障项目、解决经济安全问题的综合性立法。虽然它存在不少弊病，如缺乏全国的统一标准、各州经费分配不一、资助项目由各州自行决定，但其确立了美国联邦政府在社会保障工作中的主导地位，建立起以解决养老问题和失业问题等社会保险为主体，以公共帮助为辅的保障模式。

三、美国社会保障制度主要内容

美国广义的社会保障制度由“社会保险”和“社会福利”两部分组成，其中，社会

① 关在汉. 罗斯福选集. 北京：商务印书馆，1982：58

② 林闽钢. 现代社会保障. 北京：中国商业出版社，1997：131

③ 牛文光. 美国社会保障制度的发展. 北京：中国劳动社会保障出版社，2004：138

保险制度主要包括老年及幸存者、残疾者保险，医疗保险和失业保险制度，而社会福利则是指一系列对低收入阶层和贫困社会成员进行救济的项目。

1. 美国的社会保险制度

美国的社会保险制度的主体包括老年及幸存者、残疾者保险，医疗保险和失业保险三个部分。除此之外，残废军人补助、铁路工人退休保险和煤矿工人的肺尘埃沉着病保险也都属于社会保险的范畴。

（1）老年及幸存者、残疾者保险。老年及幸存者、残疾者保险是以丧失劳动能力的老年人为主，同时包括灾害幸存者和残疾人员。这是美国社会保障体系中财政开支的部分。老年保险是联邦政府负责举办的，投保人必须足额缴纳社会保障税，才有资格享受社会保障的退休津贴。并且，按照美国的法律规定，个人从政府领取的社会保险金的数额取决于投保人向政府交纳的社会保险税的数额。社会保险税交纳得越多，退休后领取的保险金就越多。老年保险还对提前或推迟领取养老金的情况，以及投保人去世后，由其遗属享受养老金的条件和标准做了严格的规定。由于人们的预期寿命的不断延长及社会保障制度的财政危机，到 2027 年，正常的退休年龄将改为 67 岁。幸存者和残疾者保险都由联邦政府负责，对领取保障金的标准和条件做出严格的规定。例如，规定要求一个人具有伤残保险地位，才可享受保险津贴，主要是因工伤残、致伤而无法继续工作的在职人员，可以领取相当于本人原工资的 75％的保险金。领取伤残抚恤金的条件是，被保险人从 21 岁起每年须交纳 1 个季度的保险费，最高交纳 40 个季度，或发生残疾前交足 20 个季度保险费。

（2）医疗保险。医疗保险由老年医疗照顾（Medicare）和商业医疗保险两部分组成。老年医疗照顾是由联邦政府举办，主要向 65 岁以上的老年人、残疾人以及肾衰竭者提供的医疗计划，包括强制性的住院保险和非强制性的补充医疗保险两部分。这个计划为保险对象提供基本的医疗保健费用，并不包括所有的医疗费用或长期的保健费用。住院保险以交纳社会保险工资税为条件，投保人每年可以接受 90 天免费住院治疗和 100 天免费技术服务；补充医疗保险是自愿参加的，用于支付院外医生诊费、购买医生指定的药品和支付其他院外医疗服务的费用。但是，投保人每月只需要交纳固定数额的少量保费就可以享受补充保险，美国 99％的老年人都参加了这个保险项目①。商业医疗保险是由商业保险公司举办，由雇主替雇员购买或雇员本人购买的医疗保险，作为对雇员的一种福利，美国约 90％的私营医疗保险是由雇主替雇员购买的。该项保险在美国国民医疗保障中占主导地位。到目前为止，除 65 岁以上的老年公民和丧失劳动能力的残疾人享受老年医疗照顾，合乎条件的低收入贫困户享受医疗救助外，其余公民只能参加私营的商业保险或者自己负担自己的医疗费用②。

（3）失业保险。失业保险是由联邦政府和州政府共同举办的，具体由州政府负责管理，目前已经涵盖了 97％的工资收入者①。失业保险的三个主要目的在于减轻失业者痛苦、阻止失业传播和促进主动就业。失业保险也以工资税的形式来筹集资金，其大多数

① 顾俊礼，田德文. 福利国家论析：以欧洲为背景的比较研究. 北京：经济管理出版社，2002：255

② 姜守明，耿亮. 西方社会保障制度概论. 北京：科学出版社，2002：156

州的失业保险工资税全部由雇主来负担。雇主的失业保险税率各不相同，解雇率越高，税率也就越高；同时，联邦法律规定失业保险税的税基，即雇主应纳失业保险税的雇员年工资的最低额。根据各州不同规定，具有领取失业保险金的失业者可以领取一定数额的失业保险金，如果失业者在领取失业保险金规定期限内未找到工作，就会被转为社会救济的对象。

2. 美国的社会福利制度

社会福利是指一系列针对低收入阶层和贫困的社会成员提供救助的项目。社会福利作为以商业保险为主的美国社会保险的补充，已经成为美国社会保障制度的重要组成部分。它和社会保险共同支撑起独具特色的美国社会保障制度。

美国的社会福利按照发放形式可以分为“现金福利”和“非现金福利”两类。前者主要包括“对未成年儿童家庭的援助”（aids to the families with dependent children，AFDC）和“补充性保障收入”（supplemental security income，SSI）两个项目。后者主要由医疗救助（Medicaid）、食品券（food stamp）、儿童营养、住房补助四类项目组成。

AFDC 的对象主要是单亲父母家庭和处于失业状态并在积极寻找工作的双亲俱全的家庭。而大部分接受 AFDC 帮助的家庭实际上都是单亲母亲家庭，他们不得不依靠政府的帮助生活。联邦政府平均支付 AFDC 成本的 55%，州政府支付 40%，其余部分由地方政府支付①。虽然联邦政府支付 AFDC 项目一半以上的费用，但却将该项目的行政管理权委托给了州政府。更重要的是，联邦政府同时将决定该项目收益资格的标准和收益水平的权利也完全交给了州政府。由于各个州的需求标准不一样，因此其各自制定的标准差异也甚大。

SSI 项目是指援助贫困的 65 岁以上的老年人、盲人或残疾者而设立的一种社会保障项目。联邦政府在此项目中承担很大一部分援助费用，但主要是由州政府和地方政府决定接受援助的资格标准和收益水平，并负责该项目的行政管理。SSI 项目的收益比 AFDC 项目更为丰厚，但它同样会因不同州的福利水平差异而大相径庭。联邦操作的 SSI 项目和州与地方政府管理的 AFDC 项目之间的一个重要差别就在于，后者并不随着通货膨胀率的变化而调整，而前者的支付水平则是按照通货膨胀率每年都加以调整。

医疗救助由联邦和州两级政府共同承担费用，目的是向低收入的老人、盲人、残疾人、孕妇和多子女家庭提供医疗资助。此外，各州还可以向那些虽然能维持日常生活、收入来源却不足以满足全部医疗开支的人提供帮助。联邦政府划定大致的管理与服务范围，并提供应由联邦政府出资的那部分基金，同时要求各州向受惠者提供住院和看病两个主要方面的服务，其他还包括护理关怀、家庭健康服务、家庭健康计划等。

食品券项目是目前为止联邦政府最大的食品补助项目。该项目设立的目的是要确保贫困者能够获得基本的食物需求。该项目的收益是按照需求情况分配的，而且可能比任何其他实物性援助项目更倾向于资助贫困者。除了 SSI 领取者之外，所有其他公共援助的接受者都有资格参与食品券项目。SSI 的领取者以已经增加的补充保障收入支付的形

① 杨冠琼. 当代美国社会保障制度. 北京：法律出版社，2001：101

式领取食品券。其他家庭在某些允许的减免被扣除之后，若家庭净收入处于或低于贫困线收入水平，也有资格领取食品券。儿童营养项目也是食品补助项目之一。该项目包括特别牛奶计划、学校早餐计划、非食品援助计划。

住房补助主要包括公共住房补贴、补贴性住房以及对低收入者出租房屋的税收豁免三个项目。公共住房补贴是美国资助贫困和住房的一种最长久的项目。联邦政府规定，这些住房只能为在当地收入不超过中等收入水平的80%的家庭购买或租用。一般说来，地方当局制定的申请购买或租用该类住房的资格标准要比联邦政府的严格，一般只有年收入低于中等收入水平50%的家庭才有资格申请购买或租用此类住房①。补贴性住房是由地方住房当局直接出租私人住房，或为低收入家庭直接支付补充的房屋付款等。该种方案对于促进低收入家庭的分散居住具有巨大的潜在作用，但联邦政府资助的其他住房迅速上升的操作成本或费用，已经迫使以租金补贴代替其他形式的住房资助负担日益沉重，因而不得不使租金保持在低收入家庭支付得起的范围之内。因此，大多数租金补贴只能用于那些完全以租金补贴方式建造的住房，或与其他资助方式综合运用，以保证住房租金在低收入家庭支付得起的范围之内。这种方式实际上加重了联邦政府的财政支出负担。通过对低收入者出租房屋的税收豁免，联邦政府也间接地为低收入租户提供了援助。

四、美国社会保障制度基本特点

美国社会保障制度与欧洲国家的社会保障制度有着很大的差别。美国社会保障制度的主要特点表现在以下几方面。

（1）从社会保险的项目和水平上看，美国社会保障具有多层次、低水平的特征。从结构上来划分，美国的一些社会保障项目要求受益人交纳一定数额的保险金，如老年及幸存者、残疾者保险，失业保险，老年医疗照顾等项目；而另一些则是需要以需求和收入检验为基础的公共援助项目，它们要求受益人的收入水平在某一特定的值以下，如抚养未成年儿童家庭援助、补充保障收入、医疗救助等。如果从收益形式上来划分，美国的社会保障制度可以分为现金资助和实物援助。现金资助包括老年及幸存者、残疾者保险，失业保险，抚养未成年儿童家庭援助，补充保障收入等，而实物援助则包括医疗救助、食品补助、住房补助等。从类型上说，美国的社会保障制度集社会保险与社会福利于一体，种类很多，涉及生老病残、衣食住行、学习工作等各个方面。但是，虽然美国的社会保障层次众多，但其水平普遍较低，这种低水平的保障也是美国社会保障制度市场化的一个体现。

（2）在管理与运作方式上，美国社会保障制度具有多元化的特征。首先，是指联邦政府和州、地方政府的兼顾，这主要表现为联邦政府的主导作用和公司、社团及私人发挥的能动作用。前者又表现为联邦政府和州及地方政府的分工和分享。1935年的《社会保障法》强调的是联邦政府对社会保障的责任和作用，从20世纪60年代以后，美国

① 杨冠琼. 当代美国社会保障制度. 北京：法律出版社，2001：147

历任总统重视的则是发挥州和地方政府的作用。目前，美国社会保障制度的举办已经形成这样一种方式：老年及幸存、残疾者保险与医疗保险是由联邦政府负责举办的，而失业保险是由联邦政府与州政府共同举办的。其次，美国社会保障制度的多元化还体现在各级政府、公司、社团和私人共同承担的公私兼顾体制方面。这种公私兼顾体制在雇员就业和失业保险、老年保险等社会保障项目中表现得很明显。属于“私”方的社会保障有各种不同的组织，如各类社会福利保障的慈善机构、各种非营利性社会福利保障组织、各类基金会、教会福利社会保障机构、工会所属机构的社会福利保障、各种社区保障、家庭各类社会服务。在公私两渠道并举的方针下，美国个人和家庭的经济社会保障是由政府、社会以及个人三个层次构成和提供的。

（3）在资金筹措方式上，美国社会保障体现出的多渠道性与美国社会保障发展的市场化倾向相适应。美国在社会保障资金筹措方式上体现出多渠道的特征。政府征收的企业、公司雇主的税收以及企业主为雇员提供的福利经费成为社会保障项目的重要资金来源。联邦政府提供的经费也起到了重要作用，但是在不同时期和不同社会福利项目上有所侧重。各种社区及各种社会福利组织也为不同利益集团提供了社会福利保障的部分经费。同时，私人通过缴纳保险税为特定的保险项目提供了社会保险经费。此外，个人的慈善性捐助也起了很大作用。

（4）美国社会保障的受惠待遇是不平衡的。首先，美国社会保障大多是由联邦、州和地方政府共同举办的，而各个州存在经济、社会差异，导致保障对象、保障标准不同。其次，不同的企业由于经济实力不同也会对社会保障的待遇产生影响。最后，美国社会保障制度采用多贡献多受益的原则。个人缴纳的社会保障税越多，所享受的社会保障水平就越高。

五、美国社会保障制度困境与改革

自 20 世纪 90 年代以来，美国社会保障制度发展面临着以下几大困境。

（1）社会保障支出增长过快造成财政负担过重。美国的社会保障制度是由政府保障和商业保险共同承担的，但是尽管如此，其支出依然增长很快。社会保障项目的财政支出在 GNP 和联邦政府总财政支出中都占有很大的比例。目前，社会保障项目越来越多，社会保障支出标准越来越高，享受社会保障权益的人越来越多，因此，政府社会保障的支出随之迅速增加。1993 年的统计资料显示，在美国三项社会保障信托基金中，随着人口老年化趋势的加剧，老年发展保险基金预计将在 2029 年出现赤字，医疗保险基金也将在 21 世纪出现赤字。社会保障资金在未来的入不敷出无疑将会动摇美国社会保障制度的基础[①]。

（2）人口老龄化问题给社会保障制度带来巨大的阻力。老年化的发展带来了赡养老人费用的增加和劳动适龄人口物质负担的加重。早在 20 世纪 30～40 年代，美国青年人多，中年人少，老年人更少，因此社会保障基金充足。第二次世界大战后至 50 年代末

---

① 和春雷. 社会保障制度的国际比较. 北京：法律出版社，2001：84

是美国的生育高峰年代，而现在这些人正开始退休。他们的孩子相对更少，因此老龄化带来的社会保障问题令人担忧。美国已通过国会立法，规定从 2003 年开始，法定退休年龄从 65 岁逐步延长到 67 岁。

（3）福利依赖也在美国造成了竞争观念淡薄家庭观念，道德观念淡化的问题。美国足够的救济金引发了严重的“养懒汉”现象，这些人由于没有工作而领取社会救济，但觉得依靠失业救济和社会帮助可以生活得很舒适，便逃避工作，逃避劳动的责任和义务。同时，部分福利项目的实施也使不少年轻人认为照顾老人完全是政府和社会的事，抚养未成年子女被认为主要是政府的事，从而导致父母的责任淡化。家庭观念的淡化所带来的最直接的后果就是儿童和青少年的社会问题的增多，通常表现为较高的辍学率、早婚率、婚外生育率、青少年犯罪率。

（4）医疗保险制度陷入进退两难的境地。医疗费用高涨是美国社会保障制度面临的严重问题。这使得美国的医疗保险陷入一个怪圈，即医疗保险费用越高涨，个人和小企业越难以承受，从而保险金额越是增长。显然，不断上涨的医疗开支对美国政府、企业和家庭都造成了严重的损害。它使政府的税收大量流失；使美国企业的生产成本大幅度上升，失去了在国际市场上的竞争力；美国企业采取了将医疗开支的负担转嫁给雇员家庭，并限制享受单位医疗保险范围的措施。而在医疗费用不断膨胀的同时，有越来越多的新增的无医疗保险户，其中也包括相当数量的中产阶级。

（5）社会保障机构繁杂，管理费用开支巨大。美国社会保障制度是由联邦政府、州政府、地方政府连同私人、团体共同举办的，他们彼此分工，相互协调，构成了美国社会保障制度的一大特色。但因此也必然会造成美国社会保障管理费用开支巨大。这也是威胁其社会保障制度的一个重要因素。

在美国社会保障发展过程中，历届美国政府均对社会保障制度进行了诸多的改革。

（1）尼克松政府的社会保障制度改革。从 20 世纪 70 年代开始，美国的共和党政府就着手对福利国家制度进行一定程度的调整。尼克松在任时，对美国的社会保障制度进行了“分散化”改革，即给予各州和地方当局充分的自由。由于美国地域宽广，在社会保障制度方面实行分散化管理有助于更好地满足各地不同的需要，减少官僚主义倾向，提高效率。1973 年，他又在各地建立了“健康维持组织”（Health Maintenance Organization）。参加组织的成员只要每月交纳一定数额的保险金，看病时就不用付费。参加组织的医生收入以工资的形式发放，如果能够降低医疗成本，医生还能得到奖励。尼克松时期美国社会保障制度改革的力度不大，但是其改革措施已经包括了以后改革的主要内容，即减少开支与调整机制这两个方面。

（2）里根-布什政府时期的社会保障制度改革。里根上台之后，在其新自由主义政治哲学的指导下，对美国的福利国家制度进行了较大幅度的改革。在社会福利方面，里根政府强调贫困者应该主要通过家庭、志愿组织和私营社会福利机构实现自助，减少对公共福利的依赖性，并推出了多种社会福利改革试验项目，试图实现以工作替代福利的目标。从效果上看，里根-布什共和党政府的福利国家改革在一定程度上增加了原来社会福利领取者的工作收入，但削减社会开支的效果却不是非常明显。总体看来，20 世纪 80 年代，共和党政府的社会改革抑制了公共开支增长的势头，调整了美国社会保障制度的机制，为以后的改革确立了方向。在社会保险改革方面，里根政府的基本思路是推行私有化。根据 1981 年的《经济复兴税收法案》，所有的工资收入者，包括已经参加公共养老金计划的人，都可以设立个人养老金账户，政府对此给予一定数额的免税优惠。在医疗保险改革方面，里根-布什共和党政府的主要做法是减少联邦政府对医疗事业的干预，让市场自动调节，以达到降低费用、提高效率的目的。总体看来，里根-布什共和党政府对美国福利国家制度的改革是以市场化为机制调整的基本方向，尽量削减开支，实现由福利向工作的转化。这种改革扭转了美国福利国家迅速膨胀的势头，对 20 世纪 90 年代的改革产生了深远的影响。但是，由于其在公平与效率之间过于偏向效率，对美国社会保障制度的效果产生了消极的影响，使得贫富差距扩大，贫困化现象日益严重。

（3）克林顿政府的社会保障制度改革。克林顿政府对社会保障制度的改革是在以往几届政府改革的基础上进行的，兼顾了公平与效率的关系。针对 20 世纪 90 年代美国社会保障制度面临的危机，克林顿政府围绕整个社会保障费用的调整，对工作取代福利的社会保障政策以及有关教育和住房的问题进行了改革。在福利改革方面，1996 年 8 月，美国制定了《福利改革法案》，结束了自 1935 年以来联邦政府对穷人的没有限制的福利补助。在就业改革方面，1995 年 5 月美国通过一项有关工作训练的法案，该法案把原有的 160 项有关联邦的项目合并成 4 个补助金计划给州，以节省经费并提高现行福利制度的效率。在教育改革方面，1994 年，美国制定《学校-工作机会法》，以保障学生从学校走向工作的顺利进行。在医疗保险改革方面，克林顿政府把改革处在进退两难的美国医疗保险制度作为其国内问题的一个重点来解决。为此，克林顿政府于 1993 年向国会提交了《健康照顾改革法案》，主张建立由联邦政府、州和地方政府、雇主和雇员共同承担的全国统一的医疗保险新体制。但由于受国会和美国医疗协会等方面的强烈抵制，法案没有通过。可以看出，克林顿政府在改革的指导思想上，由过去的国家干预前提下的自由竞争转变为在联邦政府主导下，兼顾发挥地方政府的能动作用。其改革模式也由过去的大政府、小社会、高税收模式转变为小政府、大社会、低税收模式。其改革内容从扩大社会保障范围到相对收缩，从以失业、老年为重点到解决医疗保险为重点，从单纯救济性福利转为工作性福利。从改革的成效上来看，克林顿政府对社会保障制度进行的改革，对社会经济的作用可谓成效显著。但是美国的社会保障制度仍然存在大量的问题。

（4）布什政府的社会保障制度改革。2001 年 5 月，布什总统宣布成立“加强社会保障总统委员会”。2001 年 12 月，该委员会向总统提交了题为“加强社会保障、造福美国人民”的报告，认为社会保障制度改革的方向应该是：降低社会保障税率，将减少部分转入个人退休金账户，增强个人对资金的支配和管理，从而减轻政府在社会保障方面的负担。这次改革的核心是养老金改革，内容是将社会保障部分私有化，建立自愿性的个人退休金账户，而且个人可以将账户资金用于特定的投资项目。

这项报告还提出三个初步方案：一是最多将目前 6.2%社会保障税中的 2 百分点转入个人退休金账户，同时减少传统社会保障体系的支付，只要账户的收益超过 3.5%，个人就可以获取退休支付；二是最多将社会保障税中的 4 百分点转入个人退休金账户，退休福利与通货膨胀变化挂钩；三是工人将社会保障税中的 2.5 百分点转入个人退休金账户，同时每年再额外投入税后工资的 1%以“激活”账户，额外缴费部分将以减税的形式给予补助。

方案出台后，在美国社会引起了普遍的争议。支持者认为，建立个人退休金账户是美国公众在社会保障观念上的进步、思维上的变革和行为上的革命：第一，个人账户的建立有利于提高资金保障的能力，传统社会保障制度提供的退休金可能被削减，但是退休金的支付将更加可靠；第二，退休金将变成可继承的资产，个人退休金账户的资产可以由其配偶和子女继承，这不但改善了低收入人群的待遇，而且提高了资产和财富积累的可能性；第三，个人退休金账户为社会弱势群体增加了额外的保护。除退休金账户的资产可以被继承外，离婚者有权分享婚内积累的资产，低收入人群也能利用部分工资税建立个人金融资产；第四，个人退休金账户能使持有人得到更高的回报。建立账户后，退休金将分成两部分——传统社会保障制度的部分和来自个人账户的部分，而它们的总和将大于现行制度下退休者获得的金额；第五，有利于实现基金积累、增加国民储蓄以及延长劳动力的工作时间。

对该方案持反对意见的也大有人在，他们主要认为：第一，个人退休金账户的建立将大幅削减社会保障收入，这将改变原来能够提供稳定收入的退休金制度，而且民众将个人退休金账户中的资金用于股市投资，可能获利也可能血本无归，使个人承担的风险加大；第二，即使建立个人退休金账户，也不能缓解联邦社会保障基金日渐枯竭的状况；第三，联邦社会保障信托基金进入私人市场，与设立该基金的初衷相违背，并且可能危及美国自由经济和社会制度，因而受到自由派人士的强烈反对①。布什的改革计划如果得到通过和执行，这将是一次最大的改革，因为它使得美国的社会保障私有化改革能够推行下去。

（5）奥巴马政府的社会保障制度改革。奥巴马总统上台后，积极推动美国医改。在 2010 年 3 月，新的医改法案在美国成为一项正式的法律，这项名为《患者保护与平价医疗法案》(Patient Protection and Affordable Care Act)，简称医改法，又称奥巴马医改法（Obama Care)，它将在美国建立一个接近全民医疗保障的体系。然而，这项医改政策却搅动着美国政坛和社会，国内反对奥巴马医改之声此起彼伏。共和党在阻挠立法未果后，誓言将反对进行到底。在 2011 年成为众议院多数党后，共和党为了阻挠给医改拨款或拖延医改实施，已采取了约 40 次立法活动，并将奥巴马医改法案上诉到美国最高法院，称其主要条款违宪。

其实，奥巴马的医改法案已经是个妥协的产物，原有以雇佣关系为基础的私人医疗保险的体制没有根本变化，政府通过扩大私人医疗保险增加覆盖面。同时，政府出资扩大医疗救助项目的覆盖范围，将更多的穷人纳入保障体系。为确保私人购买保险，奥巴马方的对策是“强制医保”，即医改法的 1501 章“个人强制”(Individual Mandate) 条款，要求每个公民从 2014 年开始购买最低限度的医疗保险，否则将罚缴滞纳金 95 美

---

① 张志新，黄放. 美国现代社会保障制度及其改革. 国际资料信息，2005，(5)

金；若仍不购买保险，罚金将于 2015 年升至 325 美金，2016 年升至 695 美金。强制医保条款是医改计划的核心，根据分摊原理，只有所有民众加入医疗保险，才能将保险费用降至最低。医改法的其他条款，如通过扩大医疗救助项目覆盖更多的穷人，有效控制医疗费用，加强对私营保险公司管理，促进保险公司的竞争，在州层面建立保险公司和政府保险合作社来增加保险选择等，都要依靠更多人投保来完成。

在美国，与医疗卫生相关的利益集团多达一千多个，且影响巨大，主要的利益集团有美国医学会、美国总商会、美国保险行业协会、美国医药产业协会等。奥巴马这次通过利益交换暂时消除了制药商、医护人员和医院对医改的抵制，而受到医改冲击最大的保险公司和其他大企业，依然坚决抵制改革。美国制药企业集团一直是全民医改的坚决反对者，医药行业喜欢以私营保险为主的市场，因为他们不愿未来在美国的客户只有政府一家，这对药品定价显然是极其不利的。但这次制药企业集团却出人意料采取了谨慎支持的态度，其中一个原因是奥巴马医改保留了私营保险的角色，这总比一个由政府全面接管的全民医保要强。奥巴马最初并不能想象他的胜利要付出惨痛代价，整个美国几乎陷入分裂，而他强推医改的后遗症逐步显现。迫于多方压力，美国政府将中小企业实施医保法规的期限整整往后推迟了一年。

近 20 年来，福利国家危机一直是热门话题，美国在审视欧洲福利制度的同时，也在探寻经济和社会福利的发展道路。民主党倾向于刺激经济的凯恩斯主义，共和党更偏于削减政府作用的经济发展方式，两种经济发展模式交替使用①。

总体看来，美国的社会保障制度正处于改革的十字路口，虽然它的方向还没有确定，但其初衷都是为了能从改革中探索到更加稳定的社会以及更加繁荣的经济。

第三节 加拿大社会保障制度

加拿大先后经历了 160 年的法属殖民地时期（1603～1763 年）和 104 年的英属殖民地时期（1763～1867 年），到 1931 年才取得完全的独立。加拿大发展道路是以我为主、博采众长，在较短的时间内建设成为一个发达的工业化国家。

一、加拿大社会保障制度历史沿革

加拿大社会保障经历了一个相对曲折的发展过程，其发展过程可以分为三个时期。

1. 加拿大社会保障早期发展时期：1867 年至 20 世纪 30 年代初

加拿大历史上先后被法国和英国殖民，与其邻国美国通过“独立战争”走上独立国家的道路不同，加拿大是通过渐进的和平的方式，通过自上而下的谈判、协商和改革逐步实现统一和自治的。英国上下两院于 1867 年春通过了英属北美法案——《加拿大宪法》。1867 年 7 月 1 日，魁北克省、安大略省、新斯科舍省、新不伦瑞克省根据英属北

① 荣霞，陈晓律．透视奥巴马医改下的美国“政治乱象”．学海，2014，(1)

美法案实行联合，组成了统一的联邦国家，定名为“加拿大自治领”（The Dominion of Canada）①。

社会保障在此时仍被认为是地方政府和私人的事情，由各省自主管理。社会问题在当时被认为是个人行为的直接结果，贫穷是个人软弱和无能力照顾自己的失败表现，当时社会保障领域奉行四个原则：第一个原则是剩余性原则。社会救济应该是剩余型的——只救济无法自救的人。慈善捐助、邻里互助、自愿组织和教会等都是重要的合法的帮助需要者的资源。政府将照顾穷人的责任授权下放给慈善机构和教会，它只是在上述组织难以发挥作用时才进行有限的补助。第二个原则是选择性原则。社会救济只针对特定的人群，这些人包括老人、孤儿、精神病人和残疾人。如果一个健康的失业者，即有就业能力的成年人去申请公共救济，他们就会被强制工作，以换取救济金②。第三个原则是条件性原则。救济是有条件的救济。申请人应该履行公民的义务，对那些不服从的人进行惩罚。当时的立法包括父母必须照顾他们的子女，子女成人后应该赡养他们的父母和祖父母的规定。第四个原则是“劣等处置”原则。救济应该在数量上是最少的，不是适宜的或平均的。任何人获得的救济都应该低于最低工资标准，从而避免破坏人们工作的积极性，造成人们依赖福利而不愿意工作的现象。

19世纪中后期，加拿大经济社会各个方面都经历了市场经济带来的变化和冲击。加拿大政府干预社会和经济力度加大；加拿大的社会结构也在此时期发生分化，失业也就不可避免地发生了。当新的社会风险出现时，人们迫切地需要寻找办法来满足他们的福利需求，个人越来越转向向社会寻求帮助；公众的态度也在改变，“自由放任”和个人主义的理念受到社会公正和对整个群体利益的关心观念的挑战③。随着工业化进程造成的人们与家庭和社区的日益分离，他们发现家庭比过去更难满足个人的需求了。

20世纪以来，随着工业化和城市化的进一步发展，工伤事故风险不断扩大，疾病发生率不断提高，经济的不稳定造成的失业现象不断增加，家庭面临着更多的犯罪威胁，人们的安全感不断降低。这一形势要求政府来提供福利和帮助，但是省级政府没能力实施制度化的和有效的福利计划，这种现状迫使人们将眼光转向更高层次的政府，即省政府和联邦政府共同承担责任。在这个时期，地方政府开始同意在社会保障方面承担更多的责任，他们进一步扩大了其承诺的计划和提供的服务，具体表现为：第一，各省纷纷建立工伤保险法；第二，多数省实施了母亲年金或补贴计划；第三，一些省实施最低工资保障制度；第四，老年年金的出台。这四项改革代表了社会救助概念的现代化，从传统的由私人慈善机构、教会和市政当局的实践活动发展到公共的责任，并通过立法确立，同时由训练有素的公务员管理。联邦政府卷入社会保障主要在政策方面，同时也部分地卷入收入保障领域，具体的项目包括对退伍老兵的财政补贴，建立老年年金。

20世纪30年代是经济大萧条的十年，它不仅从根本上影响了许多加拿大人的生

---

① 阮西湖，王丽芝. 加拿大与加拿大人. 北京：中国社会科学出版社，1990：10

② Guest D. The Emergence of Social Security in Canada. Vancouver：University of British Columbia Press，1991：37

③ Guest D. The Emergence of Social Security in Canada. Vancouver：University of British Columbia Press，1991：24

活，也深深地影响了政府和公众对社会政策的认识。在1933年加拿大经济最衰退的时期，其经济比1929年下降了1/3。同期的官方失业率从3%上升到25%～30%。工业生产下降了一半，出口减少了2/3①。随着成千上万的人失去工作，加拿大人越来越相信失业和贫穷不是个性问题和个人失败，而是由社会和经济造成的。这时的社会保障面临着诸多的问题，一方面，由于经济动荡，地方政府财政收入严重缩水，已没有财力来提供救济以及最低的经济保障。另一方面，联邦政府具有一定的资源也倾向于更深入地介入社会保障领域。但是由于一些主要的省不愿意放弃自己的权力，大多数雄心勃勃的社会政策也无法实施。

2. 加拿大社会保障设计和建立时期：20世纪40年代至70年代早期

在经历了30年代的大萧条以后，加拿大政府开始研究如何利用社会保障抵御风险，满足人们的需求和期待。20世纪40～70年代，是加拿大现代社会政策发展和福利国家建设的第一个时期，在此期间提出的许多解决社会问题的方案已经付诸实施。

在经历了经济大萧条之后，加拿大政府意识到工人失业很大程度上是环境造成的，而社会政策不仅仅是一种社会保障，也是刺激经济增长的重要手段。20世纪40年代，加拿大政府认为应该更多地介入经济管理领域和在社会计划中承担更大的责任。而政府如何介入经济和社会生活成为公众争论的焦点。1940～1945年，加拿大国内发表的六篇文献对争论起了重要的推动作用，这些文献提出了一系列转变认识和执行计划的手段，逐渐成为加拿大社会保障的基础。

（1）Rowell-Sirois皇家委员会报告。该报告指出，多数涉及社会问题的立法权力应该继续留在省级政府，但是如果没有联邦政府的财政支援，省政府就没有资金承担社会保障的责任；该报告形成一个协议，包括社会计划的国家标准和均衡省财政能力的国家制度。

（2）Marsh报告。该报告被誉为“在加拿大福利国家发展史上最重要的文献，是加拿大的贝弗里奇报告”。其核心内容是社会保险、儿童津贴和国家投资。报告主张用社会保险替代公共救济；建议联邦政府出资并管理所有儿童的补贴计划而不考虑其家庭情况如何；同时，作为“伟大的经济战略”的一部分，该报告还建议政府实施一个和平时期对经济进行投资和对社会与经济发展进行资助的计划，认为该计划的作用将是增加工作机会，提供工资而不是补助。

（3）Heagerty报告。在Marsh报告的同时，Heagerty的《健康保险报告》（Health Insurance Report）也于1943年发表。该报告提出实施一个联邦和省合作的健康和医疗保险计划，由省来管理，联邦政府出资，并认为该计划应覆盖所有人口且医疗待遇应该齐全，包括治疗、牙医、药品、住院和护理服务等②。

（4）Curtis报告。该报告建议联邦政府积极干预住房市场和城市建设。报告指出，加拿大需要一个多方共同出资的现代住房政策，对低租金住房、农民住房问题应给予更

① 仇雨临．加拿大社会保障制度的选择及其对中国的启示．北京：经济管理出版社，2003：17

② Guest D. The Emergence of Social Security in Canada. Vancouver：University of British Columbia Press，1991：138

多的关注。

上述四个报告都是由政府顾问委员会撰写的，通过这些报告，人们形成了一个共识，即国家应该接受三个基本的责任：①保持经济稳定，以消灭工资收入风险；②确保高就业率；③建立社会安全网。与顾问委员会相对应，加拿大政府于 1945 年发表了两个文件：一是关于就业和收入问题的白皮书；二是提交自治领-省重建大会的绿皮书。

（5）白皮书。该报告指出，政府在第二次世界大战后应确保加拿大人民的适当收入水平和充分就业。白皮书宣布，政府将实施保持稳定的、高水平的就业率和收入这一就业政策，并将其作为主要目标。同时，白皮书不提倡扩大政府干预的作用，认为应尽可能地降低税收。

（6）绿皮书。绿皮书是联邦政府提交给渥太华重建会议的报告，主要目的是维持稳定和高水平的就业与收入，提供国家最低标准的社会服务，承担更多的经济和社会保障领域的公共责任。该报告有关社会保障的建议是：为失业、疾病和老年风险提供少量的、定期支付的补贴。

虽然上述六个文献中的观点和建议并没有立即实行，但是它们对政府的角色定位起了重要的作用。从“第二次世界大战”结束到 70 年代初期，通过了 10 个法案，加拿大初步建立起了包括失业保险、住院医疗保险、残疾人社会计划、老年年金和退休保险计划、家庭收入维护计划等在内的比较完备的社会保障制度。

3. 加拿大“福利国家”危机与改革时期：20 世纪 70 年代中期至今

从 20 世纪 70 年代中期到 80 年代后期是加拿大社会保障的危机时期，加拿大的“福利国家”成为不同群体的批判对象。可以说，70 年代以后，加拿大社会保障发展的重点从福利计划的建设转变到对其进行评估和反思。福利危机在此时被理解成为国家财政危机，从 1975 年起，加拿大的失业保险计划连续紧缩，最低工资率不再增长或只是季节性的增长，加拿大社会保障的收缩与调整受石油危机的冲击可见一斑。

20 世纪 80 年代，保守党政府上台后就对外宣布了要对社会政策与福利计划进行全面的审查调整。削减财政预算赤字是紧迫的，并被放在首位。政府提出要对普遍的公共支出和特定的社会支出进行削减，除了医疗以外的社会福利计划将不再被认为是不可削减的。相反，政府提出的“社会”负责口号可被理解成“把稀少的资源放到最需要的地方去”（“选择性”的委婉语）[①]，而选择性可以被认为是公平的减少福利计划支出的一种方式，也可以被看做通过有计划的支配资源而提高社会福利计划的一种有效方式。但是加拿大保守党的改革并没有完全放弃中间派的社会政策模式，他们对社会政策的声明或讨论都未表明要进行彻底的改革；同时，与美国里根政府的改革不同，加拿大社会保障的改革趋向于持续性的稳定过度的特征，社会发展走的是平稳发展的中庸之道。

进入 20 世纪 90 年代，政府不再在社会保障计划中扮演一统天下的角色。为了应对日益增长的对福利国家的批判和全球化、多元化的压力，加拿大政府采用缩减社会福利计划和整合多种社会保障资源两种方式改革社会保障制度。

第一，废除福利制度——放弃政策目标，取消计划，改变结构。废除福利制度是政

① 米什拉 R. 资本主义社会的福利国家. 郑秉文译. 北京：法律出版社，2003：73

府对福利危机的直接回应，这主要基于政府干预不再能够满足它最初所设计的目标。政府相信私人、家庭或社区能够以更有效的手段，提供比国家更好的社会支持。与美国、澳大利亚类似，加拿大也在将其制度向剩余福利型方向转变，开始解除工业管制，开放贸易，取消或紧缩现存的福利计划。政府使用的废除国家的策略表现为三种形式，即计划项目的削减、制度上的削减和模式的削减。皮尔森（Paul Pierson）将计划项目的削减定义为减少社会计划项目的规模和开支，对项目设立更严格的限制条件，将社会政策向剩余福利型方向转变。制度性的削减重点放在制度和财政运行方面，但对福利国家的政治和本质具有长期的影响。制度性削减从长期着眼，改变广泛的政治环境，包括公共舆论、利益群体、各级政府之间的关系、政府财政等，为未来的福利计划的削减奠定基础。模式的削减指对社会保障赖以建立的基本原则和理论的放弃和动摇，如不再将以往信奉的凯恩斯国家干预主义作为政府制定社会经济政策的主要依据。上述三种削减的目的都在于面对公共危机时，减轻政府的公共责任。

第二，利用福利的社会经济系统，对社会保障的各种资源进行再整合。受“福利多元主义”的影响，加拿大政府相信使用更多的方式来实施福利计划和服务，比只使用一种公共资源要好。混合的形式主要有两种，即改变责任主体和通过签订合约将社会保障职能转包给其他部门。改变责任主体在 20 世纪 90 年代主要体现在联邦政府向地方政府下放社会保障责任，各省政府与地方政府和社区组织分担社会保障责任。除此之外，联邦政府还通过与非营利组织和私人组织签约转包社会服务，政府在此过程中并不是推卸福利的责任，而是在福利的提供上增加了一些帮手。

在 20 世纪 90 年代的改革中，加拿大政府在社会保障领域不断后撤，在社会计划、再分配和创造就业方面的承诺也更少。但变革中，一些福利国家的成分还是保留了下来，如普遍的医疗保险、小学和中学的义务教育、工伤保险、老兵福利、老年人收入支持和庇护所救济计划等。职业福利不仅得以保留，还进一步扩大了。

二、加拿大社会保障制度主要内容

1. 养老保险

加拿大实行三级政府制度，即联邦政府，省、地区政府和市政府。在这种政体下，社会保障方面的具体事务主要由省和地区负责。1993 年，加拿大政府改组后成立人力资源开发部，统一管理除医疗保险外的各项社会保险，负责制定法案，规定保险的基本标准和条件，具体事宜则由各省自行制定。加拿大养老保险可分为三个层次。

（1）老年人收入保障计划。该层次的保险费用来源于国家税收，主要有三项支出。

老年保障金（old age security，OAS）。受益者是全体国民，但必须具备两个条件，一是年龄要达到 65 周岁，二是年满 18 周岁以后在加拿大居住满 10 年以上。符合这两个条件的可以领取全额保障金。另外，这个计划还覆盖了在加拿大定居的移民，并对移民做出了限定，即年满 65 周岁前连续居住满一定年限，或是成年后积累但非连续地居住了相当一段时间的人有权享受此计划。因此成年后移居到加拿大的人或是在外国度过了人生大部分时间的加拿大人，只能获得不足额的老年保障金。同时为了减少成年移民者的损失，加拿大同许多国家签订了互惠条约，根据此条约，那些从一个国家移民到另一个国家的人有权从两个国家申请与年龄相关的福利。另外，已经在加拿大居住了足够长时间的人，无论在世界上任何地方都有权继续得到老年保障金。但居住年限不是足够长的人要想在 65 周岁以后领取老年保障金，就得再在加拿大保持一个最低限度的居住期。由于政府登记了每个公民的出生日期，因此当公民即将达到 65 周岁的时候，就会得到他们已有资格领取养老保障金的通知。2003 年 6～9 月，老年保障金的平均额是每月 436.59 加元，最高数额是每月 461.55 加元①。

收入保障补贴（guaranteed income supplement，GIS）。这是一个有针对性的保险，对象为一部分低收入的老年人。该保险通过立法授权政府对老年保障计划提供的补充部分，以确保所有的加拿大老年人能从各种渠道得到一个最低的收入总额。按照加拿大政府的制度设计，每个退休的老年人所拥有的收入应该为老年保障金与最高的收入保障补贴的总和。而获得最高的收入保障补贴的老人是那些除了老年保障金外再也没有其他收入的人，如果老年保障金的领取者有其他个人收入来源（如工作收入或补贴），则他所获得的收入保障补贴就会按照一定的幅度递减，即每增加 2 加元的个人收入将会带来 1 加元收入保障补贴的减少。这就意味着如果一个人的收入是现行最高收入保障补贴两倍的话，那么他就不能再领取收入保障补贴了。同老年保障金一样，收入保障补贴也是指数化的，其实际的金额数目也会不断地调整变化。由于收入保障补贴计划是以领取人的收入为依据的，因此这是一个典型的选择性的转移支付计划：个人除了老年保障金计划外的其他方面收入越多，他可领取的收入保障补贴越少。个人再申请收入保障补贴时必须出示他目前的收入水平证明。2003 年，收入保障补贴的平均数额为每月 306.62 加元，最高数额是：单身老人每月 548.53 加元；配偶有退休金或领取了其他补贴的老人每月 357.30 加元②。

配偶或鳏寡补助金（spouse's allowance，widowed spouse's allowance）。老年保障金计划和收入保障计划在实际运作过程中，在有些特定的情况下，发生了一些会引起困难的不正常的现象。例如，当老年夫妇中赚取收入的丈夫先达到了 65 周岁，他便可以领取老年保障金，并且如果他的收入很低的话，他也可以同时领取收入保障补贴。但他的妻子，此时还未达到 65 周岁，不能得到任何收入。因此，如果妻子没有工作，这对夫妇所有的收入几乎就是丈夫的老年保障金和收入保障补贴，而这笔钱本来不是要用来赡养两个人的。针对这种情况，加拿大政府在 1975 年推出了配偶津贴政策：当配偶一方年龄达到 65 周岁，而另一方的年龄在 60～65 周岁时，配偶津贴可以使这对夫妻得到的收入与双方都满 65 周岁的夫妻达到同样的水平。虽然两种情况的具体计算方法不同，但最终得到的收入水平是相同的。而当夫妻两人年龄较小的一方也年满 65 周岁时，配偶津贴将自动中止。另外，加拿大政府还制定了一些特殊的条款用来保障那些已经开始领取配偶的津贴，但在 65 周岁之前却不幸丧偶的人。目前加拿大有 10 多万人受益于这项帮助，而且受益人多为妇女。

---

① 仇雨临. 加拿大社会保障制度的选择及其对中国的启示. 北京：经济管理出版社，2003：93

② 仇雨临. 加拿大社会保障制度的选择及其对中国的启示. 北京：经济管理出版社，2003：95

（2）退休金计划（养老金计划）。这项保障的费用来自于雇主和雇员的缴费。政府规定凡年满18周岁已参加工作的雇员，必须交纳工资收入2.95%的退休金作为将来退休后的福利，雇主按照同样的比例出资。自谋职业者全部由个人交纳。退休金也被称为养老金①。加拿大政府允许被保险人选择自己认为合适的年龄来领取退休金，他们可以选择领取较少的养老保险金在65周岁之前提前退休，或是选择推延退休年龄以领取比65周岁退休相对较多的养老金。当然，这两种选择都有一些限制条件。一般情况下，选择提前退休的人比较多，现实情况是几乎每6个领取养老保险金的老年人中就有1个是低于65周岁的。

（3）私人养老金（private pensions）。私人养老计划最常见的形式就是企业为员工建立的企业年金计划或补充养老保险计划，它通常以团体保险的形式出现，即企业为合乎条件的员工统一建立一项计划，它由雇主选择一家保险公司，同雇员双方签订投保协议，双方缴费，这项储蓄积累保障丧偶生存的一方至少可以得到余额的60%，保险公司也愿意接受团体保险，所以该计划很受双方欢迎。

私人养老金计划的另一种形式就是没有拥有企业年金计划的人要么参加国家为他们提供的类似年金的储蓄计划，要么为自己投保，即建立一个个人养老金计划，本人的投资储蓄，一般不得超过本人工资的18%，并且可予以免税。

1987年，加拿大改革了公务员的退休金制度，规定每工作一年可领取本人工资2%的退休金，最高金额相当于本人工作最后6年工资的70%。

2. 医疗保险

加拿大在联合国发展指标评比排名中，曾在1994～1999年连续6年中居世界榜首。加拿大认为取得这一辉煌成就的一个重要因素就是坚定不移地实行全民医疗保险制度，并将这一制度作为神圣不可侵犯的原则写进《加拿大卫生法》②。加拿大实施的是全民健康保险制度，全体公民公平地享有医疗保障。每个加拿大国民都自动享有广泛的住院服务保险和医生门诊服务保险，个人直接支付的医疗费用很低，居民不会因为医疗费用支出而降低生活水平，在加拿大，充分体现医疗服务的均等享受与分配；同时，无论经济发展如何，国家能够保证全民健康保险稳定发展，并日趋成熟。

加拿大的"医疗保健体制"通常指由医院提供的住院和私人医生提供的门诊医疗服务，因此，医疗保险制度也就由"住院保险"（hospitalization insurance）和"医疗保健"（medical care）两项公共福利计划组成。由于与卫生有关的立法全在省级政府，因而同公共救助计划一样，加拿大存在10多种各不相同的住院保险与医疗保健计划。虽然每个省的计划都有联邦政府的参与，但加拿大的卫生保健体制并不是单一的。由于联邦政府向省级政府拨付的卫生基金不断减少，以及由此削弱了联邦政府在省级政府之间的杠杆作用，将可能导致国家内部的卫生保健体制的差异越来越大。

（1）住院保险。住院保险是加拿大医疗保险制度中最先建立起来的福利项目。因为住院的费用是非常高昂的，是一般的公民，特别是贫困者难以负担的。因此建立住院保

---

① 邱浩杰. 加拿大的养老保险. 劳动保障，2002，(8)

② 仇雨临. 加拿大社会保障制度的选择及其对中国的启示. 北京：经济管理出版社，2003：167

险制度，帮助人们分担医疗费用，使人们不至于因病致贫或因病返贫就成为建立医疗保险的主要目的。历史上，人们求医问药一直是纯粹的私人活动，之所以后来政府介入医疗保险领域，主要是由于看病住院高成本导致一些公民难以负担，以及私人保险的局限性。

19 世纪 50 年代，各方呼吁在不削弱省政府权力的前提下，在省级管辖范围内调动联邦资源。经过长期的努力，加拿大联邦政府出台联邦法律，该法律要求联邦政府向各省住院计划提供财政支持，但这些计划必须符合以下规范和管理标准：一是提供规定的服务，二是不向使用者收费，三是省际享有资格的“可转移性”，四是明确公共担保。

联邦法律颁布之后，各省纷纷出台相应的住院保险计划：一是覆盖的服务项目。《加拿大卫生法》规定联邦政府可以拨款的服务项目。各省住院保险计划覆盖的服务项目区别较大，但通常覆盖所有联邦政府可以拨款的项目，而很少覆盖联邦政府不拨款的项目。二是筹资。各省筹资安排区别很大，共同之处是都完全或部分通过一般收入（税收）进行筹资。同时所有省都依赖联邦政府供款。三是管理。各省以不同方式管理医院服务。一些省将医院服务交由半独立董事会或委员会负责，而其他省则责成一个对部长负责的部门负责。四是覆盖范围。住院保险计划覆盖各省人口；覆盖范围在各省间可以转移。五是开支。住院保险是政府承诺支出最大的项目。全国范围内（包括联邦、省与地方政府），保险覆盖的医院服务年费用（建筑、设备等资本支出除外）达到 250 亿加元，大大超出了加拿大的国防支出[①]。

（2）医疗保健制度。仅仅有住院保险是不够的，因为人们在患病时，发生频率较高的情况是看门诊。所以，为门诊服务的医疗费用提供社会保险，就成为政府继住院保险后的第二个选择。住院保险与医疗保健存在如下区别：第一，看门诊比住院更经常发生；第二，一般情况下，门诊的成本与费用低于住院的成本与费用；第三，与住院比较，是否看门诊的选择性更强。

1966 年，加拿大颁布了《医疗保健法》，根据该法律规定，各省为了获得联邦财政的支持，计划坚持以下几点：其一，由公共机构负责管理，明确界定省政府的责任。其二，向所有被保险居民提供规定的服务。其三，覆盖本省所有的居民。其四，居住时间的限制不能超过 3 个月（居住时间不足 3 个月就可以享受医疗保险待遇）。其五，使覆盖范围扩大至全体跨省迁徙的加拿大人。同时根据该法律，联邦政府以 50∶50 的大致比例，分担各省（医院外）医疗服务费用。最初，联邦政府根据全国总成本的 50％分摊投保服务成本，即各省获得的联邦财政支持额等于：全国人均成本×50％×登记人口数。到 1972 年，所有省和地区都将私人医生门诊费用包括在公费医疗计划之内。至此，加拿大已经实现了全国范围内的全民公费医疗的目标。

1977 年加拿大实行年度固定拨款以后，各省只要遵循联邦公费医疗保险法（包括住院和私人门诊）的有关规定，便可以得到联邦政府的拨款。由于政府拨款是以人口计算，而不是取决于各省用于医院与私人门诊的实际医疗费用，因此，各省可以灵活地投资于其他的医疗保健设施。1979 年，加拿大霍尔（Hall）调查委员会对医疗保健工作

---

① 仇雨临. 加拿大社会保障制度的选择及其对中国的启示. 北京：经济管理出版社，2003：179

进行了全面检查，并提出了社会调查报告。报告指出，加拿大在医疗保健方面居于世界一流水平；但医生额外收入（即除了从省保险计划中支付的医疗费用外，医生还向患者索取费用）以及医院征收的各种服务费，已在医疗保险系统内造成了一种双重机制，而这一不良倾向将危及公众利益，使一些人不能得到应有的医疗服务。针对此种情况，加拿大国会于 1984 年通过《加拿大卫生法》，该法规定如果任何省份允许医院或医生对公费保险计划规定的医疗项目征收服务费或额外医疗费，则政府依法对该省课以罚款，违法收入所得将从联邦政府在该省的拨款中扣除。但各省大体上都反对联邦政府这项政策，职业医师抵制更为强烈，最终导致安大略省医生 1986 年的罢工[①]。

加拿大国会 1984 年通过的《加拿大卫生法》，将住院保险和医疗保健合并，成为医疗保险制度的法律。它包括五个主要原则：一是全民原则。保险计划必须对所有加拿大合法居民都提供同样的全民公费医疗。二是全面原则。保险计划中的保险项目必须包括医院及院外医生所提供的所有必要的医疗服务。三是便利原则。保险计划必须使就医者得到合理的便利服务（包括医院和院外医生提供的各种公费医疗护理服务），不得对患者设置费用方面的障碍，不得因其收入、年龄或健康状况等方面的情况而区别对待。四是转移原则。保险计划必须确保加拿大居民离家旅行或从加拿大的一个地区迁往另外一个地区时，仍然可以享受医疗保险。五是公共管理原则。保险计划必须遵循非营利原则，由省政府的有关部门管理和经营。

加拿大的医疗保障制度以公费医疗为主，即由政府出资，由私营医院和医生提供医疗服务。该制度的特点是，在全国 10 个省和 3 个地区实行一套相互联系的医疗保险计划。它使所有的加拿大居民都可以享受全面的公费医疗，包括医院和私人医生为患者提供的住院和门诊医疗的服务。加拿大医疗保险的总开支的 68.7%左右由各级政府负责，大约 31.3%的费用来源于私人或独立医疗保险计划，或者就医者直接掏腰包。

3. 就业保险

第二次世界大战以后，加拿大并没有奉行西欧充分就业政策，在这方面，加拿大效仿的是美国。因此，第二次世界大战后加拿大的失业率与美国极为相似，高出欧洲很多。20 世纪 60 年代，加拿大失业率一直保持在 5.0%左右，到了 70 年代末每年的平均失业率已超过 7%，1982 年由于世界经济衰退，加拿大的失业率一度超过了两位数[②]。到 80 年代末，美国和加拿大已经成为“不平等之乡”的代名词，加拿大和美国十分之一收入最低的工人是中等收入的 40%，而德国和北欧国家则为 70%。高失业率和劳动力市场收入的两极分化已影响到加拿大的经济发展和社会稳定。

因此，在过去的 60 多年中，失业保险（unemployment insurance，UI）成为加拿大人最熟悉的一个社会保障项目，是加拿大社会保障制度的一个重要组成部分。如今在加拿大更流行的说法是“就业保险”。所有受雇的人都要从薪水中支付就业保险费；同时，所有雇主也都必须为他们缴纳更大一笔就业保险费。每年有数以万计的加拿大人要

---

① Taylor G M. Health Insurance and Canadian Public Policy. Montréal and Kingston：McGill-Queen’s University Press，1988：444-462

② 米什拉 R. 资本主义社会的福利国家. 郑秉文译. 北京：法律出版社，2003：75

领取就业津贴。在 1996 年以前的几年中，领取人数平均每个月都超过 100 万人。出于种种原因，领取津贴的人目前已在急剧下降。但是，据统计，大约仍有 1/3 的加拿大人在工作的一生中至少要领取一次就业津贴。

加拿大政府于 1940 年首次颁布《失业保险法》，于 1941 年执行以来经过了多次修改，在 1995 年的修订中更名为《就业保险法》。尽管如此，这一保险项目都是与人们在失业期间所失去的那部分收入相对应的一个险种，因此，这里的就业保险表达的仍是普通的“失业保险”的含义。1995 年的法案在一些原则上进行了修改，最显著的地方就是将非经常性津贴领取者与经常性津贴领取者相区分，分别建立两个津贴支付系统，后者指在 5 年中已经申请领过 3 次失业津贴的人，他们的津贴数量和领取时间都会降低；将领取资格从建立在周工作的基础上转换到小时工作的基础上。还有就是强调“就业津贴”的意义，更偏向于为失业者提供培训，使其重新回到工作岗位上，“鼓励就业福利”除了主要包括培训和教育计划（这些计划都是在与各省进行密切合作的前提下运作的），帮助那些失业的人做一些小买卖，另外还包括一些有时间限制的、适度的工资补贴计划以鼓励雇主雇佣失业的人。这一法案还做了一些较为重要的变革，如减少了可支付的津贴数额，减少了雇员和雇主向就业基金所缴纳的保险费，但延长了工人获得领取就业津贴资格前的工作时间，缩短了可领取津贴的最长时限。

过去在就业保险的费用筹集过程中，联邦政府曾直接负担就业保险的支付成本。在加拿大现行的就业保险中，政府又重新采用了基金制，以使繁荣时期的增长盈余可以作为衰退时期的资金缓冲，现在失业保险中所有的现金津贴完全来自雇主和雇员的缴费，其中雇主支付的费用为雇员的 1.4 倍，而政府所分担的费用完全用于资助再培训和创造就业机会的项目，而不再用于支付就业津贴。

从原则上看，就业保险的覆盖范围原则上覆盖了加拿大的所有受雇者，包括 65 周岁以上仍然受雇于他人的老人，同时也包括兼职工作者。但是自我雇佣者是被排除在就业保险范围之外的，因为加拿大政府相信自我雇佣者可以在自己利益实现最大化的时候放弃他们的事业，可以控制自己失业与否。

在加拿大，就业保险的领取资格符合一个比较纯粹的保险模型，在被保险人有资格领取津贴的时候，政府不关心其所处的环境如何。就业津贴的水平取决于单个工人的每周收入水平，而不是其平均年收入，所以一个经常出现的现象就是那些年收入远远高于平均水平的人领取了就业津贴，但是加拿大同时采纳了以家庭收入为基础的退还措施，就业津贴的领取者，如果领取津贴当年的总收入超过了最高可投保收入的 1.5 倍，那么就要通过联邦政府的税收系统，将其所领取的津贴按照 30％的比例收回来。原则上符合以下条件的人都具有资格领取津贴：一是处于失业保险的覆盖范围之内；二是在前一年具有一个所要求的最少工作时间，并有一定的收入；三是失去工作的原因是被雇主解雇，即不是自己辞职的，也不是由于特殊的原因被解雇的（如开除）；四是是否有能力并且愿意工作。如果雇员不愿意继续寻找工作，将没有资格领取就业津贴。如果是疾病等原因导致其失去工作，加拿大也有专门的条款对因病而短期失去工作的领取津贴资格进行了规定。

在就业津贴标准上有个简单的原则，即低收入者获得较高的替代率，而高收入者的替代率较低。现行的就业津贴允许具有中等收入，并且有需要抚养家属的人的替代率可达到 60%，同时，经常领取就业津贴的人所获得的津贴的替代率不超过 50%。

4. 公共救助计划

社会公共救助是加拿大最早的社会保障形式之一，通过以家计调查为基础的社会救助计划是自由主义福利体制国家的一个长期传统，公共救助计划，即社会救助计划，它是政府负责筹资和管理的一个主要收入分配计划。

从概念上讲，公共救助有三个内涵：一是希望社会的所有成员都能够享有的，且大家都一致认同的最低生活水平；二是某些人或家庭，根据其所处的环境被断定不能获得足够的收入以达到这一最低生活水平；三是社会建立一种制度，通过这一制度进行集资并将其发放给那些有需要的人，使他们有足够的收入达到这一最低生活水平。一般来讲，政府需要确定哪些接受救助的人确实不能完全负担自己的生活，如不适合工作，或虽然适合工作但有不能工作的合理原因。而那些看起来能够谋生的人，如果希望有资格领取救助金必须要经过仔细的资格审查。区分“能够工作”和“不能工作”对于实施救助一直都是一个至关重要的问题。在加拿大，对于这两类群体的救助是区别对待的，在很多省，这两类群体有两种完全不同的救助计划，而且是完全分开管理的。尽管社会救助是一项有选择性的支付转移计划，政府通过家计调查来救助那些真正有需要的人和家庭，但救助不是主动的，一般说来，公共救助计划的管理要求接受救助者向管理机构提出申请。而在一个注重独立和自立的社会，这会出现自我贬低的现象，受助者不仅要自责，还要受到别人的指责。

加拿大的公共救助政策有一个长期的地方自治的传统，这无疑是建立在人们觉得地方政府更了解该地区范围内的贫困者的具体情况和需求这一前提下的。加拿大秉承着地方自治的管理模式，公共救助计划由各省负责。它通常是一个部长的责任，而这个部长是省政府的一名官员，是一个部门的政治首脑。每个省对于公共救助部都是自行委任，而且随着实践不断地进行调整。公共救助的管理相对于它作为一项税收所支持的支付转移计划这一特征来说，与工伤保险、养老保险这些计划的资金与管理体制形成了鲜明的对比，这些计划都有自己的资金来源，独立于政府之外进行管理。联邦政府在救助过程中主要承担向省政府拨款的作用。

加拿大的救助水平不是固定的，它通常是一个由家庭生活必需品和服务的价格所计算出来的结果。有小孩的家庭或者其他有特殊需要的家庭往往能获得更多的收入津贴。而除了正常的收入津贴之外，救助计划还可以满足领取救助金人的一些“特殊的需要”，如一些处方药、康复设备以及接受教育的费用，这些费用往往是贫困家庭难以承受的。

三、加拿大社会保障制度基本特点

加拿大的社会保障制度与其国情是基本适应的。依照制度结构的合理性、制度运行的规范性、需求满足的程度、资源利用的效率和对社会经济发展的客观作用五项指标评价加拿大的社会保障制度，加拿大社会保障制度主要有如下特点①。

（1）它的结构比较合理。从社会保障类别上划分，有社会保险制度、社会救助制度、全民医疗保健制度等；从资金来源上划分，有由税收支持的保障项目，也有由交保险费支持的社会保障项目；从管理体制上看，既有联邦政府管理的项目，也有由省政府自己管理的项目；同时非政府组织和商业组织也分担了社会保障的管理和服务职能；从覆盖范围来看，社会保障项目几乎覆盖了所有社会成员，特别是收入保障计划和医疗保险计划。

（2）加拿大社会保障运行的规范性也是有保障的。国内有一系列的社会保障立法，上至宪法，下至社会保障项目的单项法律和政策，它们一方面规定了联邦政府与省政府的职责，另一方面使社会保障制度的运行有法可依。

（3）加拿大社会保障在满足需求方面是比较充分的。从范围上看，在政府税收支持的保障项目中覆盖了全部社会成员；从程度上看，注重满足基本需求。例如，在收入保障计划中多项制度相互配套，使需要的社会成员可以依赖不同层次的保障，这样就可以确保至少获得最低水平的收入。

（4）加拿大比较重视社会保障资源的利用效率，注意控制社会保障的开支。在发达国家中，加拿大的社会保障支出水平是比较适中的。例如，在医疗保险中，尽管加拿大实行的是全民医疗保障，但是政府花费的资金却少于以商业保险为主的美国。表 3-1 显示了部分发达国家社会救助项目的开支情况。相对救助对象的规模来说，加拿大的社会开支是比较适宜的。

表 3-1　1995 年部分发达国家社会救助开支情况（单位：%）

国家	受救助人数占总人口的比例	救助经费占 GDP 的比例	救助经费占社会保障开支的比例
美国	10.0	1.6	39.8
英国	15.9	3.9	33.0
澳大利亚	17.8	6.8	90.3
新西兰	25.0	13.0	100.8
加拿大	9.9	1.8	13.7
丹麦	4.9	1.4	7.8
法国	2.3	1.3	6.4
意大利	4.6	2.9	9.1
西班牙	4.4	1.1	8.4
瑞典	6.8	0.5	6.7
瑞士	2.2	0.8	5.3

资料来源：杨团. 对中国社会保障制度的反思. 社会保障制度，2001，(7)

加拿大社会保障总体上对经济发展起到了推进作用，促进了社会的和谐发展，加拿

① 仇雨临. 加拿大社会保障制度的选择及其对中国的启示. 北京：经济管理出版社，2003：247

大在世界上享有和平安宁的美誉，与其相对健全的社会保障不无关系。

四、加拿大社会保障制度困境与改革

加拿大社会保障总体上看是比较完备的，对加拿大经济发展起到了良好的推动作用，但加拿大社会保障仍面临着一些问题。

（1）妇女社会保障问题。许多人认为，社会保障在性别方面基本上是中性的，因为它使所有人受益。“但是，事实并非如此。社会保护制度并不仅仅是反映了劳动力市场上存在的男女之间的不平等，而且在某些情况下还加深了这种不平等。”①

在加拿大，无论是政府、学术界还是妇女组织，都敏感地注意到社会保障，特别是劳动保障中仍然存在的不平等——加拿大这个福利国家是被高度社会性别化了的，由于男女在社会中的不同经历，使一个表面上看来性别中立的社会保障系统，对男女产生不同的影响，可以说劳动保障领域中的不平等是劳动力市场不平等的复制和强化。在加拿大，妇女在正式部门全日制就业的比率较低；同时妇女的收入也普遍低于男子；此外，妇女在私人部门就业的机会较少。因此社会保护或劳动保障实际上复制或加剧了妇女在劳动力市场上遭受的不平等待遇。

传统的社会分工或角色导致妇女在劳动保障中的不利地位。一方面，妇女对家庭、照顾孩子、照料老人有巨大的责任，导致她们在劳动力市场上的弱势地位；另一方面，妇女在家庭中的劳动又被看做私人领域的事情，不被当做社会贡献计入社会劳动并予以经济上的回报，导致家庭妇女的贫困。此外，男子养家、妇女作为被养活者的社会角色模式又被作为多种保险或补贴的依据。

（2）医疗社会保障中的问题。加拿大医疗保险制度存在的不足之处，主要有以下三个主要方面的问题。

第一，卫生费用支出持续增长。由于加拿大医疗保险体制注重广覆盖、高保障，更注重向人们提供完善的医疗保健服务而较少考虑支付能力，这样，就造成了部分患者滥用药物、滥作检查、医疗服务需求过度膨胀的现象，致使医疗保险费用支出持续增长。2002 年，加拿大医疗卫生支出大约为 1 140 亿加元，2003 年为 1 214 亿加元，上涨 6.5%。2004 年，加拿大医疗保健开支比 1975 年时大幅度增加了 1 000 多亿加元，即使扣除物价上涨因素，按照 1997 年不变价格计算的医疗保健开支仍然上涨很快。其中药品开支上涨最快，从 1985 年的 38 亿加元快速上升至 2002 年的 184 亿加元，年均上涨 9.7%②。

第二，医疗保险制度缺乏竞争和利益约束。加拿大的医疗保障采取的是全民医疗保险制度模式。由社会上相同的保险机构组成保险基金组织，再由各保险基金组织征收医疗保险金，作为医疗服务供给费用的一个组成部分，并据此提供相应的医疗保健服务。在加拿大，各项具体的医疗保险工作主要由各医疗保险基金组织去实施和运营。在这种

① 国际劳工局. 2000 年世界劳动报告. 北京：中国劳动社会保障出版社，2001：1

② 刘海波. 加拿大医疗卫生制度及管理体制. 全球科技经济瞭望，2005，(9)

医疗保险形式下，保险基金组织主要依据实际发生的医疗保健服务的项目、数量及价格，向医疗机构支付报酬。由于缺乏有效的控制利用医疗资源的激励措施，供方、需方和第三方在医疗费用的控制方面尚未建立起完善的约束机制，三者在支付医疗费用之间没有相互制约的利益关系、供需双方缺乏成本意识，致使出现过度需求和过度供给的现象，造成医疗卫生资源的浪费。

第三，卫生资源分配不当。加拿大卫生资源，尤其是卫生人力资源配置不当，是医疗保健服务的另一大问题。目前加拿大卫生人力供给量过多，且地理分布不合理，城市医生数量过多，农村及边远地区医生却常常短缺。据统计，加拿大在 1979 年每名医生的服务人口为 656 人，而到 1989 年每名医生服务人口下降到 515 人。近年来，医学毕业生的培养数量逐年增长，每年增速为 1.5%～2.5%，而对医生的利用每年仅增加 0.3%。在卫生资源的配置利用方面，医生在城市与农村及不同的地理条件的分布情况很不合理。大多数医生集中在城市，尤其是与美国毗邻的大城市里，而广大农村尤其是人烟稀少的北方医生很少①。

此外，加拿大人口老龄化问题给社会保障制度的实施带来了巨大的阻力。老年化的发展带来了赡养老人费用的增加和劳动适龄人口物质负担的加重。提前退休的流行更是加重了加拿大养老保险的负担；加拿大相对全面的社会保障也加重了联邦政府的财政负担，降低了国家对经济的调控能力，对经济发展产生了一些负面的影响，为此，进入 19 世纪 80 年代以来，加拿大政府开始对社会保障进行相应的调整。

（1）从 20 世纪 80 年代开始，加拿大对社会保障制度进行了一系列的调整和改革。80 年代初期的特鲁多政府开始削减社会福利项目，但它也通过了《加拿大保健法》(1984 年)，支持全国健康保险的五项原则，增加了确保收入补贴。真正的转变始于 80 年代后期的马尔罗尼执政时代。当时恶劣的经济境遇促使政府仔细考察了社会保障的计划开支，提出了紧缩政策，加拿大国内有些人认为家庭津贴和老年保障金等普遍项目超出了现有的经济承受力，要求重新改变和调整社会保障计划的呼声上涨。同时英国前首相撒切尔夫人、美国前总统里根等保守主义政治家有关“削减”政府开支的主张，刺激了加拿大的保守主义势力，他们支持马尔罗尼进步保守党政府采取措施减少福利开支，以改善加拿大经济，增强加拿大在产品贸易市场中的竞争力。保守党的观点十分明确，认为大规模的社会福利开支已经导致加拿大政府的财政危机，已经威胁到与更自由的地区和全球贸易相竞争的能力；他们指出加拿大社会保障制度的四个缺陷：支出水平过高、项目没有充分针对最需要的人、公共补助成为劳动收入的替代、收入保障项目影响了劳动者的动机和自食其力的欲望。1988 年进步保守党政府上台后，削减社会支出的行动很快得以实施。在医疗保健领域，保守党政府通过改变财政拨款制度，与美国缔结《自由贸易协定》为社会福利计划带来了一种“市场精神”，为医疗保健的私人化铺平道路。在保守党执政期间，联邦政府逐步将老年保障年金降低到一般中等收入水平，减少并最终取消了家庭补贴，缩减失业保险的人员范围和标准等②。

---

① 李国鸿. 加拿大医疗保险改革研究. 国外医学，2005，(2)

② 周晓虹. 全球中产阶级报告. 北京：社会科学文献出版社，2005：173

（2）20 世纪 90 年代加拿大社会保障的调整。自由党领袖克雷蒂安执政后，继续调整和压缩社会福利开支。1994 年 1 月，自由党政府在就职讲话中宣布将对社会福利体制进行广泛审查，标志着 90 年代中期加拿大社会福利制度面临着重大挑战和变化。人力资源发展部的常设委员会负责进行了广泛的咨询和调查研究，起草了《社会保障考察报告》，提出了改革加拿大的社会保障制度，主要是改革失业保险和联邦政府对各省保健、高等教育和福利的补助。1995 年 2 月，加拿大财政部长提出的财政预算阐明了政府对社会保障改革日程的时间表，反映了联邦政府在社会保障中承担责任“历史的退却”。社会保障事务开始被当做“一个财政问题而不是社会问题”①。1996 年 6 月，加拿大联邦政府的保健和社会福利部被取消，有关全国社会保障（失业保险和养老保险）和医疗保健方面的事务由新组建的人力资源开发部和卫生保健部分别负责。

（3）进入 21 世纪以来，医疗保障制度改革仍是一个世界性的难题。2004 年，在加拿大，马丁联邦政府与各省政府进行了一系列研究之后，达成了一定的共识，确定了加拿大医疗卫生体系改革的关键问题。加拿大政府认识到，必须从整体卫生观念出发，加强各个环节的保健工作。2004 年 9 月召开的省长会议一致同意一个旨在加强医疗卫生的《十年计划》。该计划旨在保持改革关键领域的动力：促进主要的医疗卫生工作，以便市民从各类卫生机构获得他们所需的医疗卫生服务；开展医疗技术评估，使最新的医疗技术在未来获得有效的使用；共同加强医疗人力资源开发，确保医生、护士、药剂师和诊断技师的供应。《十年计划》的主要承诺有：第一，明显减少医疗服务等候时间。第二，充分供应和合理搭配医疗专家。第三，增加家庭和社区医疗卫生服务，提供安全充足的药品。第四，提高原住民的健康水平。第五，解决加拿大北部医疗服务面临的独特问题，通过电子医疗记录和电子医疗，在加拿大农村鼓励开创性的医疗服务。第六，通过促进健康生活方式，提高加拿大人的健康水平。第七，向加拿大居民报告医疗卫生体系的运行情况。

加拿大社会保障制度对加拿大经济和社会发展的影响是深远的。一方面，社会的不平等可能在短期内加剧，人们对政府会产生一种不信任甚至是失望的态度；另一方面，联邦政府开始从体制根源上帮助产业的发展，提升下层群体的竞争和生存能力，从而促发各阶层的流动。同时，在历次改革中，加拿大政府对医疗保健和养老金的保障项目并没有做出较大的调整，维持了大多数公众的安全感和社会信心，从当今世界经济潮流和加拿大的经济走势来看，加拿大社会保障仍属于较高的福利保障，加拿大的公众仍可以对其社会保障抱以充分的信心。

➢本章小结

自由主义福利体制以美国、加拿大等国家为代表。自由主义福利体制产生的基础可以概括为价值观念、阶级基础、历史渊源。自由主义福利体制国家缺乏稳定的跨阶级联盟，国家福利主要表现为：通过划定贫困线为贫穷者提供补缺式的安全网。强调个人在

① 姜梵. 加拿大文明. 北京：中国社会科学出版社，2001：352

市场的权利，寻求市场解决的方式，并且认为国家的介入越少越好。因此这一类型国家强调以资产调查的救助、有限支付转移或社会保险为主要社会政策。这一类福利体制国家的特征是较高的就业率、较低的税赋、较低的社会支出规模、较高的工资差异及显著的收入不平等。

美国是自由市场经济的典型代表，与其经济制度相配套的社会保障制度也是世界诸多社会保障制度模式的典型。美国社会保障制度理念基础是：崇尚个人奋斗的文化传统，自由放任主义和社会达尔文主义，新自由主义思想。美国广义的社会保障制度由“社会保险”和“社会福利”两部分组成。社会保险制度主要包括老年及幸存者、残疾者保险，医疗保险，失业保险制度；而社会福利则是指一系列对低收入阶层和贫困社会成员进行救济的项目。美国社会保障具有多层次、低水平的特征。在美国社会保障发展过程中，历届美国政府都对社会保障制度进行了诸多改革。

加拿大社会保障经历了一个相对曲折的发展过程，其发展过程可以分为：早期发展时期（1867年至20世纪30年代初）；设计和建立时期（20世纪40年代至70年代早期）；“福利国家”危机与改革时期（20世纪70年代中期至今）。加拿大社会保障的主要内容包括养老保险、医疗保险、就业保险、公共救助计划。社会保障项目几乎覆盖了所有的社会成员，特别是收入保障计划和医疗保险计划。当然，同所有福利国家一样，加拿大也在社会保障发展困境中通过改革来求发展。

➢关键术语

自由主义福利体制　美国《社会保障法》　罗斯福“安全保障社会化”理论　美国老年医疗照顾制度　美国医疗救助项目　食品券项目　Marsh报告　加拿大医疗保险制度　加拿大公共救助计划

➢案例　　为什么有人反对美式全民医保[1]

近一百年来，许多美国总统都曾在全民医保的战场上无功而返。远一些的例子是曾强力推行过“罗斯福新政”的富兰克林·罗斯福。1935年，美国国会通过了《社会保障法》，但是这部法律中并没有关于医疗保险的条款。在当时，全民医保受到美国医学会（American Medical Association，AMA）的强烈反对。由于美国医学会对国会影响极大，罗斯福担心全民医保相关的条款会影响整个法案的通过，所以特意删除了相关的条款。近一些的例子是比尔·克林顿。克林顿在上台之初曾大力推行过以全民医保为目标的医疗改革，但相关法案在国会连投票都没有进行，就已经宣告流产。在1994年克林顿医改宣告失败后，许多人进行反思，有人甚至声称，医改失败并不是医改本身的问题，而是当今美国的政治体制已经无法进行任何全面改革。

对奥巴马来说，医改并不仅仅是医改，而是对整个美国政治体制的考验：在这样的

① 梁笛．为什么有人反对美式全民医保．东方早报，2013-12-22

一个三权分立，两党相争的政治体制之中，还有没有可能推动任何综合性的改革？对于这个问题，奥巴马已经给出了初步答案。2010 年 3 月，美国国会通过了《患者保护与平价医疗法案》(Patient Protection and Affordable Care Act，简称《平价法》)。当月 23 日，该法案由奥巴马签字生效。但在未来十年内，《平价法》能否实施到位，能够对整个美国医疗体系产生怎样的影响，还有待进一步的观察。

从媒体舆论来看，《平价法》从起草之时就备受争议。媒体批评铺天盖地，草根抗议也风起云涌。一部医疗改革的相关法律，为什么会招来如此多的非议呢？笔者认为，一方面，该法案的确可能会损害某些群体的利益，但另一方面，更重要的是政治立场的问题。

《平价法》实施的经费来源，有赖联邦政府的开源节流，这自然就会直接或间接地影响到某些群体的利益。首先，除了某些特例，《平价法》要求较大企业的雇主必须给雇员购买医保，没有雇主或者受雇于小企业的个人，如何符合相关政策规定，可以在政府补贴下购买医保。如果雇主或者个人不买医保，将需要向政府缴纳额外的税金。在美国，大约一半的人的医保是由雇主购买的。此外，老年人及低收入家庭的儿童、孕妇、残疾人等都被联邦政府提供的医保 Medicare 和 Medicaid 覆盖。剩下还有一小部分自己购买了医保。因而，绝大部分已经有医保的人将不会受到此条款的影响。有百分之十五的人群在医改前没有医保，在医改后可以通过多种方式获得医保。但如果有人不愿意购买医保，则将支付这笔税金。虽然这笔税金并不多，但其强制性依然可能招人反感。此外，联邦政府计划削减对于充当着“安全网”的医疗机构的补贴。美国医疗系统的“安全网”主要指的是公立医院和一部分经过联邦政府认证的社区卫生服务中心。美国的公立医院不能够拒绝患者，但到公立医院就诊的很多都是没有医疗保险的人。这部分人往往不能够支付高昂的医疗费用。因而，政府会给予这些公立医院大量的补贴。而《平价法》计划削减这部分补贴，因为立法者认为在医改实施之后，绝大多数人都将被医保覆盖，不会再出现医院提供了服务而收不到钱的情况。但实际上，美国医疗系统的“安全网”依然会给包括非法移民在内的无医保人群提供服务，而新增的有医保的人群又很有可能选择服务更好的医院和诊所就诊，“安全网”的未来着实令人担忧。另外，覆盖了美国 65 周岁以上人群的联邦医疗保险 Medicare，将降低其对医院和医生的支付费率。虽然，对于患者来说，Medicare 的保障范围并没有改变，但仍有不少老人担心支付费率的削减会影响自己的医疗服务。

除了以上具体的政策问题，《平价法》招致非议的最重要原因来自政治方面。有调查显示，《平价法》在 2010 年通过之后的三年间，民众的态度并没有随着时间推移而显著改变。大部分民主党选民依然支持《平价法》，而大部分共和党选民依然反对《平价法》。更令人深思的是，有媒体曾经使用《平价法》和“奥巴马医改”这两个措辞询问民众对于该法案的态度。结果发现，虽然这两个措辞指向的都是同一件事情，但《平价法》的支持率明显高于对“奥巴马医改”的支持率。这两项调查结果显示，绝大多数民众并不了解《平价法》，但已经有了较为明确且十分固定的态度。

首先，和许多其他国家不同，美国人从建国之初就对政府的角色持有防范、怀疑的态度。即便市场失灵，民众和学界也未必愿意让政府出手干预。所以《平价法》不论内容如何，受到怀疑和非议，也都是理所当然的。这种态度的影响在美国医疗体系的发展历程中体现得淋漓尽致。美国在 20 世纪 70 年代后，伴随着联邦医保和商业医保的扩张，以及医疗技术水平的发展，医疗费用大幅上升。许多经济学家认为，美国医疗系统的问题主要在于市场缺乏竞争，如患者和医生之间信息不对称、医生准入门槛高等。因而，美国的医疗系统在之后不断沿着加强市场作用的方向演进。但美国的医疗系统直到 21 世纪也没能解决费用和全民医保的问题。

另外，共和党对于《平价法》的态度也充分说明政治立场的重要性。《平价法》的核心内容，如要求所有人都购买医保、不购买就进行罚款等，最早是在克林顿医改时期，由共和党人以及保守派经济学家提出来的。另外，奥巴马在 2012 年美国大选中的对手罗姆尼，之前曾经担任马萨诸塞州（简称麻省）的州长，麻省在罗姆尼的治下，成为全美第一个实现全民医保的州。而麻省医改的核心内容，和《平价法》的核心内容十分类似。之所以如此，是因为《平价法》的立法者本来就选择了民主党与共和党都能够接受的政策路线作为其核心内容。

但是，《平价法》远不是一个完美的法案。和美国国会通过的其他法案一样，《平价法》通过的背后充满了各种政治和金钱的交易。2009 年，在国会紧锣密鼓地起草《平价法》的同时，33 亿美金被各种利益集团用于针对议员的游说。立法者也和美国医学会、医院、药企等各大利益集团进行了紧张的谈判。其中，美国药物研发和制造集团（Pharmaceutical Research and Manufacturers of America，PhRMA）最终同意为医改贡献 800 亿美金，以获取较为有利的医改条款。另外，保险公司接受《平价法》的条件是要求所有人必须购买医保。立法者和各大利益集团的谈判和妥协意味着，《平价法》不会对医疗费用开刀。《平价法》的立法契机是近十年飞涨的医保保费，但要通过《平价法》，在当下的情况，控费就不可能被写进立法。这不得不说是《平价法》命中注定的缺憾。

复习思考题

1. 自由主义福利体制的主要特征是什么？
2. 美国社会保障制度产生的理念基础是什么？
3. 美国社会保障制度的主要内容有哪些？
4. 美国社会保障制度面临的困境有哪些？
5. 加拿大社会保障制度的主要内容有哪些？
6. 加拿大社会保障制度的主要特点是什么？
7. 加拿大社会保障制度面临的困境是什么？政府采取的改革措施有哪些？

第四章

保守主义福利体制

保守主义福利体制国家的典型代表是德国和法国。19 世纪 70 年代，新保守主义在凯恩斯主义失效以后迎合了社会改革的呼声，以哈耶克为代表的新保守主义者倡导的社会福利观提倡市场竞争和有选择的社会保障制度，强调的是公民权利与阶级和地位相联系。

第一节　保守主义福利体制总论

一、保守主义福利体制非商品化特征

保守主义福利体制的特点是社会权利的资格以工作业绩为计算基础，即以参与劳动市场和社会保障缴费记录为前提条件。这类制度最初产生在德国并得到长期发展，而后扩展到整个欧洲大陆，奥地利、法国、德国和意大利等许多国家都属于这类国家。

从历史上看，在这些国家，中央统治的“合作主义”（corporatism）遗产根深叶茂并得以发扬光大，且与教会有着传统的渊源关系，所以，传统的家庭关系在社会保障制度中占有重要的位置。在这些国家，市场化和商品化的自由主义原则几乎从未占过上风，私人保险和职业补充保险从未担当过主角，公民的社会权利问题几乎从未受到过质疑；在这些国家，合作主义政制几乎完全取代市场而成为福利提供者的国家工具之一，而国家的作用主要是维护社会阶级和地位的差异，保护既有的阶级分化现状，再分配对社会权利的阶级归属和社会分层几乎没有什么影响[①]。

保守主义福利体制类型与蒂特马斯的社会政策三分法模型中的第二种，即工作能力

① 艾斯平-安德森 G. 福利资本主义的三个世界. 郑秉文译. 北京：法律出版社，2003：325，326

-成绩模型极其相似。这种模型认为，社会福利设施在这里被赋予显著的角色——充当经济的附属品，应该论功行赏，按照各人的优点、工作表现和生产力来满足其社会需要。它衍生自关切激励、勤奋与报酬、阶级与群体归属的形成等经济学和心理学理论[①]。艾斯平-安德森自己也承认了这一点，这种体制类型正是对蒂特马斯的类型划分的反映，但是艾斯平-安德森认为，在现实中，并不存在单一类型的福利国家，每一个国家呈现的都是制度的混合体，只是在其中的某些方面占据了主导地位。就保守主义福利体制而言，其思想与历史渊源部分来自俾斯麦的实践。德国的俾斯麦等保守主义改革者所倡导的社会保险模式，显然是一种阶级政治形式，它试图在社会分层化上获得一箭双雕的结果：一是进一步强化领薪者之间的分化，它为不同阶级和地位的群体制定有本质差异的福利计划，每一项计划都带有明显而独特的权利和特权，意在把人们固定在恰如其分的社会生活位置上；二是将个体的忠诚直接系于君主或中央政府的权威。俾斯麦仿效法国的拿破仑三世，他盘算将就业权利的立法变为他的“士兵般的工人”的宏大设想的重要部分：在如同军队般运作的经济系统中，工人就是士兵。权利与义务的界限十分模糊[②]。

在“保守主义”模式中，中度的非商品化程度决定了其合作主义是根深蒂固的。“保守主义”模式的分层化结果与其合作主义政制始终控制欧洲大陆的悠久历史密切相关。合作主义的起源，除了天主教会在社会改革中曾发挥着相当的作用以外，还与产生于中世纪的“基尔特”传统有关。基尔特组织是基于相互扶助的精神由职业相同的商人组成的自我管理的团体。一方面，它根据特许的自治权和裁判权，订立自治规约和处理商人之间的纠纷；另一方面，除了保护会员职业上的利益以外，还对其死亡、疾病、火灾等个人及家庭灾难和困难共同出资给予一定的救济。可以说，基尔特传统是导致欧洲大陆福利国家社会阶层差别较大、等级制度较严和特权势力较强的一个非常重要的制度原因，是路径依赖的结果之一[③]。

二、保守主义福利体制分层化特征

保守主义福利模式中较浓厚的合作主义是一个严重制约就业机会的因素。合作主义政制对就业问题的掣肘主要表现在“局内人—局外人”的分裂上：在集体谈判过程中那些有工作的人为谋求和维持工资的最大化和利益的制度化，千方百计地排斥局外人进入就业市场，既大大地损害了局外人就业机会的增长，又为劳动力市场弹性带来了严重的负面效应。从某种意义上讲，保守主义模式国家的劳动生产率大致是与其失业率的增长相伴而生的，或说欧洲国家合作主义政制并没有从根本上触动各职业阶层之间和各就业部门之间传统的分层形式，这是欧洲一直保有较高失业率的一个重要原因[③]。

---

① 蒂特马斯 R M. 社会政策十讲. 江绍康译. 香港：商务印书馆（香港）有限公司，1991：18，19. 蒂特马斯三分法的三种类型分别为剩余福利模型、工作能力-成绩模型以及制度性再分配模型

② 艾斯平-安德森 G. 福利资本主义的三个世界. 郑秉文译. 北京：法律出版社，2003：25，26，44

③ 郑秉文. 社会权利：现代福利国家模式的起源与诠释. 山东大学学报，2005，(2)

以德国为代表的“保守主义模式”中，一方面是它的传统经济处于衰落之中，制造行业就业人口在总就业人口中所占的份额近半个世纪以来始终没有提高；另一方面，新的经济形态和新的职业种类难以出现，服务业停滞不前，社会服务和休闲服务业就业增长十分缓慢。这样，由福利国家和家庭内部不得不出面吸纳的相对“过剩人口”存量就始终居高不下，整体就业水平徘徊不前。从整体上来说，德国以庞大的传统工业为主，其私人部门和公共服务部门都相对不发达，其职业结构没有提升和专业化。结果是，一方面，其生产活动人口的比例呈不断下降趋势；另一方面，诸如家庭主妇、青年人和老年人等几乎完全依赖于社会福利津贴的人口比例却日益增加①。

“保守主义”模式的职业特征在许多方面与“社会民主主义模式”很相像。例如，由于德国劳动力成本很高，三方协商伙伴机制和“共同决策”机制对低工资的“垃圾职业”的增长具有相当大的抑制作用，阻碍了那些以低工资为基础的服务性职业的增长，所以，从社会分层化的角度看，所谓的德国“垃圾职业”与美国的传统略有差异，而具有一些新的特征，即具有某种程度的专业化因素。又如，德国以强大的工会力量介入经济生活而著称于世，这在某种程度上对“垃圾职业”的就业发展路径也具有某种抑制作用。再如，由于德国产业结构中传统工业占有很大比例，所以蓝领职业占绝对优势，而其他商业和休闲服务性职业很不发达，其结果是职业结构开始出现分化①。

总之，保守主义福利体制中政府对有关公民福利生活的诸领域都制定了比较系统、清楚和明确的政策，在某些方面（如社会安全）还直接承担着较大的具体责任，但大部分的社会服务，特别是个人服务，则主要交由各类社会组织负责创设与提供，因此公民整体的福利保障与服务是充分依托及发挥社会部门作用的，福利照顾的水平很高，但国家的负担却不是特别重。这种模式较少受到市场的左右，而是倾向于分层次的福利，整体的再分配效应被忽略。大多数情况下，保守主义福利体制受教堂的影响颇深，从而也就决定了它们对家庭和性别持有传统的态度①。这种福利体制国家面临的主要难题，一般是总体就业率低，不能为所有那些需要或想要工作的人提供充分的就业机会——这些人中不仅包括缺乏专门知识或技术的人，特别是妇女以及某些国家的不能进入劳动力市场的待业青年，还包括在工业部门全面滑坡过程中失去工作的掌握专门技术的核心工人。这一难题，与保守主义福利体制强调对核心劳动力现有工作的保护，以及对失去工作的核心工人的较高社会保险利益的保障这一特点密切相关②。

保守主义福利体制在社会目标上倡导工人的收入扶持政策，在给付的基本原则上属于缴费型原则，遵循社会保险型的给予的技术原则，给付结构为部分给付型（缴费关联与收入关联），可及性的方式为社会地位与工作环境，通过就业关联型的缴费实现其融资机制，通过社会伙伴合作制来实现其管理与控制决策。这种模式的社会保险覆盖率是不断变化的，积极的劳动力市场政策处于相对中心的地位，其目的在于减少公共部门的

---

① 丁开杰，林义. 后福利国家. 上海：上海三联书店，2004：476，480

② 斯卡夫 F. 全球化与福利国家：约束、挑战和脆弱性. 载：丁开杰，林义. 后福利国家. 上海：上海三联书店，2004：337-378

压力①。

第二节　德国社会保障制度

1990 年 10 月 3 日，民主德国正式加入联邦德国，德国实现统一。德国借助社会市场经济体制实现了高福利及社会公正。德国的社会保障制度是其社会市场经济体制的重要组成部分，被称为德国社会的“稳定器”。

一、德国社会保障制度产生基础

德国社会保障制度的形成有着深厚的社会历史背景，与其传统文化也存在着密切的关系。

（1）文化传统。传统文化在德国社会保障模式的形成和发展过程中起着关键性作用。德国文化中存在着根深蒂固的统一思想、讲求逻辑和严格管理的传统。

（2）工人运动。工人运动对德国社会保障立法起着决定性作用。如果没有工人运动，“铁血首相”俾斯麦就不可能提出社会保险立法。德国从 19 世纪中叶到 20 世纪 20 年代一直是工人运动比较高涨的国家，工业比较发达，工人人数众多。领导工人运动的社会民主党曾得到马克思和恩格斯的指导和帮助，在工人运动中影响和威信较大，党员人数也较多。

（3）经济体制。第二次世界大战以后，德国实行了社会市场经济体制，社会市场经济包含两个密不可分的领域：一是带来经济效率的市场，二是提供社会保障、社会公正和社会进步的福利政策。社会市场经济是市场效率和活力与社会保障的结合，是由市场机制和社会调节机制共同组成的一种经济；社会市场机制是市场机制与社会调节机制有机结合所形成的一种新的经济运行机制，是国家机制、社会机制和市场机制的统一②。

二、德国社会保障制度历史沿革

德国社会保障制度与德国工业化的进程以及由此而引起的社会、经济结构变化紧密相连，大致可以分为四个发展时期③。

1. 德国社会保障雏形时期：1839～1881 年

德国社会保障雏形时期的特点是：无论是宗教界的慈善事业，还是诸侯国的局部性立法，都是以早期自由人道主义的价值和观点出发。突出表现为在民间由宗教、警察、社会团体创办的孤儿院、收容所等社会慈善机构，从事救济贫民活动。在工人和工会中，有创办的“劳动与福利中心”“社会福利联合会”等群众团体。在工友遭受死亡、

① 艾斯平-安德森 G. 福利资本主义的三个世界. 郑秉文译. 北京：法律出版社，2003：349，355

② 刘诚. 德国社会保障法律制度述评. 南京社会科学，2004，(3)

③ 林闽钢. 现代社会保障. 北京：中国商业出版社，1997：95-98

事故、病残等不幸时，开展互济互助。

2. 德国社会保障的形成时期：1881～1949 年

德国首相俾斯麦为安抚国内工人，促进其福利，实现其内外政策，通过德皇威廉一世在 1881 年 11 月发表的《黄金诏书》中宣布要建立《社会保险基本法》，提出：工人因患病、事故、伤残和年老而出现经济困难时应得到保障，他们有权得到救济，工人保障应由工人自行管理。另外，在德国境内当时盛行的新历史学派主张国家直接插手经济生活的管理，负起“文明和福利”的职责，经济问题的解决必须同伦理道德联系起来，为俾斯麦建立社会保险制度提供了理论基础。

1883～1889 年，德国又相继颁布了《疾病保险法》（1883 年）、《灾害保险法》（1884 年）、《老年残疾保险法》（1889 年），由此开始了社会保障制度的建立和完善过程。1911 年上述三部社会保险法合并为《帝国保障制度》，成为当今德国社会保障的立法基础。

1912 年又颁布了《职工保险法》，1927 年颁布了《失业保险法》，1938 年颁布了《手工艺者养老金法》，社会保障制度得到进一步发展。第二次世界大战中及战后初期，由于战争的影响和破坏，德国社会保障制度几乎完全崩溃，直到 1949 年颁布《社会保险适应法》后，社会保障制度才在德国逐渐恢复①。

3. 德国社会保障的大发展时期：1950～1976 年

在这一时期内，德国全面地确立了社会市场经济体制。社会福利政策大发展时期福利规模和福利范围空前扩大，福利制度日臻完善。

首先，表现为对原有社会福利制度的广泛改革。德国于 1957 年和 1972 年两次对养老金保险进行了改革，实行养老金额随雇员工资的增长而相应调整，先后颁布了疾病保险所联合会新条例、保险所医生的权利新条例和养老金领取者疾病保险新条例。继 1956 年对《失业保险法》进行修改和补充之后，1969 年颁布了《劳动促进法》，1963 年颁布了《事故保险新条例》。1965 年和 1969 年对《联邦社会救济法》的修改改善了救济支付，扩大了对残废者的救济，增加了特殊社会困难救济等。

其次，它还表现在一系列新的福利制度的制定和颁布实施上。这一时期，德国先后制定了几部新法律，主要有：1952 年制定的《战争损失补偿法》，1960 年的《联邦住宅补贴法》，1951 年的《联邦社会救济法》，1964 年制定的有关儿童补贴列入国家预算的《联邦儿童补贴法》，1969 年的《联邦教育法》等；1954 年还制定有关社会福利司法权的法律，使社会福利纠纷第一次被正式列入国家司法机构的议事日程。

此外，德国在不断健全社会保险的同时，还在“劳资合作”制度方面相继实行社会立法，使“劳资合作”制度成为德国社会福利政策的重要组成部分。在这方面，除了 1949 年制定的劳资协议自主权的法律之外，主要立法包括：1952 年颁布的保证雇员在私营企业共同决定权和共同发言权的《企业法》，1955 年专门为公共服务行业制定的与企业法具有类似内容的《职工代表会议法》，1951 年专为炼钢联营企业制定的《共同决

① 苏春红. 德国社会保障制度述评. 山东社会科学，2005，(8)

定权法》，以及 1976 年为雇员在 2 000 人以上的企业制定的《共同决定权法》。

4. 德国社会保障的调整改革时期：1976 年以来

20 世纪 50 年代和 60 年代社会福利的大发展造成了联邦政府巨大的财政负担。在第一次石油危机，特别是 1974～1975 年经济危机之后，德国政府没有及时调整社会福利政策，而是企图在不断增加国家财政负担的同时，希望能比以前更广泛地解决社会福利问题，结果社会福利事业失去控制，继续膨胀。社会保障支出成为德国财政的沉重负担，由此社会保障进入调整、改革阶段，社会保障支出的增长速度开始下降，社会保障支出在 GNP 中的比例也由不断提高转为降低。1988 年和 1989 年先后通过了对疾病保险和养老保险实行修订的立法，颁布了《健康改革法》和《1992 年养老金改革法》。前者旨在改善给付制度，后者则旨在完善保险费的缴付。

1990 年，联邦德国和民主德国统一后，包括原民主德国在内的所有联邦州居民享有同等的社会保障。随着社会保障支出的增加，财政负担的加重，德国社会保障制度不得不适应新的经济和社会形势进一步改革和完善。1985 年以来，经过不断的改革和调整，德国的“福利国家”形成了社会保险、社会补贴、社会救济为主体的一整套社会保障制度。

1999 年 6 月，德国总理施罗德与英国首相布莱尔共同提出《欧洲社会民主党人的前进道路》，试图寻找一个改革的突破口，这也被认为是欧洲左翼执政党推进社会保障制度改革的重要标志。20 世纪 80 年代，德国社会福利开支年均增速 4.7%，90 年代这个增速达到 6.6%，但 GDP 每年仅有 3.9%的增幅，收支缺口不断扩大。德国人口结构严重老化，新生儿比例持续下降，居民寿命仍在延长，领取养老金的时间也相应延长，这使得医疗和护理保险开支大幅上升，成为最大的一笔社会福利开支。

1992 年，德国采取了将退休年龄推迟到 65 岁等措施，但缓解压力的效果不明显。1998 年，施罗德政府采纳了吕鲁普委员会的改革方案：第一层次基本养老金仍以法定养老保险为主，辅之以“吕鲁普养老金”（积累制，可享受政府大数额、高比例退税和补贴等）；第二层次养老金是以基金积累制为主要形式的企业辅助养老金，另外还增加了“里斯特养老金”（对投保企业年金的保费给予税收优惠和政府补贴），目的是吸引企业进行补充保险；第三层次养老金仍由原来的个人自愿养老保险等组成。

施罗德政府没有再增加缴纳率来开源，而是通过继续调整增值税、开征生态税投入养老金。1998 年 4 月起，德国增值税增加 1 百分点，新增收入全部用于补贴养老保险；生态税的实施更可谓一举两得，这个新税种不但弥补了养老金缺口，而且使德国成为世界上节能新技术的先行者、国际市场上运用可再生能源的优等生。依靠这些补充，德国退休年龄于 2012 年已逐步过渡到 67 岁。

施罗德政府还提出建立以个人负责为基础的养老保险第二根支柱。围绕第二根支柱是自愿还是强制展开了激烈的争论。施罗德政府与工会经过艰苦谈判，促成了《法定养老保险改革法》在联邦议院的通过；政府还准备了 200 亿马克的养老补充保险，终于通过了修改后的“养老补充保险扶植计划”。改革目标是：未来 30 年，个人领取的养老保险金之 60%来自于社会保险，40%来自于财政基金。应该说，养老金保险改革在很大程度上反映了德国社会保障政策的走向。

2002年，德国政府委托哈茨（Hartz）负责劳动力市场改革委员会，并提交改革方案。这些改革不仅关乎劳动力市场，也牵动了社会福利体制，特别是将失业救济与社会救济合并为基本安全津贴；失业者领取失业保险金的时间缩短为一年，之后只能领取失业保险金Ⅱ，其金额以“仅可度日”为标准，仅仅提供最基本的生活保障。领取失业保险金Ⅱ者须接受“合理可期”的工作，也须接受劳务部门安排的职业培训，无正当理由拒绝者第一次拒绝减少30%金额，第二次拒绝减少60%，第三次拒绝则全部取消，仅剩住房补贴。

改革的重头戏是2003年3月14日，施罗德在国会发表施政演说，宣布《2010年议程》，表示将在2010年把国家带到福祉和就业的巅峰。《2010年议程》的目标是：改善基础条件，带来更多的经济成长，创造更多的就业，以及社会国家的转型与更新。《2010年议程》的主要措施包括：第一，鼓励就业的劳动政策；第二，简化解雇保护规定；第三，改进工资协议法；第四，要求企业对每一个寻求培训岗位并具有培训能力的人提供培训机会；第五，医疗卫生体制改革。联邦议院终于多数通过《2010年议程》，决定于2004年1月1日起生效。然而，施罗德政府的改革并没有立竿见影。社会民主党在德国所有地方选举和欧洲议会选举中接连受挫，施罗德被迫提前宣布大选，结果黯然下台。接盘的默克尔政府没有勒住缰绳，而是继续推进没有施罗德的施罗德改革①。

三、德国社会保障制度主要内容

经过长期曲折的发展过程，德国作为“福利国家”，形成了一个完整的、内容十分广泛的社会保障利益平衡体系。它由两个基本部分组成：第一部分是以社会保险为主体的社会保障制度，包括社会保险、社会照顾、社会救济、家庭与教育补贴、促进住房与财产形成补贴等。第二部分是以共决权为中心的劳资合作制度，包括共决权、劳资协商自治和雇员保护等。其中，社会保险是社会保障制度的核心，也是所谓“福利国家”的最主要内容。劳资合作制度的重点在于协调劳资矛盾，建立雇主和雇员之间和谐、理智的“社会伙伴”关系②。

1. 养老保险

德国养老保险制度的历史是世界各国中最长的。首次立法于1889年的《劳工老年残疾保险法》，现行立法为1911年的《帝国保险法》、1973年的《老年、伤残、死亡保险法》（并于1992年、1999年进行修改）③。

德国社会养老保险是在保险人失去劳动能力、年老乃至死亡的情况下为其本人和家庭提供的保险。全体的公民都有资格参加。它的宗旨是保障老年人的生存，使领取养老金者能分享生活水平的普遍提高。其基本任务主要有：采取各种措施改善投保人的健康

① 肖巍，钱箭星．从德国《2010年议程》看福利体制改革．复旦学报，2014，(4)

② 和春雷，等．当代德国社会保障制度．北京：法律出版社，2001：86

③ 邵芬．欧盟诸国社会保障制度研究．昆明：云南大学出版社，2003：99

状况，为其身体康复支付费用；对投保人及其遗孀发放养老金；对投保人提供医疗保险等。设立养老保险的最初目的是使劳动者在退休后能有基本的生活保障，第二次世界大战以后发展到保障劳动者退休以后还能获得超出满足基本生活保障需要的收入。依据法律规定，德国所有公民都可参加养老保险，其中雇员都必须参加养老保险，自由职业者和家庭妇女可自愿参加养老保险，前者是所谓法定的（义务）保险者，后者是所谓自愿保险者。此外，部分收入不高的自由职业者和自雇者也是法定的义务保险者[①]。

除了国家规定的养老保险之外，雇主自愿为雇员办理补充保险，主要形式有：雇主为雇员缴纳一部分应为雇员承担的保险费；雇主为雇员在私人保险公司投保；雇主为本企业的退休职工发放补充养老金。根据1974年颁发的企业养老金规定，即使企业职工在退休之前离开企业也仍然可以要求已允诺的企业养老金，前提是他们在离职时至少年满35岁，或者允诺已满10年，或者他们在该企业工作满12年且允诺满3年[②]。

养老保险资金的来源主要有三种：一是参加养老保险者交纳的保险费，二是雇主交纳的保险费，三是政府补贴[③]。此外，1975年德国正式通过了企业补充养老金法，鼓励企业向其雇员提供额外的养老金，养老金保险费全由雇主承担，政府不补贴，但提供税收优惠。由企业组成的养老保险基金会则负责支付那些破产倒闭的企业无力支付的雇员的补充养老金。

被保险者一般要缴纳60～180个月保险费才能享受到各种形式的养老金。通常男性需年满65岁，女性需年满60岁，方可领取退休养老金。养老金的多少视参加保险时间的长短和劳动报酬的多少而定。养老金随着全体职工平均工资的增加而增加[④]。养老金的支付标准为：收入总指数乘以年金系数再乘以年金值。其中收入指数是个人年收入除以所有缴纳保险费者的平均收入，年金系数为1，年金值是一年平均投保收入的月补助额，根据工资变动调整。1995年1月年金值数额为46马克（东部为35.45马克）。年龄在65岁以上的推迟退休者，每推迟一个月，在系数1.0之上加0.005，以增加补助[⑤]。

2. 医疗保险

德国医疗保险是围绕疾病诊治和健康恢复对个人及其家属实行的一种保险。德国医疗保险首次立法于1883年的《劳工疾病保险法》，现行立法为1911年的《社会保险法典》、1927年的《生育补助法》(1980年和1982年两次修订)和1994年的《长期护理法》[⑥]。德国的公民几乎都参加了医疗保险。根据法律规定，工人和规定工资收入标准范围内的职员必须参加医疗保险，不在此范围内的可自愿参加医疗保险。设立医疗保险的目的在于向公民提供在其患病时的生活和医疗保障。第二次世界大战以后对它进行了多次改革，并相继建立了农民疾病保险、残疾人疾病保险和大学生疾病保险，从而使参

① 曾国安．德国社会保障制度的内容、特点及评价．长江论坛，1995，(2)

② 丁易．德国社会保障制度及其改革．中国工业经济，1998，(6)

③ 林闽钢．现代社会保障．北京：中国商业出版社，1997：99

④ 张文祥．德国社会保障制度及其对我国的启示与借鉴．河北经贸大学学报，1998，(6)

⑤ 邵芬．欧盟诸国社会保障制度研究．昆明：云南大学出版社，2003：101，102

⑥ 邵芬．欧盟诸国社会保障制度研究．昆明：云南大学出版社，2003：105

加法定疾病保险的人及其家属达到全国总人口的90%以上[①]。

医疗保险机构向投保人提供四大类型的服务，即咨询性的服务、治疗性的服务、病休补贴和生育补贴[②]。工人和职员的医疗保险费由雇主和雇员平均分摊，自愿投保者则全由自己负担。失业者的医疗保险费则由联邦劳工局负担。被保险人因患病而丧失工资收入时还可以领取疾病补助金。被保险人治疗疾病所需的全部医疗费用均由医疗保险机构支付，被保险人的配偶和子女可享受同样的免费医疗待遇。另外，生育保险的管理也合并在医疗保险管理中，补足支出也由医疗保险机构承担。

医疗保险的资金来源，主要靠投保人交纳的保险费，目前保险费约为职工毛工资的12.3%，也由劳资双方各付一半。从1990年起，受保人交纳收入的4%～23.2%，根据资金需要而定。月收入低于一定标准时，受保人可不用交纳。年金领取者，交纳年金的6.41%，雇主交纳工薪总额的4%～23.2%，视资金需要而定，平均为6.4%。政府负担失业者和核定的补助金，对矿工、退休农民和学生补贴保健补助金，政府还对生育补助和产假补助实行补贴[③]。领取养老金者的保险费过去一直全部由养老保险机构交纳，自1983年起，随着养老金逐年提高，开始实行退休者与养老金保险机构各负担一半的做法[④]。

德国医疗保险的管理机构为：联邦劳动和社会部负责一般监督管理；联邦保险协会负责监督联邦健康保险；各州保险协会负责在该州实施疾病与生育法规；疾病基金会通常按地方组织，有的按企业或行业组织负责管理保险费和补助金；基金会由受保人和雇主选出的代表管理，并在全国和州一级建立联合会。地区医生协会与基金会签订合同，规定为受保人每年治疗提供所需支付的一次性费用；一次性付款数额，根据医疗收费标准，按比例分配给合同医生；住院病人的医护工作由医院有固定薪金的人员负责；长期护理由疾病保险基金会组织的专项基金提供[⑤]。

3. 失业保险

德国失业保险首次立法于1927年的《职业介绍和失业保险法》，现行立法为1969年的《失业保险法》。设立失业保险的目的是在工人或职员失业时，弥补其收入损失，以保障基本生活，同时失业保险的目的不仅仅是减轻被保险人失业后的经济困难，而且还有促进就业的任务。促进就业是德国劳动力市场政策的核心内容，其目的是使德国经济能够达到和维持较高的就业水平，避免失业给国民经济和个人带来不利影响[⑥]。

失业保险是不考虑雇主和雇员意愿的强制性保险，所有的工人和职员都必须参加。各种自由职业者，都不属于法定失业保险的范围。德国失业保险的给付项目主要包括失业津贴、失业救济、短工补贴、倒闭企业的职工津贴、就业培训费、失业工人的医疗保险费和养老费、冬季补贴和恶劣天气补贴以及拖欠工资补贴等。失业保险基金主要来源

---

① 顾俊礼，田德文. 福利国家论析：以欧洲为背景的比较研究. 北京：经济管理出版社，2002：196

② 丁易. 德国社会保障制度及其改革. 中国工业经济，1998，(6)

③ 林闽钢. 现代社会保障. 北京：中国商业出版社，1997：100

④ 张文祥. 德国社会保障制度及其对我国的启示与借鉴. 河北经贸大学学报，1998，(6)

⑤ 邵芬. 欧盟诸国社会保障制度研究. 昆明：云南大学出版社，2003：109

⑥ 史探径. 社会保障法研究. 北京：法律出版社，2000：410

于雇员自己和雇主为雇员交纳的失业保险费以及政府财政拨款。受保人交纳收入的2.15%，雇主交纳工薪总额的2.15%。政府根据就业促进法对亏空给予补贴；负担失业救济的费用，为失业者缴纳保险费。

失业保险金享受条件。被保险人属于法定参加保险的范围之内，受保人最近三年内受雇360天，季节工180天，在职业介绍所登记失业，能工作并愿意接受工作介绍，可享受失业保险金。一周工作少于18小时，失业非因自动离职，个人过错、拒绝培训或再培训，取消资格12周。建筑工人因气候恶劣停工，可享受特种救济金。企业在特定情况下，安排从事工时较短的工作周，工人可得到特种救济金，以弥补其暂时收入的损失①。

失业保险的支付项目包括失业救济金和失业救助。第一类是失业救济金（被保险人的现金补助，永久残疾除外）。其支付标准（1990年标准）为：带小孩的失业者，支付税后收入的67%（若无小孩，60%）。从失业的第一天起支付78～832个工作日的失业救济金，支付标准视被保险人受雇时间的长短和年龄而定。第二类是失业援助。其支付标准为：对无权享受正规救济金和正规救济金逾期后的失业者，按先前纯收入的57%支付（若无孩子，53%）。失业援助的支付没有期限的限制，但每年须经资格审查。失业者在职业培训和职业康复期间，提供生活津贴②。

4. 工伤保险

德国工伤保险首次立法于1884年的《劳工灾害保险法》和1925年的《职业病法》，现行立法为1963年的《工伤保险法》。德国工伤保险实行由半私营性保险公司经营的强制性保险制度，承办工伤保险的机构主要有工商业同业合作社、农业同业合作社和公立保险机构等。其主要目的在于防止工伤事故和职业病，组织事故现场急救，帮助工伤事故受害者恢复就业能力，减轻事故后果并为受害者本人、家人及其遗属提供经济补偿（抚恤）。

德国是世界上第一个建立社会工伤保险制度的国家。德国的工伤保险实施了全覆盖的政策，包括工人、职员、公务员、学生和幼儿园的儿童。在全国8 000多万人口中，有5 250万人处于工伤保险的保护范围，充分体现出其福利型的工伤保险的特征③。

工伤保险分为工业、农业和公用事业部门的保险，各行业事故保险的承担者是行业保险协会。在工业工伤保险方面，全国14个工业行业有35个工伤保险协会，它们之上是一个工伤保险协会总会。工伤保险原则上也分为义务保险和自愿保险两种形式。义务保险是指强制性地参加工伤保险。它的投保人主要包括：所有的雇员，不论其职业的年限、类型和收入的高低；雇主；家庭手工业者、杂技和杂耍演员、失业者、助产师、按摩师；因事故而接受援助的人、献血者、援外人员、幼儿园的儿童以及大、中、小学生等。自愿保险是非强制性的，由个人自愿决定。一般企业主有权选择是否自愿参加义务保险。另外，政府公职人员通过其他途径加以保险。

---

① 林闽钢. 现代社会保障. 北京：中国商业出版社，1997：101

② 邵芬. 欧盟诸国社会保障制度研究. 昆明：云南大学出版社，2003：105

③ 吕学静. 各国社会保障制度. 北京：经济管理出版社，2001：97

工伤保险费全部由企业缴纳，由雇主负担。保险费的高低，取决于企业危险级别和事故率，平均为工薪总额的1.44%。危险级别是根据各行业发生保险案例的数目和程度的差别来确定。危险级别视不同的行业，分别以不同年限进行检查。政府对农业事故保险基金，以及学生、幼儿园的保险，予以补助。

工伤保险的支付分为三类：第一类为暂时伤残补助金。与普遍疾病相同，由雇主支付前6周，6周以后，由事故保险基金会负责支付。从受伤之日起支付，直到痊愈或证明为永久残疾。第二类为永久残恤金。全残疾者按被保险人致残前后1年平均薪资的60%发给；残疾情况严重、丧失工作能力50%以上而未领取其他年金者，则按基本年金10%加发补助金；丧失工作能力在20%以上，成为部分残疾者，则按全残年金标准与丧失工作能力程度比例发给。第三类为遗孀恤金：年满45岁、伤残或照顾子女者，被保险人可获得年收入的40%，不符条件者获得收入的30%。遗孀或受供养的鳏夫，亦予以支付，如有未满18岁子女，每一子女按受保人收入20%发给补助金，遗属年金总计最高限额为受保人收入的80%，如死亡，一次性支付一个月的收入。

德国工伤保险的管理机构为：联邦劳动和社会部实施一般监督管理；在柏林的联邦保险协会直接监督州级事故保险基金会；工业和农业事故保险基金会、由雇主和雇员选出的代表管理的自治性协会，履行保险公司的职责负责处理工伤保险业务；雇主必须为其所属的产业和地区的保险而加入协会；政府雇员，另有专门的事故保险公司。

5. 护理保险

护理保险是德国一种新的保险制度，它是德国社会保险的第五大分支。确立护理保险是后工业化时期国家社会职能的又一重要发展。它是从1995年年初开始实施的，其主要目的是保障老年人及病残人员在需要护理情况下的权利。以前对老年人及病弱人员的护理，主要是在家庭内部进行，如今在德国已找不到所谓“大家庭”的踪影，这一原来由自我负责的部分，现在也由社会来承担了。凭借护理保险偿付的保险金，将来可使绝大多数需要护理的人，有可能至少在经济上凭自己的力量来掌握自己的命运①。

护理保险中的受保人原则上是法定医疗保险中的受保人，包括共同保险的家庭成员。几乎90%的公民参加了护理保险。护理分为家庭护理、门诊护理和住院护理三个层次。护理费也分为不同的等级。护理费可以用两种付款方式，即现金支付或替代性护理服务，遇到特殊情况，可以采取两种方式的折中方式。

护理保险金同医疗保险一样，也由雇员和雇主各负担保险费总金额的50%，退休人员的护理保险金由他们本人和养老机构各承担一半。需要护理者是指日常事务至少连续6周需要别人提供帮助的人。护理保险待遇依据需要护理的程度提供，所以，需要护理者被分为三个等级：一级护理是指个人日常事务每天至少需要一次帮助和家庭事务每周需要几次帮助的受保险人；二级护理是指个人日常事务每天至少需要3次和家庭事务每周需要多次帮助的受保险人；三级护理是指个人事务每天24小时需要帮助和家务每周需要多次帮助的受保险人。统计表明，1996年年底，有173万人获得护理保险待遇，

① 张新杰. 德国社会保障制度及启示. 党政论坛，2004，(4)

其中一级护理占 40%，二级护理占 43%，三级护理占 17%[①]。

此外，为了避免给以后的老年养老金带来不利，在 1992 年的养老金改革中对护理人的老年保障进行了改善，即社会护理保险为那些由于从事护理不能工作或者每周工作少于 30 小时的护理人，向法定养老保险缴纳养老保险费和向法定事故保险缴纳事故保险费。保险费的标准由需要护理的程度和护理工作的范围来确定。同时，护理保险也设在医疗保险机构中，以避免建立新的组织和出现过高的管理费用。

6. 社会救济

德国社会救济最早立法为 1907 年的《遗嘱救济法》，现行立法为 1952 年制定、1996 年修订的《联邦社会救济法》。社会救济作为德国社会保障体系的最后“防御网”，是帮助那些通过社会保险无法或不足以享有基本生活贫困者的重要措施。德国社会救济的原则，是为家庭的收入和财产不够维持生计的人提供最低生活保障，使其能够度过一种符合人的尊严的生活。德国的最低生活标准，不仅包括健康食品、住房和穿衣，还包括有时看电影、看戏、下餐馆、看报、读书并拥有一台电视机等。

社会救济的方式有：人道帮助，即提供咨询和必要的照顾；物质帮助，即对老、弱、病、残、孕者提供帮助，包括送老人进养老院，为残疾人提供治疗和康复等；资金帮助，包括养老院和医疗费用之外的吃、穿、用、失业救济金和为失业者缴纳养老保险费、医疗保险费等[②]。

社会救济是指政府向低收入者按期发放的生活费。德国联邦机构每年 6 月 1 日公布各州不同的救济标准线，收入低于此标准的德国公民，可以向当地政府有关部门申请救济金。受救济人被要求积极寻求工作。主动拒绝可能的工作则意味着失去救济。

社会救济的资金来源为：完全由政府财政提供，社会救济从联邦预算中支付，具体操作的单位是市和县救济机构。其中 75%来自市、县政府，25%来自州政府。

上述德国社会保障制度中，前五类保险为德国的五大社会保险体系，社会救济属于社会关照体系的范畴。除了社会救济以外，德国还有社会抚恤制度、社会促进制度。社会抚恤是指公民因为履行国家的义务（如服兵役）而致残，因其他原因（如预防接种）而使身体受到损害，或因社会暴力而受到伤害，国家出于法制或社会福利的原则应当承担责任并给予补偿的制度。社会促进制度是为由于各种原因而失去工作岗位的劳动者提供职业咨询、职业培训和鼓励就业等服务措施。此外，德国政府还有名目繁多的各类社会福利，如儿童金、抚养金，低收入家庭的中学生和大学生助学金、免费教育，购房补贴等。这些共同组成了德国的社会保障体制的主要内容。

四、德国社会保障制度基本特点

（1）以社会保险为主。由养老保险、疾病保险、事故保险和失业保险等险种组成的社会保险是德国社会保障制度最基本、最重要的组成部分。同时，保险的强制性与保险

---

① 刘翠宵. 德国社会保障制度. 环球法律评论，2001，冬季号

② 丁易. 德国社会保障制度及其改革. 中国工业经济，1998，(6)

方式及承保机构组织的多样性并存。德国社会保障体制浓厚的强制性色彩是俾斯麦型保障制度的主要特征[①]。

（2）社会保障的法律、法规健全。第二次世界大战前德国已积累有许多社会保障的立法，这为战后德国的社会保障立法奠定了良好的基础。第二次世界大战后，立法成为历届政府社会政策运用的主要手段，每一个社会保障项目都通过立法而建立，并按相应的法律规定进行管理和运营。

（3）承保多元化，经费筹集由个人、企业、国家共同负担。在德国，社会保障的承保者既有联邦、州和地方政府，同时还有各种社会保险机构、社会慈善福利机构和私人保险机构。就承办社会保险的机构来看，其中既有按保险业务种类设立的保险机构，也有分别按地区、行业和职业身份设立的保险机构。每一类保险机构一般只承办一种保险业务，各类保险机构的业务范围具有明确界限，相互并不交叉和重叠。

（4）对社会保险实行自治管理。社会保险机构实行自治管理是德国社会保障体制中最具特色之处。所谓自治管理是指在各类承办社会保险机构中，分别设置代表大会和董事会，负责决定保险承办机构的财政预算和人事安排[②]。德国在社会保险基金的管理上贯彻共同参与的民主管理思想，各项社会保险基金除失业保险外，均实行自治管理的办法。主要办法是由参保人与企业资方分别派出代表进入保险机构的董事会和监事会，在决策方面反映参保人与企业的意见和要求，并参与各保险机构的管理与监督[③]。

五、德国社会保障制度困境与改革

20多年来，德国的几大保险制度出现了一些新问题，因收支不平衡，收支缺口加大，财政亮起了红灯。特别是近几年，德国经济发展缓慢，经济的不景气引发财政的严重危机。2002～2003年各级政府税收减少约314亿欧元，2002年政府财政赤字占GDP的比例达3.75%，远远高于欧盟《稳定与增长公约》规定的3%上限。由于税收减少，2002年社会保险领域养老保险缺少60亿欧元，医疗保险缺少24亿欧元，沉重的社会保障支出已经成为财政甩不掉的包袱[④]。德国社会保障制度发展困境主要表现在以下方面。

（1）社会福利预算支出占国民收入的比重上升较快，政府财政负担过重。社会福利支出占GNP的比重由1960年的22.8%上升到1985年之后的30%左右。1991年联邦预算中的社会福利支出占整个财政预算的比重达到33.3%。1992年德国社会保障的总费用已达1.014万亿马克，而德国的GDP不到3万亿马克，1/3的生产总值花费在社会保障上，平均每人12 500马克，过大的社会福利开支已成为政府财政赤字的主要原因，势必对经济发展产生消极影响，使国家财政调节经济的余地进一步缩小。

① 丁纯. 德国社会保障体制的现状与改革. 国际经济评论，2000，(3，4)
② 周茂荣. 德国的社会保障制度. 世界救济，1998，(7)
③ 仇章建. 德国社会保障制度考察. 首都经济，2002，(7)
④ 苏春红. 德国社会保障制度述评. 山东社会科学，2005，(8)

（2）医疗保障的服务范围过宽，医疗费用开支过大，缺乏约束机制。2001年，医疗费用占到社会福利支出的30.2%，同时占GDP的比重已从1991年的8.7%上升到2002年的10.6%。政府支付的医疗费用也由当时约930亿欧元上升至1 430亿欧元。法定医疗保险公司2002年的收入只有1 550亿欧元，支出则为1 580亿欧元，亏空30亿欧元。完善的医疗保险制度在给公众带来福利的同时，也给政府带来了沉重的经济负担①。

（3）随着人口老龄化的发展，养老保险支出急剧增长，养老金的代际转移面临严重困难。养老金的保险采用的是代际转移支付的办法，即用处于就业年龄的人所创造的收入来养活未进入劳动年龄者和年老退休者。养老金能不能实现代际转移，主要由有无充分的就业岗位、有无资金积累、人口出生率是否合理等因素决定。随着退休者和就业者的比例发生倾斜，人口结构的变化正在动摇这一协议。2001年就业者和退休者的比例为56∶44，预计到2020年，这一比例将为45∶55，到2050年每100个就业者就要养活78个退休者。联邦统计局预测，2050年，大于60岁的老人占总人口的比例将由2002年的24.1%上升为36.7%，平均寿命男女分别由79.2岁和83.5岁上升为83.7岁和88.2岁①。人口出生率下降和人类寿命延长趋势将使代际转移面临严峻挑战。

（4）保险机构林立，立法文件浩繁，官僚化严重。德国的每一种法定社会保险都对应着一个保险机构，每一个社会保险机构下面又有许多地区和行业机构。在法定保险之外，又有企业和私人保险机构。其长处是使权力和风险分散化，缺点是机构庞杂、透明度不够，相互间难免渗透与交叉。另外，德国有关社会保险的法律文件过分复杂，使普通公民难以掌握；又由于立法文件太多，给修改调整增加了难度。

（5）社会保障在一定程度抑制了职工积极性的发挥。在德国有工作和没工作都可得到最基本的生活保障，对一些人来说干与不干一个样，助长了人的惰性与依赖性，造成没有人或者很少人愿意干低收入工作。

（6）德国东西部居民之间在社会保障方面的差距问题。德国统一以来，东部的起点太低，政府财政拮据，而东部居民的期望值又很高，缺乏长期等待及应变的心理准备。德国统一后，如何把两种社会保险制度统一起来，开辟资金来源，扩展原民主德国保险范围，特别是解决东部地区失业人口问题，都使现有社会保障制度更加捉襟见肘。

为了摆脱上述德国社会保障制度的困境，德国政府从20世纪70年代开始，就对社会保障制度进行改革。

（1）控制社会福利开支。长期以来，德国的社会福利开支高于救济增长。联邦政府认为必须严格控制社会福利开支的增长，使其低于经济的增长，保持在占GNP的30%左右。

（2）进行医疗保险制度改革。为了控制医疗费用的上涨，德国于1989年颁布了《卫生改革法》，并采取了一系列改革措施，如控制药品报销的范围和报销药品价格的上限，鼓励看小病先自己付费，到年终结算再将医疗费退给个人，并予以奖励，控制医生

① 国家发展和改革委员会外事司．德国开始向社会福利体制开刀．中国经贸导刊，2003，(22)

收入的过快增长等；为防止医疗资源浪费，进一步提高病人负担的医药费和住院费的比例①。

（3）增加养老保险投保金率，提高领取养老金的年龄，严格控制提前退休，以减轻养老保险的压力。1992 年 7 月 1 日起养老金的增长同职工净工资增长同步。1993 年起养老保险投保金率从投保人工资的 17.5%提高到 19.2%。逐步提高失业者、妇女、严重伤残者领取养老金的年龄，2001 年提高到 65 岁。政府规定提前一年退休少发 3.6%的养老金，并鼓励提前退休者参加部分时间工作，以减轻养老保险的压力，适应人口老龄化的发展。

（4）调整财务结构。调整社会保障制度的财务结构，可视为调节资源供给方，增加社会保障制度可供支配的社会资金。德国政府近几年来正在探索如何建立个人纳费、企业纳费和国家财政收入多层次、多渠道的社会保障财务结构的收入来源模式。

（5）发展私人保险。政府鼓励发展私人保险事业，主张私人保险与社会保险展开竞争，作为社会保险的补充。德国的私人保险业发展很快，越来越多的人感到社会保险只是提供了一个基本保障，特别是 1992 年医疗改革以后，法定医疗保险提供的保险费有限，因此除了参加国家社会保险以外，人们还参加私人保险。

第三节 法国社会保障制度

法国是一个国家干预型市场经济国家，有着较为完善的社会保障制度体系。从 20 世纪初的首次立法，经过近百年的建立、改革与完善，目前在以社会保障完善而著称的西欧诸国中，居于较领先的水平。

一、法国社会保障制度产生基础

法国社会保障制度的形成，有着深厚的社会历史背景，主要体现在以下几个方面②。

（1）19 世纪末 20 世纪初期，法国社会问题严重，尤其是贫困问题已经成为广泛的社会问题。1906 年，法国北部库尔里耶煤矿因事故共夺去 1 100 名矿工的生命。严重的社会问题引起民众的强烈不满。他们要求政府采取措施，解决社会问题，建立起比较稳定的生活环境。

（2）近代晚期，西欧各国工人运动的重新高涨。社会矛盾的尖锐导致工人运动的重新高涨。工会运动的发展是这段时期工人运动高涨的最基本的事实。法国的全国性工会在 1874 年已达 135 个，地方性工会 1884 年为 68 个，1890 年增至1 006个，工会会员在 1906 年达 80 万人，这对于以农业为主的法国来说已是相当可观的数字。同时，罢工运动

① 孙春玲. 德国社会保障情况. 国际资料信息，1996，(9)

② 杨黔云，刘苏荣. 现代社会保障制度在欧洲兴起的原因. 云南师范大学学报，2003，(3)

蓬勃展开。工人阶级政党的产生和发展是西欧各国工人运动高涨的最重要表现。法国于1879年成立了工人党，后经多次分化组合，社会主义政党的力量日渐壮大。工人阶级政党除了领导政治斗争外，还把争取工人阶级经济生活的改善，迫使政府制定和实施社会福利立法作为自己的重要斗争内容。近代晚期工人运动的发展是推动资产阶级建立和实施社会保障制度的直接动力。

（3）社会问题的严重性与工人运动的新发展，引起了资产阶级有识之士的注意，他们呼吁进行社会改革，制定社会保障立法，缓和社会矛盾。他们开始正视社会问题，并试图通过社会立法手段代替镇压手段。

（4）19世纪60～70年代，人们对贫困的态度发生了变化。他们开始认识到，贫困的主要原因除了新《济贫法》强调的个人道德的堕落外，还有普遍的经济因素，如失业和低工资等。既然贫困之类的社会问题主要是由个人无法控制的社会原因造成的，社会应当对此承担责任，作为社会最高组织形式的国家理应采取措施，尽量防止和减少社会问题，为其全体成员提供一整套有效的社会保障制度，同时随着现代工业社会的发展，国家的这一职责应该不断扩大。

二、法国社会保障制度历史沿革

法国社会保障制度的建立和完善经历了长期的历史演变，大致经历了四个阶段。

（1）第一个阶段是19世纪初期以前。法国社会保障的萌芽可以追溯到16世纪的慈善事业和救济活动。这些活动主要由个人、社团、行会和宗教团体承担。国家的介入只是为了将贫困者排除在社会之外，把保护与镇压、隔离与监禁结合为一体。亨利四世在1604年颁布敕令，规定采矿业建立伤残基金。法国社会保险制度最早可以追溯到16～17世纪，当时是针对某些公共机构的从业人员建立了退休制度。1673年，皇家诏令建立了军队官员的退休制度。1790年，又建立了皇家包税官员的退休制度，并首次肯定了国家公务人员的年金制的概念。

（2）第二个阶段是从19世纪初至80年代末。当时，国家的作用更多地体现在促进公共卫生方面，用于社会事务的支出还不到法国GDP的0.5%，但是，社会保障制度已经出现，只不过仅仅限于某些阶层的人士，如受雇于国家的职工、军人、海员和矿工等才享有社会保险。法国于1817年通过了《保护工伤者条例》。1848年“二月革命”以后，制宪会议把“劳动权和社会救济权”写进了宪法草案。1850年通过《公共救济与预防法》，建立第一个全行业老年退休管理基金会，1858年实现了文职人员的统一退休制度。

（3）第三个阶段是从19世纪80年代末至1945年，这是具有转折意义的阶段。虽然国家作为“保护人”所起的作用还相当有限，但法国社会保障制度的构想逐渐成熟，私人储蓄也有了较大的发展。尽管有来自雇主阶层，尤其是互助主义人士的阻力，但社会保险的集体性和必要性的基础已经建立。这一阶段的另一个特点是有关法律相继出台：1898年，法国有关工伤事故的法律出台；1910年，法国有了关于工人和农民退休的法律；有关社会保险的法律则是在1928～1930年形成的，从此，签有正式工作合同而工资又低于一定标准的领薪者不仅可以享受疾病、妊娠、养老和死亡保险，还可以自由地在700余家保险机构中任选一家；1930年，法国正式颁布第一部《社会保障法》；从1932年起，法国有关各类家庭补助的法律开始实施。法国还通过了一系列有关儿童、贫困病者、贫困老者、多子女家庭和产妇的法律，这些法律体现的原则正是现今法国《社会救助法典》中有关最脆弱的社会群体的内容。

（4）第四个阶段从1945年开始①。法国颁布了《社会安全法》，为每个公民的社会保障提供了坚实的法律依据。从这一天起，法国社会保险体系正式运作，国家开始作为"保护人"承担各种社会风险②。1946年5月，强制社会保险的范围扩大到在法国领土居住的所有法国人。1946年8月，家庭补贴的范围扩大到法国全体居民。1948～1954年，普遍保险范围扩大到大学生、职业军人、作家、残疾人、寡妇和战争孤儿；建立了独立的退休保险制度以保障独立经营者、自由职业者和农业经营者；建立了补充退休金制度以保障工商业所有雇佣劳动者。1972～1973年，退休保险制度扩大到零售商业者、手工业者；建立了全国团结基金会以使老年人能够得到最低养老金。

总之，社会保障的范围已覆盖各行、各业、各个阶层，社会保障的立法和管理体系得以健全和完善，经过数代人的努力和数年来的不断实践完善，其既定的目标已基本实现，形成了覆盖全民的社会保障体系。

三、法国社会保障制度的主要内容

法国社会保障体制是由总数达422种不同的社会福利制度构成的。基本可以分为两大体系，一是普及社会保障体系，二是特殊社会保障体系。普及社会保障体系是整个法国社会保障体制的主体，涉及占劳动人口大多数的私营企业和部门的工薪人员，基金主要来源于公司、企业及工薪人员交纳的社会福利费。特殊社会保障体系对象是国家公务员及公共部门的工薪人员，基金主要来源靠国家拨款以及工薪人员交纳的社会福利费。

1. 养老保险

首次立法于1910年，后相继立法于1945年、1967年、1971年、1975年和1980年（受供养配偶津贴）。法国养老保险在法国各个险别中是最大的，同时也是最为复杂的一项。多年来，法国逐渐形成了多级（基础级、补充级和复合补充级）养老保障体系。目前，仅基础级就有因年龄和补助金各异而形成的130种保险标准，这些众多的标准唯一的共同点就是承保对象均为私营部门（包括工业、商业、服务业以及供职于国家部门而又不属于公务员范畴）的领薪者：截至2000年，法国共有900万退休者和近1 400万名交纳分摊金的领薪者。其中有75％年龄在60岁以上的退休者享受普遍制的退休金。

（1）适用范围主要为受雇人员。农业、矿业、铁路、公用事业和政府雇员、海员，以及非农业独立劳动者和农业劳动者，另有专门制度。非工作的家庭妇女（仅养老金）

---

① 1945年10月4日为法国现行的社会保障制度诞生日。

② 沧海. 法国的社会保障制度评介. 湖北财税，2000，(2)

和照顾伤残家属的非受雇人员，可自愿保险。领取家属补助金的妇女，亦可参加强制老年保险。

(2) 养老保险的基金来源。法国养老保险费的费率是毛工资收入的 18%（1991 年标准）。其中雇主交纳 10.8%，相当于费率的 60%，雇员个人交纳 7.2%，相当于费率的 40%，从职工工资收入中扣缴，缴费上限为社会平均工资的 19%，缴费下限为最低工资。

(3) 享受养老金基本条件。男女退休年龄统一为 65 岁（1993 年标准，不含特殊制度），但该法并未限制 65 岁之前可以退休的实际可能性。例如，自由职业人员的退休年龄定为 65 岁，而在公共部门的就职人员可以在 55 岁时退休；某些职业的退休年龄还可以提前到 50 岁；对具有某种工作难度的职业，女性在服务 15 年后又抚养 3 个子女的，不受年龄限制可以提前办理退休手续。缴费年限规定为 37.5 年养老待遇要降低。缴费 38 年，年满 60 岁可全额支付养老金。

(4) 养老保险支付标准。养老保险的支付项目包括养老金、伤残抚恤金和遗属恤金（以下支付标准均为 1993 年标准，1995 年 7 月起略有提高）。

其一是养老金标准。1947 年以后为收入最高 10 年平均收入的 50%；过去收入随工资变化重新估价。最低一年为 34 297 法郎，最高为 68 040 法郎。具体如下所示。

减额养老金：全额养老金的 1/150，乘以保险的季度数（超过 65 岁延期退休者，每季度增发 2.5%）。缴纳保险费在 60 季度者，最低数额为一年 15 245 法郎。否则按比例减发。

配偶津贴（须经收入调查）：配偶 65 岁时（病残配偶 60～64 岁）。受保 150 季度年，一年 15 245 法郎。否则按比例减发。

子女补助：受保人已有或抚养 3 个子女者，补助养老金的 10%。

养老津贴（综合性）：低收入的独身年金领取者，一年 20 525 法郎（低收入的已婚夫妇年金领取者，33 690 法郎）。

收入状况调查津贴：不符合养老金条件的低收入的老年雇员，一年 15 245 法郎。养老金按全国平均工资变动，每半年自动调整一次。

其二是伤残抚恤金，具体如下所示。

完全残疾：收入最高 10 年平均收入的 50%。最低限额，一年 15 245 法郎（供养子女 2 个以下者，住院治疗期间减发恤金）；最高限额，一年 59 736 法郎。

长期护理补贴：收入的 40%；最低补助，一年 19 736 法郎（住院 15 天后停止发给）。

部分伤残抚恤金：收入的 30%，一年至多 40 824 法郎。

伤残津贴（综合）：支付低收入的年金领取者，一年 15 245 法郎。

收入调查津贴：不符合伤残条件的低收入的雇员，一年 15 245 法郎。年金按全国平均工资变动，每半年自动调整一次。

其三是遗属恤金（除残疾者外，须经收入经济调查），为受保人年金的 52%，支付给年满 55 岁的遗孀、离婚或遗弃的妻子或伤残者（年龄不限）。配偶死亡时已结婚 2 年，或婚后至少有子女 1 人已死亡。若合格的幸存配偶在 1 人以上，则恤金按比例平分。最低恤金，一年 15 245 法郎。具体如下所示。

子女补贴：幸存配偶已有或抚养 3 个子女的，为恤金的 10%。恤金按全国平均工资变动，每半年自动调整一次。

遗属配偶津贴（必经收入调查）：受保人死后，至多支付 3 年（第一年每月 2 733 法郎，第二年每月 1 822 法郎，第三年每月 1 367 法郎）。接受者必须居住在法国，年龄在 55 岁以下，未再婚或与其他人同居，且至少已养育 1 个子女。

死亡补助：死者 90 天的收入。最低 1 360 法郎，最高 34 020 法郎①。

2. 疾病与生育保险

法国疾病与生育保险首次立法为 1928 年的《疾病保险法》，现行立法为 1945 年、1967 年、1974 年和 1978 年的《疾病与生育保险法》。实行的是社会保险制度，并以现金补助和医疗补助的方式来实现。

（1）适用范围。即受雇人员（一般制度包括 72%的雇员）。医疗补助也适用于年金领取者和那些非收入的群体。农业、牧师、矿业、铁路、公用事业和政府雇员，以及海员、农业和非农业独立劳动者，另有专门制度（根据一般制度，对某些群体提供医疗补助）。不属于受雇保险范围内的工作人员可自愿参加。

（2）基金来源。受保人交纳收入的 6.8%；养老金领取者（低收入的养老金领取者豁免）缴纳养老金的 1.4%和私营年金的 2.4%；失业者缴纳有保障的最低收入的 2%，失业救济金和培训津贴的 1%；自愿保险（低收入的受保者豁免），随纳税后的净收入而异；学生、年轻人和其他未包括在内的人，按统一固定的标准缴纳；雇主缴纳全部工薪总额的 12.6%。政府负责机动车辆附加保险费的 12%，加医药广告费用、酒精和烟草纳税收入，并资助新建医院和某些卫生社会服务的部分费用。以上保险费，也资助伤残补助和遗属补助。

（3）享受条件。疾病现金补助，患病前 3 个月内受雇 200 小时，或领取最低工资 6 个月。延续疾病补助，须在丧失能力前 12 个月内受雇 800 小时，或病前 12 个月刚自愿失业，其中含前 12 个月的头 3 个月内受雇 200 小时，或领取最低工资 2 080 小时（包含病前 12 个月内的头 6 个月的 1 040 小时）。生育现金补助，产前受保 10 个月，且产前 12 个月的头 3 个月内受雇 200 小时，或缴纳保险费 6 个月。医疗补助，病前 6 个月内从事有收入的就业 600 小时，或领取最低工资 6 个月；病前 3 个月内工作 200 小时，或病前 1 个月内工作 120 小时（参加保险后最近 3 个月内无最低合格期限的规定）。延期支付补助超过 12 个月的期限后，不再符合上述享受条件（长期失业且积极寻找工作者、无确定的期限限制）。

（4）疾病补助标准。投保收入的 50%（最低一天 41.55 法郎，最高一天 189 法郎）。有 3 个及以上子女的，30 天后可提高到 66.6%（1 天至少 55.69 法郎，至多 252 法郎），3 天等待期后支付。至多 12 个月，患慢性病或长期疾病，并符合特定合格条件时，可延长到 3 年。

（5）生育补助。头 1 个或第 2 个子女，基本日工资的 84%，产前 6 周、产后 10 周

---

① 馨芳，国太，劲民. 世界各国的社会保障制度. 北京：中国物资出版社，1994：346，347

支付；生育第3个子女以后，产前8周、产后18周支付。难产时，产前另支付2周；多胎生育另支付2～12周。最低限额，一天41.77法郎；最高限额，一天317.52法郎。生育或领养婴儿均可支付。看护补助，每月发给育婴母亲津贴或奶票（以4个月为限）。

（6）医疗补助。补助医疗费用的一部分，包括普通治疗和专家治疗、住院、化验、药品、牙科治疗、产科护理、辅助器具以及交通。受保人通常自付上述服务费用，然后向地方疾病基金会按协定收费标准报销费用的75%。受保人（残疾儿童、战争和工伤受害者豁免），一天交纳住院膳宿费用，可报销100%。无限制期限。

（7）供养亲属医疗补助。与受保人相同。受保人死亡后，支付一年的医疗补助，或支付到最年幼子女3岁生日时为止。受保人的妻子在其产后，也可得到育婴补助或配给奶票①。

3. 失业保险

法国失业保险首次立法为1905年的《失业保险法》，现行立法为1967年的《劳资失业保险协议》（1958年《劳资失业保险协议》的立法延伸）、1972年（60岁及以上失业者的）《收入保障法》、1974年的《农业保险法》和1984年的《失业保险法》。法国失业保险实行强制保险和政府基金双重制度。现行失业保险制度是1984年4月1日开始实行的。这个新制度内容简化了，只有4种失业补贴，包括基本补贴、社会保障权利终让补贴、初次就业补贴和团结补贴。

（1）适用范围。失业保险的适用范围为受雇人员，但家务工人和季节工除外。建筑和码头工人、商船海员以及飞行员，另有专门制度。综合方案适用范围为：年轻的求职者、近期的鳏寡者、离婚者、分居夫妇、有1个或几个子女的独身妇女、新近退役的老战士、囚犯、学徒、长期失业且失业保险已经到期者。

（2）基金来源。受保人月收入在11 640～46 480法郎的2.91%（1991年7月1日），雇主交纳工薪总额的4.37%，政府负担综合方案的全部费用。缴纳保险费和享受失业救济的收入最高限额：一年551 040法郎（雇主和雇员为保险业务监督人员缴纳附加保险费）②。

（3）享受失业保险金的条件。具有足够的工作年限，一般要求至少在职工作6个月以上；必须正式注册并在寻求职业的人；确定是在不断地寻找工作；不享受退休金；身体状况良好；非自愿失业③。

（4）失业救济金的支付标准。最初的补助相当于日参照工资的57.4%，支付时间为4～27个月，随年龄和受保职业的年限而异。其后减发补助的期间长短也随年龄和工龄而异。补助每4个月进一步减发，补助至多支付60个月。

法国同时实行强制性失业保险和社会援助政策。它与英国不同，英国把两种制度结合起来执行，法国则在失业保险终止后才由政府向失业工人提供社会援助。上面所讲的基本补贴、专门补贴属于社会保险范围；社会保障终止补贴和团结补贴则属于社会援助

① 馨芳，国太，劲民. 世界各国的社会保障制度. 北京：中国物资出版社，1994：348-350
② 馨芳，国太，劲民. 世界各国的社会保障制度. 北京：中国物资出版社，1994：351
③ 吕学静. 各国社会保障制度. 北京：经济管理出版社，2001：195

范围。前者资金由劳资双方分担，后者由国家财政拨款。1980年法国享有失业保险待遇的占81%，领取社会援助的占19%。同西欧其他国家比，社会援助的覆盖面较小①。

4. 工伤保险

法国工伤保险首次立法为1898年的《工伤保险法》，现行立法为1927年的《农业保险法》和1946年的《工伤保险法》。法国工伤保险实行社会保险制度。

（1）适用范围。受雇人员（一般制度包括约72%的雇员）、职业教育学生以及某些社会服务组织的非领薪成员；农业、矿业、铁路、公用事业和政府雇员以及海员、农业和非农业独立劳动者，另有专门制度；独立的手工业工人（包括在疾病保险方案内）除外。

（2）基金来源。受保人不用交纳，雇主负担全部费用，保险费随风险程度而异，平均为工薪总额的3.73%。政府则不负担。

（3）享受条件与支付标准。年龄在60岁以上因工致伤、丧失劳动能力、终身残疾或丧失2/3以上谋生能力者，如果交纳保险税已满12个月，并在12个月内受雇满800小时的职工，可以领取伤残抚恤金。伤残抚恤金的发放是按照伤残程度的轻重，按不同的百分比计算的。完全伤残者，伤残抚恤金为最近一年平均收入的100%；伤残程度超过50%、尚有一定工作能力者，伤残抚恤金为收入损失部分的150%；伤残程度在10%～50%的，伤残抚恤金为收入损失部分的50%；伤残程度低于10%者，给予一次性伤残抚恤金。伤残抚恤金从丧失全部或部分工作能力时起发放，直到其恢复工作或退休为止。60岁以后，领取伤残抚恤金者可申请改为领取养老金，或按本人提出的其他办法处理。

5. 家庭补贴

法国的家庭补贴制度首次立法为1932年的《家属津贴法》。最初是企业主对本企业多子女职工的一种工资补贴，后来逐步扩大成为强制性保险项目，并成为国家人口政策的重要组成部分。根据1946年的法令，普遍建立了家庭补贴制度。补贴项目日益扩大，种类繁多。1970年以后家庭补贴改为重点帮助低收入家庭和多子女家庭。1994年修正《家属保险法》。法国家庭补贴实行普遍保险制度。

目前，法国家庭补贴项目主要有普遍性补贴、生育补贴和特殊补贴等几种形式②。其基金主要来源于雇主交纳工薪总额的7%，受保人不用交纳（独立劳动者除外，需要交纳收入的7%）。政府不负担。

普遍性补贴的基本内容包括以下四种。

第一种是多子女补贴。凡是在法国居住并抚养2个以上子女且又都在17岁以下的家庭均可享受多子女补贴，子女越多补贴越多。

第二种是家庭收入补贴。包括单职工家庭、家庭妇女和托儿费补贴。主要是为一些有特殊负担的低收入家庭提供补充收入。这样的家庭主要指子女不满3岁或至少有3个子女，且家庭的收入低于规定的最低标准的家庭。

---

① 李琮. 西欧社会保障制度. 北京：中国社会科学出版社，1989：254

② 吕学静. 各国社会保障制度. 北京：经济管理出版社，2001：202，203

第三种是单亲补贴。补贴对象主要是由于配偶死亡、离异、分居等而单独生活并抚养子女或经证明已怀孕者，其数额视本人收入或可保障最低收入而异，补贴期限为最小的子女年满 3 岁之前。

第四种是孤儿补贴。凡是实际抚养一个或几个孤儿的人，不管其收入多少均可享受孤儿补贴。失去父母双亲的孤儿，每月可享受家庭补贴基数的 30%；失去单亲或父母寡居的孤儿可享受家庭补贴基数的 22.5%。被父母遗弃的儿童，政府一般先支付 4 个月的孤儿补贴，然后再追究其父母的法律责任。

生育补贴的基本内容有两种：其一是产后补贴。凡是在法国居住、产下的是活婴并经医生检查的妇女均可享受产后补贴，补贴期限为 2 年，分 3 次支付，总数为家庭补贴基数的 2.42 倍；其二是产前补贴。主要是补偿孕妇怀孕时的额外支出。凡是在法国居住的妇女，无论其有无职业，经医生检查后均可享受产前补贴，补贴数额为家庭补贴基数的 20.5%，补贴期限为 9 个月。

特殊补贴的基本内容有四种：其一是残疾补贴，补贴对象是残疾儿童。凡残疾程度达到 50%～80%的儿童，均可享受这一补贴，补贴数额为家庭补贴基数的 24%～72%；残疾程度达到 80%以上者，根据其家庭经济收入情况可享受到最低养老金的待遇。其二是上学补贴，补贴对象是有子女上学的低收入家庭，补贴数额为家庭补贴基数的 20%。其三是新婚家庭贷款，主要是向那些已经参加普通保险制度的青年新婚夫妇提供无息贷款，以帮助他们建立家庭。其四是住房补贴，最初包含在家庭补贴中，20 世纪 70 年代以后，对单身老人和 25 岁以下独立生活的青年人也实行了住房补贴。在居住标准范围内的住房费用超过本人实际收入能力的部分，由国家住房补贴基金支付。法国住房补贴制度包括两部分内容，一是发放建房津贴，二是实行建房补助，其目的在于保障居者有其屋。

6. 公务员福利待遇①

在法国，公务员福利待遇的法律依据是 1946 年制定、1948 年和 1958 年修改的《公务员章程》。以后，政府又相继制定了《教师章程》《法官章程》《议会工作人员章程》《安全人员章程》《军官与士官章程》等，作为《公务员章程》的补充条例。其适用范围为全国的公务员。其基金来源主要由国家和公务员双方负担。公务员实行“计点制”工资制度，个人缴纳以计点工资为基础（企业除工资外还包括奖金），在纳税前直接从工资中扣缴。

目前法国公务员福利待遇主要包括七种：①休假。国家公务员不论职务高低，每年均可带薪休假 35 天。如果遇到特殊情况，政府有关部门有权将休假的公务员提前召回，或取消公务员的休假。②工伤补助。因工伤事故造成损失工作能力 10%以上，或因职业病丧失工作能力的公务员，可以在领取工资的同时，领取致残临时补助。③病假。病假分为一般病假、长期病假和重病病假。一般病假为期一年，病人在前 3 个月可领取全部工资，后 9 个月可领取一半工资，家庭补贴不减；长期病假为期三年，第一年可领取全部工资，后两年领取一半工资，家庭补贴不减；重病病假为期五年，前三年可领取全

① 吕学静. 各国社会保障制度. 北京：经济管理出版社，2001：203，204

部工资，后两年领取一半工资，家庭补贴不减。凡属履行公务、为国家利益或拯救他人而受伤致病的公务员，可享受长期病假，直到恢复工作或退休为止。④产假。女公务员分娩可享受16周产假；非正常分娩可享受产假22周，期间全部工资和津贴照发。⑤哺育假。女公务员如果要哺育一个不满3周岁的孩子，可享受两年的哺育假，期间可领取全部工资和津贴，并保留一年晋级的权利；如果女公务员放弃休假，也可由做父系的男公务员代替休假。⑥教育假。这是为公务员中的工人设立的。教育假为一年12天，期间必须扣除相当于这个工人的社会保险和退休储金中应扣除的部分，家庭补贴不减。⑦各种补贴。普通工资类公务员除了领取基本工资外，还可享受诸如地区差额补贴、交通费补贴、劳动防护补贴、外语补贴、节日加班补贴等；特种工资类公务员，如总统、总理、议员、政府部长等，也享有多种津贴，种类和数额因职务大小而有所不同。

四、法国社会保障制度基本特点

（1）社会保障制度完备而复杂，覆盖面广。法国社会保障体制是由总数达422种不同的社会福利制度构成的。涉及疾病、生育、工伤和职业病、残疾、养老、死亡、孤寡、失业及家庭补助和社会救助等各个方面。基本可以分为两大体系：一是普及社会保障体系，二是特殊社会保障体系。普及社会保障体系是整个法国社会保障体制的主体，涉及占劳动人口大多数的私营企业和部门的工薪职员，特殊社会保障体系对象是国家公务员及公共部门的工薪人员。各种保险和补助的领取都有严格的条件和规定，全国有99％的人口被纳入社会保障体制。正所谓是从摇篮到坟墓的社会保障制度。

（2）社会保障制度管理有序，社会化程度高。法国社会保障制度在运作上，享有高度的自主权。在国家资助与调控下，通过全国、大区及省三级机构进行社会化经营和分散管理，根据社会最低标准和分摊金缴纳数额来确定个人受益比例。以普遍保险制为例，在全国一级设有5个机构：全国领薪者疾病保险金保管局、全国领薪者养老保险金保管局、全国家庭补助金保管局、中央社会保险机构管理署和全国保险金保管局联合会；在大区一级，只设有疾病保险金大区保管局；在省一级，有365个基层管理机构。三级机构各有分工，全国一级机构负责各险别的立法管理、协调社会保险普遍制财政的共同管理、签署劳资协议、保证享受普遍制的领薪者的工作条件及在职培训等；大区一级机构则是职能不太明确的混合组织，其作用不单单体现在疾病保险方面，还负责管理与私立医院签订的协议及工伤和职业病有关报销费用的规定，并代理全国领薪者养老保险金保管局的养老金发放和相关服务；省一级机构同大区一级组织或私立互助组织一样，负责履行公立机构的服务职能，如社会保险个人号码的登记、报销相关费用、发放各种补助金、监督分摊金的缴纳及推动社会和公共卫生活动等。

（3）社会保障制度“主体制度”与“补充制度”并存。法国除了实行统一的养老保险制度外，各行业还根据本行业特殊的退休制度实行特殊的养老保险制度；在失业保险中，对失业有各种保险补贴，同时，失业保险中止后，还提供某些社会援助等补充措施。

（4）社会保障制度的运行以完备的法律为基础和依据。法国政府最早从1850年6

月通过《公共救济与预防法》，决定建立全国退休金管理局，对退休者及生活困难者予以公共救济，这事实上预示着社会保障法制化的萌芽。1910 年，法国的老年养老保险首次立法。1945 年，在借鉴英国和德国模式的基础上，法国国民议会通过《社会保障法》，标志着法国社会保障制度已走向制度化、法制化的轨道。随着逐步改革和完善，法国政府颁布了一系列法律法规，如《社会保险法典》《公众健康法典》《家庭和社会救济法典》。法国宪法则更是明确将社会保障规定为全体公民的一项基本权利①。

五、法国社会保障制度困境与改革

法国社会保障制度经过不断改进和完善，成为法国人引以为荣的“文化和社会模式”，在保障中下层劳动人民的基本生活条件、改善人们的健康状况、保护劳动力资源、缓和劳资冲突、维持社会稳定等方面发挥着不可忽视的作用。但是，这种社会福利制度是建立在经济持续增长的基础上的。到了 20 世纪 80 年代，法国及其他西欧国家都出现社会消费下降、生产过剩、经济发展停滞、失业问题日益严重的问题，特别是到了 90 年代，法国经济进入全面衰退甚至出现危机，社会福利制度的弊端及其不利影响，逐渐暴露出来，主要表现在以下方面。

(1) 社会福利，尤其是医疗保险赤字累累，出现缺口。第二次世界大战结束后的 60 多年来，由于失业率上升、非法移民增多和贫困人口增多等，法国社会分摊金征缴数额日益下降，而社会保险支出不断增加，造成社会保障赤字攀升，有关管理机构不堪重负。就社会保险支出而言，1949 年其占法国 GDP 的 12%，20 世纪 70 年代上升到 20%，现在已接近 40%。这对社会保障体制造成了极大冲击。据统计，法国社会保险赤字 1996 年高达 500 亿法郎（约 76 亿欧元），2004 年超过 160 亿欧元（约合 1 050 亿法郎）。此外，由于体制存在漏洞。医疗保险浪费尤其严重。法国人每年人均光顾医疗机构达 15 次之多，居欧洲各国之首。在领取的药品中，真正服用的大约只有三分之一，其余都浪费掉了。政府要维持福利制度，就得拿出资金填补亏损。但医疗保险的亏空，最终还是要用纳税人的钱来填补。

(2) 社会福利负担过重，增加企业的劳动成本，阻碍经济健康发展，影响国际竞争力。高福利是以高税收为基础的，福利越高，税收越重。法国税收占社会总产值的 45%～50%，法国工人的工资水平在世界上是较高的，人均年工资近 20 万法郎，同时企业主为其雇员支付的社会保险和福利费也很高，占工人工资的 43%。法国企业在这些方面的负担不仅高于发展中国家，也大大超过美国等发达国家，这必然削弱法国在国际上的竞争力。

(3) 高福利制度间接导致高失业率和养成懒惰现象，并形成恶性循环。高福利制度使企业负担过重，许多企业主不愿在国内进行生产性投资，而是把资本投向容易赚钱的行业，或转移到国外，或更多地采用新技术、新设备，这样，企业减少了人员，降低了

① 徐瑞仙. 法国社会保障制度及其对我国的借鉴意义. 西北成人教育学报，2004，(2)

成本，提高了效率，却把更多的人推向了失业大军，即出现了所谓的去工业化现象[①]。领取失业救济金的人越多，反过来又增加了国家和企业的负担。这种恶性循环成为政府的一大难题。按照规定，失业者在第一年每月领取的救济金相当于失业前最后一个月工资的70％～80％，此后每年递减，一般三年后就所剩无几。但福利政策与鼓励再就业之间存在着一定的矛盾。由于有救济金，法国人再就业时大多挑肥拣瘦，这也是法国的长期失业者（失业一年以上）人数众多的原因之一。可以说，是高福利加剧了高失业率和养成人员懒惰现象。

法国社会保障制度的弊端随着经济全球化的发展而暴露无遗，与此同时，新的社会经济环境和就业方式为其福利制度的改革提供了条件。法国政府对法国的社会保障制度进行了一系列的改革，出台了诸多措施，主要有以下内容。

（1）加强国家对社会保险基金库的管理和控制。1996年通过修订宪法的有关条款，扩大国民议会审议社会保障制度及其财政状况的权力，由议会和专职人员组成社会保险监察委员会，监督有关协议的执行。同时推出了一系列法令，全面加强国家的主导作用。例如，1996年提出和通过了关于建立《所有保险制度年财政法的组织法》、《基金库组织和管理》的法令草案及《控制城市医疗费用》的法令草案等。政府希望通过这一系列措施，明确国家和全国各基金库的责任和目标，建立严厉的奖励和惩罚制度，尽快改变社会保障体制的面貌。同时，法国政府还重组了基金库领导班子，加强对基金库的领导。政府决定，基金库理事会重新实行“劳资均等主义”，即雇主和工薪人员在理事会中占有相等的席位。

（2）对全国医疗卫生行业进行深刻改革。医疗保险体制覆盖面最大，开支也最大。法国普及社会保障体系的巨大财政赤字，大部分要归咎于医疗保险。法国政府在1996年提出的《控制城市医疗费用》法令中，提出了一套详尽、完整的计划，主要有：①加强对医生的奖惩制度，当一个地区的医药费开支超过年初的预算标准时，该地区所有医生不得提高诊费，如果控制在预算额之内，医生们不仅可以得到奖励，还可以提高诊费；当医药费超支过大，保险公司可以要求医生偿还。②实现诊所信息化。③强制实行医务人员继续培训制。④普及医疗证，即将过去只有70岁以上老人使用的医疗证推广到所有投保人，非法使用者要受到惩罚。

（3）扩大社会保险基金来源，努力填补预算亏空。主要措施有：①增设新税种，新设的“社会债务清偿税”将对所有人（最贫困者除外）增收0.5％的社会分摊金，为期13年，以解决多年来积累的社会保险债务问题；②提高医疗保险分摊金；③改革家庭

① 去工业化过程可以分为三类，即“正面的去工业化”、“负面的去工业化”和“与贸易相关的去工业化”。所谓“正面的去工业化”，认为随着国民经济的发展，制造业部门较高的生产力等，导致其对就业人员的需求相对减少。释放出过剩劳动力人口将可被日渐壮大之服务业部门吸纳，并认为去工业化乃是经济成功发展之正面结果。而所谓“负面的去工业化”则认为去工业化是经济结构失衡、劳动力无法完全被产业吸纳运用而导致的经济发展过程中的病态现象，这种过程削弱了整体经济的竞争力，并且与高失业率密切相关。最后即为“与贸易相关的去工业化”，这主要和国家贸易在制造业的不同生产力水平有关，国际贸易可透过总体经济的机制，影响制造业部门之就业人口多寡以及制造业部门专业分工之程度。也就是说，一个国家制造业产品贸易的顺差和逆差，就相应导致剩余劳动力是否能被服务业吸收，并产生正面和负面的去工业化现象。

补助金制度，推迟发放老年津贴；④改革特殊退休制度，如将公务员领取全额退休金应交纳退休基金的年限，由37.5年延长到40年，同时规定，到2002年，所有人必须交满40年养老保险基金，方可领取全额退休金，还将逐步降低退休金发放标准①。

总之，法国社会保障制度经过数百年的发展，逐步形成了一套庞大而复杂的体系。法国的社会保障事业经历了蓬勃发展时期，也曾陷入过危机。法国政府对法国社会保障制度采取的一系列改革措施引起了强烈的社会反应和抗议浪潮，社会保障制度改革难度加大，仍在探索中前进。

➢本章小结

保守主义福利体制国家代表是德国和法国。在社会目标上倡导工人的收入扶持政策，在给付的基本原则上属于缴费型原则，遵循社会保险型的给予的技术原则，给付结构为部分给付型（缴费关联与收入关联），可及性的方式为社会地位与工作环境，通过就业关联型的缴费实现其融资机制，通过社会伙伴合作制来实现其管理与控制决策。

德国借助社会市场经济体制实现了高福利、个人的大自由及社会公正。德国的社会保障制度是其社会市场经济体制的重要组成部分。德国社会保障制度的形成和发展有着深厚的社会背景，并经历了四个不同的发展阶段。德国社会保障制度的主要内容包括养老保险、医疗保险、失业保险、工伤保险、护理保险、社会救济等以社会保险为主体的社会保障制度和以共决权为中心的劳资合作制度，包括共决权、劳资协商自治和雇员保护等。德国社会保障制度近年来面临着社会福利预算支出占国民收入的比重上升较快、政府财政负担过重、医疗保障的服务范围过宽、医疗费用开支过大等困境。德国政府从20世纪70年代开始，就对社会保障制度进行改革。

法国是一个国家干预型市场经济国家，有着较为完善的社会保障制度体系。其形成有着深厚的社会历史背景，并经历了四个不同的发展阶段，逐步形成了庞大而复杂的社会保障制度。法国社会保障体制是由总数达422种不同的社会福利制度构成的。法国社会保障制度的主要内容包括养老保险、医疗保险、工伤保险、失业保险、家庭补贴以及公务员福利等。近年来法国社会保障制度面临着社会福利，尤其是医疗保险赤字累累等困境，法国政府和各界都对法国社会保障制度的改革进行了许多的思考与尝试。

➢关键术语

保守主义福利体制　非商品化　分层化　合作主义　社会市场经济体制　德国社会保障制度　俾斯麦模式　法国社会保障制度　社会保险　强制性保险制度　普遍性保险制度

---

①　王燕阁. 法国社会保障情况. 国际信息资料，1996，(6)

➢案例1　德国向懒人开战[①]

懒惰，这两个字似乎不该和德国人联在一起，因为谁都知道，他们是世界上最勤劳的民族之一。然而无情的现实是，德国现在也出现了一批“懒人”，而且为数不少。

几年前，一个中国记者曾在德国住过一次医院。同室病友中有两位失业多年的德国工人。从闲聊中得知，他们患的都是因营养过剩引起的“富贵病”，并不严重。但这两位靠吃社会救济的人，照样可以每年踏踏实实地来医院住上一两次。在医院，他们每天除了吃饭、睡觉、打针和服药以外，就是喝咖啡、看马路小报，或者谈论涉及他们个人的福利问题，真是优哉游哉。他曾问他们为什么不去找份工作，其中一人说：“那样太不合算。”

干工作挣工资，怎么就不如在家吃救济合算呢？原来，第二次世界大战后的德国为了实现社会的公正与平等，曾大力发展福利事业。失业者不仅得到了生活的基本保障，而且还能享受任何国家都无法比拟的优厚待遇。例如，你只要连续工作两年，一旦失业就可以连续若干年从国家领取每月1 800马克的固定收入，同时还能享受医疗和养老保险，就连住房和子女补贴也比在职人员要多。例如，一个有两个孩子的低收入家庭，每月的毛收入连同住房和子女补贴，总共为3 245马克，而同样一个四口之家如果靠失业救济生活，每月可以得到2 940马克，只比前者少300马克。那么，有谁还愿意为区区这点钱而每月苦干150个小时呢？看来，问题就出在这里，一个原本为了实现公正的体制却造成了一种新的不合理。正如一位专家所说：“其实并不是德国人懒惰，而是我们的体制懒惰，是制度把人养懒了。”

至于德国到底有多少条“懒汉”，人们难以准确统计。去年，德国劳动部门记录有91 000人公开拒绝劳动，但专家们认为，实际的“懒人”肯定还要比这个数字高出许多倍，否则，平常大白天，哪来那么多闲人泡在啤酒馆、游戏厅，或者在大街上游荡呢？

游手好闲、专靠社会救济过活的人，实际上是一种剥削他人劳动的“寄生虫”，因此他们的所为已日益引起德国社会的极大义愤。人们纷纷呼吁：必须对这些懒汉进行惩治，“不劳动者不得食！”

目前，德国政府正在认真考虑对社会福利和劳动市场制度进行改革。尽管阻力重重，但仍然决心向这些积弊已久、却常年无人敢碰的禁区进军。其方略是：一方面，创造一批低收入的劳动岗位，以帮助长期失业者（这些人大都学历低、能力较差）重返劳动市场；另一方面，对不肯劳动、钻社会福利空子的“懒人”，则坚决减少或取消对他们的社会救济。德国《联邦社会救助法》第25款规定：凡不肯劳动的人，就没有权利得到生活补助。

高福利制度间接导致高失业率和养成人员懒惰现象，是否值得大家思考？

---

① 严建卫. 德国向懒人开战. 文汇报，2001-07-30

➢案例 2　　巴黎骚乱的警示[①]

2005 年 11 月，巴黎郊区开始爆发骚乱。这一场骚乱已经蔓延至巴黎郊区至少 20 个城镇，成为继 1968 年“五月风暴”之后法国规模最大的骚乱。事件的导火索在于巴黎北郊克利希苏布瓦镇的两名非洲裔穆斯林少年，10 月 27 日因为躲避警察不幸触电身亡。于是，愤怒的年轻人开始到处焚烧汽车，打砸学校，洗劫商场。在一些地方，甚至出现了无政府状态。而暴力事件最严重的地方是巴黎东北的塞纳-圣但尼省，那里是法国有名的穷人区。

这一场骚乱的主角有三个特征：一是外来移民居多，二是以青年为主力，三是穷人居多。这三个特征往往集合在一处。弄清楚这一点，许多问题就一目了然了。

从纵向来比较，这场骚乱在暴力级别上和“五月风暴”十分相似，但后者更多是要求个性解放，而前者则是主要对贫富差距和城乡差距的不满。横向来比较，尤其是和中国来比较，难免会给我们提个醒：1968 年的中国，红卫兵运动如火如荼；而时至 21 世纪，贫富差距、城乡差距在中国同样存在，并且在不少地方，这种差距不是在缩小，而是在扩大。

法国是经济发达国家，出现这场骚乱，一方面要从骚乱者本身的“群氓心态”进行批判，另一方面要看到这是经济社会发展不均衡、社会保障制度遇到新问题的一次较大爆发。社会保障制度在法国运行了 200 多年，应该是较为完备的，但近年来却遇到过数次危机。1995 年 11～12 月，就爆发了对朱佩政府重组社会保障体系的群众抗议行动，这是由于法国社会保障制度的目标除了实现社会公平之外，还包括满足社会需求、重建经济等。然而目标终究只是目标，实际运行是实际运行，一旦经济增长和政府财政出现问题，社会保障制度就会遭到群体性的社会压力。1995 年是老龄人口的压力，现在则是移民以及贫困人口的压力。

法国是一个以福利国家和社会公正闻名的发达国家，它目前所遇到的问题固然严重，但如果政府应对得当，进行补救式的改革，局势的稳定并不遥远。那么，作为尚且需要向法国社会保障制度进行学习的我国当如何自处呢？

复习思考题

1. 保守主义福利体制的主要特征是什么？
2. 德国社会保障制度的发展经历了哪几个阶段？
3. 德国社会保障制度的主要内容有哪些？
4. 法国社会保障制度的基本原则是什么？
5. 目前法国社会保障制度面临的困境和政府采取的改革措施分别有哪些？

---

① 周虎城. 巴黎骚乱的警示. 南方日报，2005-11-08

第五章

社会民主主义福利体制

福利国家制度不是社会民主主义的专利，但社会民主主义却是福利国家的积极倡导者和主要建设者，福利制度的探索与社会民主主义的兴起有很大关联。社会民主主义以T. H. 马歇尔的“社会公民权利理论”为基础，倡导社会性公民权利，使得所有的人都能完全地、平等地融入社会生活和政治体制。因此广泛的政治分享和社会分享也是社会民主主义的标志①。

社会民主主义福利体制国家以斯堪的纳维亚国家，如瑞典、挪威和丹麦等为代表。社会民主主义福利体制国家的社会保障制度已经建立并实施了几十年，有关制度的若干方面经历过重大的变革，但基本框架依然存在。

第一节　社会民主主义福利体制总论

一、社会民主主义福利体制非商品化特征

社会民主主义福利体制缘于贝弗里奇的普遍公民权原则，资格的确认几乎与个人需求程度或工作表现无关，而主要取决于公民资格或长期居住资格。由于普救主义原则和非商品化的社会权利扩展到了新中产阶级，定额式的给付原则是其福利津贴给付一个基本原则，所以这种福利制度还被称为“人民福利”模式。与其他两种制度相比，他们寻求相当水平的甚至能够满足新中产阶级品味的平等标准的服务和给付，而不是像其他国家那样只满足于最低需求上的平等，所以，这种制度的非商品化程度最强，给付最慷慨；与上述两种制度相比，虽然属于这种类型制度的国家数量最少，只存在于斯堪的纳

① 迈尔 T. 社会民主主义理论的基本原则. 王泰译. 国外理论动态，2003，(12)

维亚几个国家之中，但“人民福利”的理念和社会民主主义思想却牢牢扎根，经久不衰，并始终成为社会改革与社会发展的主要推动力；社会民主主义思想排斥国家和市场、工人阶级和中产阶级之间的二元化局面，力图追求平等以保证工人能够分享境况较佳的中产阶级所享有的权利，所以，人们常常将之作为福利资本主义的“福利橱窗”[①]。

（1）非商品化程度最高，且非商品化倾向与合作主义因素高度相关。合作主义因素是指雇员组织、雇主组织和国家三方伙伴协商合作的社会机制与结构及其在现代化社会保障和福利国家中的作用。在合作主义福利模式中存在一个规律，即非商品化程度越高，它们的合作主义倾向也越高。换句话说，非商品化倾向与合作主义因素具有某种内在关联性，它们二者之间有着某种“极为密切的渊源关系”。为了证明上述判断以说明福利国家在非商品化方面的不同潜能，艾斯平-安德森引入了养老、医疗和失业保险三个社会保障项目，在对18个案例国家进行了覆盖人口比例的加权计算之后进行非商品化分数的计算，计算的结果发现，斯堪的纳维亚国家非商品化程度得分最高，他们几乎都是社会民主主义类型的国家。也就是说，与其他两种类型的国家相比，社会民主主义福利体制的国家非商品化程度最高，雇员组织、雇主组织和国家三方合作的程度最高[②]。

（2）阶级联盟紧密，与福利国家形成一种紧密的依赖关系。在社会民主主义福利体制中，由于私人部门的福利市场相对发展不足，慷慨的福利供给可以满足不同阶层的各种需要。所以，人民福利的国家模式使传统的工人阶级和新中产阶级都从中受益，高昂的预算和社会支出使上述阶层和阶级形成一种紧密的社会连带关系，与福利国家形成一种紧密的依赖关系。

社会民主主义福利体制是在市场之外试图通过强制性立法形式将新中产阶级纳入其中的对普救主义精神的一种诉求。在实行均等定额的给付制度前提下，为了实现相应的津贴给付的预期，非均等的给付方式在一些北欧国家开始正式被引入改革之中。因此，在艾斯平-安德森看来，社会民主主义福利体制这一模式不仅成功地保留了普救主义原则，有效地遏制了市场的作用，同时还维持了相当程度的政治共识；但问题是，在诸如瑞典和挪威等类型的国家中，政治共识的获得是建立在社会各阶层广泛支持高额赋税政策的基础之上的，换言之，这类福利国家运转的前提是高福利支出和高税收缴费。

社会民主主义模式之所以被认为在绝大多数人与其社会保障之间建立起了非常融合的关系，是因为它追求的目标模式是以“中产阶级”为标准的普救主义模式，而不是以“卑微者”为标准的社会给付。对于日益增长的新白领工资阶层和比较富裕的工人阶层来说，基本的定额式福利津贴已经不能满足他们的要求。如果福利标准设定的很低，不以中产阶级的标准来设定社会给付标准，其结果必将导致他们中的很多人转向私人市场去购买福利项目，这样就不可避免地会出现社会分层化和两极分化，刺激私人市场的发展。以瑞典为代表的社会民主主义国家将普遍的权利资格与较高的收入给付有机地结合在一起，既能完全满足中产阶级的期望，又可以将身为社会公民的一般工人纳入一个不

---

① 郑秉文．“福利模式”比较研究与福利改革实证分析——政治经济学的角度．学术界，2005，(3)

② 艾斯平-安德森 G．福利资本主义的三个世界．郑秉文译．北京：法律出版社，2003：80，81

断向上攀升的福利制度之中，从而实现了社会的普遍团结，巩固了福利国家。从这个意思上说，保护和捍卫福利国家的正是“中产阶级”的普救主义。

二、社会民主主义福利体制再商品化取向

（1）社会民主主义福利体制再商品化改革。第二次世界大战后欧洲的一个重要经济发展特征是低通胀率和高失业率。较高的失业率和较低的失业给付之间被认为具有很大的关联性，对劳动力供给和产品成本都有影响作用，其结果是导致劳动力市场缺乏弹性、企业竞争力严重受损。因此，在“再商品化”改革中，失业保障制度首当其冲，成为改革的焦点之一。失业保障制度被称为“再商品化”改革的“晴雨表”。20 世纪 90 年代以来，绝大多数欧洲国家（南欧基本上除外）对失业保障制度进行改革的核心内容可以归纳为以下三个方面：削减给付水平，缩短给付时间，严格给付条件。在这个总趋势中，北欧迈出的步伐也不小，甚至可以说，原来“充分就业”意义上北欧福利国家特色几乎开始变得面目全非。北欧三国提出了三个口号，即“积极的劳动力市场政策”、“工作福利”和“从福利到工作”，其具体含义分别是“以积极的措施代替消极的给付”“以惩罚代替激励”“以义务代替权利”。由此，斯堪的纳维亚国家经历了一场“悄悄的革命”。“就业原则”曾经是第二次世界大战后北欧福利国家“立国”的一个支柱，它的基本含义是对“工作权利”的确认和确定。在 90 年代的改革中，这项改革被称为“老就业原则”的“就业原则”代之以“新就业原则”，它们之间的区别在于在“新就业原则”中引入了“工作义务”的概念①。

经过剧烈的改革，北欧国家的社会救助这个“最后安全网”被迫进行了收缩和改良，现在的弹性比以前增强了；“工作福利”的计划受到了道德挑战，一些社会风险责任被退还给公民；于是，社会风险被认为正在“非集体化”，公民的生活被认为正在被“再商品化”。但是，尽管如此，作为最后安全网，总体来说，北欧大多数社会民主主义福利国家还是基本上保护了诸如卫生、教育、收入保障措施和养老制度等公共物品的提供。另一方面，社会养老制度的给付负担在欧洲福利国家的公共支出比例中始终占相当的比例，所以，社会养老制度改革是欧洲“再商品化”进程中的重中之重。

（2）社会民主主义福利体制再商品化改革的特点。社会民主主义福利体制国家再商品化改革的基本特点为：慷慨的转移支付，较高的替代率，非常发达的公共服务，公共服务十分有限的市场供给，极高的劳动力市场参与率（尤其是妇女的就业率），强有力的家庭政策等。

由于社会民主主义福利体制的国家从传统上讲一直是“非商品化”的因素大行其道，所以，所有社会民主主义国家的改革都在不同程度上采取了“把所有人都推向市场”的就业政策，这种“能够工作的人都要工作”的就业原则是这种福利模式的第一个（最大）改革特征。第二个（最大）改革特征是“成本控制”，即对所有的社会服务项目的成本进行控制，使之降到一个“理性的程度”，并认为原有的一些社会福利项目是存

---

① 郑秉文. OECD 国家社会保障制度改革及其比较. 经济社会体制比较，2004，(5)

在一些缺陷的，应该予以重新设计。于是，削减诸如失业津贴和严格失业给付条件就成为重要的改革目标。第三个改革特征是逐渐缩小公共部门和私人部门之间的“裂痕”。社会民主主义福利体制国家体现出以妇女为主导的公共部门和以男性为主导的私人部门的两极就业结构，不仅影响到性别家庭的经济与福利结构。第四个改革特征是努力创造条件打破“局外人”与“局内人”之间的藩篱。即使在私人部门之间，就业者和失业者之间也存在着一个看不见但却难以逾越的“鸿沟”。第五个改革特征是努力改革社会养老制度，增强其财政可持续性。这方面的突出特例是瑞典对社会养老制度进行了彻底的改革，将原来的现收现付制改革为“名义账户制”，这个创举吸引了全世界经济学界的目光①。

社会民主主义福利体制国家有劳工阶级的社会力量发展所形成的阶级基础，并且有社会民主党长期执政和形成的全国共识——为了达到全国凝聚或团结而有社会权的扩张与国家通过收入再分配政策而提供普遍式的社会福利与服务。在这些国家中左翼劳工组织与小农广泛联盟所形成的压力，确保了政府对充分就业和全民性给付的承诺，再加上中产阶级与劳工阶级的利益，具有明显的再分配性质。因此，社会民主主义福利国家体制除了强调普遍主义和以政治力量去除对市场的依赖，即非商品化之外，它还强调非家庭化②。社会民主主义福利国家体制提供大量的社会服务和工作机会，不仅满足家庭需求，而且也允许妇女选择去工作而不是照顾其家庭。

总之，社会民主主义福利国家有较高的就业率、较高的女性劳动参与率、较高的税率、较高的工会组织率、较大的社会支出规模。社会安全体系以相当慷慨的社会服务为主，存在低度的所得不均与工资差异。社会民主党在政治领域中扮演相当支配性的角色。

第二节　瑞典社会保障制度

作为社会民主主义福利体制的典型代表，瑞典的社会保障制度以其全面性和高水平性而著称，完善的社会保障使得瑞典人均社会保障支出居全球之冠，但高福利也给瑞典的经济和社会发展带来了压力，促使瑞典一直不断对社会保障制度进行着调整和改革。

一、瑞典社会保障制度产生基础

1. 瑞典传统社会救助制度

在中世纪，瑞典存在着个人提供的、社团自发组织的和政府组织实施的低水平的社会救济措施。当时瑞典的社会救济，主要依靠教会组织的慈善事业。教会不仅在天灾人祸时以教堂为中心组织各种救济，而且拿出一部分财物建立各种慈善机构，如孤儿收容

① 郑秉文. OECD国家社会保障制度改革及其比较. 经济社会体制比较，2004，(5)

② 非家庭化（de-familialization）指的是社会民主国家福利体制将家庭关系的成本社会化，这使个人能拓展其独立能力。

院、疯人院等，对有特殊需要者提供经常性救济。另外，一些行业组织等社团通过缴纳会费筹资，对遇到困难的会员及其家人提供临时救济。

1763年，瑞典政府颁布《济贫法》，规定各市镇当局应当对贫困人口提供救济，并可以征收济贫税来筹集所需资金。1847年，瑞典政府颁布新《济贫法》，规定贫民享有要求救济的权利。1862年，瑞典对地方政府实行改革，赋予地方政府为了教育、济贫和其他慈善目的而征税的权利，为无生活来源的老人和孤儿提供救济的义务，中央政府负责对精神病患者的关怀①。济贫法制度所提供的救济在农村主要有：在其他家庭寄宿和搭伙、拍卖寄养、群体轮流抚养、济贫机构等。

除了直接救济，瑞典政府还采取劳动救济的形式，帮助贫民通过劳动改善自己的生活条件。任何没有财产者和无稳定职业者，都必须强制性签订每年一次的佣工合同，成为一些家庭或者地主的佣工。1833年，瑞典政府颁布《家内佣工法》，规定上述类型贫民必须进入济贫院。随着土地制度的改革和工业化的发展，家庭佣工制度的影响逐渐弱化②。

上述传统救济制度在19世纪以前对瑞典的济贫事业和社会稳定发生过重要作用，然而随着瑞典经济和社会不断发展，单纯的济贫已经无法解决新出现的各种社会问题，瑞典工业社会需要一种与之相适应的现代社会保障制度。

2. 瑞典经济社会基础

19世纪末20世纪初是瑞典社会的重要变革时期，工业化对瑞典社会经济产生了重要影响。

（1）工业化促进了瑞典经济快速发展。1861～1890年，瑞典工业年均增长率为2.7%，1891～1915年为6.1%。1870～1914年，工业总产值从3.2亿瑞典克朗增长到22亿瑞典克朗，国民收入从8亿瑞典克朗增长到33亿瑞典克朗③。

（2）工业发展带来的人口结构的变化。工业化促进了瑞典人口的快速增长，1850年瑞典人口总数为350万人，1890年增加到478万人。人口总量的增长在农村尤为显著，大量的农村人口在土地关系变革（传统农业经济被打破，大规模的土地合并以及圈地运动）中失去土地，成为接受工资的农业工人、产业工人④。其结果是城市人口比例上升、工业劳动者队伍不断壮大。

（3）工业化导致的各种社会问题大规模出现。工业化不仅打破了瑞典传统的经济结构，特别是由于其职业的流动性增强，家庭的稳定性却开始减弱，单亲问题、养老问题日渐显著。同时，贫困问题、工作时间过长、童工、工作环境恶劣以及城镇化初期的城市就业、住房、卫生等一系列问题纷纷涌现。

上述社会问题不再仅仅被视为个人因素的结果，而被认为是社会发展过程中缺乏有

---

① Forsberg M. The Evolution of the Social Welfare Policy in Sweden. Stockholm：Swedish Institute 1986：13

② Mabbett D. Trade，Employment and Welfare：A Comparative Study of Trade，Labor Policies in Sweden and New Zealand，1880-1990. Oxford：Clarendon Press，1995：68

③ Jonuug L，Ohlsson R. The Economic Development of Sweden Since 1870. Cheltenham：Edward Elgar，1997：46

④ 安德生. 瑞典史. 苏公隽译. 北京：商务印书馆，1972：536

效调控的结果，这就需要政府采取更加积极、主动的措施。工业化为瑞典现代社会保障制度奠定了现实基础，建立有效的社会保障制度成为人们的基本共识。

3. 瑞典政治基础

瑞典工会在19世纪末开始出现，随着工业化的发展，瑞典工会不断壮大，几乎所有的行业都建立了工会组织。高度发达的工会组织为劳资集体协议制度的建立奠定了基础，瑞典于20世纪初分别建立代表劳工的“瑞典工会联合会”和代表雇主的“瑞典雇主联合会”。瑞典不同利益集团之间经过多次“历史性妥协”，从而建立了劳资集体协议制度。

瑞典在劳资集体协议道路上不断迈进。1928年瑞典成立劳资纠纷法庭，为合理解决劳资协议问题提供了完善的法律程序。1938年，瑞典雇主协会和工会在斯德哥尔摩北部的桑次哥拔登城堡达成了协议，称为《桑次哥拔登规则》。协议认可了工会组织工人并代表他们谈判和缔结集体合同的权利，同时认可了雇主领导工厂的权利。规则内容在协议期满即终止，有效期内任何一方都必须遵守协议，在协议有效期内不得采取产业行动（即工会可以组织罢工、怠工，雇主可以闭厂），工会不得支持非法罢工、罢工，在协议终止后或一方违约在先工会可组织罢工，罢工依据协议事先宣布等。瑞典参加劳资集体协议的工会会员比例从1908年的24%上升到1940年的50%。

这一时期瑞典政治的一个突出特点是，各种政治立场的主张逐渐趋同。“社会民主党变成一个改良主义政党，采取了一种带有典型的瑞典特色的观点。保守党变成了一个现代的全国性政党，时常表现出关心社会问题……”① 瑞典这一时期的主要执政党社会民主党和其他政党都将政策集中在社会改革和福利问题上，各利益集团在社会福利问题关注的一致性对该时期社会保障制度的发展奠定了良好的政治基础。

4. 社会保障理论背景

瑞典社会保障制度的理论基础是瑞典学派的经济理论和政策主张。19世纪末20世纪初，瑞典出现了一批著名的社会思想家，如克努特·威克塞尔（Knut Wicksell）、古斯塔夫·卡塞尔（Gustaf Cassel）、庞图斯·法尔贝克（Pontus Fahlbeck）、巴龙·古斯塔法·阿道夫·拉布（Baron Gustaf Adolf Raab）、林德伯克（Lindbeck）、亚尔马·布兰亭（Hjalmar Branting）各种社会思潮纷纷登场。尽管各派思想各有不同，但是这些思想在进行社会改革、建立社会保障制度上，却表现出一致性。

威克塞尔是瑞典学派最有影响的先驱，他对贫困问题尤其关注，他认为人口过剩是贫困问题的主要原因，还从经济学和公共财政方面提出解决贫困问题的主张，指出应当由社会规定适当的价格和最低工资。他认为，为增进社会总体福利，“必须为无产阶级的利益进行考虑”，“工人阶级应当得到像所谓的福利国家的养老金和其他形式的社会保险等的第二种分配，以保障他们的正常生活，并为退休提供经济保障”②。

卡塞尔是瑞典渐进主义社会改革的代表人物，他认为合作社、工会等自愿性组织在社会发展中处于核心地位，同时还提出了包括最低工资和经济低落时期的公共就业政策

① 安德生. 瑞典史. 苏公隽译. 北京：商务印书馆，1972：634，635

② Sandelin B. The History of Swedish Economic Thought. London：Routledge，1991：117，118

等社会政策。但在20世纪30年代以后，卡塞尔成为国家福利和社会救济的坚决反对者，认为对贫民的公共救助是最为有害的政府和社会行为①。法尔贝克提出了三大社会改革计划：增加国民财富，提高工人阶级的知识和道德水平，通过社会改革解决工人阶级的问题。在劳资关系方面，他主张在企业内部建立一种更加紧密的、相互合作的雇主和雇工关系，认为这种劳资关系将有利于推动一种理想社会的建立。

拉布的社会思想主要集中在退休和贫困老人的公共救助方面，他主张建立缴费养老金制度，并认为养老金津贴只能向有需要的老人支付。

林德伯克提出的“自由社会民主主义”经济制度理论对瑞典社会保障制度有直接影响，其主要内容包括：政治上保留西方的民主制度，经济上实行国有化、福利国家、市场经济三者相结合的制度。

布兰亭是瑞典早期社会民主主义最著名的思想家，十分强调社会改革的作用，将普遍选举权看做瑞典政治变革的主要途径。他主张建立普遍性社会保险制度，认为社会保险是给予公众的公民权利，是一种政府责任。他也支持建立最低工资制度②。

上述各种早期社会政策和福利思想反映了瑞典社会发展对社会保障制度的现实要求，并提出了社会保障建立的思路，成为推动瑞典社会改革和社会保障制度出现的重要理论基础。

二、瑞典社会保障制度历史沿革

1. 瑞典社会保障制度的萌芽阶段：1870～1910年

随着工业化的发展、社会福利思想的传播以及英国、德国社会保障制度的逐步建立，瑞典的一些小企业已经开始向其雇工提供住房、健康关怀、教育以及养老金等现代社会保障项目。瑞典部分政府官员也开始关注社会保障制度，如议员赫丁提出了建立社会保险的法案，这些对社会立法起到推动作用。

1875年，瑞典政府颁布了第一个《公共健康法》。1989年，瑞典政府又颁布了有关劳动安全保护的法令，并在同年建立起全国范围的工厂检查制度。20世纪初，瑞典建立社会保险制度的步伐开始加快，1891年开始对自愿性健康保险团体提供国家资助，1901年通过《工人赔偿法》，强令雇主对疾病和受伤的雇员提供保障其最低生活的赔偿。在其他社会保障方面，1902年，颁布《儿童立法》，对遭受忽视和陷于贫困的儿童提供福利。1905年，瑞典政府正式将养老金问题提上议程，成立了专门委员会。1906年，瑞典政府开始对自愿互助性失业保险团体提供国家财政帮助，以保证这些团体的正常运行；同年，养老金委员会在5年的调查研究后提出了养老问题的调查报告，当时的自由党政府采纳了该报告并依此制定了养老金法案③。

19世纪末20世纪初，瑞典颁布了一系列有关社会保障的立法，对养老、失业、疾

① Olson S E. Social Policy and Welfare State in Sweden. Lund: Arkiv, 1993: 58-60

② Tilton T. The Political Theory of Swedish Social Democracy: Through the Welfare State to Socialism. Oxford: Oxford University Press, 1990: 33-35

③ 丁建定. 瑞典社会保障制度的发展. 北京：中国劳动社会保障出版社，2004：29-32

病等社会保险进行关注与研究，这为未来社会保障制度的建立确立了基础。

2. 瑞典社会保障制度的发展阶段：1910～1939 年

在这一时期，面对经济大萧条的社会后果，瑞典社会民主党在 1932 年大选获胜后，提出建立“人民之家”的口号，政府采取一系列自上而下的社会改革措施，首相汉逊及其社会民主党政府把这个庞大的社会福利计划，标榜为“从摇篮到坟墓”的计划[①]。

(1) 在社会保险制度方面，1913 年，瑞典议会通过养老金法案，并于次年成立了养老金局。该法案规定，瑞典的养老金制度是普遍性缴费养老金制度，所有 18～66 岁的瑞典公民都可以参加养老金制度。对无力缴纳养老金费用者，政府提供免费的养老救济（须接受收入调查）。这样，瑞典的第一个现代的、系统的养老保险制度开始建立。但是养老金制度建立后一直发展缓慢，存在着参与率不高、养老金给付水平低等问题，社会民主党在 1938 年酝酿的改革方案也因为第二次世界大战的随后爆发而搁浅。

1910 年，瑞典政府颁布立法，对自愿性疾病保险做出具体规定。1931 年，瑞典政府再次做出决定，所有健康互助保险团体必须接受国家资助，并按照政府的规定进行运营。1916 年，瑞典建立了职业伤害保险制度[②]。1918 年，通过实施了《工伤事故保险法》，工伤保险制度适用范围为包括家庭内佣工的所有工资收入者，强制性要求雇主承担费用。1921 年和 1931 年的两次经济危机使得瑞典的失业率一度居高不下，两次危机间年均失业率达到 10%，1921 年和 1933 年曾达到 20%以上。失业问题开始引起社会和政府关注。1934 年，瑞典政府颁布法令，规定在各种被认可的工人失业互助保险组织基础上，建立国家给予资助的失业保险制度。失业保险制度由各种失业保险团体实施，适用于组成失业保险团体的行业或部门的工人，其费用由雇员单方缴纳，雇主不承担任何费用。

(2) 在劳工保护和福利方面。1912 年，瑞典政府颁布《劳工福利法》，该法规定雇主必须为确保工人健康和安全提供相应的设施条件，如安全实施、公共卫生、休息时间等，必须为易导致职业病的岗位提供医疗检查。同时，对童工、怀孕女工也建立了特殊规定。1929 年，瑞典通过《职业病法》，使得瑞典的职业安全制度进一步完善。另外，瑞典还在企业建立起安全和卫生代表制度，规定凡雇佣 100 人以上的企业必须选举产生由雇员和雇主共同组成的安全委员会，以预防安全事故、保障工人劳动安全与健康。在工会的要求与努力下，两次世界大战期间瑞典有关劳动时间的立法不断得到发展。1919 年通过了 8 小时工作制的规定。1930 年新的法令规定，任何雇主不能让雇员在 1 周之内工作 48 小时以上。1938 年的法令规定雇员在为雇主工作满一年后即有权要求带薪休假。

与失业保险制度相联系的是瑞典有特色的工作救济计划，两次世界大战期间，瑞典在全国范围内建立劳动介绍所制度。1947 年，成立国家就业局，负责管理全国职业就业服务与劳动介绍机构。劳动介绍所为求职者提供职业信息、组织培训活动、提供工作迁移费用、控制和监督失业保险补贴的发放等，促进了失业保障制度的逐步完善。

---

① 林闽钢. 现代社会保障. 北京：中国商业出版社，1997：145，146

② Hojer K J. Social Welfare in Sweden. Stockholm：Forum，1949：51-53

（3）在其他社会保障制度方面。瑞典由于没有卷入第一次世界大战，长期的和平环境使得其经济保持着稳定发展的趋势。1910～1940 年，瑞典工业化和城市化进程快速发展，非农劳动人口比例从 51.2%增加到 65.9%，城镇人口比例从 24.8%增加到 37.4%。但城市化和工业化的发展也使得社会问题加剧，尤其是城镇住房问题、贫困和公共卫生问题。1918 年，由于社会保障制度还很不充分，贫困问题依旧严峻，瑞典政府不得不再次颁布《济贫法》，恢复政府在向贫民提供救济方面的责任，但领取救济者必须丧失一定的公民权利，如选举权等。

瑞典在 20 世纪 30 年代的住房条件堪称欧洲最差，1933 年社会民主党成立了社会住房委员会，负责住房政策有关事宜。1935 年，开始对有孩子的低收入家庭的住房建设和修缮提供贷款的资助，1938 年降低对有孩子家庭和养老金领取者的房租，各种住房政策使得瑞典的住房条件在该期间得到了大大的改善。

1910 年到第二次世界大战以前，瑞典的社会保障制度有了一定发展，表现出以下几个特点：一是发展的不平衡性。社会保险制度发展落后于救济制度，尤其是养老保险制度和健康保险制度发展十分缓慢。二是社会保险制度以自愿性为主。在社会保障责任观念方面，个人责任比国家责任在地位上更突出。三是保障主要是针对劳动者。在社会救济与福利制度中，与劳动有关的劳动保护、劳工福利等发展较快，而其他群体的保障制度发展较慢。

3. 瑞典社会保障制度的完善阶段：1945～1980 年

第二次世界大战中，处于中立国的瑞典在经济上没有受到严重影响，反而在战争期间和结束后保持着较高的经济增长速度，这使得瑞典经济在全球的地位迅速提升，为瑞典福利国家的建设奠定了经济基础。

1944 年，瑞典社会民主党顺应当时民众对充分有效的社会保障的要求，提出了《工人运动战后纲领》。该纲领把社会民主党第二次世界大战后社会保障制度建设方面的任务加以具体化，并提出了如下几个重要目标：第一，失业人员由国家提供保障，并努力实现充分就业；第二，推行养老金制度改革，改善退休人员的养老条件；第三，改革瑞典的教育制度，使得每一个瑞典人都享有平等的受教育机会；第四，实现住房制度改革，努力改善瑞典民众的住房条件；第五，通过劳资集体协议制度，进行工资制度改革，实行同工同酬等①。该纲领奠定了瑞典第二次世界大战后经济与社会发展的理论基础与指导方针，为瑞典战后普遍性的福利国家计划的建设与发展描绘了蓝图。

该纲领发表后，瑞典社会民主党开始根据纲领所提出的社会发展目标，制定瑞典社会保障发展规划。时任社会民主党主席与政府首相的是艾兰德（Tage Erlander），他主张社会合作，指出："社会保障是实现自由的先决条件，存在于社会中的一种走向合作与团结的意愿，将会推动社会保障与个人自由的发展。"② 这一时期，社会民主党的社会政策目标是建立一个充满保障、自由、合作、团结及平等的社会。

---

① 金重远. 战后西欧社会党. 上海：上海人民出版社，1997：146

② Tilton T. The Political Theory of Swedish Social Democracy：Through the Welfare State to Socialism. Oxford：Oxford University Press，1990：171

在第二次世界大战后到 20 世纪 70 年代末的 30 多年间，瑞典社会保障制度的发展进程可以进一步划分为五个阶段。

第一个阶段是战后初期。这一时期，瑞典社会保障制度发展的主要内容和特点是住房制度化、实施就业计划以及推行统一标准的养老金制度。1946～1950 年的五年间，瑞典先后进行了广泛的社会福利制度的改革，颁布了关于退休养老金、子女补助、医疗保健服务、房租补贴、教育补助等新的法规，使得《工人运动战后纲领》描绘的蓝图变为现实。1946 年，瑞典议会通过了一项新的养老金法，1948 年 1 月开始实施，瑞典正式建立起同一标准的养老金制度。这一时期瑞典政府还举办自愿养老保险计划。

第二个阶段是 20 世纪 50 年代后半期。这一时期，瑞典社会保障制度最主要的发展是推行了与收入相联系的养老金制度和医疗保障制度，对社会救助非歧视化。1956 年通过新的《社会救助法案》，以取代原来的《济贫法》，明确规定享有社会救助是公民的权利和国家的义务。1959 年，开始在全国范围内实施医疗保健服务制度。同年，瑞典与收入相联系的补充养老金法案被通过。

第三个阶段是 20 世纪 60 年代和 70 年代初期。这一阶段瑞典社会保障的主要任务是完善福利标准，社会民主党利用其政治优势加强了公共部门、教育、医疗保健、老年年金和住房津贴统一由国家包揽的做法，提高保险金和补助金水平，实行“年金”指数化，以及制定科学的分类标准。60 年代末社会民主党进一步扩大了福利制度的覆盖范围，实施了税收累进制，把福利制度进一步推向一个新阶段。1969 年，瑞典开始实行一种特殊的补充养老金，主要针对没有领取补充养老金或者领取较低标准的补充养老金者。1973 年以后，瑞典将退休年龄从 67 岁降低到 65 岁。

第四个阶段是 20 世纪 70 年代中期。该时期是瑞典社会保障制度覆盖面不断扩大、社会保障津贴水平不断提高的阶段。70 年代，瑞典又采取了有关工业民主措施，1974 年生效的《就业保证法》和 1977 年通过的《雇员参与决策法》等都给予雇佣工人以更多权利。至此，瑞典的社会福利制度的主体建设基本完成。

第五个阶段是 20 世纪 70 年代末，瑞典社会保障制度改革的酝酿阶段[①]。1976 年，社会民主党下台，由中央党、自由党和保守党组成联合政府，开始着手对瑞典的福利制度进行“瘦身”，它表明了福利制度即将步入改革阶段。

4. 瑞典社会保障制度的改革阶段：1980 年至今

瑞典福利的改善得到绝大多数人的欢迎和支持，因而得以发展并推向完善，使瑞典成为世界上最为完整的福利国家。但庞大的福利支出带来的税收沉重、物价飞涨、劳动生产率低、国际竞争力下降、官僚作风等又引起国民的不满，执政长达 44 年的社会民主党于 1976 年下台。由中央党、自由党和保守党组成联合政府，它表明了福利制度的基本完结。但是近年来瑞典经济状况大大改善[②]，福利制度的刚性使得公民反对大幅度削减福利水平，因此自 1998 年以来还没有哪个党派坚决支持激进式的改革，大多数还是支持传统的普享型政策，这些都预示着瑞典仍具备高福利存在的现实基础。

---

① Olson S E. Social Policy and Welfare State in Sweden. Lund：Arkiv，1993：116

② 孙炳耀. 当代英国瑞典社会保障制度. 北京：法律出版社，2000：177

三、瑞典社会保障制度主要内容

瑞典实行的是从摇篮到坟墓的社会福利制度，其最大特点就是强制性的社会化，人人都必须参加统一的社会保障系统，并能享受由国家统一提供的各种社会保障。这些保障主要有八大类，即老年保障、健康保障、失业保障、家庭保障、住房保障、儿童保障、教育保障和带薪假期等。

1. 养老保险制度

瑞典1935年通过《国民年金保险法》，1948年实施《全国退休法》，1959年增加了国民补充年金保险，1976年和1990年先后实行部分年金制度和遗属年金制度。目前，瑞典实行的社会保障制度，是普遍保障与社会保险相结合的双重制度，普遍养老金（基本养老金）、补充退休金和附加退休金三种形式。

1）基本养老金

根据“全民养老”的原则，凡在瑞典居住3年以上的人，不论是瑞典公民还是外国侨民，也不论是退休前个人收入状况如何，从年满65岁起，都有资格享受基本养老金。

领取养老金数额的大小，取决于工作年限和所取得的附加年金的“年金分”。基本养老金一律以“基数”的96%给付，这个基数约等于一个人的基本生活费用。为了确保退休老人生活免受通货膨胀的影响，“基数”随物价的波动而处于经常变动之中。1990年，一个单身老人可以得到的养老金为基数的96%，一对夫妇则为基数的157%。1991年，一个单身老人实际可领取32 200瑞典克朗，一对夫妇可领取50 554瑞典克朗。瑞典以65岁为正常退休年龄，达到法定正常退休的老人，可以领取全额基本养老金；如果提早至60～64岁退休，每提早一个月，减发0.5%养老金；倘若推迟到66～70岁退休，每推迟一个月，将增加养老金额的0.7%。基本养老金包括老年年金、伤残年金和家庭年金（遗孀年金和儿童年金）三种基本形式。伤残年金、遗孀年金均与老年年金相等。

凡在瑞典居住的16～65岁的本国公民或外国侨民，因身体伤残或智力发育不全而丧失一半以上劳动能力的人，视其恢复劳动能力程度而领取不同的伤残年金。伤残年金视伤残程度可领取基数的50%～96%。

35岁以上、婚龄5年以上的遗孀，可领取部分遗孀年金，直至65岁；超过50岁者，可享受全部遗孀年金。如抚养一个16岁以下儿童者，则不问其婚龄长短、年龄大小，均可领取遗孀年金，再婚时则停止发放。18岁以下的儿童，当父母一方或双方去世以后，可领取孤儿年金，数额为“基数”的25%～50%。

在资金来源上，基本养老金主要来源于雇主缴费和政府财政拨款。根据规定，雇主缴纳工薪总额的7.45%，约占普通养老基金的57%；政府财政负担43%；雇员无须缴纳。独立劳动者缴纳收入的7.45%。

瑞典基本退休金可以保障职工退休后的基本生活支出，每人的份额大致相等。这样，即使从未工作过的老人，也能过上安定生活。

2）雇员（补充）退休金

1960 年开始实施，亦称“收入关联年金”或附加养老金，它是对普遍养老金的补充，其资金完全来自于雇主为雇员而建立的年金基金。凡收入在基数以上的所有雇员和独立劳动者，都有资格享受补充退休金，但是在必须满足下列基本条件的前提下，才能享受全额补充退休金：退休前必须由雇主为其交足 30 年的社会保险费；独立劳动者必须投保，而且要在退休前到当地社会保险机构登记；投保不足者，每少投保 1 年，减发退休金 1/30。一般来说，普遍养老金和补充养老金两部分加起来的总和，大体相当于雇员退休前平均工资的 2/3 左右。

年金分和雇员退休金计算公式如下：

年金分＝当年负担工资÷当年基数（负担工资为 1～7.5 个“基数”之间的工资额）

雇员退休金＝(退休前 15 年工作收入最高年份）平均年金分×60％×基数

3）部分年金

凡年满 60 岁的老人可边工作、边领取部分年金，享受条件是每周劳动工时至少减少 5 小时，但不得少于 17 小时；45 岁后取得至少 10 年的“年金分”，在部分退休前的 12 个月中至少工作过 5 个月。社会保障部门发给其损失收入的 65％。

2. 健康保障制度

瑞典在医疗方面的保障分成两部分：一部分是为弥补发生疾病、生育等事件时，人们暂时丧失劳动能力而造成收入中断，由国民保险提供收入支持；另一部分是为满足对医疗服务的需求，由政府提供几乎免费的国民卫生保健服务(图 5-1)。

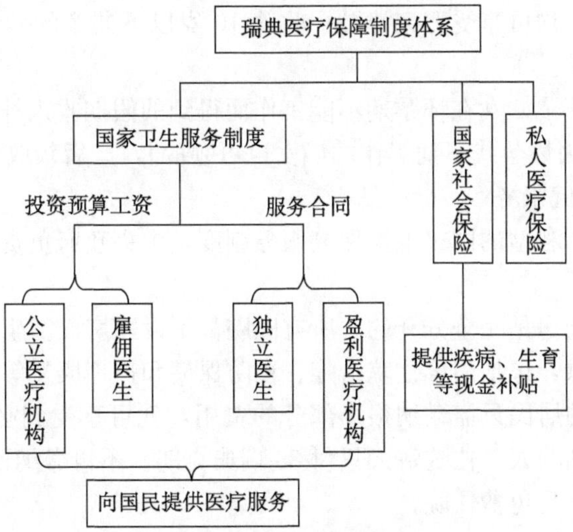

图 5-1　瑞典医疗保障制度体系①

1）国民健康保险

1946 年，瑞典通过新的健康保险法，针对所有的瑞典公民实施，1951 年该法正式生效，瑞典强制性的健康保险制度自此开始。1962 年颁布的《国民保险法》，将健康保

① 乌日图. 医疗保障制度国际比较研究及政策选择. 中国社会科学院博士学位论文，2004：33

险与其他各种社会保险制度合并。

瑞典的健康保险制度具有三个主要特点：一是覆盖范围广泛，包括每位瑞典公民和拥有瑞典长期居留权的人。二是与收入相联系原则，基本健康保险日现金补贴实行统一缴费标准并领取统一标准津贴，补充健康保险津贴则与参加者的收入相联系，参加者收入越高，其所缴纳的健康保险费用越多，领取的标准也就越高。三是健康保险制度提供的是一种综合性津贴。健康保险津贴包括现金补贴（也称日现金津贴）、医疗费补贴、双亲补贴、生育补贴等多种津贴。

现金补贴是对被保险人因病而失去的收入提供补偿，因其按日发放，又称日现金补贴。现金补贴又包括基本现金补贴和补充现金补贴，其享受范围是：对瑞典公民和符合条件的居民，只要从事有报酬的工作，年收入在 1 800 瑞典克朗（1963 年标准）以上，均可享受医疗和基本现金补助。收入在 2 600 瑞典克朗以上可以通过额外缴费而获得健康保险补充现金补贴。现金补贴的补贴标准在 1963 年每天为 5～28 瑞典克朗①。1997 年后，给付水平为工资的 80%②。

医疗费补贴是对投保人先期支付包括医生治疗费、住院费、药费、往返医院或诊所的路费等，给予的部分或全部报销。

父母亲津贴是为新生儿的父母提供规定天数的假期现金补偿。根据 1974 年的立法，初生婴儿出生前 180 天可领取双亲特别补助金。1982～1983 年规定每天 37 瑞典克朗，如果父母为雇员则可领取相当于每天劳动收入的 90%的津贴。即使母亲已领取，父亲还可享受 10 天假期，单独领取一份双亲津贴。另外，父母送子女上医院或托儿所，在家照看生病的孩子，均可享受双亲津贴；收养 10 岁以下儿童的养父母，也可领取不超过 6 个月的双亲津贴。

生育津贴是为怀孕妇女在怀孕期不能工作而得到的假期收入补偿，孕妇产前可领取 50 天的妊娠津贴（因怀孕找不到工作的妇女也可领取），产后领取 12 个月的双亲津贴。

2）国民卫生保健服务

瑞典实行完全福利型的国家卫生保健服务制度，中央政府负责制定法律，具体实施由地方政府进行。

瑞典的医院和药房是完全分开的。所有医院都不设药房。卫生保健服务主要由政府举办的医疗机构提供，包括门诊住院治疗、预防保健和护理康复等非常全面的医疗卫生服务项目。在瑞典的居民只需缴纳很小部分的费用，就可享受到必要的医疗保健服务。例如，领取现金津贴的人，住院每天只付 30 瑞典克朗，不再缴纳伙食及住房费；儿童、学生和退休者均可享受免费住院。

购买药剂者享有折扣待遇。免付某些慢性病药费，免交生育费用，包括产科、病房护理、产前产后检查费用，免费提供计划生育咨询和避孕药具。19 岁以下的青少年享受免费牙科治疗，成人免付 40%费用。

---

① Rosenthal A H. The Social Program of Sweden. Minnesota：University of Minnesota Press，1967：44

② 吉尔伯特 N. 社会福利的目标定位：全球发展趋势与展望. 郑秉文，等译. 北京：中国劳动社会保障出版社，2004：163

由于瑞典医疗保障的福利水平很高，所以私人医疗保险所占比例比较少。私人医疗保险主要承保病人自己支付的医疗费用，或超出国家卫生服务规定的项目。

3）医疗保障费用来源

瑞典健康保险的全部费用由投保人、雇主和政府分担。投保人以保险形式负担一半的费用；雇主和政府各自负担25%。

现金补助的经费来源广泛。其中，基本日现金补贴的雇主缴费标准为职工工资的2.95%，独立经营者为收入的9.12%，雇主为工薪总额的6.23%，政府支付费用的15%。补充日现金补贴的雇主缴费标准为职工现金工资的1.5%。个人缴费依收入情况而定，1963年，斯德哥尔摩地区的标准为8瑞典克朗（年收入为2 600～3 400瑞典克朗）到199瑞典克朗（年收入在21 000瑞典克朗以上）①。

国家卫生保健服务的资金主要来自县理事会征收的税，占50%～60%，其他还有国家社会保险基金和政府预算资金等，受保人和雇主不缴费。

3. 失业保障制度

瑞典的失业保险是1935年开始实行的，它既属于国家补助的自愿保险补贴制度，也属于失业援助。现行立法是依据1956年的工会关联办法和1973年的劳工市场支持办法建立的。采取的形式是国家资助，工会主办，个人自愿参加，由工会组织成立失业保险基金会，向失业者提供失业津贴。失业者享受失业保险待遇，分失业津贴和失业救助两种，在失业期间可领取失业救济金，失业者还享受就业培训、工作信息等服务。

1）失业保险

从失业保险基金会中领取失业津贴的人必须是参加该基金会的会员。在瑞典，90%的蓝领工人和88%的白领职员都参加了工会，对于普通工资劳动者来说，人们在加入工会的同时也就加入了该类基金会，而不需再办理其他手续。工会的会员费一般仅为工资额的5%，失业津贴主要来自政府财政补贴。

加入工会满一年的人，在失业五天后，即开始领取失业津贴，津贴额相当于原工资收入的90%。法律规定，连续领取失业津贴的期限为300天，55岁以上的职工可延长至450天。领取失业津贴者必须是有劳动能力，并已向地方就业介绍所登记，对所分配的"合适工作"不得拒绝的失业者。

非工会会员，参加失业基金不满12个月或领取失业津贴时间超过300天或450天的人可领取失业救济金，但他也必须在过去12个月中已工作过5个月，每月又不少于10天。每天的失业救济金为100瑞典克朗，可领取救济金的时间也不尽相同，55岁以下的为150天，55～60岁为300天，年过60岁的不受限制②。

2）其他失业保障制度

一是培训补助。瑞典的培训补助对所有培训提供支持，包括雇员培训补助、成人教育补助和军训补助等。

二是建立"工资保证基金"制度。为了防止雇主因故拖欠或因偶发事件破产而不能

---

① Rosenthal A H. The Social Program of Sweden. Minnesota：University of Minnesota Press，1967：47

② 王雪梅. 瑞典工会参与社会保障制度. 工会博览，2004，(19)

支付工人工资，瑞典还建立了“工资保证基金”制度。即每个雇主从领取营业执照之日起，每年必须按其雇员人数向该基金交纳保证金，一旦某一企业有不测事故发生，该基金将负责支付有关雇员的拖欠工资，确保工人利益不受损害。

三是积极的劳动市场政策。这一政策是瑞典福利制度首创的，也是“瑞典模式”的主要支柱之一。该政策的主要目的是帮助青年人（16～24岁）、伤残者、难以安置的长期失业者、难民、移民和破产企业的失业者寻找和提供就业机会。瑞典政府强调，“积极的”帮助就业原则优于“消极的”现金救济原则。瑞典“积极的劳动市场政策”可分为供给导向型和需求导向型两类。前者主要包括国有的职业介绍所免费提供工作安置和就业指导劳动力市场培训。后者主要包括暂时性的“公共工程就业”、帮助残疾人在“公共工程就业”、提供补助使残疾人自立门户、给雇佣残疾人的雇主以工资成本补助①。

4. 工伤保险制度

瑞典工伤保险首次立法于1901年，现行立法是1976年制定的，通过公营保险公司实行强制保险。

工伤保险的范围广泛，包括所有雇员、独立劳动者、为雇主到国外工作一年以上的瑞典公民、外国雇主派遣到瑞典工作一年以上的非瑞典公民。

工伤保险基金来源于雇主缴费，为工薪总额的0.9%（独立劳动者的缴费比例同样）。雇员个人不缴费，政府为工伤保险提供现金补贴。

职工因工受伤，没有等待期，最初90天享受疾病保险待遇，可以享受医疗费、病假津贴、终身年金和抚恤金，通常补偿因工伤而招致的全部损失；90天以后享受工伤保险待遇。因工伤而长期丧失劳动能力，则按残疾的不同程度发给工伤保险待遇。暂时性伤残抚恤金，最初90天为事故前收入的90%，至多为基数的7.5倍；因工伤而丧失劳动能力超过90天后，可获得收入的100%，最高不超过基数的7.5倍；因工伤长期丧失劳动能力，可获得永久性伤残抚恤金。伤残程度达到100%，最初90天为收入的100%，至多为基数的7.5倍。伤残程度达不到15%者不发伤残抚恤金，超过15%者则按伤残程度比例发给；因工死亡者，除支付基数30%的丧葬费外，遗属现金发给其遗孀和12岁以下子女，最高为基数的96%②。

5. 社会福利和社会救济制度

瑞典社会福利的实施范围非常广泛，目的在于增进全体国民的生活质量，按照实施对象主要可分为儿童福利、家庭福利、劳工福利、残疾人福利和老年福利。

根据1947年的《家庭津贴法》，所有有子女的家庭，包括外籍劳工家庭，不管其收入状况如何，都是社会福利的惠及对象，全部福利资金来源于财政拨款。

瑞典有三种类型的儿童福利，构成了十分完善的儿童福利体系。第一种是社会救济制度下的儿童福利，或者叫做普遍性儿童福利津贴；第二种是社会保险制度下的儿童津贴，通常称为特殊儿童福利；第三种是教育与家庭服务制度下的儿童补贴。普遍性儿童

① 楚建忠. 瑞典的失业保障制度及其对我国的启示. 国际贸易研究，1996，(4)

② 姜守明，耿亮. 西方社会保障制度概论. 北京：科学出版社，2002：133

津贴针对所有 16 岁以下儿童，实行统一标准，1990 年为每个儿童每月 750 瑞典克朗，多子女家庭还可享受儿童附加补贴。

父母送子女上学前可享受半年假期以及特别家长津贴，低收入者可得到住房补贴，退休人员可得到减免交通费待遇等。家庭津贴的全国性和地方性津贴事宜，分别由国家社会保险局和地方社会保障机构负责。

瑞典中小学实行完全的免费教育，从 1946 年起，所有中小学生可获得午餐、课本、文具等福利。14 岁以下儿童可得到假期免费资助。大学也实行免费教育，学生可以得到助学金、低息贷款、交通补助及住宿补助等，但须经过家庭生活情况调查。

1946 年，瑞典颁布《劳工福利法》，将农业工人与家庭佣人包括在《劳工福利法》的覆盖范围之内。1948 年瑞典议会通过《劳工福利法》，对劳动安全方面的规定进一步改进。禁止妇女和未成年人从事夜班劳动，每个雇员每年都有 2 个星期的带薪休假，每周工作时间是 40 小时。1974 年通过的《就业保障法》对工人的就业安全提供了较为充分的法律保障。

瑞典的法律对雇主的解雇权做了严格的限制：除非有充分的理由，任何雇员都不能被随意解雇。法律还规定，必要时政府的就业机构可以强迫某一公司或企业聘用或留用某一个人。如果因生产规模压缩而必须裁减人员时，雇主必须按工龄长短决定裁减顺序，即“最后受雇者最先被解雇”。

瑞典十分重视残疾人福利，法律规定残疾人拥有与正常人一样的受教育权利，禁止就业中歧视残疾人，政府提供补贴鼓励雇佣残疾人。在生活上，社会服务制度提供日常生活与工作所必需的基本技能培训、语言装置、听力装置、运输等各项服务。

瑞典老人享有多种多样的老年福利，瑞典建立了许多生活、医疗、娱乐设施齐全的养老院、老年公寓。另外，各城市政府的社会福利局负责举办对老年人的多种服务项目，其中最重要的是家庭服务，如送饭、家务料理、帮老人锻炼身体、购买食品、理发、洗澡等专为老年人提供的社会福利措施。退休老人在火车、地铁、公共汽车、影院等都可享受优待票价。

在住房福利方面，瑞典通过住宅贷款利息补贴、住宅津贴两方面给予支持。中央政府的住宅津贴的多少根据收入和抚养孩子的多少而变化，地方政府的住宅津贴给予低收入家庭和特殊人群。瑞典自 1969 年起开始实行家庭房租补贴，规定凡领取基本年金的退休人员及残疾年金、遗属恤金的享受者以及低收入家庭，经过经济情况调查后，由各地市政当局按规定发给不同标准的住房补助。

依据社会救济法，瑞典社会救助工作主要由地方政府管理，可实行现金形式的强制性救济，对低收入者（家庭）无法满足最低生活需要的所有居民提供帮助；还鼓励“自愿”互助。政府为残疾人创办福利工厂，提供职业康复服务，并向每个就业的残疾人支付其工资的 76%。对于完全丧失工作能力的残疾人，国家提前给付退休金。

离婚家庭可进行抚养子女贷款，指离婚夫妇抚养子女的一方有权向社会保险机构申请贷款，日后由不承担抚养的一方如数归还，贷款相当于“养老金基数”的 31%～41%。

四、瑞典社会保障制度基本特点

瑞典社会保障体制是福利国家的典型代表，全民性的保险和广泛而优厚的补贴制度，使瑞典获得了“福利国家橱窗”的称誉。瑞典社会保障制度有以下几个明显的特点。

（1）社会保障对象具有普遍性特点。瑞典宪法规定，公共活动的首要目标是个人的人身、经济和文化的福利。国家有责任保障公民的劳动、住房和受教育的权利，支持社会的救济和保障，支持一种良好的生活环境。在社会保险项目上，瑞典的多种保险制度将家庭成员覆盖在内，使得社会保险的实际覆盖面较大。20 世纪 80 年代中期，瑞典的养老金覆盖率 100%，病假工资覆盖率是 87%，产假工资覆盖率 100%，失业补偿的覆盖率是 75%[①]。

瑞典社会保障覆盖在瑞典工作的所有人，不论其是否具有瑞典国籍。移民享有同样的福利。另外，在上医院、看牙病、考驾照时，如有语言困难，市政府有义务为他们请翻译。许多学校鼓励移民的子女学习本民族的语言，新移民可到移民学校学习瑞典语，费用全免。

（2）社会保障内容全面，福利水平高。瑞典是福利国家的典型，提供全面而稳定的社会保障项目，包括养老、医疗、免费教育、住房补贴、家庭补贴等，涉及社会生活的方方面面。

瑞典社会福利水平很高，并对各项社会福利制度进行立法保证，给国民提供了较高的生活质量。一是工作舒适，瑞典人每年有近 100 天的休息日，而且是带薪休假；二是物质富裕，瑞典居民在汽车、游艇、电器等方面的拥有量列世界前茅，并且几乎 100% 的瑞典人都拥有夏季别墅。三是近乎免费的医疗和教育，使得瑞典的人民寿命长、死亡率低、受教育程度高。20 世纪 60 年代末期以后，瑞典的生活质量综合指标一直名列世界前十位[②]。

高福利必然带来高支出，瑞典人均社会保障支出居全球之冠。据 OECD 统计，1983 年瑞典人均社会保障费支出高达 3 649 美元，法国为 2 961 美元，而同年度日本人均社会保障费用支出只有 1 079 美元。再从社会保障总支出占国民收入的比重来看，1987 年瑞典占 40.7%，而英国占 25.5%，美国占 16.2%，日本仅占 14.85%。

（3）实行积极的劳动力市场政策。瑞典实行所谓 Rehn-Meidner 模式，该模式由两位工会经济学家于 20 世纪 50 年代提出，并由强大的国家劳动力市场委员会管理，旨在将失业控制在一定范围内，并促进劳动力市场的结构调整[③]，这一模式使得瑞典的失业

---

① 斯蒂芬斯 J D. 斯堪的纳维亚：国家、危机和前景. 载：艾斯平-安德森 G. 转变中的福利国家. 周晓亮译. 重庆：重庆出版社，2003：66

② 孙炳耀. 当代英国瑞典社会保障制度. 北京：法律出版社，2000：242

③ 吉尔伯特 N. 社会福利的目标定位：全球发展趋势与展望. 郑秉文，等译. 北京：中国劳动社会保障出版社，2004：157

率在20世纪80年代以前一直低于3%[①]。80年代到90年代中期，受国际经济危机的影响，瑞典曾出现了一段较长时期的经济滑坡，失业率曾高达15%，失业人员迅速上升。瑞典政府采取了控制通货膨胀、抑制工资的过快增长和促进各类企业特别是小企业发展等项措施，促进经济的复苏和发展。其中，实行积极的劳动力市场政策则是宏观调控的重要手段。实行积极的劳动力市场计划，实行培训、实习、创业等项计划，降低了失业率，同时也为今后经济发展储备了劳动力资源。

（4）高税收和雇主缴费是福利制度赖以存在的基础。瑞典政府提供的高福利，主要依赖于高额累进税。2003年，中央和地方政府的累计个人所得税税率平均约为51%，该年度各类税收占GDP的55%[②]。同时，有了高额税收作为支撑，瑞典政府又将占GNP 70%以上的收入用于公共开支，以实现各种社会福利。除了一般西方国家的常见税外，瑞典的税种也相当繁多，甚至还征收成人教育税、小儿入托税、教堂税等。瑞典对企业的利润实行双重征税，即在征收了企业利润税（名义税率达58%）后，对股东的分红再征收个人所得税，高达70%的所得税，大大抑制了股东们的投资热情。20世纪80年代后，大量的私企在高税收和高工资的逼迫下，纷纷到国外投资办厂，导致大量资金外流。企业雇主也承担了相当比重的费用。例如，1995年企业雇主承担的养老金、医疗等多种法定保险费占利润的32.9%[③]，雇员基本上不交纳。

（5）社会保障法治化。瑞典的社会保障政策不仅是以国家的法律法规的形式颁布实施的，而且也是由国家法律机关，即多层次的社会保障法院监督执行的。国家成立了统一的社会保障委员会来负责全国的社会保障，在国家社会保障委员会之下，形成了由国家、州市各级政府社会机构与服务处构成的社会保障服务网络，地方自治政府在其中也发挥了很大的作用。例如，从费用的分担上看，国家管理基本保险，特别是养老保险，医疗和高龄者护理服务则从制订计划到提供服务全部由州、市、镇和村实行[④]。

五、瑞典社会保障制度困境与改革

20世纪70年代以后，福利国家开始出现危机。瑞典的社会福利制度由于经济、政治的外部环境问题以及社会保障制度的自身问题，使得“瑞典模式”成为“瑞典病”。

（1）经济危机与政治变化。20世纪70年代中期以后，世界性经济危机给瑞典经济带来沉重的打击，瑞典社会经济发展的形势逐渐严峻起来，瑞典国民经济增长也开始明显落后于OECD其他成员国的平均发展水平。例如，1975年瑞典的GNP比1970年增长了15%，而同期OECD其他成员国则增长20%，1980年前者为20%，后者为38%。由于经济发展的停滞，瑞典一向不太严重的失业问题从20世纪70年代中期开始逐渐突

① Vogel J. Aging and living conditions of the elderly：Sweden 1980-1998. Social Indicators Research，2002，(59)：1-34

② 周卫民，王中林，赵宏. 瑞典税收制度考察报告. 经济参考报，2004-12-22

③ Petersen J H. Harmonization of social security in the EC revisited. Journal of Common Market Studies，1991：9

④ 彭润金. 七国社会保障制度研究——兼论我国社会保障制度建设. 北京：中国政法大学出版社，2005：58

出，失业率在 80 年代初达到 10%以上[①]。

20 世纪 70 年代中期以后，瑞典政治一致性逐渐动摇，非社会主义政党联合起来，要求回到市场经济的轨道，减少政府干预，降低公共支出，降低税率，限制社会保障水平。瑞典经济和社会状况的变化也引起社会民众对社会保障制度的态度发生变化。70 年代以前，64%的瑞典人对社会保障制度基本满意，1978 年这一比例下降到 59%。

（2）巨额的公共开支与沉重的税收负担。瑞典的公共开支从 20 世纪 50 年代中期一直呈现上升趋势，其增长率远远高于同期国民收入的增长。公共开支一年要占 GNP 的 2/3 以上，其中有 90%以上都用于个人和集体的消费。80 年代以后，由于公共支出的不断增长，瑞典政府财政出现严重赤字，财政赤字占 GDP 的比例在 1982 年达到 13%。这在整个西方世界都是极为少见的[②]。

与此同时，高福利与高消费所造成的巨额的公共开支当然也就形成了愈加沉重的税收负担。瑞典国民平均每人每年要承受 3.1 万瑞典克朗的经济负担，大约相当于 1980 年人均 GNP 的 56%。1965～1985 年，瑞典税收占 GDP 的比重从 35.2%增加到 50.4%。社会保障税占税收的比重从 1965 年的 12.1%增加到 1990 年的 30.8%。高税率使得人们的可支配收入减少，国内消费市场疲软，不利于瑞典经济的复苏与发展。

（3）社会保障制度存在的问题。瑞典政府所采取的其他一些社会政策，也进一步加剧了社会保障制度的尴尬局面。这一时期，瑞典将进入劳动力市场的年龄提高到 20 岁，这使得瑞典劳动力人数规模受到限制，也意味着社会保障缴费者规模受到限制；1976 年，瑞典政府又将实际退休年龄从 65 岁降到 62 岁，领取养老金人数增加，领取年限延长[③]。

瑞典老年人的福利待遇水平高，而在职者的老年供养率也较高，导致了瑞典老年人的生活境况要好于在职者。由于就业率偏低，青年人的生活境况比老年人差[①]。

瑞典的雇主缴费率在第二次世界大战后一直较高，成为社会保障的主要财政来源。雇主交纳的健康保险的保险费占健康保险总筹资的 80%，基本养老金为 57%，补充养老金为 68%，工伤保险为 62%，失业保险为 25%[④]。这使得瑞典企业的工资成本远远高于其他国家，影响了工业产品在国际市场的竞争力。

20 世纪 70 年代末 80 年代初，瑞典社会保障制度改革在经济发展的要求、社会舆论的呼声和政治形势的变化中开始进行。

（1）在养老金制度方面的改革。瑞典政府在寻求新的理论支持的同时，实践中主要侧重结构调整，其改革目标是使养老金制度更加灵活机动，逐步与市场结合。1981 年，瑞典政府将部分养老金津贴标准从相当于以前工资的 65%降低到 50%，同时，提高了部分养老金的领取资格条件。1994 年年初工作组提出改革养老金制度报告；同年 6 月国会对改革方案进行讨论并一致通过。根据议会决定，瑞典从 1999 年起实行新的养老

① Vogel J. Aging and living conditions of the elderly：Sweden 1980-1998. Social Indicators Research，2002，59（1）：1-34

② 丁建定. 瑞典社会保障制度的发展. 北京：中国劳动社会保障出版社，2004：153

③ Bengtsson T. Population，Economy and Welfare State. Berlin：Springer，1994：126

④ 国际社会福利协会日本国委员会. 各国的社会福利. 北京：华夏出版社，1988：114

金制度[①]。

新制度仍包括三方面内容：①保障养老金，相当于原来的基本养老金，65 岁以上的瑞典公民人人有份且数额相同，旨在保障公民的基本生活要求；②附加养老金，原附加养老金的多少，以一个人在过去 30 年中工资收入最高的 15 年的收入计算，新附加养老金则以其一生收入的多少和纳税情况计算。这一计算上的变化促使人们终生努力工作，多赚钱，以便退休后多拿养老金；③取消过去 60 岁以后可以半退休并领取部分养老金的制度，代之以灵活的退休年龄，一个人可以从 61 岁起退休，但也有权工作到 67 岁。养老金来源也进行了改革，以前全靠雇主支付，改革后则由雇主和雇员每方按工资的 9.25％平等摊派[②]。

另外，瑞典社会保障制度在养老保险领域改革的另一个方向是私营化，职业养老金制度在政府的鼓励下于 20 世纪 80 年代获得明显发展，并形成了四大职业养老金团体，即工人职业养老金、白领雇员养老金、中央政府雇员职业养老金、地方政府雇员职业养老金。

（2）在医疗保障制度方面的改革。瑞典政府在医疗健康方面的改革主要是从降低补偿额、强调个人责任、提倡私营化、提高医疗保障的实际效果等方面来进行的。

1981 年，实行与收入相联系的常年病住院收费制度，增加牙病、住院以及药物服务的个人缴费，但不能超过一定限额。1982 年，瑞典政府再次提出社会保障支出紧缩法案。重新实行领取健康保险津贴的两天等待期，将日现金补贴的工资替代率由 97％降低到 87％。在 80 年代末，疾病补助的日支付额达到实际税前收入的 90％，并且完全取消等候时间（1987 年），而持续领取时间是没有限制的。在 90 年代疾病保险制度进行了一系列“微调”性质的改革。患病前期间 14 天的短期旷工由雇主负责；如果患病超过两周（有些年的规定是一个月），则患病期间的支付改由疾病保险以现金形式支付，支付额为工资的 80％。

健康保险和医疗保健的另一项重要改革是引入公共与私营医疗机构之间的竞争机制。在医疗服务上，采用了“家庭医生”制度，允许个人自由选择自己的医生，扩大了私人开业的可能性[③]。

近年来，疾病保险也朝着促进康复的方向发展。雇主在医疗保险的监督下有责任帮助伤病职工复原，还成立了专项基金资助个人的康复活动。

（3）在工伤保险制度方面的改革。20 世纪 90 年代所有的社会保障改革中，影响最深远的就是这个项目的改革。1990 年年初，工伤保险的首次调整包括减少健康保险的日现金给付，以及由雇主支付职员伤病期间的工资。此外，工伤保险和健康保险的等待时间延长为 180 天。

从 1993 年 7 月起，工伤保险与健康保险完全合并，工伤的形式定义对受保人来说更严格了：第一，因工作条件引起伤害的可能性必须提高；第二，伤害必须是永久性的。政府还取消了针对工伤引起的暂时性收入损失的津贴。但是，如果一个人的工作能

---

① 李立芸. 瑞典的福利制度改革. 社会福利，2004，(9)

② 艾斯平-安德森 G. 转变中的福利国家. 周晓亮译. 重庆：重庆出版社，2003：63

③ 艾斯平-安德森 G. 转变中的福利国家. 周晓亮译. 重庆：重庆出版社，2003：65

力降低了 1/15 以上，那么他（她）将获得相应的补偿。因公受伤造成长期休养或不能继续工作者，可提前退休，领取伤残养老金。残疾福利也在改革的范围之内。

（4）在失业保险制度方面的改革。失业保险领域的改革主要以减轻失业保险支出，使得个人更好地履行社会责任，促使失业者就业等目标展开。

1982 年的社会保障支出紧缩法案提高失业保险制度被保险人的缴费标准。在 1988～1993 年，不存在等候期，并且补偿水平为以前收入的 90%，最高限额略低于蓝领平均工资水平。从 1993 年 7 月起，政府重新设立了为期 5 天的等待期，补偿水平也降低到以前收入的 80%（有一段时间为 75%）[①]。

在劳动力市场管理机构方面，政府要求其有义务提供救济工作或者为期 90 天的就业培训，之后，失业保险基金的成员可再次获得失业救济金。政府设立了一个新的“工作寿命发展”项目，用以维持和加强在业者与失业者之间的联系。

1996 年，瑞典社会民主党政府减少失业保险津贴支出，要求失业者必须尽快找到工作，对于拒不接受劳动管理部门所提供的适当工作者，扣发其 20～60 天的失业保险津贴[②]。

（5）在家庭补助制度方面的改革。1989 年的相关法律规定，孩子出生时，父母享有 450 天的津贴，其中前 360 天的父母保险津贴实行比例标准，具体为以前工资的 90%，其余 90 天实行固定标准，为每天 60 瑞典克朗。1994 年废除了 90 天的固定补助，1995 年政府又取消了针对多子女家庭的额外补助，1996 年将父母保险津贴降到以前工资的 75%。

（6）其他保障制度方面的改革。在社会服务方面，瑞典政府致力于减少由于福利制度的漏洞而导致的资金浪费，使享用社会服务的各种条件更加严格化，如 1981 年，开始减少住房补贴标准，严格执行申请住房补贴的资格条件。1982 年，废除了对养老金领取者实行的住房补贴项目[③]。

为降低中央财政赤字，瑞典社会保障制度开始进行地方化改革，如 20 世纪 80 年代初对社会救助和社会服务方面将中央政府对地方政府的管制放宽。1983 年，颁布了《实施保健法》，规定各地方政府应当承担起规划所有保健服务的主要责任[④]。

在社会服务方面，瑞典开始允许私营的服务提供者与公营的进行竞争，如在教育上，父母可以选择私立学校，政府将提供相当于公立学校一个学生教育成本的 85%的担保。在日托服务上，私人提供者也被采纳[⑤]。

瑞典的社会保障制度改革措施收到了明显的效果。瑞典社会福利支出占 GDP 的比例由 1993 年的 38.6%下降到 1999 年的 32.7%，瑞典公共支出占 GDP 的比例也由 67.3%下降到 55.4%。瑞典政府财政状况开始好转，1998 年消除了财政赤字，2000 年

---

① 丁建定. 瑞典社会保障制度的发展. 北京：中国劳动社会保障出版社，2004：164

② Freeman R B. The Welfare State in Transition, Reforming the Swedish Model. Chicago: University of Chicago Press, 1997: 215

③ 丁建定. 瑞典社会保障制度的发展. 北京：中国劳动社会保障出版社，2004：162

④ Bengtsson T. Population, Economy and Welfare State. Berlin: Springer, 1994: 157

⑤ 艾斯平-安德森 G. 转变中的福利国家. 周晓亮译. 重庆：重庆出版社，2003：65

政府财政结余额已经占 GDP 的 4.1%，2001～2005 年一直保持着超过 GDP 1%的结构盈余①。瑞典的经济保持着较快的发展，在 1995～2004 年，劳动生产率年均增长 2.5%。在 2004 年和 2005 年，GDP 均达到了 3%的年增长率②，失业率一直保持在 5.0%以下。

第三节　英国社会保障制度

英国是社会保障制度发展较早的国家之一，也是社会福利较为全面的国家之一。从 16 世纪开始到 20 世纪 70 年代，英国的社会保障制度从传统走向现代，从单纯救济扩展到全面福利，从低水平到高福利不断完善，又从 20 世纪 70 年代中期以来随着社会问题的出现和政党的更迭不断进行着改革和发展。

一、英国社会保障制度产生基础

1. 中世纪英国的社会救济

在中世纪英国的社会救济中，教会举办的慈善救济占有重要地位。宗教改革前，英国教会什一税的 1/3 用于慈善事业③。16 世纪中叶前，英国教会和修道院举办的养育院等场所接受救济的贫民约 8.8 万人④。个人慈善救济也发挥着重要作用，社会各阶层大都对慈善救济活动表示支持和参与，很多商人对社会慈善事业进行捐赠或者直接建立社会慈善机构。另外，当时的行会组织所提供的各种救济也起到重要作用，如《贝里克商人行会章程》规定："每一个病重会员都将得到两名以上会员为期两天的看护和照顾，行会对后者提供报酬。"⑤

2. 旧济贫法制度时代

英国是世界上最早通过专门立法建立社会救助制度的国家。1531 年英国制定了第一部由政府救济贫民的法案，惩罚身体健全但不愿寻找工作者，对确实没有工作能力又品行端正者给予乞讨资格⑥。

16～17 世纪是英国历史上封建社会向资本主义社会过渡的时代，也是英国历史上流民充斥的时代。面对因圈地运动而产生的大量流民，都铎王朝曾试用过两种补救办法，一是制定法规阻止圈地，二是制定"惩治流浪者的血腥法律"⑦。第一种方法以无效告终，第二种方法则引起农民的强烈反抗。

---

① 明肖 W. 瑞典 VS 法国：CPE 只是政治作秀. 金融时报（英国），2006-04-04

② 丁建定. 瑞典社会保障制度的发展. 北京：中国劳动社会保障出版社，2004：180

③ 勃里格斯 A. 英国社会史. 陈叔平，刘城，刘幼勤，等译. 北京：中国人民大学出版社，1991：139

④ 彭迪先. 世界经济史纲. 上海：生活书店，1949：104

⑤ Ashley W J. An Introduction to English Economic History and Theory，Part Ⅱ. London：Nabu Press，1901：75

⑥ Ephraim L. The Economic History of England. Vol 1. London：Hardpress Publishing，1949：342，344

⑦ 中共中央编译局. 马克思恩格斯选集. 第 2 卷. 北京：人民出版社，1972：239

伊丽莎白女王于1601年颁布了英国历史上第一部专门的《济贫法》。该法令明文规定教区应在其所辖区域内建立济贫院以救济那些年老体弱、丧失劳动能力的穷人，为他们的孩子提供免费的技术培训；并有责任为强壮的穷人安排工作；同时，治安法官负责征收济贫税，监督、检查《济贫法》的执行情况。

以1601年《济贫法》为基础，在英国逐渐形成了以征收济贫税、建立济贫院、实行教区安置为主要内容的一整套济贫制度，其目的是对穷人进行一定程度的救济并兼以管理和疏导。这种具有社会保障性质的济贫制度的实施，使流民问题大为缓解，保证了社会的稳定，为产业革命的进行创造了条件。

但是，到19世纪上半期，随着产业革命的扩展，日益强大起来的工业资产阶级开始对现行的济贫制度表现出强烈的不满，认为这种济贫制度已不再符合自己的利益和愿望了。

3. 新济贫法制度时代

1834年8月，《济贫法》颁布，这便是人们通常所说的“新济贫法”。英国开始建立各种济贫院，强制要求接受救济者必须进入济贫院，这被称为院内救济原则。接受院内救济者不仅受到许多限制，还被剥夺选举权等政治权利。同时，新《济贫法》明文规定从1837年7月1日起一律停止对济贫院外所有壮年男子的救济。

在这一时期，除了济贫法制度外，英国还存在多种非政府救济组织和救济行为，其中，慈善组织提供的救济占重要地位。慈善组织提供贫困救济、养老救济、医疗救济、特殊救济，为失业人口提供生活救济和就业机会，为贫困人口提供经济实用的住房等①。另外，英国还存在着一些友谊会、消费合作社等互助性组织，为其成员提供保障。

随着资本主义经济的迅速发展，从19世纪末开始，英国资产阶级国家管理社会生活职能日益加强，国家（或政府）取代教会等慈善机构开始切实地试图解决穷人问题，以此来缓解这一严重社会问题的压力。英国政府陆续出台了一系列有关社会保险和福利资助的政策，以前的济贫政策被纳入规范化、法制化的“福利国家”的建设之中。1945年7月5日，被看做英国福利事业史上有纪念意义的“登陆日”，英国政府颁布了关于福利事业的第三项立法，该法开门见山地宣布：“现行的济贫法应停止执行。”② 这标志着1834年以来所实施的“新济贫法”的终结。

二、英国社会保障制度历史沿革

英国是世界上最早以立法形式建立社会保障制度的国家，也是典型的高福利国家之一。英国的社会保障制度虽然发端于17世纪的工业革命初期，但其系统性的建设则是在20世纪30年代世界经济危机之后，第二次世界大战刚刚结束之初，经济危机和战争凸显了对社会保障的迫切需求，危机和战争也昭示了国家在社会保障领域发挥干预作用

① Owen D. Modern Britain：A Social History，1750-1985. London：Edward Arnold，1987：181

② 勃里格斯 A. 英国社会史. 陈叔平，刘城，刘幼勤，等译. 北京：中国人民大学出版社，1991：347，348

的重要性，同时，经济的恢复和重建也需要社会保障发挥基础性的支撑作用。在凯恩斯国家干预理论的指导下，以贝弗里奇社会保障计划为蓝本，第二次世界大战后英国颁布了《国民保险部组织法》（1944 年）、《国民救济法》（1945 年）、《家属津贴法》（1945 年）、《国民保险法》（1946 年）、《工业伤害法》（1946 年）等一系列社会保障法案，形成了福利国家的基本框架。

从 17 世纪到现在，英国社会保障制度发展大致可以划分为 4 个阶段。

1. 英国社会保障制度发展初始阶段：1601～1905 年

从 1601 年《济贫法》颁布至 19 世纪末 20 世纪初济贫事务逐渐结束，实施了 300 余年贫民救济。这可以视为英国社会福利制度的初始阶段①。这个阶段的主要突破是出现了国家在社会保障方面的立法，这与中世纪宗教机构提供的福利具有完全不同的性质；另一个重要突破是国家干预的范围逐渐扩大，国家颁布了关于贫困、卫生、疯人收容、教育、劳工权益保护、妇女保护、住房、失业等一系列的法律（表 5-1）。

表 5-1　1601～1905 年英国福利国家形成中的重大事件

年份	主要事件
1848	公共卫生法
1853	强制使用疫苗防疫
1858	设立医疗最高委员会，地方设立医疗行政部门
1866	卫生法
1867	大城市贫困法，工厂法，劳动工时管理法
1869	成立卫生委员会
1870	教育法
1872	公共卫生法
1885	设立工人阶级住房皇家委员会，工人阶级住房法
1897	工人补偿法
1899	设立教育委员会

资料来源：孙炳耀. 当代英国瑞典社会保障制度. 北京：法律出版社，2000：16-18

2. 英国“福利国家”的酝酿阶段：1905～1942 年

这个阶段西方国家已经进入垄断资本主义阶段，出现了空前的经济危机和战争，德国社会保险立法起到先导作用，对英国必然形成了很大影响。1906～1914 年的改革，可以说是在这股潮流下出现的，它使英国长期徘徊的社会保障突然在短期内出现实质性突破。

这个阶段颁布了一系列社会福利立法，社会保障项目迅速增加，建立了国民保险制度，提供养老金、病假和产假工资、失业金以及儿童福利。在 20 世纪20～30 年代的经济危机期间，英国政府又加强了对失业、贫困以及住房福利方面的干预，甚至开始提供

① 张俐平. 英国的社会保障体系. 国外社会科学情况，1996，(3)

急救医疗服务。这些项目涉及当代福利国家提供的主要福利内容，但体系还不完善，待遇水平不高，各个项目之间缺乏有机联系，因此只是具备了福利国家的雏形（表 5-2）。

表 5-2 1905～1942 年英国福利国家形成中的重大事件

年份	主要事件
1905	失业妇女法
1906	教育法规定学校提供免费餐
1908	提供养老金，颁布儿童法、劳动交易法
1911	《国民保险法》，包含失业保险和医疗保险两部分
1918	《教育法》，《母婴福利法》
1919	《住房法》，设立卫生部
1920	《国民健康保险法》，《失业保险法》
1923	《住房法》
1925	建立缴费性养老金
1930	《失业法》
1931	在贫困救助制度中增加家庭经济状况调查
1933	《儿童与青年法》
1934	《失业法》
1935	设立失业救助委员会，再颁《住房法》
1936	《公共卫生法》
1939	提供急救医疗服务
1940	实施国民牛奶供给计划，提供补充年金待遇
1941	《失业工人法》

资料来源：孙炳耀. 当代英国瑞典社会保障制度. 北京：法律出版社，2000：16-18；丁建定，杨凤娟. 英国社会保障制度的发展. 北京：中国劳动社会保障出版社，2004：243

这个阶段社会保障发展的特点：第一，整个社会福利制度趋于统一完整，开始具有一定规模，实施范围有所扩大。第二，对无业贫民的救济已转向解决贫苦工人的失业、疾病和老人赡养等问题。第三，较多地以金钱津贴代替实物津贴。第四，经过斗争，工人阶级的社会地位有了提高。社会福利对他们已不再是济贫时期纯粹施舍性质的慈善救济，而开始成为部分工人应享的一种权利。第五，对工人进行较细分类，按类别、行业提供职员相应的社会福利。第六，社会福利管理工作进一步加强。

3. 英国战后建成“福利国家”阶段：1942～1975 年

第二次世界大战期间，英国内阁决定以“福利国家”作为战后重建家园的理想目标，以激励人民坚持战斗，1941 年，英国伦敦经济学院院长、自由党人贝弗里奇（William Beveridge）受战时内阁委托，负责制定一个战后实行社会保障的计划，1942 年 12 月，他提交了题为《贝弗里奇报告——社会保险和相关服务》的报告，在社会上引起轰动，此报告即后人所称的《贝弗里奇报告》。

《贝弗里奇报告》是一个关于全方位福利问题的报告。它从人们的需要出发，提出相应的对策，从而形成一个完整的福利体系。《贝弗里奇报告》设计了一整套“从摇篮到坟墓”的社会福利制度，提出国家将为每个公民提供 9 种社会保险待遇，提供全方位的医疗和康复服务，并根据个人经济状况提供国民救助。九种社会保险待遇为：失业、伤残和培训保险金，退休养老金，生育保险金，寡妇保险金，监护人保险金，抚养补贴，子女补贴，工伤养老金，一次性补助金（包括结婚、生育、丧葬和工亡四种补助金）。其中有许多为新的福利项目，如为儿童提供的子女补贴。这在福利制度发展过程中是一个根本性的突破，有的学者甚至认为它是福利国家的核心，打破了传统的家庭抚养职能，由国家直接代替家庭向非劳动人口承担部分扶养责任。《贝弗里奇报告》的另一项重要突破是提出应建立全方位的医疗和康复服务。此外，报告还要求建立完整的社会保险制度，由国家强制实施。在这个制度下，不论收入多少，不论风险高低，所有国民都必须参加保险，每人每周缴费，费率相同，而且待遇实行统一标准。这些都突破了英国原有的失业保险和医疗保险只限于某些群体的限制。《贝弗里奇报告》指出，社会保障应遵循以下四项基本原则：一是普遍性原则，即社会保障应该满足全体居民不同的社会保障需求；二是保障基本生活原则，即社会保障只能确保每一个公民最基本的生活需要；三是统一原则，即社会保障的缴费标准、待遇支付和行政管理必须统一；四是权利和义务对等原则，即享受社会保障必须以劳动和缴纳保险费为条件。这些原则的提出和实施使社会保障理论更加丰富和趋于成熟[①]。

工党执政后不久，就以《贝弗里奇报告》为基础，颁布了一系列重要的社会立法。1945～1948 年的三年间，英国颁布了《国民保险法》《国民卫生服务法》《国民救助法》《家庭津贴法》等，使英国成为现代的福利国家，1951 年后不断提高国民保险津贴水平，1959 年建立了与收入相联系的养老金制度。在其后的 30 年保持巅峰状态，被称为所谓社会福利立法的“第二个兴盛期”（表 5-3）。

表 5-3　1942～1975 年英国福利国家形成中的重大事件

年份	主要事件
1942	《贝弗里奇报告》
1943	教育白皮书
1944	保险白皮书，卫生白皮书，充分就业白皮书
1945	《家庭津贴法》
1946	《国民保险法》，《工业伤害保险法》，《国民卫生服务法》
1948	《国民救助法》
1948	《国民保险法》，《工业伤害保险法》，《国民卫生服务法》，《国民救助法》，家庭津贴五种法律同日生效
1952	《家庭补贴与保险法》

① 林闽钢. 现代社会保障. 北京：中国商业出版社，1997：113，114

续表

年份	主要事件
1959	《国民保险法》(缴费性补充养老金）
1970	《国民保险法》,《家庭收入补贴法》
1973	《社会保障法》
1975	《社会保障年金法》(收入关联年金制度)

资料来源：孙炳耀. 当代英国瑞典社会保障制度. 北京：法律出版社，2000：16-18

这个阶段社会保障发展的特点是：第一，社会福利有了新的重大发展，其内容几乎涉及个人与家庭经济生活的一切方面；第二，实施范围扩及所有英国国民，并成为国民社会权利的重要组成部分；第三，妇女问题受到重视，如对孕妇、产妇、寡妇、离婚妇女都规定相应津贴；第四，福利标准有明显提高；第五，以国民保险与国民保健为两大支柱，并与个人福利、教育、住房福利同时实施；第六，个人有选择社会福利种类的“自由”；第七，第二次世界大战后西方国家出现的新的社会问题在福利制度中得到反映，如对战争造成的寡妇、孤儿和残废者、日益增多的高龄老人、离婚妇女、私生子和仅有父亲或母亲的家庭，都规定了相应的福利；第八，协助政府福利机构工作的民间自愿团体组织有极大发展。

4. 英国社会保障制度改革阶段：20 世纪 70 年代末至今

20 世纪 70 年代末以来的福利国家改革，改变了半个世纪福利不断增长的势头，出现“非福利化”的取向。此前的福利国家特别强调从需要出发设立项目和确定待遇水平，80 年代以后反过来从经济的支持能力出发，按照资金供给的可能性确定福利水平①。

在改革中，福利支出受到严格的控制，冻结了一些待遇的支付水平，甚至对一些福利产品进行“私有化”，把其转化为市场运作。目前，英国福利国家仍然处于改革阶段，但社会保障制度的改革主要还是“微调”为主，对社会保障制度的结构性的大调整还很少（表 5-4）。

表 5-4　1975 年以来英国福利国家形成中的重大事件

年份	主要事件
1982	《社会保障法》
1986	《社会保障法》
1990	《儿童法》,《国民健康与社会关怀法》
1992	《社会保障法》
1997	《社会保障法》
1999	《福利改革与养老金法》

资料来源：丁建定，杨凤娟. 英国社会保障制度的发展. 北京：中国劳动社会保障出版社，2004：244

① 孙炳耀. 当代英国瑞典社会保障制度. 北京：法律出版社，2000：21

三、英国社会保障制度主要内容

几十年来，英国以国民保险和国民保健为主体的社会保障制度，经过不断的调整和修订，已有很大发展，到目前已达到相当的规模和较高的水平。概括起来，英国目前的社会保障制度主要包括国民保险、国民保健、专项津贴、个人社会福利、住房和教育等几个方面。

1. 国民保险

1）养老保险制度

养老保险是社会保险的主体，占社会保险收支的最大份额。养老保险是一个多层次的体系，包括三个支柱。

第一支柱为国民养老金制度。由国家主办并承担主要责任。国民养老金制度始于1908年，最初对于70岁以上的老人，无须缴费，家庭经济状况调查，类似于老年社会救助。1926年取消了经济状况调查，实行缴费，退休年龄降到65岁。英国现行的国民养老制度是根据1978年4月开始生效的《社会保障法》而建立起来的，1992年进一步予以补充。其特点有二：一是普遍性，与就业无关，面向所有满足规定年龄和资格标准的国民；二是同一性，在收费标准和津贴标准上采用同一标准，不因个人收入差异、政治地位等有别。在英国，凡女满60岁，男满65岁，只要缴足保险费（一般为156周），退休后每周可领退休金，1995年受保人每周补助58.85英镑，受供养的成年人每周35.25英镑。受供养的未成年人第一个每周9.85英镑，其他每人每周11.05英镑。对80岁以上高龄受保人，每周增加0.25英镑的附加补助。到退休年龄后继续工作者，如继续工作满5年，可以在领工资的同时领退休金①。

第二支柱为就业关联养老金。就业关联养老金是1978年实行的一项新的退休金计划规定，由国家主办并承担主要责任。凡缴纳保险费满20年者，可以在基本退休金外另得一笔和原收入水平相联系的附加退休金。国家收入关联养老金的待遇采取平均指数化工资计算，受保人在退休时，根据过去的缴费记录，取缴费最多的20年，各年的工资按照全国工资指数调整为退休年份的现值，得出他退休时的平均指数化工资。然后将指数化工资减去退休年份定额养老金标准，剩余部分作为基数，每缴费1年，发给基数的1.25%，最长不超过20年。另外，退休者还享有养老金和高龄补助。未缴足社会保险费因而不能领退休金或只领取少量补助金的80岁以上的老人，凡是男子、单身妇女和寡妇，1995年每周可以领取养老金32.25英镑。所有80岁以上养老金、退休金领取者都可以领取每周25便士的高龄补助②。

第三支柱为职业年金计划。企业或单位为主承办，国家负责规范和监督。职业年金比国家经办的收入关联制度有更长的历史，这种形式提高了老年人超出基本养老金的待

---

① 孙炳耀. 当代英国瑞典社会保障制度. 北京：法律出版社，2000：52

② 丁建定. 英国国家养老金制度及其启示. 华中科技大学学报，2002，(3)

遇，1985 年职业年金约占老年人平均收入的 20%[①]。同时，职业年金主要是缴费确定型（大约有 80%），职业养老金计划采用积累制原则，其支付能力不受人口年龄结构变化的影响，减轻了国民保险人口老龄化的压力。1990 年，60%的工作人口是职业养老金计划成员。

2）失业保险制度

失业保险制度一直是英国社会保障制度的重要内容之一，现在英国《失业保险法》的基础是 1992 年的《社会保障法》。英国《失业保险法》的突出特点是强制性，要求除了自雇者、缴纳减额保险费的已婚妇女和遗孀，所有周收入在 58 英镑及以上的雇员必须参加失业保险制度。失业保险属于国民保险的项目之一，其费用同样由雇主、雇员和政府三方承担，不再分项单独缴纳。

失业者可以领取数额与疾病津贴相同的失业津贴，1992 年的标准为每周 46.45 英镑，如有必须抚养的成年人，每周加发 28.65 英镑。等待期为 3 天，但领受期最长为一年，一年后如继续失业，则改为领取社会救济金。领取失业津贴者必须在人力服务委员会（即职业介绍机构）登记寻找工作。

3）健康保险

英国的健康保险制度是与其国民保健制度相结合的，但健康保险属于国民保险体系，主要项目是发放疾病和生育补助金。现行立法为 1975 年的《社会保障法》。健康保险的对象是周收入在 46 英镑及以上的雇员和交足保险费的独立劳动者，其缴费办法同养老保险。

疾病补助金分固定标准补助金和收入关联补助金两种，固定标准补助金即下文的疾病津贴，收入关联补助金分别对周收入在 125 英镑以下者和以上者发放，前者每周 39.25 英镑，后者每周 52.5 英镑，有三天的等待期，至多支付 28 周，之后改为支付伤残抚恤金。生育津贴也分为两种，即固定标准的生育津贴和生育（保险）补助金，后者领取期限为 18 周，数额与疾病津贴相同。此外，凡交纳过社会保险金，并且怀孕 26 周时已为雇主连续工作 6 个月以上者，可获得产妇福利补助。该补助由雇主支付，补助金有高低两个标准：高标准是周收入的 90%，低标准是每周 32.85 英镑（1987 年），期限也为 18 周[②]。

4）工伤保险制度

英国是比较早建立工伤保险制度的西方国家，其工伤保险制度覆盖范围除了自雇者以外的所有就业者。英国工伤保险制度的费用不同于其他国家（雇主单方承担），而是纳入国民保险体系中，实际上由雇主、雇员和国家三方分担。

英国的工伤保险津贴分为暂时伤残补助、永久伤残抚恤金、医疗补助以及遗属补助，以前两者为主。申请人领取补助在 28 周之内，则领取等同于疾病津贴的暂时伤残补助；超过 28 周，则领取永久伤残抚恤金。永久伤残又分为全部永久伤残和部分永久伤残，伤残程度在 100%者为全部伤残，每周津贴标准为不超过 95.30 英镑，支付时间

① 孙炳耀. 当代英国瑞典社会保障制度. 北京：法律出版社，2000：53

② 刘波. 当代英国社会保障制度的系统分析与理论思考. 上海：学林出版社，2006：46，47

从事故发生后第15周或疾病发生时间开始。部分残疾是指伤残程度在14%～90%的伤残，其津贴标准为19.05～85.77英镑。因伤残转业而造成收入减少者，每周可领取不超过38.12英镑的津贴[①]。

遗属包括受供养的遗孀、鳏夫和子女及其符合条件的遗属，如父母或其他供养亲属。其待遇标准视遗属情况而定，发给一定数额的抚恤金。

2. 国民保健制度

《国民保健法》规定，所有的英国人都可以享受免费医疗。但是牙科手术、视力检查和配眼镜要收费，对医生所开的每种药都要付处方费。下列人可以免交处方费：产妇、哺乳期妇女、儿童、退休者、因医疗事故造成的病人，战争或因公伤残津贴领取者以及低收入家庭。牙科门诊检查免费。

国民保健系统规定由医师、护士、理疗师、体疗师、职业病医生、语言障碍治疗师和心理学医师对老人、伤残病人和精神病患者进行治疗，并免费向他们提供假肢、假眼、助听器、轮椅等医疗手段。重伤残废病人可以免费使用响铃、无线电、电视、电话和取暖器等设备。

国民保健系统的服务内容还包括对学校卫生、家庭卫生、食品安全、药物安全、环境卫生、卫生教育、防疫、毒品戒瘾治疗、堕胎、酒精中毒、私人医疗以及医务人员的培养训练等有关问题进行检查、监督和管理。

国民保健的全部费用的88%由政府征收的税收来支付，其余的由国民所缴纳的国民保险费和处方费与其他收费项目的收入支付。1978年，政府用于国民保健的开支达76.15亿英镑，占当年政府总开支的12%。

3. 专项津贴制度

专项津贴又称偶发性津贴（contingent benefit），专项津贴的核发不考虑受益人是否缴纳过国民保险捐，即与国民保险捐无关，也不看受益人的收入水平和经济状况如何，而是决定于受益人是否符合专项津贴所规定的项目内容。专项津贴的项目较多，主要有母亲津贴、儿童津贴、寡妇津贴、残疾人津贴、疾病照顾津贴、法定产妇津贴和法定疾病津贴等[②]。

（1）母亲和儿童津贴。一是产妇津贴。产妇在分娩前后共18周中，每周可领取18.50英镑产妇津贴。二是生育补助。产妇每生育一个孩子可领25英镑生育补助。三是儿童津贴。发给每名儿童每周4英镑儿童津贴，免缴保险费和所得税，发至16岁。在校就读者可发至19岁。私生子女和只有父亲或母亲的儿童每周加发2.50英镑。四是儿童特别津贴。缴纳了保险费的父母离婚后，如父亲死亡，抚育孩子的母亲每周可领取11.10英镑儿童特别津贴（包括4英镑儿童津贴）。五是儿童监护津贴。负责抚育孤儿或失去照管的儿童的监护人每周可领取监护津贴7.10英镑，免缴保险费。

（2）孀妇津贴。一是寡妇津贴。寡妇每周可领32.60英镑寡妇津贴，在丈夫死亡后的26周内发给。如有孩子，则每名子女另加每周11.10英镑儿童特别津贴。如其丈夫

---

① 丁建定，杨凤娟. 英国社会保障制度的发展. 北京：中国劳动社会保障出版社，2004：194

② 张俐平. 英国的社会保障体系. 国外社会科学情况，1996，(3)

曾缴足第一类保险费，她还可领取和收入相联系的附加津贴。二是寡妇母亲津贴。26周后，有子女的寡妇可领取每周23.30英镑的寡妇母亲津贴，每名孩子另发11.10英镑儿童特别津贴。三是寡妇抚恤金。如无子女，则可领寡妇抚恤金，40～50岁者每周6.99英镑，50岁以上者每周23.85英镑。60岁以上领取退休金①。

（3）患病者与伤残者津贴。一是疾病津贴。因患病不能工作者每周可领18.50英镑疾病津贴，共28周，另外每周发给病者妻子及其他成人赡养人口每人11.45英镑补助，儿童每人5.70英镑。二是病残抚恤金。患病28周后仍不能工作者，可领每周23.30英镑病残抚恤金，发给其妻子的补助增为14英镑。对于未到退休年龄而患病逾5年者除原抚恤金外，按年龄发给1.55～4.90英镑的病残津贴，有子女者另外照发儿童津贴。三是护理津贴。对因伤残生活需要照料者，每周发给其12.40英镑（半日护理）或18.60英镑（全日护理）护理津贴。对于行动不便者，每周发给交通津贴12英镑。对于处在工作年龄而因护理伤残亲属不能工作者。每周发给护理津贴14英镑。四是伤残津贴。因工作中的意外事故或某些规定的疾病而受伤或残废者可领取伤残津贴，每周21.25英镑，最多发给26周。如有赡养人口，则再加发每个成人赡养人口每周11.45英镑，儿童津贴每周5.70英镑。如果造成残废，则在26周的伤残津贴期满之后，按伤残者的残废程度，每周发给7.60～38英镑的残废津贴。同时，根据实际情况，分别另发不能受雇津贴、护理津贴、特别困难津贴等。

（4）死亡者津贴。凡是国民保险费的缴款人及其家属死亡，都可得到丧葬补助金，成人为每人30英镑，儿童酌减。

（5）特殊困难者津贴。一是战争抚恤金。对于在军队服务而受伤的军人和在战争中受伤平民，发给战争抚恤金。100%残废的士兵每周为38英镑，其余依次酌减，其妻子儿女另发津贴。除了基本抚恤金外，还发给其他各项津贴，如经常护理津贴、不能受雇用津贴等。因战争而造成的寡妇和孤儿也可以领取抚恤金，士兵的遗孀每周为30.20英镑，如有孩子，另发儿童津贴，并且发给最高额不超过11.50英镑的房租补贴。如系死亡军人的受赡养的父母或亲属，也可以领取抚恤金。二是低收入家庭补助津贴。家长有全日工作，有子女，并且收入低于官方规定标准的家庭可以领取此项项津，1978年规定的标准是：有一个孩子的家庭每周54英镑，每多一个孩子，另加4～5英镑，津贴额即为此项标准与家庭实际收入差额的一半。但是，一个孩子的家庭每周津贴最多不得超过12.50英镑，每多一个孩子加1英镑。低收入家庭还可以得到每周1英镑的取暖费，有子女的可获得学校免费牛奶和免费膳食以及免缴国民保险费、处方费等。另外可享受房租补贴等①。三是社会补助金。对于年满16岁以上而未获得全日工作者和收入不能维持生活者，发给社会补助金。其数额为一个人的基本需要与本人收入之间的差额。

4. 个人社会福利制度

英国的个人社会福利包括政府有关部门和社会志愿者组织针对具有特殊困难的居民所提供的各种福利设施和各类服务。

---

① 张俐平. 英国的社会保障体系. 国外社会科学情况，1996，(3)

（1）为失去工作和劳动能力的人建造适合他们居住的特种住房（有斜坡、扶手和专用厕所等），安装供他们使用的电话或电视机，安排他们学习工艺品的制作和其他职业，向他们提供特种教育，组织供他们活动的专门俱乐部，帮助他们外出旅游等。

（2）对精神病患者在其本人家庭内实行登记治疗，建立精神残废者训练中心，处理由精神病患者引起的各种社会问题，帮助一些精神病患者入院治疗。

（3）对于建造托儿所、幼儿园和儿童游乐场提供方便和给予支持。对有儿童的家庭，特别是有困难的家庭给予抚育儿童的帮助和指导，重视儿童的健康卫生。对于任何17岁以下的丧失了父母或者被遗弃或者监护人以及父母无力赡养的儿童，国家给予照管，包括为儿童寻找监护人（亲戚、朋友或志愿者）或者收养在“儿童之家”和训练学校，以防止儿童堕落或受到虐待。

（4）政府部门和社会志愿组织为老年人提供的服务包括送餐上门、夜间服务、洗衣、看管孩子、日间服务、老年人俱乐部和娱乐室。

（5）对于有病人、老年人和产妇的家庭，社会服务部门通过社会工作者和社会志愿组织登门访问，提供咨询建议和帮助。

5. 住房福利制度

英国的住房福利始于第一次世界大战，当时房荒严重，政府开始进行公房建设，低价出租给需要的居民。第二次世界大战后，住房紧张空前，中央政府强制地方政府建立福利住房，并进行补贴，在由地方政府以低租金或折扣租金的方式提供给低收入家庭。地方当局所拥有的住房优先接纳居住条件较差或居住过分拥挤的房客。政府建造的房屋，50年代为每年18.7万幢，60年代为每年14.4万幢，1978～1979年，政府用于建造房屋的开支为52亿英镑，占政府总开支的约8％，用于公共住房的津贴为20亿英镑。据1980年统计，英国1/3的住房是政府出租的。

政府和建筑协会还通过发放低于市场利率的房贷补贴居民购买自住房，贷款者每月收入中用于偿付住房贷款利息的部分可免交所得税。

对于低收入家庭，政府发给住房津贴。对于第一次购买住房的低收入家庭，政府还给予额外的津贴和其他优惠条件。

在资金来源方面，开始时租金折扣由中央财政补贴90％，租金津贴由中央财政补贴100％，地方当局承担管理费用。1976年中央财政对租金折扣的补贴下降到75％，但1980年后又规定是90％[①]。

6. 教育福利制度

在西欧各国中，英国的教育事业一直是比较发达的。大部分学生（初等教育和中等教育）是教育基金资助的免费生。免费生除了免缴学费外，书本和其他学习用具也都免费。教育当局向聋哑、低能儿童等特殊学校的学生和其他公立学校7岁以下的学生供应免费牛奶。公立学校还普遍设有食堂，向学生供应廉价午餐。有些学校还提供交通工具，免费接送居住较远的学生。

自费的私立学校学生占学生总数的4％。高等教育虽不免费，但大学生中90％的人

① 孙炳耀．当代英国瑞典社会保障制度．北京：法律出版社，2000：110-125

可以获得政府发给的津贴。

为了维持庞大的社会福利计划，政府每年都支出巨额款项。1978 年，社会福利开支总额已达 389.85 亿英镑，占当年政府支出的 61.9%，占当年 GNP 的 27.3%。由于社会福利的范围日益扩大，政府的社会福利开支日益膨胀，在政府支出和 GNP 中所占的比重逐年提高。

四、英国社会保障制度基本特点

（1）体系完整覆盖面广，项目分类合理。英国的社会保障涉及社会生活的各方面，形成保险、救助和津贴三大类。除此之外，尚有许多具体内容表现在实物方面，如贫困家庭子女就学午餐，或某些间接性财政补贴，如儿童、青少年和老年人乘坐公共交通的免费或低价优惠，或以健康和教育的方式提供给广大国民，如免费医疗和免费教育等。总体上看，英国社会保障与社会福利制度密切相关，与教育、医疗和收入分配制度密切相关。

就社会保障本身看，三类分工明确：社会保险与社会成员的就业联在一起，其受益与其缴费完成情况结合，未缴费者无权享受，缴费多者多享受，体现了权利与义务的对应关系；社会救助属社会的无条件帮助，直接与受益人的收入水平联系，而与保险缴费无关，救助完全体现了道德要求，也是人权保障的具体内容；专项津贴应当属于社会关爱范畴，是国民对于特殊人民的优待，体现了社会的精神文明。

（2）社会保障的普遍主义取向。英国国民保险待遇是与收入脱钩的，无论受保人的缴费多少，都同样地享受定额待遇，在受保人之间存在着明显的收入分配。国民保险提供的受赡养人待遇，则将受保人之间的再分配延续到他们的家庭，由于国民保险几乎覆盖了全部劳动者，通过受供养人待遇又延伸到几乎全体公民，因此尽管它在形式上是社会保险，实质上却是一种普遍主义社会保障。英国的其他福利项目则更明显地体现着普遍主义，对受供养人提供的福利如此，国民卫生服务更是如此。

（3）向家庭渗透较深。英国社会保障制度由于其涉及项目全面，覆盖面广泛，因而在一定程度上取代了传统家庭赡养职能。英国国民保险在待遇设计上的指导原则不是工资丧失的补偿，而是着重考虑到劳动者的家庭赡养情况，把待遇分解成两部分，一部分维持受保人的生活，另一部分维持赡养人的生活，在这一方面，国民保险待遇为受保人承担了赡养家庭的责任。

社会保障制度的其他一些项目，则直接体现着国家对家庭赡养责任的替代。最典型的是提供给未成年子女的福利，无论家长的收入如何，子女都可以享受待遇，实际上是国家为家长承担了部分赡养责任。而且，历史上家庭的教育责任也由于福利而由国家承包。国民卫生服务也在一定程度上体现着政府对家庭责任的替代。

五、英国社会保障制度困境与改革

英国的全方位高水平的社会福利制度，促使第二次世界大战后英国和欧洲其他国家一样，社会相对稳定，经济保持了几十年的稳定发展。随着国内国际环境的变化，英国的社会保障制度经历了不断调整和改革的过程。

20 世纪 70 年代中期，世界石油危机爆发，英国经济发展速度开始放慢，人口老龄化趋势也在逐步加剧。在这种形势下，高福利的社会保障制度暴露出了其发展面临的困境。

(1) 财政负担沉重。社会福利费用的来源，一半由企业和个人所缴纳的国民保险基金提供，其余由政府财政拨款。

庞大的社会保障也让政府财政背上带了沉重的负担。据统计，1951～1982 年，社会福利支付增长 2.7 倍，而 GDP 只增长近 1 倍，同期社会福利支付占 GDP 的比重从 14.4%跃升为 29.4%。1997 年政府用于社会保障的支出占 GDP 的比重尽管已经比前几年有所下降，但仍达到 26.5%，1996 年社会保障支出占财政支出的 32%（不包括教育和健康服务）①。此外，政府还要承担国民保健、对个人的社会服务、教育和住房等费用。社会福利支出成为导致经常性财政赤字的最重要因素。

(2) 社会保障制度带来系列社会问题。一方面，社会保障措施平均化助长了一些人对国家的依赖思想，不去依靠自己的努力，而是坐享社会福利。由于领取失业津贴可不纳税，还可从事逃避税收的地下经济，收入并不比低工资职工少，培养了一群懒汉，造成新的社会不公平，这成为不勤奋工作的人对勤奋工作者的一种剥削。因此，寻找工作的动力有所减弱。另一方面，福利制度也无力解决社会贫富悬殊问题。

(3) 高福利和高税收影响经济发展。高福利需要高税收支撑，英国主要社会保障制度实行三方缴费原则，国家承担了社会保障费的绝大部分，但整个 20 世纪 70 年代，雇主承担的社会保障费用增长幅度为 399%②，雇主社会保障负担的加重导致企业成本上升，从而在国际市场的竞争力下降。同时，高税收会抑制人们工作积极性和创新精神，卡拉汉的工党政府执政期间，个人所得税的基本税率为 25%，最高税率为 83%③。高税收和高补贴影响经济长期发展。

高福利需要高税收支撑，而高税收导致企业成本上升，从而在国际市场的竞争力下降；同时，高补贴也导致人们工作积极性和创新精神减弱，影响经济发展长期动力的保持和发挥；高水平和全面的保障也使政府的财政负担过重，影响了其他宏观调控职能的发挥。

(4) 福利问题成为英国党派斗争的焦点之一。英国的保守党和工党为了在竞选中取得选民的支持，纷纷向选民许诺各种社会福利，工党主张社会保障“普遍化”；保守党则主张实施“有选择性的”社会福利。随着经济的严重滞胀，两党在社会福利问题上的争吵会日益激烈。

科技革命造就了文化素养高、收入水平高的新中产阶级，他们反对大包大揽的救济式福利，要求通过市场来选择适合自己的高水平福利。从 20 世纪 70 年代起，由于英国

---

① 丛树海. 英国社会保障制度框架和运行效果分析. 财政研究，2001，(6)

② 赵立人. 各国社会保险与福利. 成都：四川人民出版社，1992：78

③ 姜南. 英国福利制度的演变及其调控作用. 世界历史，1999，(4)

经济实力日趋削弱，政府感到入不敷出，难以把“福利国家”维持下去。撒切尔主义者主张压缩日趋增长的社会保障支付，强调发挥市场机制的作用，减少国家对经济的干预和调控，使政府在21世纪能继续承担得起这笔巨额的费用。

针对上述问题，在20世纪70年代以来重新出现的新保守主义经济自由化思潮影响下，英国开始对其社会保障制度进行改革。

1983年，保守党政府健康与社会保障部大臣诺曼·福勒开始负责对英国现行社会保障制度进行全面调查，并于1985年6月提出一份题为《社会保障改革-变革的计划》的绿皮书。绿皮书阐述了英国社会保障制度过分强调国家的责任而忽视个人应该承担的义务，并提出新制度应该建立在公众对社会保障的目标与功能、个人与国家责任分工的正确认识上。

绿皮书指出了英国将要进行的社会保障制度改革的三项基本目标：一是社会保障必须能够满足真正的需要；二是应当与社会经济发展保持一致；三是必须简单并更加容易理解[①]。

保守党采取了一系列激烈的改革措施，在激活市场、提高经济活力和竞争力方面取得了一定的成效，但也带来了贫富差距拉大等问题。20世纪90年代工党上台后，对社会保障制度的改革相对缓和了许多，采取了一系列的“微调”措施。

（1）在养老保障方面的改革。1978年撒切尔政府在位时期，英国颁布了新的养老保险法案。英国社会保障制度改革沿着两个方向进行：一是通过多种办法，适当降低待遇和低津贴水平，减少支出规模；二是调整养老保险制度的运行机制，适当减少政府的责任，增加个人的义务，鼓励私营部门提供养老保险服务。

1982年的《社会保障法》规定，今后将仅仅依据整个物价水平来决定社会保障津贴增减，而过去社会保障津贴水平提高的依据是收入水平与物价水平变化较高者。英国社会养老体制市场化的里程碑性的改革措施主要是1986年《社会保障法》的颁布、1988～1989年个人养老金计划的正式引入等。

1986年的《社会保障法》主要措施如下：一是降低了养老金津贴水平，把与收入相联系的养老金建立在养老金领取人整个的平均收入上，而不是20年的最好收入的平均水平上；二是将国民养老金的最高水平降低到平均收入的20%，而不是工党政府时期的25%；三是政府通过法律形式规定，所有企业一律强制推行职业养老金制度；四是向职工提供获取个人养老金的机会。规定职工可与银行、建筑协会、单位信托公司和保险公司等挂钩，按期缴付一定费用。

20世纪90年代末，针对养老保险制度改革后部分老年人收入下降较快、贫困现象增加、低收入者参保负担重以及养老保险基金管理等问题，1997年，英国出台了养老保险的修正和补充条例，对养老保险制度进行进一步的调整改革。

2006年5月，英国劳动和社会保障部公布了养老制度改革框架，其中建议到2024年将退休年龄提高至66岁，最终在2046年提高到68岁。从2012年开始，国家养老金

---

① Pope R. Social Welfare in Britain 1885-1985. London：Routledge，1986：240-243

的增加将与收入挂钩而非之前的通货膨胀①。

（2）在医疗保障制度方面的改革。由于20世纪80年代以来新自由主义在经济及国家福利领域的影响，英国开始对供给导向的国民卫生服务进行反思，设法启动市场化机制，降低国家财政负担，围绕着医疗需求进行改革。

1982年，英国将向病人提供最初8周疾病津贴的责任转移给病人的雇主，雇主因此而增加的支出可以通过减少其应纳的社会保险税来补偿。后来，雇主承担疾病津贴责任的时限增加到28周。

1988年，英国政府开始对医疗保健问题进行改革，强调在医疗保健公共部门内开创竞争性的内部市场，并促进众多的劳务提供者相互竞争，以提高效率。其主要内容：一是在国民保健系统中建立内部的市场机制，各个国立医院将要在吸引病人方面竞争；二是允许国立医院采取较多的商业经营方式；三是病人可以选择医生，并可更好地在各个医院之间进行选择，医生依据对病人的治疗情况，控制自己的预算；四是公私合作。政府虽明确表示国民保健系统不搞私有化，但鼓励私人医生和私立医院发展，国立医院和私立医院可买卖各种服务。

1990年，英国颁布《国民卫生服务和社区照顾法》，对国民卫生服务系统提出了一些较重大的改革，除了上面提到的鼓励公私医院竞争，改革还包括要求病人为医疗服务支付一定比例的费用。

2000年7月，布莱尔政府公布了英国医疗改革五年计划。该计划的目的是大幅度缩短等候就医时间，建立一套方便病人的医疗服务体系。其主要内容包括增加卫生服务设施人员，设立一个负责国家卫生局现代化的机构、一个5亿英镑的全国医疗保险基金，加强医疗与社会服务机构之间的联系，向中间医疗机构投资9亿英镑，提高老年人的医疗标准等②。

（3）在失业保险制度方面的改革。英国政府改革失业保险体系的原则是要求有劳动能力的人自己养活自己。为了鼓励失业者积极找工作，英国政府于1996年10月将以前实行的失业救济和收入补贴合并成找工作补助。找工作补助对年龄在领取养老金年龄以下的、每周能够工作至少40小时的积极找工作者提供补助。对一些特殊人群，如身体或精神有问题的人，则根据个人的情况可以减少工作量。申请找工作补助的人必须与就业服务机构签订找工作合同，合同规定了找工作者的工作量和将要采取的找工作步骤③。

1998年4月，布莱尔政府推出了“改救济为就业”计划，亦称劳动福利计划，这一项目取消失业津贴，旨在鼓励25万年轻失业者就业，该计划向每个失业6个月以上的青年人提供4种选择：以每周60英镑补助维持一份工作，连续6个月，用创造岗位的办法代替领取失业救济金；在福利机构或新成立的环保部门就业，以便得到救济金和额外补贴；在志愿组织工作，接受长达1年的全日培训和进修；向需要全日培训的人提

① 朱启红. 英国政府公布养老制度改革框架. 中国养老金网，http://www.cnpension.net，2006-05-29

② 王振华. 挑战与选择：中外学者论第三条道路. 北京：中国社会科学出版社，2001：145，146

③ 金碚，张世贤，谢晓霞. 对英国失业状况和就业政策的考察. 南京师大学报，2000，(1)

供全日培训。如果拒绝该计划，那么他的救济额将被削减 40%[①]。福利支出的经费主要来自向“六合彩”公司和私有化的公共企业征收“暴利税”以及出售和出租政府部门拥有的土地、建筑、设备和艺术品等资产，而不像以前那样来自高额税收。据英国国家统计局提供的资料，到 1999 年 3 月末，有近 13.7 万名年轻人参加了这一项目，在业已完成项目的 12.87 万名年轻人中，有 44%的人找到了无须补贴的固定工作。

（4）在津贴制度方面的改革。20 世纪 80 年代，英国政府对社会保障制度改革的重点之一是把通行的“普遍性原则”改为“有选择性原则”，着重帮助低收入者和贫穷者。为鼓励人们的积极性，政府改革家庭资助规定，力求减少资助的数额。一是设立家庭信贷项目，取代家庭收入津贴。明确限定家庭信贷的对象主要是低工资收入的有子女的家庭，以及丧失工作能力的有子女的家庭。二是设立额外资助项目，取代附加津贴。1982 年 1 月，保守党政府决定取消与收入相联系的疾病与失业短期津贴的优惠政策，并从当年 2 月份起，将其规定为应纳税津贴。此外，在工伤津贴方面，政府缩小发放范围，同时，提高领取寡妇抚恤金的年龄界限。

20 世纪 90 年代，英国政府进一步加强对津贴发放的管理。1993 年，英国政府提出了三项措施：第一，从 1996 年起实施新的失业津贴，对领取者在求职期间的津贴发放加强管理，防止领取者在有收入情况下继续领取政府津贴；第二，严格控制残疾人津贴的发放，申请人在得到许可前需经严格的身体检查；第三，申请儿童补助金需要缴税，对学龄前儿童和学龄儿童的领取金额做出明确区分，以激励单亲父母，尤其是单亲母亲在孩子入学后继续工作。

（5）在住房福利制度方面的改革。为了改变地方当局建造住房、公房低房租制和住房津贴带来沉重的财政负担，以及为了改变地方当局为保持低房租而对公房出租不加区别的补贴，政府曾积极鼓励私人购买住房，推行公房私有化，从法律保障和经济上为买房者提供优惠条件，同时减少住房津贴。

1979 年保守党执政后开始加快公房私有化的步伐，1980 年颁布的《住房法》规定，公房租户居住满 3 年以上，买房时可获得 33%～50%的折扣。这一改革使得 1979～1987 年累计出售公房达 100 万套[②]。

1996 年 6 月，英国政府公布的住房白皮书进一步从几个方向同步对现行住房制度进行改革。白皮书主要部分集中在鼓励发展私人住房租赁事业上。租赁房产可为住房制度提供灵活性，为人们在全国寻找职业时的流动性提供了便利。该计划包括建立当局授权的房屋投资信贷。白皮书还主张将地方当局的房屋私有化，以便提高对它们的管理。

（6）在其他社会保障制度方面的改革。除了重视提高教育质量外，还把改革重点放在压缩教育经费上，以削减政府预算开支。政府迫于预算的压力，一再压缩高等院校教育经费，1985 年以后，大学预算每年递减 2%。1990 年起实施“学生贷款计划”，把高等院校学生的助学金制度改为贷学金制度，平均每年向每个大学生提供约 420 英镑的贷款。此外，政府每年还拨出 1 500 万英镑作为特别困难基金，由地方教育机构管理，以

---

① 布朗 J G. 英国需要新政. 新闻周刊，1998，(1)

② 孙炳耀. 当代英国瑞典社会保障制度. 北京：法律出版社，2000：131

保证家境困难的学生能进高等院校。

目前，政府规定在高等教育方面，大学须以学生注册人数作为绩效指标向中央部门争取教育经费。而原先由地方政府主管的中小学也可选择脱离地方政府的监督，直接面对竞争向中央争取经费。此外，政府还计划推行“速成学位”制，大学生只学习15个月就能参加工作，这样对大学的拨款可减少1/3。英国教育体制改革与医疗福利制度改革一样，是从观念上分离服务融资与服务提供两种功能，以便在公共部门内形成竞争性的准市场，进而提高经济效益①。

保守党政府在执政期间取消了以前工党的最低工资制度，这一制度在工党再次执政期间又得以恢复。1999年4月1日起推出了最低工资制度，18～21岁的工人每小时薪金为3英镑；22岁以上的雇员时薪至少为3.60英镑；接受新职业培训者，最低时薪为3.20英镑，但不应超过6个月；这项最低工资制度将使200万人受益，其中包括130万妇女和20万年轻人。从中受益的还包括工作的单亲父母、少数族群工人和家庭工人，受影响最大的是服务业。但是，提高工资成本将导致裁员的恶果。

➤本章小结

社会民主主义福利体制国家以斯堪的纳维亚国家，如瑞典、挪威和丹麦等为代表。社会民主主义福利体制的基石是1930～1940年稳定和持续的社会民主统治。社会民主主义福利体制有其经济、社会等基础。社会民主主义福利体制缘于贝弗里奇的普遍公民权原则，所以这种福利制度还被称为“人民福利”模式；非商品化程度最高，非商品化倾向与合作主义因素高度相关。阶级联盟紧密，与福利国家形成一种紧密的依赖关系。社会民主主义福利国家有较高的就业率，较高的女性劳动参与率，较高的税率，较高的工会组织率，较大的社会支出规模，社会安全体系以相当慷慨的社会服务为主，低度的所得不均与工资差异，社会民主党在政治领域中扮演相当支配性的地位等特征。社会民主主义福利体制国家再商品化改革的基本特点为：慷慨的转移支付，较高的替代率，非常发达的公共服务，公共服务十分有限的市场供给，极高的劳动力市场参与率（尤其是妇女的就业率），强有力的家庭政策等。

19世纪中后期，随着工业化进行的发展，瑞典在从农业国向工业国转变，工业化和城市化引起了各种社会问题，传统的社会救济制度已经无法适应这种社会化问题的出现。19世纪末20世纪初，瑞典进入现代社会保障制度进入萌芽阶段，通过颁布了一系列有关社会保障的立法，对养老、失业、疾病等社会保险给予关注并进行研究，为未来社会保障制度的建立奠定了基础。1910年到第二次世界大战以前，是瑞典的社会保障制度的发展阶段，建立了养老保险制度和健康保险制度，在劳工福利方面有重要发展，但这一时期社会保险制度以自愿性为主，覆盖面也主要是对劳动人群。

第二次世界大战以后到1980年，是瑞典社会保障制度的完善阶段。这一时期，瑞典的社会保障制度开始飞速发展，社会保障覆盖范围日益扩大、保障项目日益全面、福

---

① 贵琳. 英国社会保障制度及改革. 国际资料信息，1996，(8)

利水平不断升高，建立了世界闻名的“瑞典模式”。但瑞典社会保障制度由于上述优点也给瑞典的财政、经济和社会带来了一系列压力，导致了1980年至今瑞典政府对社会保障制度的改革。

瑞典实行的是“从摇篮到坟墓”的社会福利制度的最大特点就是强制性的社会化，人人都必须参加统一的社会保障系统，并能享受由国家统一提供的各种社会保障。这些保障主要有八大类，即老年保障、健康保障、失业保障、家庭保障、住房保障、儿童保障、教育保障和带薪假期等。瑞典的养老金制度、健康保险和国民卫生保健服务、义务教育、家庭津贴等都是瑞典最有特色的保障制度，全面的福利对瑞典的宏观经济和微观行为等都产生了一系列影响。

英国是社会保障制度发展较早的国家之一，也是社会福利较为全面的国家之一。从16世纪到20世纪70年代，英国的社会保障制度从传统走向现代，从单纯救济扩展到全面福利，从低水平到高福利，不断完善。20世纪70年代中期以来，随着社会问题的出现和政党的更迭，英国的社会保障制度不断改革和发展。

从17世纪到第二次世界大战后，英国的社会福利大致可以划分为4个阶段：初始阶段（1601～1905年），英国的社会保障制度从中世纪的社会救济发展到政府主导的旧、新济贫法时代；“福利国家”的酝酿阶段（1905～1942年），通过颁布一系列社会福利立法，建立了国民保险制度，提供养老金、病假和产假工资、失业金等福利，具备了福利国家的雏形；战后确立所谓“福利国家”（1942～1975年），这一阶段，英国在凯恩斯国家干预理论的指导下，以贝弗里奇社会保障计划为蓝本，先后颁布了《国民保险部组织法》（1944年）、《国民救济法》（1945年）、《家属津贴法》（1945年）、《国民保险法》（1946年）、《工业伤害法》（1946年）等一系列社会保障法案，形成了福利国家的基本框架，并在其后的30年保持着巅峰状态，被称为所谓社会福利立法的“第二个兴盛期”；福利制度改革阶段（20世纪70年代末至今），改变了英国半个世纪以来福利不断增长的势头，出现“非福利化”的取向。

英国社会保障制度不仅规模大，而且结构庞杂，其社会福利可以分为国民保险、国民保健、专项津贴、住房、教育和个人社会服务。其中社会保障为收入性福利，它进一步按照资金来源不同分为国民保险和非缴费性福利两部分。在管理体制上，英国的各项福利分别由不同的部门负责，实行的是集中的管理模式。

《国民保险法》规定了一个由多种津贴和补助金组成的综合性社会保险制度。社会保险制度是英国社会保障制度的主体，其支出占整个社会保障开支的70%左右。社会保险的种类齐全，包括养老、医疗、失业、工伤、生育各大险种，其费用来源于雇主、雇员和政府三方。国民卫生服务是英国最有特色的医疗保障制度，给全体国民提供了免费的医疗服务，另外还有住房、教育以及多种多样的津贴和社会服务，使得英国的社会福利制度保证了国民的生活质量。

英国的全方位高水平的社会福利制度，促使第二次世界大战后英国和欧洲其他国家一样，采取了一系列改革措施，但改革并没有变动英国社会福利的基本框架，英国的社会福利的特色仍然具有普遍性、全面性等特点。

➢关键术语

社会民主主义福利体制　瑞典社会保障　劳资集体协议　瑞典国民卫生保健服务
英国社会保障　英国国民保险　国民保健　英国专项津贴　英国收入关联养老金

➢案例　　重新理解瑞典的社会福利制度[1]

瑞典长期以来实行全民福利政策。福利政策实施依赖于财政，财政体制在收入较好和收入较差的人之间实行再分配，通过再分配再传递给经济增长。人们之间存在差异是代价昂贵的、非生产性的、效率低下的。如果将大的社会群体置之不顾，就会造成劳动力市场的冲突并阻碍经济发展。此外，经济保障有利于人们创新，使人们敢于承担责任，接受挑战。适合的医疗保健、社会服务、社会保险、劳动立法以及非雇佣利益也有利于经济增长，这就是瑞典模式。一旦模式实施受阻，政府马上会面临麻烦。没有经济增长，瑞典模式也会瓦解，经济效率以及公平性同样重要。瑞典是一个开放的小国。很久以来就实行以贸易自由为基础的市场经济体制。只有当福利体制有利于刺激工作和经济增长的时候，平等才是生产力。瑞典模式是经济良好发展的重要经济因素。

举例说明：学前教育的公共部门投资不仅会给儿童生活营造一个良好的环境，而且还会使儿童的父母减少抚养压力而出来工作。瑞典 9/10 的儿童接受政府资助的儿童保健，这使得瑞典获得世界最高的妇女就业率。这对经济发展也非常重要，也是瑞典引以为荣的地方。作为社会投资的公共部门对教育的投资不仅使得企业有可能雇佣高素质的员工，同时也可扩大市场经济规模。

为了保障和发展社会安全网，瑞典政府目前正朝两个目标前进：第一，通过积极减少失业率、采取降低职业病等措施，保障更多的人可以获得足以生活的薪水；第二，希望提高生病员工的赔偿额度，使更多的人可以获得包含收入损失的赔偿。

瑞典模式主要由纳税人来资助。税收资助的福利体制是建立在一定社会利益应该被视为社会权利的理念上的。应该根据需要而不是能力来分配社会利益，而且社会利益应该属于社会所有人，而不是一部分人。如果我们以其他融资手段来代替税收，我们最终将会看到福利模式的特征改变，成为一个没有进取心的福利模式。税收资助模式和其他模式的关键区别在于税收的再分配的效果。我们所付的税款与我们个人享受的福利待遇无关，税收资助的福利体制导致不同人口群体的再分配。如果有私人保险来资助，将增加经济和社会的不平等。但是税收的方式会刺激工作和生产。尤其是在一个全球化的世界，个人的税收的设定可能对经济发展有积极或消极的影响。在瑞典，对税收体制进行系列改革，从未降低维持福利体制所需的税收收入。例如，2004 年年底，瑞典取消了遗产与增与税，同时对所得税和富人税进行一定的调整。

---

① 格雷丁 A. 瑞典的社会福利体制．载：中国（海南）改革发展研究院．中国收入分配改革路线图. 北京：国家行政学院出版社，2010

瑞典同时对所得税和富人税进行一定的调整。对有效福利模式的最大威胁应是羸弱的公共金融。这可能导致以贷款为基础的公共部门资助行为陷入赤字。当税收收入的增长部分被用来偿付贷款利息时，福利的质量就会受到影响，对福利的公共支持于是会降低。这可能会导致大量降低税收以换取个人福利解决办法。我们也许可以看到富人们厌恶福利政策。福利体制的发展使得富人明显遭受更多损失。瑞典必须纳税，以保证有进取的福利政策的需要，因为这个原因，争取高就业率就必须放在优先位置。

瑞典有着世界最大的老年人比例，衰退的劳动适龄人口支持增长着的老年人口。事实上，越来越多的人更加长寿是件乐观的事情，老年人相对更健康而且受到过良好教育。老年人不应是累赘，应该是一种重要资源。对瑞典来说，即将来临的经济好转将是老年化人口的如何具有生产力的第一个测试。瑞典有着健全的养老金体制，有全面的老年人保健制度。但是，首先也是最重要的是，让人们去工作。完全就业率曾是瑞典社会民主的关键目标之一，瑞典的目标是将失业率控制在4%以下，以及80%的适龄人们有工作。

瑞典有工作人口在总人口中比例比所有的欧洲国家都高，这是因为，许多妇女都可以工作。但是仍然有许多适龄人没有工作，特别是年轻人和移民失业者。许多是病假或提前退休。现在瑞典退休年龄实际上是低于65岁的。如今瑞典法律上规定人们有权利工作到67岁，而事实上很多人只要还有机会工作，就会把他们退休的年龄向后推。这些推迟退休年龄的劳动者其实创造了很大的经济效益，他们比没有工作经验的劳动者要更高效。如果鼓励瑞典的国民尽可能长时间的工作，那么瑞典就可以把它的劳工力数量提高近10百分点。

瑞典的公共管理模式是有前瞻性的和值得借鉴的。在过去这种模式非常重要的，那个时候国与国之间的界限非常明显，一个国家都不能干预另一个国家内部的事务。在新社会中，这种福利模式显得更加重要，而且已经变为无国界的、全球化的，并且还在不停的变化之中。这并不是说我们已经不再面临挑战了，挑战依然存在。如果我们希望国民不断地变化和有愉悦感，那么社会安全就是最重要的。

复习思考题

1. 试述社会民主主义福利体制非商品化有哪些特征？

2. 瑞典、英国社会保障制度的发展历程可以划分为哪几个阶段？各阶段的主要特点是什么？

3. 瑞典的医疗保障制度包括哪些内容？与英国的医疗保障制度相比有哪些特点？

4. 请说明现行英国的社会保障制度框架。

5. 英国的养老保险制度包括哪些内容？与瑞典的养老保险制度相比有哪些特点？

6. 请分析英国社会保障制度改革的主要目标和主要成就，并与瑞典的社会保障制度改革进行比较。

7. 请结合社会民主主义福利体制国家的主要特点和改革发展进程，分析当前中国的社会保障制度的发展方向。

第六章

东亚福利体制

地处东北亚的日本、韩国，东南亚的新加坡，以及中国香港、台湾，构成了当代亚洲东部的地缘优势经济带。20 世纪六七十年代以来，这个经济带成为全球最具经济活力的国家和地区之一，创造出世人瞩目和赞誉的“亚洲奇迹”。自 20 世纪 70 年代起，这些国家和地区在借鉴吸收欧美社会保障经验的基础上，形成了独具特色的东亚福利体制。在本章中，东亚福利体制国家和地区主要泛指东亚的日本、韩国，东南亚的新加坡以及中国台湾、香港地区。

第一节　东亚福利体制总论

一、东亚福利体制基本特点

东亚有许多国际性的因素限制，殖民主义、移民社会或发展受到外部制约的历史使得东亚在经济上依赖于国际经济（如债务和资本流入的水平高，各经济部门之间比例关系的失衡），在政治上依赖于国际政治。同时，市场化程度、工业化程度和收入水平都较低，农民和土地的所有关系、亲属结构、家庭形式和性别关系与发达国家也不同[①]。

（1）在东亚国家和地区，首先，社会支出的规模无一例外都比较小，因为这些国家优先考虑的是将有限的资源用于发展经济而不是福利方面；其次，虽然福利支出规模不大，但对市场提供福利的干预和管制却很严厉；再次，东亚国家社会保障制度是针对不同的社会阶层而设立的，条块分割，国家公职人员享有一定的特权，而自雇者的福利制度

① 斯哥 R，伯仁特 C. 地球村的社会保障：全球化和社会保障面临的挑战. 华迎放，等译. 北京：中国劳动社会保障出版社，2004：38

与较快的经济增长相比则显得比较落后；最后，与欧洲国家相比，“家庭化”倾向比较严重，即家庭福利状况独立于市场的程度比较低①。

“非商品化”意味着一个社会之中没有大量的农业和非正式行业劳动者，根据已有的资料，东亚非商品化程度很低。东亚国家的劳动者不是处于前商品化时期，以维持生计的农业为工作，就是处于商品化时期——劳动力市场的法律及其他保护严重不足。实际上，劳动力市场的参与机会是东亚福利体制的一个重要特征，其中的一个衡量标准就是高等教育机会的多少，各国差别较大。由此，该地区的福利成效在健康保障、教育程度的提高和贫困现象的减少等方面都取得了较好的成果，但仍存在长期的收入差距和不平等的现象②。

（2）在东亚各国和地区，社会福利政策一个明显的特点就是“精英主义”。通过必要性的福利政策来保证国家和地区精英和重要的国家工作人员的忠诚。在该区域，公务员、军人和其他重要的国营部门工作人员的福利在范围和数量上都比较优厚。例如，中国香港社会保险的对象主要是公务员，他们不仅有很高的工资，退休后按月发给优厚的养老保险金，而且本人和直系亲属均可以在公立医院免费医疗、子女享受教育补贴。特别是在港英政府时期，当局对劳工不实施医疗退休养老和就业保险，只有少数的企业为职工提供养老保障。

教育投资不论对国家还是对个人都有重要的意义，对于前者，国家力图建立一个有效的劳动力制度，在后者，由于个人都根据他们的教育背景而不是他们的家庭地位来分等级，所以，教育对于提高他们的社会地位和获得相应的资金保障而言是关键。在东亚国家和地区，政府在发展教育事业、改善人力资本素质，从而提高个人和社会经济的竞争力方面承担了较大的责任，而在公众的生活风险保障方面则存在不同程度的制度缺陷。1970～1993年韩国预算支出中，教育费占12.7%～18%，而社会保障及福利费只占4.3%～9.3%③。2000年国际统计年鉴资料显示，东亚次发达地区和国家在社会发展支出方面与发达国家较为接近，其主要原因在于对教育的投入水平较高，均在政府开支的15%以上，而发达国家则在2%～6%④。这既反映了东亚社会重视教育事业发展的传统，又说明其政府在教育方面的福利供给力度强。

（3）在东亚国家和地区，社会福利支出在政府财政支出中的比例相对较小。在20世纪90年代中期，美国、英国、法国等工业发达国家的政府支出占GDP比重都在20%以上，福利支出在政府支出中占30%，在GDP中的比重也保持了较高的水平。而同期的韩国、新加坡和中国香港地区社会福利支出占GDP的比重分别为2.0%、0.3%和1.6%，占政府支出的比重分别为10.8%、1.8%和9.2%，因此，其政府福利支出在GDP和政府

---

① 艾斯平-安德森G. 福利资本主义的三个世界. 郑秉文译. 北京：法律出版社，2003：358，359

② 高夫. 全球化与区域福利体制：东亚案例. 李航译. 载：丁开杰，林义. 后福利国家. 上海：上海三联书店，2004：163

③ 顾俊礼，田德文. 福利国家论析：以欧洲为背景的比较研究. 北京：经济管理出版社，2002：342

④ 郑秉文，方定友，史寒冰. 当代东亚国家、地区社会保障制度. 北京：法律出版社，2002：46

支出总额中的比重大大低于发达国家[①]。

东亚新兴工业化国家与地区之所以有着相当高的个人和家庭储蓄率，一个很重要的原因是这些国家普遍没有完善的养老制度，很多人存钱是为了养老。但公共部门福利支出比例小并不代表私人部门提供的福利水平高，目前私营的社会福利在东亚很多地区还是处于起步甚至是空白阶段。这种社会福利提供的比率可以从表 6-1 中看出来，通过对比可以看出，东亚国家和地区的社会福利大部分由个人和家庭提供，其提供的份额远远大于西方各国。

表 6-1　东亚国家和地区与主要福利体制国家的福利指标（单位：%）

国家和地区	个人福利承担		家庭福利能力		私人福利市场	
	1980 年	1994 年	1985 年	1996 年	1980 年	1997 年
德国	51	30	14	12.0	1.3	2.4
瑞典	32	30	3.0	3.0	0.65	3.4
美国	56	60	15	14.8	1.7	8.8
日本	46	32	65	65.0	0.9	0.9
韩国	80	80	76	74.0	—	4.4
中国台湾	89	89	70	67.2	—	0.0

资料来源：李易骏，古允文. 另一个福利世界？东亚发展型福利体制初探. 台湾社会学刊，2003，(31)

从非商品化、阶层化和政府与市场关系这三个量纲来衡量东亚福利体制，东亚福利体制的总体特征可概括为以下几个方面：①经济成长优于福利分配的决策取向。②家庭在福利提供中扮演重要的角色。③较低的政府福利角色。④在有限的、低的福利支出中，其福利分配又集中于某些特定的人口群体，包括与政权维护有关、受雇于政府部门的军队、公务员等，其次是与政权合法性有关的劳工，是福利提供的优先对象。

总之，东亚福利体制存在着非普及性的现象和不同人群间的阶层性。这种总特征的实质是一种发展型资本主义的成长道路，虽然这种“高经济增长、低社会福利”的发展之路曾给东亚地区特别是三国两地曾带来了经济的腾飞，但东南亚的金融危机深刻揭露了这种发展模式的弊端。随后各国社会政策开始偏向社会福利体制的建立和完善，推进广覆盖的公共福利的呼声也越来越高。

二、东亚福利体制争论

学界对东亚福利体制的定位和发展方向有不同的争论，而这种定位主要集中于非商品化的水平和市场和政府的关系这两方面。

（1）两种模式并存。有学者认为东亚的经济发展主要是依赖于所谓的“社会倾销”，

① 郑秉文，史寒冰. 东亚社会福利政策中公平与效率的问题——价值取向与政策效应. 辽宁大学学报，2002，(3)

也即压低劳动成本而来的[①]。东亚在发展公共福利方面并没有明显落后于西方国家，在东亚这个区域存在两种不同的福利发展模式，分别是社会保险模式与补缺型福利模式。在日本、韩国和中国台湾，被艾斯平-安德森称为“俾斯麦方式”的、由国家支持的社会保险项目有所发展，这些项目对一些核心的社会群体有利，反映并促进了权利和社会地位的分化。而中国香港是“补缺型福利政体，家庭、非政府机构和社区承担着提供福利服务的主要责任，政府在提供对弱势群体福利服务时只承担最后的责任”[②]。

（2）国家规范者模式。国家在社会政策介入的角色上有两种，分别是提供者与规范者。前者指的是国家能提供社会服务或利益，英国的国民保健服务与瑞典的托儿托老设施是最佳的例子，后者即指国家着重社会福利的安排、规划，至于服务的供给则由自愿或私人组织负责。东亚各国显然是偏向规范者模式。这种模式强调社会政策附属于以经济成长为目标的政策，表现为极小化非商品化社会权利的扩展，并且以联结生产性活动为主，强化社会生产性要素的地位为主。国家—劳动市场—家庭三者间的关系与组成是从有利于降低劳动成本，促进经济成长来考虑的[③]。在这种模式下，东亚各国和地区的人们认为由国家提供的或由国家保证的福利为“公民权”的观念很弱，相对而言，在鼓励人们“自助”和“互助”，反对和歧视对国家依赖的大意识形态的背景下，人们期望非国家机构，如社区、公司和家庭在资助和提供福利服务上发挥较大的作用[②]。

（3）生产性福利资本主义。东亚福利体制可归结为第四种福利体制，即“生产性福利资本主义”，其中心概念是成长导向的政府、隶属于各方面的国家政策（包括社会政策），隶属于经济、工业目标。国家的决策者借着辅助的手段追求经济成长。同时认为在生产主义的福利体制国家中，东亚国家占了四分之一，它们的社会政策从属于经济政策[④]。在这个总的模式之下，韩国、日本和中国台湾都建立了发展优先——普遍主义的模式，这个模式的特征是：社会政策仅限于与生产活动有关的有限社会权力，其社会阶层化的效果在于增强处在生产关系要素中间的位置，而国家与市场的关系则为国家作为一种支持家庭与市场的工具而提供若干普遍性的福利方案。国家在提供一些全民的社会项目的同时，加强了市场和家庭的责任，这主要增强了生产性单位在社会福利中的地位[⑤]。

但无论是社会保险模式、储蓄账户模式、国家规范者模式还是生产性福利资本主义模式，它们的实质都是发展型国家取向。根据不少社会学者与经济学者观点，发展型国家主要是指国家积极干预、引导，达到工业化、现代化的国家目标，获得较大的经济发展[⑥]。同时，在生产性国家中，教育或人力资本被视为是社会投资国家的主要特性，即政府支出以经济发展与人力投资为优先的概念[①]。

---

① 吕建德. 东亚发展型福利体制能否持续下去？——若干的观察与评论. 载：社会暨健康政策的变动与创新趋势：迈向多元、整合的福利体制学术研讨会论文集，2004

② 尚晓援.“社会福利”与“社会保障”再认识. 中国社会科学，2001，(3)

③ 李易骏，古允文. 另一个福利世界？东亚发展型福利体制初探. 台湾社会学刊，2003，(31)

④ 丁开杰，林义. 后福利国家. 上海：上海三联书店，2004：165

⑤ Holliday I. Productivity welfare capitalism：social policy in East Asia. Political Studies，2000，(48)：706-723

⑥ 李易骏，古允文. 另一个福利世界？东亚发展型福利体制初探. 台湾社会学刊，2003，(31)

三、东亚福利体制发展方向

东亚地区虽然有相当高比率的非农业劳动人口、较高的结构性福利需求，但是基于发展的目标和国际竞争压力，国家并不将资源分配在福利而是分配在社会投资上，此外，文化结构上也存在着差别待遇，因此，在福利资源的分配上采取非普遍性、阶层性的分配方式；由此在平等分配原则指导的基础上，却只使用少量的福利资源的模式，必须依靠个人与家庭自行来提供福利。同时在国家主导的发展结构中，所谓的个人福利提供并不意味着私人市场的发达。

面对经济全球化，东亚各国应付策略也不同，这也在很大程度上重塑了东亚国家和地区未来社会体制的发展方向。韩国不断增加失业保险、工资补贴和公共就业计划支出，迅速建成了社会保险型福利国家；日本政府也在 1998 年后先后颁布了《促进特定非营利法》、《护理保险法》等法律和法规，逐步地走向社区福利。

1993 年世界银行发表的题为《东亚奇迹》的研究报告中指出："虽然列出促使东亚经济高速发展的因素并不困难，但是很难找出一种对于整个地区都适用的模式。"由于东亚的经验、机制和政策各不相同，所以"这意味着并没有单一的东亚经济模式"[①]。同样，东亚各国和地区的社会福利发展的政治、经济、文化背景迥异，因此，只有基于发展型经济特征，因地制宜，建立各国和地区的社会福利体制才具有现实的可能性。但有一点是应该肯定的：东亚福利体制具有外来性和外发性，即所谓的东亚福利体制并不是从本地原有的社会经济发展过程中自发地进化演变而来的，而是在外力的作用下被"移植"或是受到外力的影响而被"引进"的；是西方资本主义与东方传统相结合而产生的，且有东方文化特点的资本主义模式；是东亚国家在第二次世界大战之后国际环境的压迫下，必然选择的发展模式[②]。

第二节 日本社会保障制度

日本社会保障制度的起步晚于欧美国家，尽管从 20 世纪 20 年代起日本先后制定过类似于健康保险、养老保险等制度，但社会保障作为一种制度则开始于第二次世界大战之后。随着战后经济的恢复和高速增长，日本逐渐建立起了创新种类繁多、形式多样的社会保障体系。同时，日本在社会保障制度的实施过程中，不断充实和完善原有的制度，并根据不同的发展阶段进行了改革。

一、日本社会保障制度历史沿革

日本在第二次世界大战前就存在诸如《恤救规则》（1874 年制定并实施）、《救护

① 杨贵言. 当代东亚问题研究简论. 北京：人民出版社，2004：275

② 杨贵言. 当代东亚问题研究简论. 北京：人民出版社，2004：257

法》（1929年制定，1932年实施）等救贫制度，以及《健康保险》（1922年制定，1927年实施）、《工人年金保险》（1941年制定，1942年实施）等社会保险制度，但这些并不存在完整的社会保障的概念，也不成体系。在日本，社会保障作为政府的一种政策体系发展起来是在第二次世界大战以后，战后日本的社会保障制度的发展过程大体上可以分为三个时期①。

1. 日本社会保障制度的初创期：1945～1957年

第二次世界大战后，在美国占领军的指导与监督下，日本进行了民主改革，为了救济战后处于贫穷状态的人们，美国占领军于1946年12月向日本政府提交了备忘录，提出四个原则：第一，国家的救济要无差别地、平等地进行；第二，国家有责任对生活贫困者实施保护；第三，这种责任不得向其他个人或团体转嫁；第四，用于救护的国家预算对于防止贫困是必要的，其预算必须十分充足，不得加以任何限制。上述四原则，是日本战败后公共扶助政策的最高原则。在此基础上，日本政府于1950年5月制定了《生活保护法》。《生活保护法》与《儿童福利法》（1947年）和《残疾人福利法》（1949年）的制定，确立了日本的“福利三法体制”②。这一时期在美国占领军当局的影响下，形成了第二次世界大战后日本社会福利的基本框架，其重点是生活保护，目的在于稳定战后不安定的社会秩序。1950年，日本“社会保障审议会”提交了《关于社会保险制度的劝告》，明确了社会保障制度包括社会保险、政府援助、社会福利和公共卫生等内容，具体实施制度包括收入保障、医疗保险和社会福利。日本现行的主要社会保障制度基本上是在该劝告的基础上进一步发展、完善的结果。

2. 日本社会保障制度的扩充期：20世纪50年代末至1973年

这一时期持续高速的经济增长为社会保障制度的发展提供了坚实的物质基础，日本社会保障的指导思想逐渐由上一时期的“救助”发展为“防贫”，并以解决“发展与社会保障脱节”问题为出发点，开始重视物质福利以外的福利设施、福利服务的建设。1958年通过的《国民健康保险法》、1959年通过的《国民年金法》使日本在60年代开始了国民皆保险、国民皆年金体制，实现了养老、医疗的全面覆盖。同时还制定了有关社会福利的法律，如1960年的《精神病患者福利法》、1963年的《老年福利法》、1964年的《母子福利法》等，这三项社会福利立法和第二次世界大战后初期的三项保障生存权的法律并称为“福利六法体制”。

到了20世纪70年代，由高速经济增长产生的弊端引起了重大的社会问题。日本政府在编制1973年预算时提出要提高国民福利待遇，把社会保障体制的完善作为政府面临的最重要的政策课题之一，日本历史上称这一年为“福利元年”。“福利元年”预算的基本内容由以下三个制度的新设、修改构成：其一是1972年6月制定、1973年1月实施的老人医疗费支付制度，该制度修改老人福利法，使70岁以上的老年人不再支付医疗保险费用，将原由个人负担的部分改由公费负担。这就从制度上把医疗保险与老人福利统一起来，并使其受到重视。人们将此称为“老人医疗免费化”。其二是1973年10

① 顾俊礼，田德文. 福利国家论析：以欧洲为背景的比较研究. 北京：经济管理出版社，2002：288，289

② 林闽钢. 现代社会保障. 北京：中国商业出版社，1997：156，157

月通过修改健康保险等被雇佣者医疗保险，把家属医疗费支付比率提高到70%，政府掌管健康保险的20%的费用由国库负担。其三，从1973年11月开始实现“五万日元年金”，并与物价挂钩。1973年2月，日本政府发表的《经济社会基本计划》把实现“充满活力的福利社会”的重点目标放在了创造优美的环境和确保人们富足、稳定的生活上。由此，日本开始走上福利国家之路。

3. 日本社会保障制度的政策转换期：20世纪70年代中后期至90年代末期①

在这一时期，日本以石油危机为转折点，开始对上一时期出现的社会保障制度朝西方福利国家模式发展的势头进行调整，日本政府开始强调个人、家庭以及企业、团体的作用，以减轻国家负担。1981年第二次临时委员会提出的咨询报告中提出，日本社会保障的方针是“今后应继续使家庭、社区、企业一直发挥重大作用的我国的这种特点发扬下去”，“对于真正需要援助的人提供温暖和充分的福利服务，同时对妨碍树立自立、自助精神和形成自我责任风气的过多参与严加抑制”。在这种思想的指导下，日本进一步明确了国家与民间团体、个人在社会保障方面的分工，强调国家的社会保障基本上限于民间机构难以提供的范围，进一步将社会保障的责任和实施委托给都道府县和市町村等地方政府，减轻国家的财政负担，提高了个人和企业交纳保险金和税金的额度。

年金制度是发达国家确保老人退休后基本所得的主要制度。1986年，为了维持年金制度的正常运转，确保老人所得，日本政府对“国民年金”做了根本性的改革，使之成为全体国民共同加入的“基础年金”。日本政府的“基础年金”的国家战略的实施，具有以下三大目的：一是确保年金制度的长期稳定；二是确保年金制度的公平性；三是确保妇女个人的“年金权”。1986年的“基础年金”的导入，是日本自第二次世界大战后年金制度的最大的改革。

日本的年金制度确立之前，日本老年人维持生活的方法，主要是靠家庭抚养。然而，随着日本产业结构的变化和家庭结构的变化，靠子女抚养已变得越来越困难。2007年，日本全国老年人家庭中，61.2%的家庭完全依靠年金生活。现在，年金制度是确保日本老人所得的主要制度。

进入20世纪80年代之后，日本政府对医疗保险体系做了重大的改革。其改革主要包括两大方面：一方面是对医疗保险的支付水准作调整。这增加了公司职工的个人负担，1984年“健康保险”等被保险者患病受诊时，保险的支付率由原来的100%降为90%，患者本人负担10%。而从1997年起，保险的支付率降为80%，患者本人负担20%。2003年，保险的支付率降为70%，患者本人负担为30%。此外，其还改善了高额医疗费支付制度，以减轻疾病患者家庭的高额负担。另一方面是，分散在“健康保险”“共济组合制度”“船员保险”“国民健康保险”中的70岁以上的高龄者，65岁以上的瘫痪老人的医疗费用统一通过“老人保健制度”支付。“老人保健制度”的费用由各个医疗保险制度共同分担。2008年，日本创立了“后期高龄者医疗制度（长寿医疗制度）”，该制度继承和发展了“老人保健制度”。2012年，“国民健康保险”的被保者约3 877万人。日本总人口中约三分之一的人口加入这一制度。日本政府国库负担了

① 钟家新．日本应对人口老龄化的社会保障改革及其对中国的启示．社会保障研究（京），2014，(1)

“国民健康保险”费用支出的50%。

虽然许多日本老人希望在家度过晚年，希望得到子女照顾。然而，只依靠家庭护理，已难以解决日益严重的老人护理的社会问题。由家庭护理走向社会护理已成为现实的需求。20世纪90年代之后，日本政府着手用社会保险的方式解决日益严重的老人护理问题。1995年起，厚生大臣的咨询机构“老人保健福利审议会”正式着手审议“介护保险制度（护理保险制度）”的内容。1997年12月，日本国会通过了《护理保险法》，2000年4月1日起实施。这是日本战败之后最大的社会保险立法和改革。

二、日本社会保障制度主要内容

经过第二次世界大战后数十年的发展，日本的社会保障制度已经构成内容广泛、复杂的体系，作为其具体实施的制度可分为收入保障、医疗保险和社会福利三大方面。特别是20世纪70年代中后期，日本政府不断对过去的社会保障立法进行修改，扩大了社会保障体系的范围，到90年代初，日本的社会保障体系已得到明显的加强和完善。在狭义上，它包括社会保险、社会福利、公共救助、公共卫生及医疗和老年保健五个部分。在广义上则需要涵盖战死者援助、“恩给”、住房等制度和失业政策。

首先，从组织形式上看，日本的社会保障制度大体可分为五类。第一类是政府设立的社会保险制度，如健康保险、国民健康保险、国民年金、厚生年金保险、失业及工伤事故保险、儿童津贴等，被保险人涉及全国各行各业和各个地区的国民。第二类是各具体行业或部门设立的带有互助会性质的保险制度，或称为共济组合，其保险人有政府各部门、地方政府或民间团体，如国家公务员共济组合、地方公务员共济组合、私立学校职员共济组合、农林渔业团体职员共济组合等。上述共济组合的保险制度往往自成体系，通常包括第一类保险制度的全部内容。第三类是特殊行业或为特殊人员设立的保险制度，如船员保险仅以水上作业人员为保险对象，其保险内容与陆地上在职人员的保险内容基本一致，但自成体系，并对死亡、失踪等特殊情况有特殊规定。第四类是基金制度，如国民年金基金制度、农民年金基金制度、厚生年金基金制度、煤矿业年金基金制度等，这些基金是专为某些行业退休人员在已有年金基础上增加特别给付而设立的，往往附设于某一保险制度中。第五类是政府设立的各种辅助性社会保障制度，包括社会福利制度、卫生保健制度、医疗药品制度、环境保护制度和各种抚恤金制度等。

其次，从具体制度上看，则主要是以医疗保险、养老保险、失业保险、工伤事故保险等社会保险制度和社会救济、社会福利制度为其主体①。

日本社会保障制度中的各种保险种类很多，下面以日本社会保障体制中的主体——医疗保险、养老保险、失业保险、工伤事故保险和儿童津贴制度来具体分析其制度内容。

1. 医疗保险

医疗保险是日本最早设立的保险制度，它一直覆盖到有10个以上雇员的私营企业，

---

① 张桂琳，彭润金，杨光，等. 七国社会保障制度研究：兼论我国社会保障制度建设. 北京：中国政法大学出版社，2005：132

立法依据是1922年通过的《雇员医疗保险法》。1927年，其覆盖范围已扩展到有5个以上雇员的私营企业，保险范围涉及生育、工伤和疾病保险。1938年颁布的《国民医疗保险法》是日本国民健康保险制度的开始，保险对象为非受雇人员，独立劳动者可按自愿原则获得医疗保险。现行立法是1958年的《国民健康保险法》和1986年的《健康保险法》[①]。

日本现行的医疗保险制度分为健康保险和国民健康保险两大部分。健康保险是一种职域型保险，与就业挂钩。国民健康保险是一种地域型保险，以不被雇佣的人为主要对象，如农民、小手工业者、退休人员。两种保险均由政府运作，属于公共健康保险性质。

医疗保险的特点是分立、制度之间的差别很大。国民健康保险的参加人数最多，其次为政府主管的健康保险、保险组合主管的健康保险等。其中，老龄者和低收入阶层占据相当大比例的国民健康保险的财政运作最为困难，国家财政补贴的大部分集中在国民健康保险，构成医疗保险金和国家财政混合运作的复杂结构。国民健康保险的保险对象分为两类：一类以农民以及家庭主妇、自由职业者等为主，归属于各个地方和基层的行政组织；另一类列入国民健康保险组合，是以医生、律师、美容师等为主，根据不同的行业构成全国性行业保险组织。国民健康保险以外的被雇佣者被纳入健康保险的系列，其中分为一般和特定两种类型，一般类型里面又分为政府掌管和保险组合掌管。政府掌管的部分主要是中小企业的被雇佣者，组合掌管的部分主要是大型企业的被雇佣者。特定类型基本依靠共济组合保险自身管理。市町村保险是一种地域型保险，主要以非正式就业的人员为主要对象。保险事务的管理由地方的派出机构负责[②]。日本医疗保险体系见图6-1。

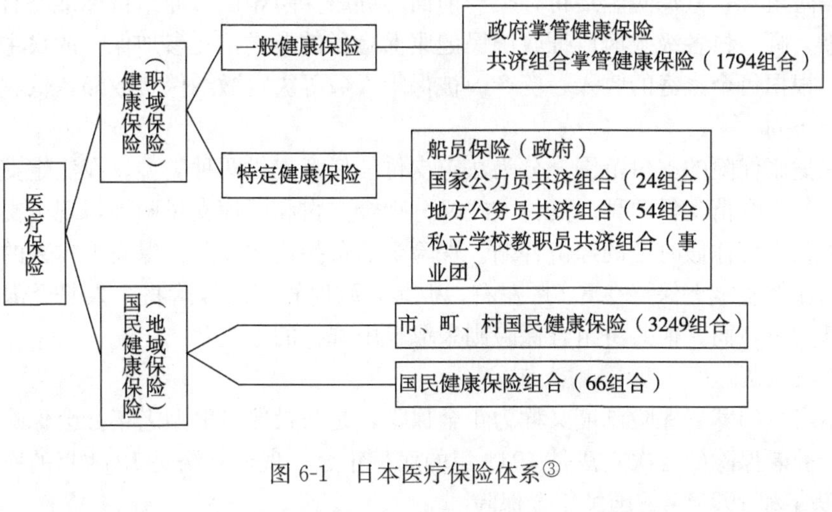

图6-1 日本医疗保险体系[③]

医疗保险费由国家、企业单位和个人共同承担。对于工薪收入者，每月交纳医疗保险费率约为工资收入的8.2%，单位和个人各负担一半。对于临时雇佣人员，保险费不

① 姜守明，耿亮. 西方社会保障制度概论. 北京：科学出版社，2002：210

② 沈洁. 日本社会保障制度的发展. 北京：中国劳动社会保障出版社，2004：133，134

③ 坂胁昭吉，等. 新版现代日本社会保障. 智慧女神出版社，2002；转引自沈洁. 日本社会保障制度的发展. 北京：中国劳动社会保障出版社，2004：134

按收入比例上交，而是按收入额分为1～13级，1级每日保险费额为130日元，13级为2 640日元。在单位和个人交纳的同时，政府根据险种的不同，适当地给予补贴。但对于老人保健医疗，只要被保险人符合国家有关规定，则个人不交纳任何费用，所需费用分别由保健医疗机构、中央机构、中央和都道府县、市町村按比例分担，其比例是70∶20∶5∶5[①]。

（1）健康保险。健康保险由两部分构成，如图6-1所示，分为一般健康保险和特定健康保险。其中一般健康保险占据主要地位，其又分为两部分：一部分是由政府掌管的健康保险，以中小企业职工为被保险对象；另一部分是由健康保险组合掌管的健康保险，以大企业职工为对象。健康保险组合在法律上属于公共法人，适用职工在700人以上的大企业或性质相同的企业集团，其职工总数在3 000人以上者，或在一个地区内拥有2家以上性质不同的子公司，其职工人数超过3 000人的综合性大企业，都被强制成立健康保险组合，这些健康保险组合与政府掌管的健康保险一起成为健康保险的保险人。

保险经费来源，政府掌管的健康保险的保险费率为工资的8.2%，由雇主和被保险人各负担一半，厚生大臣在经过医疗保险审议会审议后，可以在6.6%～9.1%范围内变更保险费率。健康保险组合的保险费率在3%～9.5%的幅度内由各组合自己决定，原则上雇主和被保险人各负担一半[②]。健康保险金的给付，按照被保险人月收入分成42个等级，最低一级为8万日元，最高一级为98万日元。

（2）国民健康保险。国民健康保险的保险人是市、町、村各级政府和企业建立的国民健康保险组合，其保险金给付种类与前面的健康保险相似，而给付标准略有差异。保险费由市、町、村各级政府以征收国民健康保险税的形式，让参加保险的户主或组合会员缴纳。根据每个家庭的收入、资产、被保险人数等决定缴纳保费数额，低收入家庭可减免40%～60%[③]。

国民健康保险的支付范围，分为法定支付和任意支付两种类型。在法定支付中又分为必须支付和酌情支付两种。支付方式又分现金支付和医疗支付两种，现金支付是指伤残休假以及生育休假时期的经济补贴。保险金的负担比例按照被保险者本人的年收入计算。缴纳比例基本上保持在8.5%左右。但是，政府管理的保险将个人奖金部分也计算在缴费基数里，而其他共济组合保险则采取自由选择的方法[④]。

2. 养老保险

日本实行的养老保险制度又称为年金保险，是与投保自助型老年社会保险相近的一种制度。养老保险的首次立法是1941年的雇员年金，现行立法是1944年的雇员年金保险、1959年和1985年的国民年金保险。

年金保险是日本社会保障项目的一种，由国家建立并运行，目的是向那些因年老、

---

① 张桂琳，彭润金，杨光，等. 七国社会保障制度研究：兼论我国社会保障制度建设. 北京：中国政法大学出版社，2005：133

② 郑秉文，方定友，史寒冰. 当代东亚国家、地区社会保障制度. 北京：法律出版社，2002：100

③ 郑秉文，方定友，史寒冰. 当代东亚国家、地区社会保障制度. 北京：法律出版社，2002：101

④ 沈洁. 日本社会保障制度的发展. 北京：中国劳动社会保障出版社，2004：135

残疾、死亡而失去收入保障的体力劳动者支付年金，以保障受保人或受保人遗属的生活。作为一项公共福利事业，年金保险是强制性的，几乎所有的企业都参加了保险。日本目前有六种年金保险制度：其一，国民年金（以 20～60 岁的全体国民为对象）；其二，厚生年金（未满 65 岁的一般劳动者）；其三，国家公务员共济组合；其四，地方公务员共济组合；其五，私立学校教职员共济组合；其六，农林渔业团体共济组合[①]。

（1）国民年金。1961 年日本实施《国民年金法》，凡是 20 岁以上、60 岁以下的国民，都有权而且必须参加不同的年金保险，并按月缴纳保险费，60 岁开始享受一定年限的年金（到 1994 年参加保险的上限年龄和领取全额年金的下限年龄，分别被推迟到 65 岁）。从此以后，几乎所有就业者都参加了某种形式的养老保险制度，从而开始推行国民皆年金这一制度。1985 年修改了《国民年金法》，对公共年金制度进行了全面的改革，到 1986 年 4 月，所有在职员工及其配偶也全部参加了国民年金制度。至此，国民年金制度发展成为向全体国民支付共同基础年金的全国一体化制度。

国民年金的保险对象包括 20～59 岁的日本国民以及在日本有住处的外国人，分强制加入者和任意加入者两类。根据加入形式及保险费用负担方式的不同，强制加入者可以划分为三种类型，任意加入者主要指在海外居住的 20～64 岁拥有日本国籍者（表 6-2）。

表 6-2 国民年金加入者种类

类别		适用范围
强制	第 1 号保险对象	个体经营者、个体经营者的妻子、学生等
	第 2 号保险对象	厚生年金及组合年金等入保者
	第 3 号保险对象	60 岁以上，海外居住日本国籍者（20～64 岁）
自愿	自愿加入者	60 岁以上，海外居住日本国际者（20～64 岁）

该制度对保险费的负担做了以下规定：第 1 号保险对象每月交纳 10 500 日元，第 2 号和第 3 号被保险人不用单独交纳保费，而从其所参加的各种年金中提取应给付的基础年金部分，特殊困难者可免交保费。第 1 号被保险人如果每月再多交 400 日元保费，则可在原年金给付额的基础上得到附加年金额。第 1 号被保险人和第 2 号被保险人中的 20 岁以上、60 岁以下者，每年的基础年金应给付的费用由被保险人按人头平均、公平负担，但第 2 号被保险人及其所抚养的配偶不需要另交保费，而是按其总人数从其参加的年金中统一收缴[②]。

（2）厚生年金。厚生年金，原称厚生年金保险，创设于 1942 年，起初称“职工年金保险”，1944 年改称为“厚生年金保险”，现在与国民年金制度一起构成日本养老保险制度的主体。参加该保险的企业职工，必须交纳保费 25 年以上。领取年金时间规定为男 65 岁，女 60 岁，65 岁以上的在职职工除外。不适合该保险条件的企业，如果有半数以上职工的同意，并得到都道府县知事（即负责人）批准，就可参加该保险。如企

① 顾俊礼，田德文. 福利国家论析：以欧洲为背景的比较研究. 北京：经济管理出版社，2002：291

② 郑秉文，方定友，史寒冰. 当代东亚国家、地区社会保障制度. 北京：法律出版社，2002：103，104

业未参加该保险，个别职工提出申请，经都道府县知事同意后，也能成为被保险人。

厚生年金的保费按投保者工资收入的一定比例上交，且由投保者本人和雇主分别分担 50%。1985 年，国民年金制度改为向全体国民支付基础年金制度后，厚生年金就作为养老年金的第二类保险而存在（第一类保险为基础年金部分），根据被保险人的收入数额按一定比例支付年金。由于雇佣劳动者的工资收入差别很大，厚生年金实行“标准收入制”，即将劳动者的每月工资收入分为 30 个等级，按等级缴费，并实行给付水平与缴费相挂钩。其中年金的给付分四种，即老人厚生年金、老人厚生年金特别给付金、残疾人厚生年金、遗属厚生年金。其给付额与物价一起波动，当物价指数上升到一定幅度时，给付金额也就随之提高。

1965 年，日本又创设了厚生年金基金制，试图对年金制度进行改进。1966 年，厚生年金基金开始实施，凡是得到内阁厚生大臣许可的特别法人、雇佣 500 人以上的企业，经劳资双方同意后都可成立该基金。其功能是由企业独自积累一部分资金以增加厚生年金的给付额。该基金的存在不仅适应了老人生活的多种需要，而且还补充了公共年金制度，发挥着对老人的终生保障作用①。

（3）共济年金制度。其又称为互助会退休金制度，最初实行于 1958 年，实施范围是国家公务员、地方公务员、国家直属企业雇员和公立大学教职员等。享受条件是强制个人投保，55 岁开始有权领取，投保 20 年者可以享受全额退休金。共济金制度同厚生年金制度可以看成是以在不同部门工作的被雇者为对象的两种并列的制度，在年金制度的实施基础上，有很多相似的地方，如交纳保费的计算基础，共济年金同厚生年金一样，都是按照月标准收入额计算，年金的计算基础也均为基础年金，共济金也需按规定将有关款项划入国民年金。

3. 失业保险

日本失业保险制度真正开始于 20 世纪 40 年代中后期。第二次世界大战后，日本被迫接受了民主化政策，制定了一系列保障劳动者生存权的相关法律，主要有明确工会地位的《劳动组合法》（1945 年 12 月）、处理劳资关系的《劳动关系法》（1946 年 9 月）、保护劳动者合法权益的《劳动基准法》（1947 年 4 月）、《劳动者灾害补偿保险法》（1947 年 4 月）、《职业安定法》（1947 年 11 月）和《失业保险法》（1947 年 11 月）。1975 年 4 月，《就业保险法》取代《失业保险法》，与失业保险的首次立法相比，《就业保险法》有一个显著不同，就是它适用于所有产业职工，从而实现了政策重点的根本转变，即实现了从消极对待失业向积极关注就业的转变②。

失业保险一般以企事业单位的劳动者为对象，以企事业为单位加入。除农林水产业中职工 5 人以下的个体经济企业为任意加入单位外，所有行业的所有企事业单位的劳动者均为强制加入对象。失业保险所需经费来源为保险对象和雇主共同承担的保险费及中央财政补贴。根据近 3 年来的事故率确定不同等级。分别按雇主支付工薪总额的 0.61%～4.9%交纳，不足部分由政府给以补贴。失业保险费按保险对象的不同分为一

---

① 郑秉文，方定友，史寒冰. 当代东亚国家、地区社会保障制度. 北京：法律出版社，2002：105

② 姜守明，耿亮. 西方社会保障制度概论. 北京：科学出版社，2002：212

般保险和印花保险费。一般保险费率在工资水平的12%～18%（根据行业不同），其中雇主承担失业的失业保险金和3项失业费总额占劳动者工资总额的7.5%～10%，雇员承担工资总额的4%～6.5%，印花保险费采取分级定额制，为日工资额的1.5%～2%①。

保险金的支付主要包括基本津贴、学习技能津贴、寄宿津贴、伤病津贴等。基本津贴是失业保险金的主要部分，按工资等级支付，一般为工资额的60%～80%，其支付期限原则上为职工离职后一年之内，根据职工年龄的不同可得到90～300天的失业保险金。2002年4月，失业保险费提高到占工资的12%，领取失业保险津贴的时间也从8个月减少到6个月，尽管如此，如何发放失业保险津贴和增加就业机会，仍成为日本政府一项重要的研究课题②。

4. 工伤事故保险

工伤事故保险，又称为意外劳动灾难保险。该项保险制度开始于1947年，又分为业务灾难保险和通勤灾难保险。前者为工作时间内引起的受伤、疾病、伤残和死亡等事故发生时的赔偿；后者为通勤途中引起的伤害、疾病、伤残和死亡等事故发生时的赔偿。其险种包括工人工伤事故保险、船员工伤事故保险、国家公务员工伤事故保险、地方公务员工伤事故保险等。

工伤事故保险属于雇主对雇员伤害的一种赔偿制度，保险费用原则上由企业负担，政府给予部分补贴。交纳标准按行业分为33个等级。对因工病伤者，享受不受时间限制直到病愈为止的免费医疗，并从第四天起可领取相当于其病伤前3个月平均日工资60%的病假补偿。对因工致残者，根据伤残等级予以补偿，全国分14个等级，可领取相应的残废年金和特别补偿金。对因工死亡的，对遗属发给一次性或年金性质的抚恤金，并负责死者的丧葬费③。

现行的工伤保险提高了《劳动基准法》规定的标准，扩大了雇主的赔偿责任，确立了国家对于工伤灾害的补偿责任，并实行长期疗养制度。以代替原来的有期限补偿制度，即对疗养补偿3年后仍未痊愈的受灾者一次性支付一笔补助金，而后停止继续补偿的制度；引进年金制度，把原来一次性支付为主的保险金支付体系，改为以支付各种年金为主的长期补偿体系；同时扩大了覆盖范围，提高支付标准，向工伤当事人长期支付残疾年金，并将补偿金与物价挂钩④。

5. 儿童津贴制度

日本的儿童津贴制度创设于1972年，实行的是雇主责任和援助相结合的双重保障制度。儿童津贴的资金来源是：在职职工的儿童津贴所需经费的70%由雇主交纳，国家负担20%，地方负担10%；非在职职工的儿童津贴费用，国家负担1/3，地方负担2/3。1971年日本政府首次颁布《儿童津贴法》，规定国家对每个家庭第三个及以后年

---

① 顾俊礼，田德文. 福利国家论析：以欧洲为背景的比较研究. 北京：经济管理出版社，2002：294

② 郑秉文，方定友，史寒冰. 当代东亚国家、地区社会保障制度. 北京：法律出版社，2002：108

③ 张桂琳，彭润金，杨光，等. 七国社会保障制度研究：兼论我国社会保障制度建设. 北京：中国政法大学出版社，2005：135

④ 姜守明，耿亮. 西方社会保障制度概论. 北京：科学出版社，2002：212，213

龄不满 6 岁的子女支付儿童津贴。1980 年、1985 年和 1991 年又几次修订《儿童津贴法》，规定家庭津贴的享受条件是，年收入低于 358.9 万日元的 4 口之家。20 世纪 90 年代以来，日本经济逐渐走下坡路，而社会福利开支却不断增加，家庭津贴制度也日益成为沉重的政府负担。目前，日本只对 3 岁以下的儿童实行津贴补助，每月的发放金额为，第一及第二个儿童各为5 000日元津贴，第三个为 10 000 日元。发放时间为 2 月、6 月、10 月①。

三、日本社会保障制度基本特点

与东亚其他国家相比，日本的社会保障体系建立得最早，发展得较为完善。虽然日本社会保障制度是模仿西方，特别是深受美国社会保障制度的影响而建立的，但其本身带有着鲜明的东亚福利体制特色，如政府注重个人、家庭在社会保障方面的作用，强调费用负担的全民化。因此，与发达国家相比，日本用于社会保障领域的国家财政支出比例较低，社会福利水平也低于西欧的国家。1951 年日本通过了《社会福利事业法》，由此确立了社会福利事业的宗旨、概念及种类，明确了有关社会福利事业的公私责任、合作领域和组织形式，规范了民间社会福利事业的性质、地位及财政基础。五十多年来，日本的社会保障制度在维护社会秩序、降低失业率、改善劳资关系方面发挥了巨大的作用。随着经济的恢复和高速发展，日本社会保障制度也在实施过程不断充实和完善，日本的社会保障主要特点表现在以下几个方面。

（1）管理方式多元化。日本的社会保障制度是按系统分散管理的，没有形成全国统一的管理体系，它可以简单地区分为政府、专业机构和社会团体三个管理层次。政府的职责主要集中于制定、实施、监督和落实社会保险的政策和方案，一般负责管理属于法定强制的社会保险；社会保险专业机构具体负责日常业务管理，而社会团体协助办理相关的社会保险事务。养老保险中的国民年金、私人企业厚生年金和船员保险、疾病与生育保险以及家庭津贴，均由厚生劳动省（简称厚生省）负责管理。养老保险中的私立学校教职员共济年金由文部省负责管理，而工伤保险与失业保险均由劳动省负责管理。实际上，政府对社会保障的管理主要体现为立法与监督，一般将具体事务交给健康保险局、社会保险局、儿童家庭事务局、职业保障局及地方社会保险机构等管理。

（2）年金制度走向一体化。日本的年金制度原来并不统一，除国民年金和厚生年金之外，还有各种共济组合的年金制度，各种年金制度之间因其历史、性质、资金来源的不同，给付水平也有差异。为了统一年金制度，日本于 1959 年制定了《国民年金法》，从 1961 年 4 月开始实施。根据该项法律，所有个体经营者（包括农民）以及无业人员都参加国民年金制度。这样，再加上厚生年金制度下的全体在职职工和各种共济组合制度下的就业人员，日本的全体国民都能享受某种年金待遇。为使年金制度更加合理，厚生省提出了建立基础年金制度的构想。其内容是：第一，设立全体国民共同固定的基础年金制度，从 65 岁起开始发放；第二，现行的国民年金、厚生年金、各种共济组合的

① 姜守明，耿亮．西方社会保障制度概论．北京：科学出版社，2002：213

年金制度继续予以保留，扣除基础年金应支付的费用后，其剩余部分作为附加年金给以支付；第三，将现行各种年金收取的保险费交给基础年金作为保险支付金，不足部分由国库承担。这就把现存的各种年金制度统一起来，全体国民都有平等的享用权。这既减少了矛盾，又降低了管理难度。1986年日本又进行了养老金制度的改革，把原先属于8个不同体系的养老金制度一元化，改为基本年金和厚生年金、共济年金等。虽然医疗制度中的国民健康保险在保险费的缴付方面有地区、家庭的差别，但在医疗费的支付方面完全相同。日本从1961年起实行该制度以来已有40多年。实践证明年金一体化制度已取得了成功。日本政府所推行的国民皆年金的目标已经实现。

（3）负担全民化。日本目前正在致力于完善全民保险制度，即保险费用由全体国民共同负担，家庭之间相互承担抚养义务，下一代人抚养上一代人。这样代代抚养，代代相传，以便迎接21世纪老龄化社会的到来。在日本的社会保障制度中，政府负担大部分保险费用，其次是企业再是个人。公共救助部分依据的是必要原则，由政府承担保证最低生活水平的责任；养老保险和医疗保险部分主要依据贡献原则，其社会保险资金来源采取受保人、雇主、政府三方分担的原则，其中政府责任占有较高比例。日本的社会保险资金主要包括保险费、公费和其他（如资产收入等），根据统计，保险费占57%（受保人26.9%，雇主30.1%），公费占31%（国库支出27%，其他公费4%），其他来源占12%。但在这其中，政府负担的费用，实际上是靠税收得来的。因此全民皆保险、全民皆年金制度实质是全体国民共同保障全体国民生活的社会保障制度[①]。

（4）保障自我化。日本社会保障制度强调劳动者个人的自我保护意识，鼓励个人为企业和社会努力工作，尽量依靠自身的努力和家庭的协助满足社会保障方面的需要。从20世纪60年代中后期开始，日本社会福利的各种制度日渐充实，70年代初达到了一个新的高度。但随后的经济危机和人口老龄化趋势使得日本加强了对社会福利政策的“福利重探论”，1975年，三木内阁则明确提出“终身设计计划”，批判了以往“天女散花式的福利”，强调“通过自身的努力而创造福利”。1979年版的《厚生白皮书》也提出要重视家庭的作用，认为日本传统的家庭形式（指老人与其子女的同居率较高和较高的同居意向）是日本社会“福利的潜藏资产”。1979年经济企划厅发表《新经济社会年计划》，进一步表明“我们的目标是实现这样一种福利社会，即以个人的自助努力和家庭、邻里及社区共同体的结合为基础，选择、创造出一条以高效率的政府重点保障公共福利的自由经济社会所具有的创造性活力为原动力的、我国独自的道路”。这种福利社会可称为日本型的新式福利社会。在这种思想的指导下，在社会保障费用方面，日本劳动者个人负担相对较多，业主和政府负担较小。例如，日本养老保险制度个人缴纳养老金时间长、个人负担高。现行的厚生养老保险费率为标准月工资的16.5%，煤矿工人和船员为18.3%，由投保者和企业各负担一半，也就是说个人负担月工资额的8%～9%，缴纳时间长达25年，为工业发达国家之最，同时发放养老金时间也从60岁逐步改革过渡到65岁。因此与国际水平相比，日本老龄者就业率也是非常之高的，据日本劳动省1996年所做的“老龄者就业实态调查”，日本55～69岁男性就业的主要理由是：“为了

① 郑秉文，方定友，史寒冰. 当代东亚国家、地区社会保障制度. 北京：法律出版社，2002：111-113

维护自己及家人的生活”，“为了提高生活水平”[①]。据此可以看出，让国民自己保障自身和家庭的形式仍是日本社会保障制度中的重要制度选择。

四、日本社会保障制度困境与改革

20世纪70年代中期以后，日本社会保障制度存在的问题逐渐显露出来，并呈现出日趋严重的趋势。这些问题有属于其自身结构方面的，也有属于其外部条件方面的，而人口老龄化、经济增长的减速及雇佣制度和家庭结构的变化等方面给日本的社会保障制度带来的压力最为沉重。

（1）少子化和人口老龄化。日本的社会保障制度之所以面临严峻考验，根本原因在于少子化和老龄化问题十分严重。据统计，2003年日本生育率为1.29人。为了建立可持续而又稳定的养老保险制度，同时确保用于支付养老金的财源，日本政府和执政党在国会通过了养老金制度改革相关法。这一法律是以1.3的生育率为前提来制定未来交纳养老保险费和支付养老金的标准的。如果失去决定未来人口数量的生育率这一前提，那么就无法保证年轻人能交纳足够的养老保险费来养活老年人。根据日本的人口普查结果，截至2000年，日本总人口是1.26亿人，其中65岁以上老年人多达2 200万人。日本有关机构推测，到2013年日本的老年人口将突破3 000万人，老年人占总人口的比率到2014年将由2000年的17.4%提高到25%以上，即4个人中就有一个老人。厚生劳动大臣坂口力指出，在老年人口增加、儿童人数减少的现状下，日本今后难以维持现行的养老保险制度。因此，少子化和老年化问题不仅将危及包括养老保险制度在内的社会保障制度，甚至有可能动摇日本社会的根基[②]。

另一方面，人口老龄化加重了劳动年龄人口的负担比重。人口老龄化进程加快与劳动年龄人口减少，意味着年金领取者增多，创造劳动产品的劳动就业者负担加重。产业结构变化，家庭结构和人口结构演变，农业人口减少，以及大城市雇佣劳动者人数增加，社会保障支出急剧攀升，这一切均给政府财政造成较大的压力。据社会保障厅调查，日本的养老金支出占国民收入的比重，已经由1980年的4.3%上升到2000年的12%。由于人口老龄化的冲击，如果社会保障金沿着目前的趋势持续上升，那么日本将出现经济增长率为零，甚至为负增长的消极局面。

社会保障发展与政府财政负担加重之间的矛盾。在社会保障制度不断发展的同时，政府对国民承担的责任越来越大，用于社会保障的财政负担也越来越重。其中养老保险和医疗保险是社会保障经费支出的两个主要方面。

首先，人口老龄化进程加快导致年金领取者增多。日本的标准养老金以1994年的价格计算，月领取金额为23万日元，相当于当时的劳动人口的平均月收入34万日元的68%，除了税金等费用外，纯年收入为劳动人口的62%，据厚生省的估计，到2015年的20年内，日本老年人口将增加1 150万人，而劳动人口将减少1 300万人。在这种情

① 顾俊礼，田德文. 福利国家论析：以欧洲为背景的比较研究. 北京：经济管理出版社，2002：301，302

② 吴谷丰. 日本：社会保障制度面临严峻考验. 新华网. http://www.xinhuanet.com，2004-08-23

况下，如果要使养老金标准维持在占劳动人口收入的 62%，保险费用的比率就必须从现在的 17.35%提高到 34.3%。保险费比率的提高意味着出生率下降和老龄化造成了负担的增加，这些负担转嫁到劳动人口的身上，明显地破坏了两代人之间的负担和收入的公平性，所以难度很大。因此，这已经难以维持 62%的标准。如果继续维持这一标准，将来的养老金必然面临着入不敷出的局面。

日本的养老保险制度主要由“国民养老金”、“厚生养老金”和“公务员共济养老金”等组成，目前，为了维持这三方面养老金的及时给付，厚生省下属特殊法人“养老资金运用基金”对由这三种养老金构成的公共养老金统一进行管理和投资运作，投资方式主要是购买日本政府和外国政府发行的国债，以及委托一些信托银行等投资机构在股市进行投资，所获利润用来支付养老金。该省 2003 年公布的养老基金投资运作数据表明，2002 财政年度养老基金的收益率为−8.46%，已连续三年出现赤字。截至 2003 年 3 月，养老基金亏损总额已高达60 617亿日元[①]。同时，缴纳保险费的人及交纳的保险费在减少，而领取养老金的人却在增加。2002 年，日本加入养老保险的人数为 7 000 万人，而领取养老金的人数有 1 800 万人，也就是说 4 人养活 1 个老人。

其次，人口老龄化造成国民患病比率和治疗比率上升，用于医疗保障的财政支出也必然增加。在 20 世纪 80 年代初期政府负担部分（医疗费的 40%、医疗费中 5%的调整付款、其他补贴及全部行政事务性开支）就已经占整个社会保障支出的 1/4[②]。据厚生省预测，包括医疗保险和养老保险在内，2025 年日本社会保障方面的总支出将由 2002 年的 86 万亿日元猛增到 152 万亿日元。由此可见，今后日本在社会保障方面的负担将越来越沉重，社会保障制度面临的考验将越来越严峻。

（2）经济增长缓慢对社会保障带来的压力。20 世纪 70 年代中期以后，以 1973 年的石油冲击及其引发的世界性经济危机为转折，日本经济增长即呈现出明显的减速甚至停滞之势。90 年代以来，由于“泡沫经济”的破灭，日本经济从 1991 年起又陷入了一场旷日持久的经济萧条，迄今仍未得以摆脱。1991 年 GNP 实际增长率为 3.4%，1992 年只有 0.8%，1993 年更只有 0.6%，1993 年至今，日本的经济增长率一直在极低的水平上徘徊，有时甚至出现负增长。尽管日本政府已数次出台复兴经济的方案，以增加财政支出来刺激经济的回升，但一直未能收到明显的效果。时至今日，仍处于萧条中的日本经济何日全面回升难以预料。但可以肯定的一点是，即使回升也绝难再现 20 世纪 60 年代至 70 年代中期以前的快速增长势头[③]。由于经济增长缓慢，导致国民经济总体规模难以迅速扩大，致使国家财政收入的增长速度相对放慢，增长规模相对缩小，从而严重削弱了社会保障得以扩展和完善的财政基础。

进入 20 世纪 70 年代中期以后，日本政府财政支出的增长速度已大为减慢。虽然财政支出有所削减，但日本政府负债始终保持在 GDP 的 1.5 倍左右的水平，政府机构每年耗费了巨额税收，庞大的政府资产更严重拖累了经济的健康增长。随着人口老龄化，

---

① 吴谷丰. 日本：社会保障制度面临严峻考验. 新华网，http://www.xinhuanet.com，2004-08-23

② 姜守明，耿亮. 西方社会保障制度概论. 北京：科学出版社，2002：215

③ 郑秉文，方定友，史寒冰. 当代东亚国家、地区社会保障制度. 北京：法律出版社，2002：136，137

养老金等社会保障支出占年度财政预算的主要部分。如何确保养老金财源已成为日本政府当前面临的最严峻的问题之一。

（3）雇佣制度和家庭结构的变化。在日本三代同堂也曾经是一般的家庭模式，由于产业结构的改变、自营业者的减少和雇佣劳动增加以及城市化的发展，与子女一起同居的老年人比例越来越少，2000 年达到 49.1%，今后随着生育率的进一步降低，同居率会进一步降低。此外，随着妇女自立意愿的不断高涨和雇用环境的改善，妇女就职率也在上升。特别是已婚妇女的就职率显著地上升，2000 年，日本女性劳动者中已婚妇女所占的比例上升到了 57%，随着这种情况的出现，也就产生了家庭内的老年人看护和孩子养育方面的困难，这也成了社会保障制度所面临的难题。目前，有关老年人介护和妇女生育问题也转到了社会保障支持的社会结构之中①。

对于社会保障制度的调整和改革，在日本一直持续着。近几年来，日本经济持续低迷，甚至是零增长、负增长，社会保障也因此受到很大的打击，这也促使了日本政府深化对该制度的改革。这场改革是以养老保险和医疗保险的改革为核心，辅以社会服务和失业改革进行的。

（1）养老金制度的改革。2000 年 3 月，日本国会众议院通过了《厚生养老金保险法》《国民养老金法》，厚生省也制定了《养老金制度改革方案》，修改了交纳、领取养老金方面的政策。这些法律、政策从 2000 年 4 月起分项目、分阶段开始实行。这类政策的目的是加大政府对社会保障费用承担的比例、降低企业负担，将企业承担的 35% 的养老保险率减少到 25%。对于政府的社会保障费用负担，主要是从增加政府投入、开源和节流这三个方面着手应对。

第一，增加财政对国民养老金的投入。随着老年人口的增多，寿命的延长，日本各项保险费用越来越成为企业的沉重负担，特别是历史比较悠久的大企业更不堪重负。根据 2001 年 5 月 19 日《朝日新闻》公布的结果，日本的几大老企业，如丰田汽车公司、松下电器、新日本制铁公司等，2000 年承担的退休人员的保险费已占全体职工费用的 35%，包袱沉重，不但极大地影响了企业的发展，而且影响在职职工的劳动欲望。为此，政府在征收社会福利税的同时，加大对社会保障费用承担的比例，将企业承担的 35%的养老保险率减少到 25%，减少的由政府承担，一举改变了实行很长时间的政府、企业、个人各自承担三分之一的三足鼎立制度。预计今后社会保障费用，政府财政将负担二分之一，其余的二分之一由企业、个人各承担一半②。

第二，增开财源。首先，现在的厚生养老金制度计算保险金交纳基数时，只以基本工资为准，不包括年中、年末奖金收入。而日本的工资收入一般分为基本工资和奖金两大部分，其中一些企业职工的奖金相当于 6 个月的工资。而从 2003 年开始，日本将按月工资收取养老保险费改为按年收入收取，奖金部分也纳入保险金交纳的基数之中。其次，设立青年学生保险费补交制度。《国民年金法》规定，原来没有收入的 20 岁以上的青年学生可减免养老金保险费，现在改为必须参加国民养老保险，但许多 20 岁的青年

---

① 杨栋梁，沈士仓. 日本社会保障体系的特点及现存问题探析. 日本研究，2002，(3)

② 祁峰，刘海军. 日本的社会保障制度及改革走向. 经济纵横，2002，(10)

正在求学，就业的人数比较少，这意味着养老金交纳的任务落在了父母头上，引起日本国民的极大不满，拒交现象非常严重。为此，日本政府出台了折中方案，推行缓交政策，允许就业后 10 年内补交。最后，提高养老金支付开始年龄和推进老年人口的就业。日本《劳动基准法》规定退休年龄为 60 岁，将退休年龄推迟到 65 岁的社会政策已经制定并逐步得到了执行。原因在于：一是弥补因少子化造成的社会劳动力的不足；二是进一步扩大社会保障的覆盖面；三是满足老龄者就业的愿望等。此外，失业保险方面，根据 1994 年的改革，以 60 岁为时点，对从 60 岁到不足 65 岁的工资低于 60 岁时点工资的劳动者进行工资补助。

第三，在节流方面，大力调整保险金的支付方法。首先，新法律将报酬年金部分削减 5%。其次，把开始领取养老金的年龄从目前的 60 岁逐步提高到 65 岁，男性从 2013 年起至 2025 年完成过渡，女性从 2018 年起至 2030 年完成。再次，将取消对养老金基金运作规模的限制，可以将养老金基金在资金市场上自主投资，并允许企业以股票实物向厚生养老基金出资等。同时，适当减轻企业的负担，征收社会福利税，将企业承担的 35%的养老保险负担率减到 25%，并拟增收工资税以调整新老企业之间负担不均衡问题①。最后，控制养老金的支付额。日本是全世界有名的长寿国家，医疗的发达使日本的健康老人逐年增加，虽已进入 60 岁、65 岁，但身体仍然健康，继续工作的老人大有人在。现行规定，60 岁的老人退休之后就可领取养老金，同时停止交纳各项保险金。退休之后还工作的老人实际上拿到双份工资，引起日本中青年人强烈不满，政府开始解决这个问题，具体做法是：仍在工作的 65～70 岁的老人，如其工资收入超过养老保险金，保险金的支付要减少，其目的就是缩小工作的老人和中青年人之间收入与负担不平等的差距。2002 年 4 月开始执行这项新的制度②。

（2）医疗保险的改革。日本医疗保险制度的改革遵循三项原则：进一步提高医疗保险的质量，保持范围广泛的覆盖面，有效地提供医疗保健服务。

自 1997 年 6 月起，日本开始了代际负担合理、保持医疗保险制度稳定的改革。为了缓解医疗保险金不足的危机，这次改革提高了个人负担医疗费用的比例，私人和公共部门工作雇员的负担从 10%提高到 20%，针对小企业工人的雇员健康保险中雇主与工人共同负担的缴费率由 8.2%提高到了 8.5%。为控制所支付医疗费用的增长，日本根据医院的功能和疾病的特征确定付费，把原来实行的“按服务付费制度”与“定额付费制度”结合起来。同时，日本还改革药品定价制度，相应降低了药价的基准。改革国民健康保险制度，统一药品价格和医疗收费标准。并按等级划分医疗机构，以确保医疗保险的顺利实施。

为提高医疗服务的质量，日本政府提倡医疗服务机构信息公开，以使病人更容易了解医疗服务机构及其提供的医疗服务的情况。同时成立独立的评估机构对医院成绩进行评估，2000 年就有 318 家医院参与评估，这些被评估的医院的名字可以登记在厚生省

---

① 张桂琳，彭润金，杨光，等. 七国社会保障制度研究：兼论我国社会保障制度建设. 北京：中国政法大学出版社，2005：148

② 祁峰，刘海军. 日本的社会保障制度及改革走向. 经济纵横，2002，(10)

的网站上，为病人选择医疗服务机构提供更好的依据①。

由上可以看出，医疗保险的改革目的是保持社会保险费用的收入与支出之间的综合平衡。提倡互助与自助，发挥各方面的积极性，把社会保障的负担从中央政府转向地方政府、个人及保险者。

（3）设立了老年人介护保险制度。日本社会保障体系中新增加的引人注目的政策是老年人的介护对策，1989 年开始制定“老龄者保健福利推进 10 年战略”，规划了 1990～1999 年 10 年间有关老年人设施和服务的计划。同时，以介护的社会化为目标，1997 年制定了《护理保险法》，并于 2000 年 4 月开始实施②。《护理保险法》规定，年满 40 岁以上的人都要加入护理保险，缴纳保险费，一旦因卧床不起、痴呆等原因需要护理时，可得到护理服务。提供的服务主要包括居家服务，即被保险人大部分时间住在自己家里接受护理、洗浴、居家疗养指导、日托管理、康复等项业务；还有设施服务，指被保险人入住到各种福利设施的服务，它包括养护老人之家、疗养型病床、老人保健设施等。在费用方面，被保险人接受护理保险服务，自己负担全部费用的 1/10，其余 9/10 的费用由护理保险负担。护理保险费一半是被保险人交纳的保险费，一半是公费负担。公费负担的部分，由国家出 50%，都道府县和市町村各出 25%。护理保险制度的建立，被日本称为社会保障改革的第一步，它不但减轻家庭负担，而且为日本产业提供了巨大的商机，形成老年人护理产业。它标志着日本社会保险模式由政府主导型向社会主导型转变。当然也有不足之处，如护理标准不明确，不同地区保障费相差较大，基础建设还有待于加强等③。

（4）失业保险制度的改革。通过加强人力资源开发、促进充分就业以保证其成为事前预防功能很强的主动型雇佣保险制度。

第一，注重开发人力资源。日本失业保险制度的每一次调整与改革，都是把建立职业培训机构、加强职业培训指导、开发人力资源作为预防失业和促进就业的重要举措。尤其近年来，日本特别重视培训，提高职工技能。法律规定对给职工带薪教育培训、休假及进行企业内外培训的雇主加以资助。对比较困难的企业，为鼓励企业支持员工培训，国家也给予补助。日本特别重视对中、高年白领阶层失业者的援助，规定失业者可以在职业介绍所许可的前提下，自由选择培训学校，政府报销学费。日本企业也非常重视利用多种形式进行智力投资和能力开发，不断更新职工知识结构，提高其技术水平。日本的大公司一般都设有专门的教育机构，越来越多的日本企业开办企业内的短期大学。对市场的激烈变化，日本企业一般不会解雇职员，而是积极培训他们，达到转行的效果。

第二，充分就业，促进就业。充分就业是日本社会稳定和发展的重要因素。由于经济不景气，失业人数增多，政府特别重视这个问题，都把实现充分就业作为主要的政策目标。为实现这个目的，日本实行促进就业补助政策，即重新就业补助、就业准备补

---

① 张桂琳，彭润金，杨光，等. 七国社会保障制度研究：兼论我国社会保障制度建设. 北京：中国政法大学出版社，2005：148

② 杨栋梁，沈士仓. 日本社会保障体系的特点及现存问题探析. 日本研究，2002，(3)

③ 祁峰，刘海军. 日本的社会保障制度及改革走向. 经济纵横，2002，(10)

助。对很难被企业连续雇用的60～64岁的老龄者给予补助，被同一业主连续雇佣时，支付“老龄连续雇佣补助费”。因抚育子女、护理家中病人而中止工作者，可领取其工资25%的补助费①。

第三节 韩国社会保障制度

1945年，韩国从日本殖民统治下获得解放。之后，经过三年的美国军政时期，于1948年成立大韩民国政府。20世纪60年代开始进行工业化，实现了经济的持续高速增长，从贫穷落后的国家开始发展成为新兴工业化国家。在这一过程中，韩国的经济和社会发生了很大变化，社会保障制度也从无到有，建立了基本的框架。

一、韩国社会保障制度历史沿革

韩国社会保障制度经过多年的发展，至今已经形成了较为完备的体系。韩国社会保障制度的发展历程大致可划分为以下四个主要阶段。

1. 以救济为主的时期：1945～1959年

这一时期韩国主要靠美国的经济援助，特别是三年战争造成了大量难民急需救济。但是，当时韩国政府没有力量，只能以民间慈善团体，特别是外国援助团体的救济为主。

这一时期，一直沿用的基本上是1944年日本在朝鲜颁布的《朝鲜救护令》。《朝鲜救护令》是日本将1932年开始在日本实行的《救护法》搬到朝鲜的。1945～1948年，美军政时期，美军政当局忙于收拾解放后的社会混乱局面，无暇顾及经济和社会福利等问题。美军政当局发表的有关公共救济的文件只有一个，即1946年1月发布的行政照会，基本上沿袭了《朝鲜救护令》，行政照会规定的救济对象是在无家属、亲戚的贫困者和不能就业的贫困者以及除公共设施外无去处的贫困者中，65岁以上的老年人、13岁以下的儿童、养育6岁以下儿童的妇女及慢性病患者、孕妇、残疾人②。

这一时期，政府制定的有关社会保障方面的法律有：《未成年者劳动保护法》（1947年）和《勤劳基准法》（1953年）。《勤劳基准法》规定了退休制度，让企业和雇主负担工人福利的一部分。

2. 以社会福利为主的时期：20世纪60年代

20世纪60年代韩国经济处于起飞的准备期，此时的韩国社会保障制度体系初见端倪。朴正熙政府在《宪法》里明确规定了国民的生存权（第30条第1款）和福利国家义务（第30条第2款），并制定了《生活保护法》（1961年）、《儿童福利法》（1961年）、《灾害救护法》（1962年）以及《公务员年金法》（1960年）、《医疗保险法》（1963年）等10多部相关的法律。这一时期为有关社会福利的法律大量形成时期。

---

① 祁峰，刘海军. 日本的社会保障制度及改革走向. 经济纵横，2002，(10)

② 郑秉文，方定友，史寒冰. 当代东亚国家、地区社会保障制度. 北京：法律出版社，2002：155，156

从 1962 年实行第一个经济开发五年计划开始，韩国政府就明确提出“先增长后分配”的政策，认为贫困的原因是由于战争、殖民地剥削和天然资源匮乏，消除贫困只有靠发展经济，提高收入，至于社会福利，靠传统的家庭关系和互助要比国家的救贫政策更加道德和优越。

从这一时期制定的法律来看，政府为建立社会保障制度做了努力，但它首先是为了巩固政权的政治需要，而且由于经济发展优先和国家财政有限，付诸实施的很少。这一时期的社会保障政策主要针对公务员和军人，施行的主要是救济和抚恤方面，如对受灾的贫困阶层采取事后措施，对有限的孤儿院、母子院、婴儿院、养老院补贴营运费、供给粮食等。

3. 以社会救助为主的时期：20 世纪 70 年代

这一时期，韩国的经济步入起飞阶段，两极分化开始加剧，政府的社会保障政策也因此有所调整，超出救济和抚恤阶段。一方面提高社会弱势群体的生活欲望，使他们能够自力更生；另一方面预防和保护一般家庭因意外事故和灾难而成为救护对象。为此，制定了《社会福利事业法》（1970 年）、《国民福利年金法》（1973 年）、《国民福利年金特别会计法》（1973 年）。原计划从 1974 年开始实施的国民福利年金制度由于石油危机而不得不推迟。政府还于 1976 年 12 月全面修改 1963 年制定的《医疗保险法》，准备实行全民医保。但是施行令迟迟未颁布，医疗保险只能停留于试验阶段。

韩国正式提出社会保障是在第三个五年计划（1972～1976 年）期间。虽然出台了一系列的法律法规，但是并不是出于建立社会保障的目的，社会保障审议委员会的各种主张和建议也从未反映到制订经济开发计划的部门。受一些发达国家高福利危机的影响，韩国政府认为经济发展优先的时期不宜过早实行医疗保险。这一时期，一些重要的社会保障制度都未得到全面施行。

4. 以社会保险为主的时期：20 世纪 80 年代开始

经过 20 年的经济高速增长，韩国国力有较大增强，但是由于实行“先增长后分配”政策，出现了收入分配扭曲、两极分化严重等现象。因此，20 世纪 80 年代初，韩国政府提出了新的国政目标：建设福利社会、建立正义社会、革新教育和繁荣文化，并且调整经济和社会方面的相关政策。1980 年制定了《第五共和国宪法》，在国民的权利和义务中增加了追求幸福权、适当工资请求权、社会福利权、环境权等，特别是在经济条款中规定保护社会的弱者。在社会保障方面制定了社会福利事业基金法、身心障碍者福利法，修改了《儿童福利法》和《生活保护法》。80 年代中期韩国工人大罢工，要求经济民主，提高工资。1987 年开始，社会保障制度的实行出现了转机，先后落实了全民医疗保险、国民年金和最低工资制度三项社会保障制度。此外，政府还为实行社会保障制度采取了一系列的措施，如通过地方自治法把地域福利提上日程，增加对残疾人的关心，配备社会福利事业的专职人员等。从而社会保障政策从与市场经济原则对立的领域变成了与政治、经济不可分割的关系。

韩国政府制定的《最低工资法》（1986 年）从 1988 年 1 月开始施行，并于 1993 年制定《雇佣保险法》，从 1995 年开始实行。《雇佣保险法》的范围比失业保险广，包括预防失业、促成就业、改善雇佣结构和能力开发事业等。到 1995 年 7 月，韩国除儿童津贴外，有关社会保障的核心制度已全部建立。在经历亚洲金融危机之后，韩国除了将社会保障纳入政府发展策略，还吸取了西方发达国家的教训，尽量避免“高福利”政策的沉重代价，摸索推行“韩国式福利经济模式”①。但由于这些社会保障制度是在短时间内建立的，没有中长期基本构想，各项制度本身或者制度之间还存在许多问题。

二、韩国社会保障制度主要内容

韩国的社会保障体系包括社会保险、公共救助和社会福利服务三部分，以社会保险为中心。其中，社会保险包括年金保险、医疗保险、产业灾害补偿保险（简称产灾保险）和雇佣保险；公共救助包括生活保护、有功人员保护和灾害救助；社会福利服务包括老年人福利、残疾人福利、儿童福利、妇女福利、流浪者福利等。社会福利以特殊阶层为对象，服务方式分为设施服务和在家服务（表 6-3）。

表 6-3 韩国社会保障体系

<table>
<tr><th colspan="3">类别</th><th>施行年度</th><th>主管单位</th></tr>
<tr><td rowspan="4">社会保险</td><td>医疗保险</td><td>a. 企事业
b. 公务员、教员
c. 地域</td><td>a. 1977
b. 1979
c. 1988（农村）
1989（城市）</td><td>a. ～c. 保健社会部医疗保险局
a. ,c. 医疗保险联合会——医疗保险组合
b. 公务员及私立教员医疗保险管理公团——市、道支部</td></tr>
<tr><td>年金保险</td><td>a. 公务员
b. 军人
c. 私立教职员
d. 国民年金</td><td>a. 1960
b. 1960
c. 1975
d. 1988</td><td>a. 总务处（公务员年金管理公团）
b. 国防部（财政局）
c. 教育部（私立教职员年金管理公团）
d. 保健社会部（国民年金管理公团）</td></tr>
<tr><td colspan="2">产灾保险</td><td>1964</td><td>劳动部（劳动福利公团）</td></tr>
<tr><td colspan="2">雇佣保险</td><td>1995</td><td>劳动部（职业安定局）</td></tr>
<tr><td>公共救助</td><td colspan="2">a. 生活保护
b. 有功人员保护
c. 灾害救护</td><td>a. 1961
1960（居宅）
1983（自救）
1977（医疗）
b. 1961
c. 1962</td><td>a. ,c. 保健社会部（社会福利审议官室，家庭福利审议官室）——内务部地方组织
b. 国家报勋处</td></tr>
<tr><td>社会福利服务</td><td colspan="2">a. 老年人福利
b. 妇女福利
c. 儿童福利
d. 身心障碍者福利
e. 流浪人保护</td><td>a. 1961
b. 1961
c. 1961
d. 1981
e. 1982</td><td>a. ～e. 保健社会部（社会局、家庭福利局）——内务部地方组织</td></tr>
</table>

注：道为韩国行政单位，相当于省

资料来源：郑秉文，方定友，史寒冰. 当代东亚国家、地区社会保障制度. 北京：法律出版社，2002：150

① 胡运生，陈洁. 韩国社会保障制度的发展及其启示. 世界经济情况，2000，(17)

1. 社会保险

韩国社会保险目前有医疗保险、年金保险、产灾保险和雇佣保险。这些险种实行的时期不同，各有各的管理机构，相互之间没有什么联系，较为分散和重复。

（1）医疗保险。韩国早在 1963 年就制定了《医疗保险法》，但因条件不具备，1977 年才开始部分实行，1989 年 7 月全面实行。1973 年制定了《公务员及私立教职员医疗保险法》（以下简称《公教医疗保险》），1979 年开始实行。

韩国的医疗保险按职业和居住地分为三类，即单位医疗保险、地域医疗保险和公教医疗保险。单位医疗保险对象为雇佣 5 人以上的企事业单位；地域医疗保险对象分为农村地区和城市地区，雇佣 5 人以下的小企业工人亦可加入该保险；公教医疗保险对象分为公务员（包括国立学校教职员）和私立学校教职员。

医疗保险由保健社会部医疗保险局统一管理。公教医疗保险采取管理公团方式，由公教医疗保险管理公团管理，市、道设管理公团支部。单位医疗保险和地域医疗保险采取组合方式，中央设有医疗保险联合会，单位和地域成立医疗保险组合。单位组合根据单位的大小可以是一个单位，也可以是两个以上的单位；地域组合以市、郡、区为单位，要有 500 人以上投保者。1996 年，单位组合有 145 个，地域组合有 227 个，各组合实行独立的保险财政。各医疗保险组合收取投保人的医疗保险费，医疗费支付给为投保人进行医疗服务的医疗单位（投保人负担一部分）。医疗保险联合会的职能主要有：第一，对各医疗保险组合的工作进行指导；第二，建立和管理医疗设施和福利设施；第三，统一指定医疗单位；第四，对医疗费进行审核等。

政府在实行医疗保险的同时建立新的医疗服务体系，将全国划分为中、大、全国三个医疗圈，提倡就地求医，由就近医院转院可以到其他医院就医。如果违反此规定，医疗费全部由本人负担。

韩国医疗保险收入主要靠投保人缴纳的医疗保险费，国库补助和利息收入等作为补充。单位医疗保险和公教医疗保险的保险费为个人工资额的 3%～8%，由单位和个人各分担一半；地域医疗保险组合的保险费按投保者的收入、财产、家庭人口等实行定额制，全部由投保者负担。

医疗保险的给付分为法定给付和附加给付，前者为医疗、分娩、体检等费用，后者分为丧葬费及分娩津贴以及本人负担的补贴（本人负担超过规定时给予补贴）。医疗必须在指定医院，限于投保者及其抚养者，分娩保险限于本人及其配偶。医药费的一部分由患者负担，法定比率是由门诊负担 30%～55%，住院负担 20%，但挂专家号、超过规定等级等，本人负担一般为 50%。本人负担最重的是非给付部分。韩国医疗保险投保者的总诊疗费负担部分占 52%，39.6%是非给付部分，因此成为提高给付水平的核心问题。

公教医疗保险和单位医疗保险的财政状况较好，近年来保险基金继续增加。而地域医疗保险虽然每年有数千亿韩元的国库支援，而且高额诊疗费和老年医疗费的一部分通过财政调节来补贴，暂时避免了财政赤字，但是仍然吃紧。国库补助金的逐年增加占了保健社区部预算支出的相当部分，这主要是因为农村地区居民的医疗需求上升太快。

（2）年金保险。韩国的年金保险从 20 世纪 60 年代开始先后制定《公务员年金法》

(1960年)、《军人年金法》(1963年)、《私立学校教员年金法》(1973年)和《国民福利年金法》(1973年)。《国民福利年金法》于1986年改名为《国民年金法》，1988年开始施行。

年金制度是韩国社会保障制度的重要组成部分，它分为国民年金和职业年金两大类。其中，国民年金以18～60岁的一般国民为对象，包括私人雇员、城市自雇者和农渔民，上述人员的无收入配偶可自愿加入；职业年金则适用于公务员、军人和私立学校教职员。它们分属于不同部门管理。韩国还制定了“船员保险法”，但未实行，船员的医疗保障和收入保障参照《国民年金法》。国民年金的基层业务由设在各邑、面事务所的地域医疗保险组合职员负责。职员年金和国民年金给付的种类和内容基本相同，但给付算式及水平有很大差别。

公务员年金制度于1960年开始施行，适用于国家公务员、地方公务员以及遗属，由公务员交纳工资额的5.5％（工龄超过33年就不再交纳），国家或地方政府负担公务员工资额的5.5％及灾害补偿负担金。年金给付分短期和长期共18种，长期包括退休年金、残疾年金、遗属年金等，短期包括残病补偿金、遗属补偿金、公务上的疗养费等。

军人年金和军人保险。军人年金以军官和长期服役的士官为对象，1960年作为公务员年金的一部分开始，1963年根据《军人年金法》从公务员年金分离出来成立独立的年金。投保者交纳工资额的5.5％（军龄超过33年不再交纳），国家负担投保者工资的5.5％和运营费、灾害补偿负担金和给付亏损金。年金给付共14种，包括退役年金、退役一次性给付、伤残及遗属年金等。

《私立学校教职员年金法》于1973年制定，1975年开始施行。教职员按工资额的5.5％缴费，学校交纳教职员工资额的3.5％，国家负担教职员工资额的2％及运营费。年金的给付与公务员年金一样。

国民年金制度是韩国收入保障制度的核心。韩国早在1973年12月就制定了《国民福利年金法》，但未能付诸实施。1986年改为《国民年金法》，从1988年1月开始实施。国民年金制度以18～60岁的一般国民为对象，分为单位加入者和地域加入者。单位加入者原规定指雇佣10人以上的单位，1995年扩大到雇佣5人以上的单位，是强制性的。地域加入者1995年7月扩大到农村地区，1999年扩大到城市自营职业者。农民加入国民年金保险，分为当然适用对象和任意使用对象。当然适用对象分3种：当然加入者为23岁以上60岁以下有收入者；本人申请地域加入者为18岁以上23岁以下农村自营业者；特别适用地域加入者为60岁以上65岁以下农民。任意使用对象为当然适用对象中的加入者和其他公共年金加入者的配偶而不从事其他收入活动者。

国民年金的保险费从1988年开始每5年调整1次，原则上一切费用由加入者负担。雇佣5人以上单位的保险费由雇主和被雇者各负担一半，农民则考虑其负担能力，由国库支援一部分，支援额为最低保险费6 600韩元的1/3，即支援2 200韩元。国民年金给付主要用于老龄年金、残疾年金、遗属年金及一次性偿还金。老龄年金为期20年，男60岁、女55岁开始发放直到死亡，属于终身年金。遗属年金和残疾年金则根据加入时间和残疾程度，按老龄年金的一定比率发放。年金给付包括基本年金额和增发年金额。

基本年金额是对年金加入者个人交纳的国民年金的给付，增发年金额是对年金加入者的配偶或子女及父母的给付。截止到 2003 年，韩国国民年金总征缴率达到 97.1%。其中，正规企业为 99.2%，非正规企业为 76.5%，农渔村地区劳动者为 71.1%，自愿参加者为 100%。每年的总缴费额约 200 000 亿韩元，支出额为 130 470 亿韩元（1 美元约折合 1 250 韩元）。其中，125 050 亿韩元为年金支出，5 420 亿韩元为公团业务费支出。共有结余基金 736 620 亿韩元，除留部分准备金外，606 150 亿韩元用于投资运营，投资方向为：由政府财政担保的公共投资占 56.9%，金融投资占 41.9%，社会福利设施投资占 1.2%①。由于韩国进入全体国民年金时代的时间不太长，目前领取国民年金的数量还不多，国民年金还是收大于支，运营状况良好，2002 年，韩国国民年金在国际上被认为是运行最好的资金。

韩国国民年金的管理分为两部分：行政立法和监督工作由卫生福利部年金保险局负责；经办工作则由国民年金管理公团负责。年金管理公团隶属于卫生福利部，但不是政府机关，具有独立的法人资格，负责国民年金的收缴和发放。年金管理公团实行垂直管理，在全国设有 74 个地方派出机构和区域性派出机构，称为分社和支社，其领导人由公团任命，定期轮换。公团所需业务经费，50%来自政府财政预算，其余从基金中提取。此外，卫生福利部还设有 4 个非常设机构，均由政府代表、参保人代表、雇主代表和工会代表组成，即国民年金基金运营委员会、国民年金基金运营评审委员会、国民年金协会和国民年金复审委员会。其中，国民年金基金运营委员会负责研究确定基金运营的有关政策、办法，对基金管理情况进行监督。委员会由包括主席在内的 21 人组成，主席由卫生福利部部长担任。国民年金基金运营评审委员会负责对基金资产管理、运营情况进行评估。由包括主席在内的 21 人组成，主席由卫生与福利部副部长担任。国民年金协会负责就国民年金制度及重要政策向卫生福利部长提出意见和建议。协会由 20 人组成，设主席 1 名，由卫生福利部副部长担任，雇员代表 4 名，雇主代表 4 名，个体劳动者代表 6 名，国民年金方面的专家 5 名。国民年金复审委员会负责对参保人反映的问题或提出的请求进行调查，对国民年金管理公团所属的上诉委员会对一些问题做出的裁定进行复审。

韩国国民年金施行的比较晚，目前是基金形成时期。1995 年，基金累计已过 14 万亿韩元，到开始给付老龄年金的 2008 年，累计额达 200 万亿韩元，2020 年仍将收大于支，累计额将达 500 万亿韩元，但 2021 年开始将支大于收，到 2029 年将完全枯竭②。

目前，韩国年金保险有 4 种，由各部门分头管理，各有各的问题，特别是职域年金的给付相对优厚，与国民年金的差距较大。此外，还存在着退休金与国民年金的关系问题，年金保险与医疗保险、产灾保险的关系问题，都有待解决。

（3）产灾保险。产灾保险是韩国最早的普遍适用的社会保险。原来只是《勤劳基准法》（1953 年）的一部分，1963 年作为单独法律颁布，1964 年开始施行。产灾保险由劳动部所属勤劳福利公团主管。

① 刘铁明．韩国国民年金制度简介．中国保险管理干部学院学报，2004，(5)

② 郑秉文，方定友，史寒冰．当代东亚国家、地区社会保障制度．北京：法律出版社，2002：171

产灾保险最初只适用于500人以上规模的矿业和制造业企业，1982年扩大到10人以上的企业，1988年扩大到多数行业的5人以上企业，1994年除个别特殊行业外的所有5人以上的企业都包括在内。目前未加入产灾保险的行业只有金融保险业、教育服务业、卫生及社会福利事业等，还有5人以下的小企业也未加入。

产灾保险法规定国家负担产灾保险的办公事业费，还可以支援所需有关费用。产灾保险具有雇主保险性质，工人不交纳保险费。保险费率的计算以各行业前3年的灾害率为基础，各行业内的特殊工种单独计算。产灾保险的给付对象是与业务有关的职业病以及因产业灾害而发生的工伤、残疾、残废、死亡等，但上下班事故和过度疲劳造成的事故等尚未适用。业务上灾害的认定主要依靠医院的诊断并根据作业环境、作业过程等进行综合判断。给付方式为：残疾1～3级为年金，4～7级和遗属可在年金和一次性给付中选择一个，8～14级为一次性给付。

韩国的产灾保险具有生活保障的性质，其补偿范围和覆盖面还有待于扩大，补偿水平有待提高，这样才能真正起到收入保障的作用。韩国正在考虑将产业灾害补偿保险改为产业灾害保险，但认为目前条件还不成熟。

（4）雇佣保险。《雇佣保险法》于1993年制定，1995年7月开始施行，从而社会保险的四大制度在韩国全部施行。1997年金融危机后，在韩国政府采取的提供公共劳动岗位、对失业者提供贷款和实行雇佣保险制度的3项措施中，雇佣保险最为重要。政府为此支付了4万亿韩元。韩国的雇用保险可以说是国外失业保险的变形，但是它更强调对失业的预防、搞活人力供求关系、改善雇用结构、开发劳动者技能等更为积极的人力政策。

韩国的雇佣保险是按企业规模规定其适用范围的，分为两部分：一是失业给付，适用于所有企业；二是雇用安定和职业能力开发事业，适用于50人以上的企业。但是下列人员除外：60岁以上重新就业者；小时工、日工；公务员、私立学校教员；国家和地方政府直接经营的企业3个月以下或季节性、一次性雇佣者。雇用保险包括三个内容：雇用安定事业、职业能力开发事业和失业给付。

韩国的雇佣保险有3种具体运作方式：一是失业支付时间为7个月；二是对失业者培训费用的支付与补助；三是稳定雇佣制度，政府对不解雇职工的企业予以奖励，如大型企业能做到雇佣稳定，政府给予其职工工资总额50%的资助。雇佣保险的保险费分为两类：失业保险费率为职工工资总额的1%，由雇主和雇员各负担一半；雇佣安定和职业能力开发事业保险费率为0.3%，由雇主负担。目前没有规定国家一般财政对雇佣保险的支援，国家不但不负担雇佣保险的管理运营费，连劳动部地方事务所的管理运营费也从雇佣保险基金中支出。

2. 公共救助

公共救助不同于社会保险，受助者不需缴纳保险费，而是由国家对低收入阶层进行生活保护或者帮助他们进行自救。生活保护所需费用由国家和地方分担。由国家或道直接进行的保护业务，分别由国家或道负担；由市、郡进行的保护业务，国家负担8%以上，道负担10%以上，市、郡负担10%以内。生活保护费用分别设立生计保护基金和医疗保护基金。韩国的公共救助包括生活保护、有功人员保护、灾害及灾难救护。

（1）生活保护。在韩国，最低生活保障指最低生计水平，包括饮食费、居住费、电热水费、家具用具费、服装鞋帽费、医疗卫生费、教育教养娱乐费、交通通信费以及其他消费支出。韩国的生活保护种类按有无劳动能力分为居宅及设施保护和自救保护。居宅保护是指对无劳动能力而生活不能自理的保护对象在家进行保护，设施保护是指收容到社会福利设施内进行的保护；自救保护是指对有劳动能力的保护对象进行的保护。

韩国1961年制定的《生活保护法》规定的生活保护的对象包括：无人抚养（或有抚养义务人而无抚养能力）的65岁以上老弱者、18岁以下儿童、孕产妇、残疾人、因身心障碍而丧失劳动能力者、因失业和其他原因导致生活困难而有必要保护者以及收入和财产在政府公布的选定基准以下者。但是，政府为生活保护对象确定的月收入标准明显低于最低生活费。而且由于生活保护对象的选定标准定得过高，许多人该受到生活保护却得不到保护。韩国施行生活保护制度30多年，但确定生活保护对象并不严格按照规定，而是根据政府的预算情况而定。

韩国的生活保护业务由保健社会部掌管，地方由地方各级政府管理，即由保健社会部制订工作计划，各市、道保健社会局、家庭福利局和市、区、郡社会（福利）课、家庭福利课施行。保护对象的选定和提供服务由邑、面、洞助理或社会福利专门人员负责①。

（2）有功人员保护。韩国针对有功人员的保护，先后颁布了《军事援护报偿法》（1961年）、《国家有功者等特别援护法》（1962年）和《有关于国家有功者礼遇的法律》（1984年）等，规定用国库和民间报勋基金为国家有功人员发放年金和津贴。对国家有功人员的保护由国家报勋处主管，地方报勋厅和支厅具体管理，管理自成体系。

对有功人员的保护包括发给年金和津贴以及教育保护、就业保护、医疗保护、养老保护、养育保护等。年金分为基本年金和附加年金，津贴分为生活调剂津贴、看护津贴、补缀具津贴和一次性死亡抚恤。

（3）灾害救护。韩国于1962年颁布《灾害救护法》，规定对在同一地区因旱灾、风灾、水灾、火灾等而集体发生多数罹灾者进行紧急救护。汉城市为50户以上，直辖市为30户以上，市、郡为20户以上同时受灾，或者同一地区同时发生受灾害者100人以上。灾害救护的主管部门为保健社会部，由地方政府组织实施。为了审议有关救灾事项，保健社会部以下设中央灾害救护对策委员会，各市、道设立灾害救护对策委员会。救灾所需资金，国库负担70%，市、道政府负担30%。市、道政府为了负担救灾经费，设立灾害救护基金，基金的下限应占地方普通税收的5%，汉城市为2.5%。

救护内容：第一，提供收容设施。因灾害而无家可归或需要事先转移者，可在公共场所或帐篷临时收容。第二，提供食品、被褥、学习用品及其他生活用品。第三，按《医疗保护法》进行医疗或助产。第四，住房因被灾害破坏而无力修复者，按保健社会部规定的补助标准进行补助。第五，因受灾而生活无着落者可提供生活安置费或贷款。

---

① “道”“市”“郡”“区”“面”“邑”“洞”“里”“统”都是韩国划分行政区域的名称。“道”相当于我国的省，“郡”相当于我国的县，“面”相当于我国的乡，“邑”相当于我国的镇，“洞”相当于我国城市的街道。韩国的社会福利专门人员是社会福利专家，持有社会福利师资格证者才能提供相关服务。

第六，对灾害中的死亡者发给丧葬费。

3. 社会福利服务

韩国政府关心福利问题是从 1968 年成立社会保障审议委员会开始的。该委员会提出社会开发长期规划并对社会保障问题进行深入研究，从此在韩国法律上第一次出现了“社会福利事业”，而且从贫民救济和分发救济物资转向对贫困者进行经济支援，并提供多种服务的社会福利事业。然而，由于财政上的原因，政府未能建立福利服务体系，主要是由民间的社会福利法人从事这项工作。进入 20 世纪 80 年代以后，由于经济、人口结构等的变动，政府开始重视社会福利服务。目前，韩国的社会福利服务刚刚起步，服务内容还不多，包括老年人福利服务、妇女福利服务、儿童福利服务、残疾人福利服务以及在家福利服务。

社会福利服务由保健社会部（社会局、家庭福利局）主管，由各级地方政府具体管理，福利服务所需的资金由国库和地方政府补助金（包括社会福利事业基金）来解决，而老人福利服务则还由本人或抚养者负担一部分。老年人福利服务坚持“先家庭保护，后社会保障”的政策，允许民间资本参与福利事业。其服务内容主要包括老龄津贴、老年人体检、敬老优待制度、兴建老年人休闲活动设施、居住保障与设施保护、在家福利服务等。其中，在家老人福利服务在老人福利政策的基本方向中居中心地位。

韩国的妇女福利事业目前还限于需要保护的妇女，主要指低收入阶层妇女、离家出走妇女、未婚母亲等。而对一般妇女的福利服务除托儿事业外还没有提到日程上，除《母子福利法》和《婴幼儿保育法》外也没有妇女福利方面的单独法律。目前，老年妇女和农村妇女的福利问题以及妇女的人身保护问题等都是韩国妇女福利服务亟待解决的问题。

韩国的儿童福利主要是对 18 岁以下需要收容保护的儿童进行生活保护、教育保护和进行就业指导。对一般儿童的福利服务主要是建立儿童专用设施和办托幼儿设施。

韩国政府从 1988 年汉城残疾人奥运会后开始真正重视残疾人福利事业，目前有关残疾人福利方面的法律有《残疾人福利法》《残疾人雇佣促进法》《特殊教育振兴法》。残疾人福利服务的内容包括收入保障、残疾人雇佣、特殊教育、残疾人社会福利服务（收容、兴建专供残疾人使用的设施等）。但是，对残疾人的社会环境注意不够。

韩国的在家福利事业刚刚起步，目前以在家福利服务为主。在家福利服务中心拥有一定的设施、专门人力和自愿服务者，要对社区内需要保护的家庭（残疾人、老年人、少年少女家长、单亲等家庭）以及需要在家福利服务的人提供家务、看病、护理、作陪等服务。但目前主要是为生活保护对象服务。在家福利服务中心的运营费全部由国家和地方政府支援，根据设施的种类，其年支援额和国家、地方的负担比率有所不同。

三、韩国社会保障制度基本特点

韩国的社会保障制度起步比较晚，制度不完善，管理也存在一定问题，国民受惠还不大。20 世纪 90 年代以来，韩国政府越来越重视社会保障制度，使它逐步趋于完善。韩国社会保障制度主要体现出如下特点。

（1）韩国社会保障制度已完全建立，但还存在体系化问题。从韩国整个社会保障制度体系来看，其相关制度是根据各个时期的不同需要先后建立起来的，缺乏长远、系统的规划，尽管对一些制度修改多次，但各项制度之间仍存在着重复或脱节等问题。以社会保险制度为例，国民年金、医疗保险、产灾保险、雇佣保险各有独立的管理体系。年金又分别由国民年金管理公团、公务员年金管理公团、私立职员年金管理公团和国防部管理。医疗保险分别由医疗保险管理公团、单位医疗保险组合和地域医疗保险组合管理。这种分散管理导致机构重叠、效率低下。因此，韩国正在酝酿一些机构的合并和调整，已经推出的合并方案有医疗保险的合并，国民年金与医疗保险的合并。

（2）韩国社会保障制度已形成多元化的筹资模式，但总体水平不高，发展不平衡。韩国社会保障的主要资金来源原则上由中央政府和地方政府负担，但也根据社会保障的特点，吸收民间财源。公共财源一般来自税收，部分来自社会福利事业基金和各种社会保险基金；社会保险财源大部分来自投保人缴纳的保险费，一部分以行政费用名义由国库支援；医疗保险中农渔村地域医疗保险的相当部分是国库支援。

韩国国家预算中社会保险及福利支出所占比重虽从 1970 年的 4.9%上升为 1993 年的 9.3%，但还是很小。特别是与国防费用支出相比，相差甚远（表 6-4）。

表 6-4　韩国中央政府支出

年度	国防		教育		社会保障及福利		经济事业		总支出/亿韩元
	金额/亿韩元	份额/%	金额/亿韩元	份额/%	金额/亿韩元	份额/%	金额/亿韩元	份额/%	
1970	1 063	22.7	782	16.7	231	4.9	1 282	27.4	4 687
1975	4 652	26.4	2 245	12.7	855	4.8	5 497	31.1	17 653
1980	23 491	30.6	11 244	14.6	4 379	5.7	19 967	26.0	76 820
1985	39 579	26.6	24 623	16.6	7 790	5.2	32 509	21.9	148 670
1990	66 732	20.0	56 488	17.0	26 912	8.1	67 890	20.4	332 961
1991	78 996	19.6	56 088	13.9	34 382	8.5	83 328	20.7	403 115
1992	87 035	19.3	64 919	14.4	41 667	9.3	84 272	18.7	449 934
1993	96 273	18.6	74 986	14.5	48 009	9.3	108 936	21.0	518 142

资料来源：郑秉文，方定友，史寒冰. 当代东亚国家、地区社会保障制度. 北京：法律出版社，2002：153

在中央政府财政支出的社会保障及福利费中，社会保障支出不到一半，且大部分用于医疗保险的补贴。1988～1995 年社会保障增加 2.1 倍，而与医疗保险有关的预算却增加了 2.9 倍（表 6-5）。

表 6-5　韩国社会保障预算（单位：亿韩元）

年份	1988	1989	1990	1991	1992	1993	1994	1995
总计	7 312	10 130	13 468	17 090	19 368	21 068	22 876	25 283
抚恤	1 722	2 547	3 742	5 296	5 666	6 217	7 202	7 947
社会保障	5 590	7 583	9 726	11 794	13 702	14 851	15 674	17 335

续表

年份	1988	1989	1990	1991	1992	1993	1994	1995
社会保险	3 155	4 615	6 153	7 798	9 220	9 925	10 857	11 574
其中：年金	221	191	207	222	133	144	157	161
医疗保险	2 924	4 414	5 875	7 487	8 985	9 656	10 562	11 342
其他(灾害)	10	10	71	89	102	125	138	71
公共救助	1 869	2 244	2 351	2 506	2 693	2 780	2 749	3 104
社会福利服务	566	724	1 222	1 490	1 789	2 146	2 068	2 658

资料来源：韩国经济企划院. 预算摘要. 1995 年；转引自郑秉文，方定友，史寒冰. 当代东亚国家、地区社会保障制度. 北京：法律出版社，2002：154

1992 年，韩国的人均 GNP 达到中上等国家水平，但住房及社会保障预算在国家预算中所占的比重还达不到中下等国家的水平。发达国家的教育、住房、卫生及社会保障预算占总预算的 60%左右，而韩国只有 30%左右。

(3) 韩国社会保障保障水平和覆盖面还有待提高和扩展。韩国的社会保障制度建立的比较晚，还只是一个基本框架，其保障水平比较低，覆盖面小。韩国的社会保障制度在 20 世纪 80 年代以前主要是以贫困阶层为对象进行生活保护和医疗保护。许多人应该得到保护而未能得到保护。1992 年，收入水平在绝对贫困线以下的占全国总人口的 7.64%，而被列为生活保护对象的只占 5%，设施保护对象和住房保护对象还不到 1%。即便如此，受到保护的人，其保护标准也很低，以设施保护为例，1993 年每人每月标准为 5.9 万韩元，而当年最低生活费为 12.1 万韩元。他们的生活水平仍在绝对贫困线以下。在韩国的财政预算中社会保障支出所占的比重不但低于中上等收入国家水平，还低于中下等收入国家水平，与其经济发展水平不相称。

四、韩国社会保障制度困境与改革

韩国的社会保障制度始于 20 世纪 60 年代，但由于经济欠发达，实行“先增长后分配政策”，又担心产生“福利病”，所以对社会保障的重视不够。80 年代后期开始先后实行一系列的社会保障措施，建立起社会保障制度的基本框架。这一制度目前还存在不少问题，有待于继续完善。韩国已发展成为中上等收入国家，提出建设福利国家的目标，要建立与经济发展水平相适应，能够满足人们福利需求的社会福利制度。但是，韩国实施社会保障的历史毕竟还不长，制度方面仍然存在很多问题，“韩国式福利经济模式”也还有待实践的检验。

韩国建立社会保障的时间不足 40 年，而且韩国政府奉行“先增长后分配”的经济政策，对社会保障的重视不够。虽然，韩国先后制定了一些有关社会福利的法律，但是真正实施和贯彻的很少。韩国重视社会保障制度是近二十年的事，而且是韩国工人不满现行的社会福利政策，通过罢工运动等激烈的方式才引起政府的重视的。韩国社会保障制度在发展过程中，还存在一些问题。

（1）管理制度和体系有待完善。韩国的社会保障制度是根据各个时期的不同需要先后建立起来的，缺乏长远系统的规划，尽管韩国政府一直在对相关制度进行修改和完善，但是各项制度之间仍然存在着重复或脱节等问题。另外，韩国社会保障及福利的管理是由政府主管。以国民年金的管理为例，国民年金管理委员会由 13 个人组成：政府代表 6 人，专家代表 2 人（官办研究院院长）、年金管理机构代表 1 人。这 9 个人实际上都是政府的代表，而投保者代表只有 4 人（其中工人代表和资方代表各 2 人）。公共资金管理基金委员会由 15 人组成，其中 11 人是政府各部的部长，其余 4 人也由财政经济部部长委任，没有投保者代表。又如，医疗保险组合的代表理事，一般都是由政界和官界退下来的人担任，容易为政治所利用。工会组织要求医疗保险组合的运营委员中，必须有一半是工会推荐的人。从目前的情况来看，管理民主化和提高管理的透明度是韩国社会保障制度今后的课题之一。

（2）社会保障基金相对匮乏。韩国在社会保障方面的基金远远低于西方发达国家。不考虑基数的影响，韩国社会保障支出占 GDP 的比重在 1980 年仅为 0.12%，到 1990 年上升到 4.9%，而与同期的西方发达国家比，如德国在 1990 年社会保障支出占 GNP 的比重已达 30%。从社会保障来看，德国每年用于社会保险的支出为 1 000 多亿马克，而韩国到 1996 年国民年金基金累计才达到 20.5 亿韩元。韩国年金保险费率除国民年金缴费率 1998 年从原来的 6%提高到 9%外，其余的诸如公务员年金已经出现赤字。韩国对社会保障制度的实施是近 20 年的事情，相对于英、美、德等国来讲，韩国的社会保障的积累基数相去甚远，加上保险费率又相对较低，总基金的数额在未来将难以弥补赤字的差额。由于社会保障资金欠缺，政府对公民全方位的保障要求无力满足，爱莫能助。

（3）家族模式已难以应对新的经济社会形势发展。韩国素以“家族企业”著称，在其社会保障体系中也体现得淋漓尽致。但是随着时代的变迁，尤其是在亚洲金融危机的巨大冲击下，韩国大批家族企业濒临破产。目前，韩国虽然已经走出金融危机的低谷，但是经济仍然回升缓慢，失业增加势头不减。面对这种局势，这种“家族”特色的社会保障制度就显得有点无能为力。

此外，韩国的社会保障法律体系还不健全，执法程序欠规范。从 20 世纪 60 年代起，韩国政府陆续出台了一些有关社会保障的法律法规，建立起了社会保障的基本框架。但是，韩国有关社会保障的法律体系仍然比较零乱，还需要进一步修订和完善。

社会保障制度既要缓和社会矛盾，又要避免福利过高带来的种种福利病，这已经是世界各国的共识。韩国近些年来在社会保障制度的改革方面颇下工夫，并根据韩国的国情提出了所谓的“韩国特色的福利经济模式”。其主要特点有：①“家族保护”福利；②经济效率与社会公平均衡；③重点抓好收入、教育、居住和医疗四个基本保障；④实施“劳动力就业政策”。针对本国社会保障制度存在的问题和改革的构想，韩国政府实行了一系列的改革措施，具体涉及以下方面。

（1）调整了国家的经济社会发展政策，加强对社会保障的重视程度。20 世纪 80 年代以前，韩国政府一直奉行“先增长，后分配”的经济社会发展政策。80 年代后期开始注重社会发展，转向实行与经济发展水平相适应的分配政策。1993 年，金泳三政府上台执政后，社会保障方面的重点放在既有制度的落实上，并于当年制定了以预防失业、促进就业、改善雇佣结构和劳动者的能力开发为目标的《雇佣保险法》。此后，韩国政府一直坚持经济增长与社会发展并重的国策，社会保障制度不断完善。在经历亚洲金融危机之后，韩国除了将社会保障纳入政府发展策略外，还吸取了西方发达国家的教训，尽量避免“高福利”政策的沉重的代价，摸索推行“韩国特色的福利经济模式”。虽然韩国的社会保障体系还存在很多的问题，但是其基本框架已经建立起来，且由于韩国政府的重视，处于在不断完善之中。

(2) 对部分险种进行合并。韩国现行保障体系多头管理，缴费负担、保险费享受、个人负担等方面都不一样。为此，韩国政府对相关险种进行了合并，如医疗保险方面，要求按市、道将单位组合和地域组合合并或者按地域将公教医疗保险、单位医疗保险和地域组合全部合在一起，进而将医疗保险和国民年金合在一起（基于二者的保险对象一样）。年金保险也存在多头管理的问题，特别是职域年金的给付相对优厚，与国民年金的差距较大，因此，韩国政府也正在研究年金保险的合并问题。

(3) 重视家庭在社会保障体系中的地位。韩国是以家长、家庭、家族为中心的儒教社会，以敬老孝亲的思想为基础。根据这一传统，韩国政府提出了建立“家庭保护”的福利。但这并不是说国家可以把社会福利责任推给家庭保护，而是国家从政策上鼓励家庭保护。例如，对老年人、残疾人等保护对象由家庭进行保护的，发给津贴或在居住、税收等方面给予优惠；对夫妇家庭实行优待政策，以防止家庭破裂；等等。

(4) 致力于建设“家庭般的社会”。韩国政府在保障所有人的基本生活水平的同时，还期望通过社会的共同努力，既满足各阶层的物质需求，也要满足非物质方面的需求。对老年人要尽量满足他们的特殊要求，对残疾人要提供生活上的方便，对幼儿和儿童要提供受教育的机会，对妇女要实现男女平等，对中产阶层要提供休闲娱乐场所等，使他们感到生活在“家庭般的社会”。

“韩国特色的福利经济模式”充分体现了韩国政府对社会保障的高度重视，其基本思路是创建有韩国文化特色的社会保障体系。在以家族为中心的社会保障无能为力的时候，借鉴西方发达国家社会保障的经验，建立以法治为基础，且结合韩国文化的新型社会保障模式，有利于韩国的社会稳定和经济发展。

总体来说，韩国的社会保障制度是在 20 世纪 80 年代后期以来逐步建立、发展起来的，尽管起步较晚，但较之其他发展中国家，韩国的社会保障制度起点较高、体系结构较为完整。经过十余年的发展，韩国已建立社会保障制度的基本框架，现已进入建设“均衡福利国家”的阶段，即以社会福利与经济发展互相促进，劳动政策、社会保障政策和经济发展政策有机联系，经济发展、收入分配、社会安定彼此协调为目标的经济社会发展阶段。

第四节　新加坡中央公积金制度

新加坡是世界上新兴工业国家中社会保障体系较为完善和系统的国家之一。它的主要内容是通过富有创造性的公积金制度来实施的。公积金制度就其实质来说是一种强制性的由劳资双方共同支付，记入个人名下，政府确保偿付和支付利息的个人储蓄积累形式。在五十多年的探索中，新加坡逐渐形成了立法保障、覆盖全体、政府支持、个人和企业参与的特色，建构了从管理体制到运行方式的整套体系。它的实施大大减轻了社会问题给新加坡政府带来的压力，保证了新加坡经济和政局的稳定，同时积极推动了新加坡经济和社会的发展，成为新加坡经济腾飞的强有力的推进器。

一、新加坡中央公积金制度历史沿革

20 世纪 50 年代初，新加坡还是一个由华人、马来人、印度人等组成的移民社会，经济十分落后，除国家公务员和大商家的雇员外，没有一个为一般工人而筹措的全国性的退休养老金计划。当时的英国殖民政府为了维护社会稳定，于 1953 年制定了十分简单的《中央公积金法》，1955 年建立了中央公积金局。该局的主要任务是收缴并保存劳资双方共同缴纳的一笔存款，为工人退休后或无法工作时提供最低的生活保障，以求社会的安定。

1965 年，新加坡独立后，政府对经济发展和人民生活做了宏观分析，认为人民的工资很低，退休后可领的养老金较少，实行养老保障计划让雇主和雇员各缴纳一些资金，对各个方面都有好处，不仅能增加国家开发经济的活力，而且能增加退休员工的养老金。当时，很多人建议推行养老金制度，李光耀反复考虑认为建立以养老为主的公积金制度比较恰当。由于新加坡政府将建立和完善公积金制度作为经济发展战略的重点，并将它列入经济全面振兴的计划，给开展这项工作创造了良好的外部环境，使之一发而不可收，迅猛发展①。

1965 年新加坡取得独立后，在中央公积金体制下逐步推出了 15 种社会保障计划。1965 年推出了以养老为主的公积金计划；1968 年推出了“居者有其屋”的公共住屋计划；1981 年推出了家庭保障计划和住房产业计划；1984 年推出了保健储蓄计划；1986 年推出了非住房产业计划；1987 年推出了最低存款计划；1989 年推出了教育计划；1995 年推出了医疗储蓄计划；1997 年又推出了投资计划。在推出新项目的同时，中央公积金局根据本国经济水平的发展状况调整公积金的收缴率，从建立之初的雇员及其雇主共缴纳 10%，至 20 世纪 80 年代上升至 40%，近年来调整至 33%的缴费率。公积金账户也从最初的单一账户发展为具有多种功能的三个账户。

根据新加坡中央公积金局（Singapore Central Provident Fund Board，CPF）2004 年度报告，至 2004 年年底中央公积金会员数已达 3 018 014 人，而公积金建立之初的会员数仅为 18 万人。中央公积金的覆盖面也在不断扩大，要求每个雇员，不论是否为本国公民，凡在新加坡有薪金收入的，都必须参加；并从 1992 年 7 月 1 日起要求自雇人士也必须参加。经过几十年的发展，新加坡中央公积金局仍强调坚持其成立之初的原则，即为每一个国民在退休后提供坚强的经济保障。新加坡中央公积金制度是新加坡社会保障体系的主体，是目前世界上运作最成功的保障制度。

---

① 林闽钢. 现代社会保障. 北京：中国商业出版社，1997：172，173

二、新加坡中央公积金制度主要内容

1. 公积金缴费率

在实行中央公积金制度之初，雇主和雇员按工资的5%缴纳费用（共为10%）。随着新加坡经济的发展，公积金的收缴率也不断提高。新加坡独立后的1968年，缴费率上升为13%，至1984年达到50%。从1994年7月起，公积金按雇员月薪的40%缴纳，雇主和雇员各缴付一半。目前缴费率基本稳定在33%的水平上，其中雇员缴纳20%，雇主缴纳13%，但雇员的年龄不同，个人及其雇主的缴费率亦有所差别，随着雇员年龄的增加，个人及其雇主的缴费率也会降低（表6-6）。另外还规定，雇员每月的最高缴纳额以6 000新加坡元薪金为上限，即雇主为其雇员缴纳的公积金最高限为1 200新加坡元。2002年10月1日起中央公积金制度进行了修改，目的是帮助低收入者增加扣税后的实得工资。规定凡月收入超过500新加坡元的雇员都必须加入中央公积金。公积金的缴费率是根据会员付清住屋贷款和为未来储存一笔医药费后还有足够的退休金来确定的。中央公积金制度通过调整雇主缴费率来调节国内生产成本，调节经济运行。

表6-6　新加坡中央公积金缴费率（单位：%）

雇员年龄组	雇主缴费率	雇员缴费率	总和
35岁及以下	13.0	20.0	33.0
35～45岁	13.0	20.0	33.0
45～50岁	13.0	20.0	33.0
50～55岁	9.0	18.0	27.0
55～60岁	6.0	12.5	18.5
60～65岁	3.5	7.5	11.0
65岁以上	3.5	5.0	8.5

注：2005年新标准，为私营企业雇员的缴费率，政府中非养老金雇员、新加坡永久性居民从第三年起缴费

资料来源：新加坡中央公积金局网站，http://mycpf.cpf.gov.sg，2006-08-30

2. 中央公积金账户

会员公积金分为三个账户，即普通账户、保健储蓄账户及特别账户。雇主和雇员都必须按雇员月薪的一定比例缴纳公积金，按月存到雇员账户之下。

（1）普通账户。公积金会员的普通账户存款约占其全部公积金存款的75%，该账户下会员可在中央公积金局的指导下购买政府组屋或其他住房产业，也可用于投资、保险、教育及填补父母退休账户。35岁及以下年龄会员的普通账户占其公积金缴纳率最高，为22%，随着年龄的增加，比例下降。当会员达65岁及以上年龄时，取消该账户。

（2）保健储蓄账户。公积金会员的保健储蓄账户约占其公积金的15%，可用作支付住院和医药费用。随着年龄的增高，该账户占公积金缴纳比率也在提高，从35岁时的6%，逐步提高至65岁时的8.5%。

（3）特别账户。该账户可用作晚年和应急之用，以及投资于和退休相关的金融产

品。公积金会员的特别账户在其年满 55 岁时将会取消。在会员年满 55 岁后，其个人账户变更为退休账户和医疗账户，会员在中央公积金计划账户内的数额达到最低存款规定后，可提取部分积蓄。公积金中的普通账户每年可获得最低 2.5%的利率，医疗及特别账户可获得额外高于普通账户的 1.5%的利率。公积金存款利率是比照新加坡四大银行（大华银行、华侨银行、新加坡发展银行、华联银行）12 个月的定期存款和月底储蓄利率的平均值确定，每 6 个月修订一次，但必须保证公积金会员获得的利率不低于 2.5%。

公积金利息按月计算，并入公积金中，并免缴所得税。55 岁以下公积金会员可以动用普通账户中的存款进行中央公积金局指定的投资，如购置政府组屋、其他住房，政府批准的保险项目、投资项目或本人及子女教育费用等。投资必须通过中央公积金局指定的托管人来进行。新加坡中央公积金账户分配如表 6-7 所示。

表 6-7 新加坡中央公积金账户分配（单位：%）

年龄组	普通账户	特别账户	医疗账户	总和
35 岁及以下	22.0	5.0	6.0	33.0
35～45 岁	20.0	6.0	7.0	33.0
45～50 岁	18.0	7.0	8.0	33.0
50～55 岁	12.0	7.0	8.0	27.0
55～60 岁	10.5		8.0	18.5
60～65 岁	2.5		8.5	11.0
65 岁及以上			8.5	8.5

注：自 2004 年 1 月 1 日起，新加坡中央公积金账户分配

资料来源：新加坡中央公积金局网站，http://mycpf.cpf.gov.sg，2006-08-30

从表 6-7 中可以看出，50 岁以下组，公积金的总缴费率为 33.0%，且三个账户间变化不大，医疗账户和特别账户所占比例每一年龄组各增加 1 百分点，普通账户所占比例则减少了 2 百分点。55 岁后组中个人账户由三个账户变为两个账户，即退休账户和医疗账户。账户比例在降低，公积金总缴费率下降为 18.5%（55～60 岁）和 11.0%（60～65 岁）。而 65 岁以上组则只保留了一个医疗账户，且总缴费率下降至 8.5%。新加坡是一个鼓励就业的国家，政府鼓励已到达退休年龄但身体健康的会员继续工作，以使他们积蓄更多的公积金存款。会员在退休时的存款不足，可由其子女填补其账户。

3. 提取及使用

公积金会员在年满 55 岁时，除保留一笔最低存款作为养老用外，其余公积金存款可全部提出。最低存款规定随着国家社会经济水平的提高而不断调高，其目的是要更好地保障公积金会员的老年生活，如 1995 年时最低存款规定为 4 万新加坡元，到 2014 年逐步调高至 15.5 万新加坡元。在会员年满 62 岁时，可以从公积金的最低存款中每月提取养老金，以满足最基本的需求。会员如终身残疾或永久离开新加坡，可提前提取全部公积金。如果会员在规定年龄前不幸过世，其公积金存款可由指定受益人继承。医疗账户最低规定从 2006 年 1 月 1 日起调至 8 300 新加坡元，到 2013 年逐步调高至 25 000 新加坡元。该账户可用于支付本人及赡养人的住院支出，及部分门诊费用，如化学疗法、

放射线疗法等，也可用于支付健保计划的额外部分。

4. 中央公积金制度具体项目

(1) 公共住屋计划(Public Housing Scheme)。20世纪60年代，新加坡政府就提出了“居者有其屋”计划，鼓励中低收入者以分期付款的方式购买政府兴建的公共组屋。该计划于1968年推出，最初宗旨是为那些无力购买私人住房者提供居住场所，但不表明可以通过置业进行投资或从中获利。1971年后，该计划政策有所放松，对居住三年及以上者放宽政策，允许他们出售。中央公积金局对申请购买新建公共住屋者有一定的身份规定，即需要为公民身份，无私人物业，并对收入做了上限规定，此外对符合条件者也提供租赁房。其住房标准主要有三室、四室及五室户。

公共住屋计划由新加坡建屋发展局(Housing and Development Board，HDB)负责。公积金会员可采用三种方式购买组屋：一是如果公积金会员的普通账户中有足够的存款，会员可一次付清购买组屋；二是可动用公积金来支付部分的屋价并用现金来付清剩余的部分；三是动用公积金来缴付能力所及的部分，并向建屋发展局申请贷款来付清所剩部分，即可动用将来的公积金存款来偿还贷款，贷款的数额由建屋发展局决定。

建屋发展局可贷款会员有高达80%的房屋估价上限，但前提是会员必须先用完公积金普通账户内的存款(详见下例)。中央公积金制度规定其会员可动用公积金的普通账户交纳公屋的20%按柜金。公积金购屋的贷款偿还期为20年，还款利率为6.25%。根据新加坡的住房和发展法案规定，在任何公共住屋业主破产时都不能随意处置其住房。甚至在该业主因破产而失去其他资产时，也不会剥夺其居住权。迄今为止已有80%的新加坡人居住在政府组屋中。

项目	例一/新加坡元	例二/新加坡元
组屋的购买价	110 000	110 000
组屋的价值	100 000	100 000
公积金普通账户内的存款	40 000	10 000
估价上限	100 000	100 000
购屋时的付款组合例子：		
公积金存款	40 000	10 000
建屋发展局贷款	60 000	80 000
现金	10 000	20 000
购买价	110 000	110 000
将来提取公积金存款来摊还建屋发展局贷款(及利息)	60 000	90 000

公积金会员可将他们的公积金合起来购买组屋：直系家庭中的两名或两名以上的家庭成员(如家长、配偶、子女及兄弟姐妹)都可以联合起来动用他们的普通账户中的存款来购买组屋。但是在目前的政策下，只有新加坡公民才可向建屋局购买新建组屋。一名新加坡永久居民如有意购买，可联合其配偶一起购买，但其配偶必须为新加坡公民。如果夫妻双方都为永久性居民，可以联名在公开市场上购买转售组屋。如果会员是以分

期付款方式来购买组屋而且身体健康，便可获得家庭保障计划的保障。家庭保障计划将保障会员至 55 岁或至贷款结束为止，两者中视哪一个为先。如果会员投保 100%的贷款后不幸残废或死亡，建屋发展局将会负责清还全部尚未还清的贷款，以便屋主的家属可以将组屋保留下来。应该说这是中央公积金会员受惠最大的利益之一。

（2）家属保障计划（Dependants' Protection Scheme）。1981 年，新加坡政府开始推行该计划。作为一项定期保险计划，其目的是为受保的公积金会员在遇到意外、终身残废或死亡，因没付清住屋贷款而使他们及其家属失去住房时，能为他们和其家属提供一笔款项，协助他们渡过最初几年的难关。参加这项计划的条件是必须为新加坡公民或永久居民，年龄在 16～60 岁，且目前仍在缴纳公积金。所有的公积金会员，只要是在公共住屋计划下动用公积金储蓄分期支付建屋发展局组屋，都必须参加这项计划，不过该计划不接受健康欠佳和 60 岁以上者投保。参加该计划的会员，公积金局将为其支付没有付清的住屋贷款，支付上限是以会员在这项计划下投保的保额为准。如果公积金普通账户和/或特别账户中有足够的存款缴付全部的保费，其保额将高达 36 000 新加坡元。如果公积金存款不足以缴付保费，就将根据普通或特别账户的余额多少而给予较低的保额。最低的保额规定为 5 000 新加坡元。随着年龄的增长，保费也逐步增加（表 6-8）。

表 6-8　新加坡家属保障计划缴费标准（单位：新加坡元）

年龄	每年保费
34 岁及以下	36
35～39 岁	48
40～44 岁	84
45～49 岁	144
50～54 岁	228
55～59 岁	260

注：这项保险每年更新一次

资料来源：新加坡中央公积金局网站，http://mycpf.cpf.gov.sg

（3）住房产业计划（Residential Properties Scheme）。在该计划下公积金会员可动用公积金存款购买在新加坡的私人产业，以供自己居住或作为投资之用。公积金会员只要不是破产人，就可以提取其公积金存款支付投资于住房产业。会员可以采用三种形式中的任何一种：直接付款给产业发展商或卖主，以便购买一宗住房产业；或偿还购买住房产业的房屋贷款；或偿还用来购买土地和建造在这土地上的房子的购屋贷款。这里，住房产业是指在新加坡购买住房产业，并应建在永久地契或至少仍有 60 年租期的非永久性地契的土地上。公积金会员可动用其普通账户中现有存公积金存款的 100%款额和今后每月存入公积金普通账户中的 100%款额，每月摊还产业贷款至估值的上限。作为条件，在该项计划下，中央公积金局必须取得会员所购产业的抵押权。当会员将产业出售、抵押或转让时必须获得中央公积金局的同意，且在产业出售或转让后会员必须将提取的公积金数额加上利息存回公积金账户中。

（4）基本和增进投资计划（Basic and Enhanced Investment Schemes）。这两项计划

规定其投资人须为至少21岁的公积金会员，且不是未偿债务的破产人，其公积金账户中有足够的存款。

其一，基本投资计划。该计划下会员的普通账户和特别账户必须保留最低存款后的公积金余额的80%或普通账户余额，视何者为低后进行投资（详见下例）。基本投资计划可投资项目有：在新加坡股票交易所第一级股市挂牌并已缴足资本的新加坡注册公司的普通信托股；在基本投资计划下获批准的信托公司的债券股；获批准的单位信托；黄金及在新加坡股票交易所第一级股市挂牌的新加坡注册公司已缴足资本的普通非信托股或债券股（可供投资额的10%为上限）。

项目	例一/新加坡元	例二/新加坡元
已提出购屋	38 000	47 000
普通账户余额	14 000	5 000
特别账户余额	3 000	2 500
购屋提款额	38 000	47 500
公积金总存款	55 000	55 000
扣除最低存款	40 000	40 000
（现金部分4 000）		
（产业净值36 000）		
可供投资存款	15 000	15 000
可提款项限（可供投资存款的80%）	12 000	12 000
扣除现金部分后普通账户的余额	13 000	35 000
所能动用的款额	12 000	3 500

其二，增进投资计划。该计划下会员的普通账户和特别账户保留最低存款后公积金余款的80%或普通账户余额，视何者为低后进行投资（详见下例）。增进投资计划可投资项目有：在新加坡股票交易所及自动报价股市挂牌并已缴足资本的新加坡注册公司的普通股票（信托与非信托股），在增进投资下获批准的新加坡信托公司债券股，获批准的单位信托，黄金（可供投资额的10%为上限），政府公债，银行定期存款，资金管理账户，储蓄人寿保险。

项目	金额/新加坡元
普通账户余额	125 000
特别账户余额	40 000
购屋提款额	70 000
公积金总存款	235 000
扣除保留现金	50 000
（特别账户的40 000和普通账户的10 000）	
余额	185 000
所能动用的款额	115 000

（5）教育计划（Education Scheme）。该计划是为了协助公积金会员支付本人或其子女在新加坡本地的大学（专）全日制教育费用，本地学校指新加坡的三所大学，包括新加坡国立大学、南洋理工大学、新加坡管理大学，以及七所大专学院，即拉萨尔新航艺术学院、南洋艺术学院、南洋理工学院、义安工艺学院和淡马锡工艺学院、新加坡管理学院、联邦学院。

公积金会员可使用普通账户内的公积金存款来支付，但该名学生在毕业后需要归还该笔提款及利息。在这项计划下，公积金会员可动用高至投资存款（公积金总存款扣除最低存款 40 000 新加坡元，即现金部分 4 000 新加坡元和产业抵押 36 000 新加坡元）的 80%，或普通账户余额（在特别账户和普通账户保留了最低存款的现金部分 4 000 新加坡元，详见下例）。但教育计划也规定不可以使用公积金存款来偿还未还清的教育贷款，也不可以用来补还已支付的学费。公积金存款只适用于支付到期未付的学费，采用直接转付给有关学校的方式。此外还规定，如动用公积金存款支付教育费用，需要符合条件的担保人，即为新加坡公民或永久居民，有工作且每月收入至少为 500 新加坡元，年龄在 21～60 岁且不是未偿清债务的破产者，其目的是当该学生无力偿还所提取的公积金及利息时，担保人必须替该学生偿还所欠款及利息。

项目	个案一/新加坡元	个案二/新加坡元
普通账户余额	14 000	5 000
特别账户余额	3 000	2 500
购屋的提款额	38 000	47 500
公积金总存款	55 000	55 000
减：最低存款	40 000	40 000
（现金部分 4 000）		
（产业抵押 36 000）		
可供投资存款	15 000	15 000
可提款的顶限		
（可供投资存款的 80%）	12 000	12 000
减去现金部分后的		
普通账户的余额	13 000	3 500
可用作教育的款额	12 000	3 500

（6）健保双全计划/增值健保双全计划（Medishield/Medishield Plus Schemes）。这是一项低收费的医药保险计划，帮助会员本人及其家属应付重病或顽疾的治疗费。凡是新加坡公民或永久居民，年龄不超过 70 岁的公积金会员，都能在此计划下受保，需要获更高额度受保的人士，可以申请增值计划，即 A 计划或 B 计划。不过每名会员只能选一种计划，即健保双全、增值健保双全 A 计划或 B 计划。健保双全的常年保费最低 12 元，增值健保双全则是 36 元。保费视年龄而定，会员年龄越大，保费越高，此项保费可由公积金会员的保健储蓄缴付。但公积金制度也规定如果申请者的健康状况不佳，是不能加入任何一种健保计划。在健保双全或增值健保双全计划之下，会员及其家属可以进入任何等级病房，所能补偿的数额将视其所住的病房等级及受保计划而定。另外，公

积金会员可为其家属、子女、父母和年龄在70岁以下的祖父母（新加坡公民或永久居民）投保，会员可以用其保健储蓄缴付他们的保费，但他们将是在该计划下各自受保（表6-9）。

表6-9 新加坡健保双全计划/增值健保双全计划保费（单位：新加坡元）

年龄	增值健保双全		健保双全
	A计划	B计划	
30岁及以下	60	36	12
31～40岁	90	54	18
41～50岁	180	108	36
51～60岁	300	180	60
61～65岁	480	288	96
66～70岁	660	396	132

资料来源：新加坡中央公积金局网站，http://mycpf.cpf.gov.sg，2006-08-30

（7）最低存款计划（Minimum Sum Scheme）。该计划从1995年7月起实施，是为应对新加坡人口老龄化的到来，以确保新加坡人有足够的储蓄安度晚年，以便他们退休后能维持最基本的生活水平，同时也能使他们年老时仍能自给自足，而无须依赖社会救济而设置的。最低存款计划适用于年龄已达55岁的公积金会员。随着人民生活水平的提高，为更好地保证其会员的退休生活，新加坡政府将最低存款规定从2014年7月1日起增加至155 000新加坡元（表6-10）。最低存款不需要全是现金存款，如果会员有产业作为抵押，至少一半的最低存款可以是现金存款。现金存款是确保公积金会员退休时每个月都有收入。

表6-10 新加坡中央公积金最低存款规定（单位：新加坡元）

年龄（55岁及以上）	中央公积金最低存款
2007年7月1日	96 000
2008年7月1日	100 000
2009年7月1日	104 000
2010年7月1日	108 000
2011年7月1日	112 000
2012年7月1日	116 000
2013年7月1日	120 000
2014年7月1日	155 000

注：以2003年新加坡元标准计算

资料来源：新加坡中央公积金网站，http://mycpf.cpf.gov.sg，2006-08-30

三、新加坡中央公积金制度评价

（1）新加坡作为一个新兴的工业化国家，在过去的50年里建立起从单一的养老保障发展到涵盖养老、住房、医疗、家庭保障及资产增值等诸多方面的一种独具特色的综合的社会保障体系，并成功地将个人、家庭、雇主、社会和政府纳入社会保障体系。新加坡中央公积金制度在一定程度上促进了社会的稳定，缓解社会矛盾，对发展经济有着较大的推动作用；同时也提高人民的凝聚力，保障了国民的健康和福利。其中，“居者有其屋”计划，让80%以上的新加坡人拥有了公共组屋；医疗保健计划及其更新内容使其国人能够更好地利用医疗资源，拥有健康。新加坡中央公积金制度是由政府的中央公积金局直接进行全面管理，已逐步形成了立法保障、制度日益完善、覆盖绝大多数社会成员、政府支持、雇员及其雇主共同参与的特色，建构了从管理体制到运行方式的独具特色的社会保障体系。

（2）新加坡中央公积金制度以立法为基础，自《中央公积金法》于1953年生效以来，对缴纳时限、方式等做了明确规定。新加坡政府利用其社会控制力，强制性地要求国民必须为自己的各种保障项目之需进行预防性储蓄和投资，从而降低了政府的社会福利支出，同时又为公共设施建设和资本市场发展注入了大量的资金。在这一制度中，新加坡政府虽然无须负担，但却承担着很大的责任。一方面政府无权动用公积金存款，而另一方面其还承担着公积金保值、偿付公积金贬值损失的义务。中央公积金的三个账户的平均存款利率高于同期银行利率，其投资计划让会员有更多、更安全的投资选择。中央公积金局作为管理局，重视管理效益。在信息时代到来时，重视管理的信息化发展。

（3）随着新加坡经济的发展，公积金的收缴率也不断提高。从建立之初的雇员及其雇主共缴纳10%，到20世纪80年代上升至50%，近年来调整至33%的缴费率水平。但雇员的年龄不同，个人及其雇主的缴费率有所差别。随着雇员年龄的增加，个人及其雇主的缴费率也降低。随着国家经济水平的提高，新加坡中央公积金制度不断进行调整，目的是使更多的低收入者加入之中。随着人口老龄化速度的加快，新加坡政府一直在积极调整中央公积金政策，以使新加坡国民有足够的储蓄安度退休生活。例如，公积金制度规定55岁及以上会员最低存款计划数，已从1995年的4万新加坡元上升至2014年的15.5万新加坡元。另外，中央公积金制度通过调整雇主缴费率来调节国内生产成本，调节经济运行。会员公积金既可用于养老保障，用于购买政府组屋，又可用于其他住房、保险等项目投资。为鼓励新加坡国民，使其分享国家发展的成果，新加坡政府多次奖励国民，给予一定的花红并存入其公积金账户中，并为符合条件的年长者提出了额外的补贴。

（4）中央公积金由新加坡中央公积金局统一管理，其资金的筹集、运营及支付都是由中央公积金局独立完成的。新加坡政府无权动用公积金存款，但却承担着公积金保值、偿付公积金贬值损失的责任。作为政府的一个法定机构，新加坡中央公积金局实行董事会领导下的总经理负责制。董事会设正副主席各一名，委员10名，其中政府、雇主雇员代表各2名，专家4名（经济学家、社会学家、建房发展局总裁和电信局总裁各1名），他们分别代表各方面的利益，对中央公积金局的各种计划进行审核和监督。主席由政府委任，日常工作由总经理负责。中央公积金局下设六个职能部门，分别执行会员服务、雇主服务、人事、行政、计算机、内部事务。为了实现公积金的保值增值，中央公积金局将公积金存款主要用于购买政府发行的长期公债、股票及投资。由于这些政府发行的债券和股票都是以政府持有的资产储备作保证的，并有稳定的利息或股息收益，因此，公积金存款完全可以保证公积金的安全性，无风险性并能取得预期的收益。

（5）新加坡社会保障制度强调自立，重视家庭在社会保障中的作用。作为一个遵循东方文化的国家，新加坡政府倡导在社会保障过程中的家庭内部成员互助互爱的作用，鼓励家庭成员通过公积金计划相互支持帮助。中央公积金制度要求国民必须为本人及其家庭的各种保障之需进行预防性储蓄和投资。例如，填补公积金计划，当父母公积金账户不足时，子女可为其填补账户；家庭保障计划对受保的公积金会员在遇到意外、终身残废或死亡，在没付清住屋贷款而使他们及其家属失去住房时，能为他们和其家属提供一笔款项，协助他们渡过难关。

新加坡中央公积金制度作为一种强制性的储蓄积累模式，已成为政府主导型强制性社会保障制度的典范。但新加坡中央公积金制度也存在一些不足。

（1）退休金来源单一。新加坡中央公积金制度由于其资金主要来源于雇员及其雇主的缴纳，这在一定程度上使企业负担较重。雇主在缴纳公积金的雇主部分后，无力再为其雇员提供企业补充保险。

（2）新加坡中央公积金制度作为个人储蓄积累模式，并不具有社会再分配功能。与多数国家的社会保障制度不同，中央公积金制度鼓励依靠自己和家人，中央公积金会员间缺乏互助性，当出现个人风险时，无法体现互济互助的功能。

（3）21世纪是人口老龄化的世纪，老年人口比重将不断增加，新加坡也不例外。如何面对老龄化的挑战，是新加坡政府所面临的一个重要课题。中央公积金局作为集公积金的收缴、管理及投资于一体的机构，如何保证积存公积金的保值与增值，如何保证其活力，是其面临的重要问题①。

新加坡中央公积金制度成功地利用国民的储蓄积累，有计划地解决了一系列社会问题。国家没有包袱、人民没有加重负担。真正做到取之于民，用之于民。这一成功做法，已受到世界各国的高度重视。

第五节　中国台湾地区社会保障制度

一、台湾地区社会保障制度历史沿革

1950年，以台湾当局颁布并实施“劳工保险条例”，从法律上规范产业工人的社会保险问题为标志，开始重建社会保障制度。除了继承以前的救灾、救济等政策之外，着重建立现代社会保险制度，进入了以社会保险为核心内容的现代社会保障阶段。

1951年9月，台湾开始实施职业工人社会保险。1953年3月，公布并实施“台湾渔民保险办法”，开办渔民社会保险；同年，台湾当局公布并实施了“陆海空军人保险

① 林闽钢. 现代社会保障. 北京：中国商业出版社，1997：184，188

条例”，军人社会保险开始取代传统的军人优抚制度。1956 年 7 月又依照“劳工保险条例”开办蔗农社会保险。1956 年，台湾当局在境内颁布了统一的“劳工保险条例”，将以前的产业、职业、渔民等的社会保险合为一体，建立了统一的劳工社会保险制度。1958 年，台湾当局公布并实施了“公务员保险法”，公务人员社会保险制度取代了旧时代的文官俸薪福利制度。1960 年，对“陆海空军人保险条例”做了修订，改为“军人保险条例”，实施范围扩展到全体官兵。1964 年，制定了“退休人员保险法”等。至此，台湾的社会保障制度走向了一个以劳工社会保险、公务人员社会保险和军人社会保险等为核心内容的现代社会保障体系。

在社会福利方面，1973 年，台湾当局颁布了“儿童福利法”，标志着社会福利问题引起了当局的重视。1980 年，台湾当局又颁布了“老人福利法”及其实施细则。1981 年，颁布了“残障福利法”，社会福利制度走上了法制化的轨道，并成为台湾社会保障制度发展的新标志。

20 世纪 80 年代，台湾当局在成立专门机构调查研究数年的基础上，开始对社会保障制度进行改革。1982 年实施公务人员眷属疾病社会保险；1986 年对公务员制度进行改革。1988 年，在“劳工保险条例”（1979 年）修订的基础上再次对该条例做了重大修订。

20 世纪 90 年代以来，为了稳定民心，维护当局的统治，台湾当局不得不“高度重视”社会保障制度的建设，并提出“量力推动社会福利措施”“以激励工作代替救助”的总体思路。其中“就业保险法”和“国民年金法草案”的制定，较为充分地体现了台湾当局建立现代社会保障制度的改革取向。90 年代以后，台湾经济增长趋缓，劳动力人口增加，失业率呈现显著上升趋势，为此 1993 年台湾“劳工保险监理委员会”公布“关厂歇业失业劳工就业促进措施”，承诺由当局对因企业倒闭而造成的失业劳工提供生活补助，但因申请资格限制过严而未能达到预期效果。直到 1998 年台湾“行政院”颁布“劳工保险失业认定暨失业给付审核准则”才真正开始了失业保障制度的建设。2002 年，台湾当局又颁布“就业保险法”，从而形成了较为现代化的失业保障制度①。

二、台湾地区社会保障制度主要内容

台湾地区的社会保障制度主要由劳工社会保障、公务人员社会保障、军人社会保障及农民社会保障几大部分构成。这里从社会保障的三大项目社会保险、社会救助和社会福利分别加以介绍。

1. 社会保险

社会保险是台湾地区社会保障制度的核心内容，其社会保险体系是由劳工社会保险、公务人员社会保险（包括私立学校教职员）、农民社会保险及军人社会保险四大部分构成。发展至今，覆盖了台湾地区全体劳工、公务员、私立学校教职员工、军人、农民及其家属，具有普遍性。

---

① 张颖，范思. 台湾社会保障制度改革及评价. 辽宁行政学院学报，2003，(6)

（1）劳工社会保险。劳工社会保险开始于1950年，当时的台湾当局制定并颁布了“台湾省劳工保险办法”及其施行细则，其主管部门为台湾当局社会处。在劳工保险实施之初是以厂矿事业雇用的产业工人为保险对象，基本确定了伤害、残废、生育、死亡及老年五种给付。在其后的1951年台湾当局制定了“台湾省职业工人保险办法”，以无一定雇主的职业工人为保险对象，1953年制定“台湾省渔民保险办法”，开办渔民保险，1956年又制定了“蔗农保险约定书”，开办了蔗农保险。

1958年，台湾当局颁布并实施了“劳工保险条例”，并废止之前所颁布的相关条例，将之前的职业、渔民等相关保险融为一体，建立统一的劳工社会保险制度。其后于1968年、1973年、1979年、1988年、1995年进行多次修正。在1968年对“劳工保险条例”进行第一次修订时，增加了“失业给付”。1979年“劳工保险条例”第三次修正时，又增列了普通疾病补助费一项，由此给付项目增加为生育、伤病、医疗、残废、失业、老年及死亡七种。1988年第四次修正时，增加医疗给付项目，增列职业病预防检查，并将精神病纳入医疗给付范围。1995年第五次修正时，规定劳工保险各项给付，将普通事故保险中的医疗给付业务移转给“中央健康保险局”办理。1998年，台湾当局为保障高龄就业者的安全，为已领取劳工保险老年给付再受雇劳工，办理可自愿参加的职业灾害保险业务。2003年1月“就业保险法”实施后，将失业给付由劳保体制脱离，并与职业训练及就业服务体系结合，但仍旧归“劳工保险监理委员会”管理。劳工社会保险的管理部门为台湾“行政院劳工保险监理委员会”，在地方则由地方各级部门主管，并设立专门的“劳工保险局”（简称“劳保局”）办理劳工保险业务。同时为监督劳工保险业务及解决争议问题，还依法设立由官方代表，劳资双方及专家各占四分之一数组成的劳工保险监理委员会。

“劳工保险条例”经过几次修订，其保险对象不断扩大，几乎覆盖了台湾地区15岁以上、60岁以下的全体劳工。其中有5名以上工人的工业、矿企业和种植园的雇员、挣工资的政府雇员、公用事业雇员、渔民等为法定强制保障对象，蔗农和领薪政府雇员则另有专门法规规范，在规定外的行业和单位则属于自愿保障对象。普通事故保险的保险费率按被保险人当月投保工资的6%～11%收缴，被保险人负担20%，雇主负担70%，其余10%由当局负担。职业灾害保险费率则按被保险人当月投保工资，依照职业灾害保险适用行业类别及费率表的规定办理，一般情况下，该项保险费全部由投保单位负担。而对于无一定雇主或自营业者，这两项保险个人承担60%，当局补贴40%。

劳工保险给付。根据“劳工保险条例”的规定，劳工保险分为两大类：第一类为普通事故保险，包括生育、伤病、医疗、残废、失业、老年及死亡七种给付；第二类为职业灾害保险，包括伤病、医疗、残废及死亡四种给付。

生育给付。生育给付是台湾地区劳工社会保险开办较早的项目之一。女性被保险人为参加保险满280天的分娩者，或参加保险满181天的早产者。给付标准是根据生产前六个月的平均薪金一次给予生育给付30日。在1995年台湾全民健康保险实施后，男性被保险人的妻子不再享有该项目给付。

伤病给付。伤病给付包括普通事故伤病给付和职业伤病给付两种。普通伤病给付为被保险人遭遇普通伤害或普通疾病住院诊疗而不能工作，造成的工资受损所领取的补助费。给付标准为住院诊疗前六个月投保工资的一半，以六个月为限。职业伤害给付为由于执行职务而导致伤害或职业病而不能工作，造成的工资受损所领取的补偿费。给付标准为被投保人遭受伤害或职业病之前六个月投保工资的 70%，每半月给付一次，如一年仍未痊愈，给付减为投保工资的一半，但以一年为限，前后共为两年。

医疗给付。医疗给付分为门诊及住院诊疗两部分内容。对被保险人、医疗机构、疾病类型、治疗项目都有严格的规定。对于因职业伤害或患有职业病而需要门诊就医或住院者的职灾医疗，其保险医疗费用由“劳保局”支付。

残废给付。残废给付包括普通残废给付和职业伤害及职业病残废给付两种。当被保险人遭遇普通伤害、疾病或职业伤害、职业病，终止治疗后，经指定部门确定为永久残疾者可领取此项给付。残废给付标准依据被保险人的残废等级确定。

失业给付。失业给付对象为非自愿性离职办理退保当日前 3 年内，保险合计满一年以上，具有工作能力且有继续工作意愿，并向公立就业服务机构办理求职登记，但自求职登记之日起 14 日内仍无法推荐就业或安排职业训练者。给付标准为每月按失业给付申请人离职前六个月平均投保工资的 60%，最长可领取六个月。

老年给付。老年给付对象为符合一定资格的被保险人①。给付标准是以被保险人退休当月起的前 3 年平均月投保工资计算，老年给付对象的投保年限和平均月投保工资不同，给付标准不同。

死亡给付。死亡给付包括被保险人本人死亡给付和家属②死亡给付两种。当被保险人本人死亡时，其家属可获得一定数额的丧葬津贴和遗属津贴；当被保险人家属死亡时可获得一定的丧葬津贴。普通事故的死亡给付与职业伤害和职业病死亡给付标准不同。

劳工退休金制度。台湾地区的养老保险项目除了上面介绍的老年给付外，还包括劳工退休金。享受劳保老年给付者为符合“劳工保险条例”的对象，老年给付是一种一次性给付待遇。而劳工退休金制度分为新旧两种，旧制度下的劳工退休金依据“劳动基准法”，由雇主根据每月申报的工资总额的 2%～15%存入劳工退休准备金专户之中，作为劳工退休准备金。专款专用，所有权属于雇主，并由“中央信托局”办理基金收支、保管及使用。由于台湾岛内多为中小型企业，加上劳工经常变换工作，在旧制度下，许多劳工在退休后经常会领不到退休金。为改善旧制度的诸多弊端，新的劳工退休制度于 2005 年 7 月起开始实施，其法律依据为 2005 年实施的“劳工保险条例”。与旧制度相比，新的劳工退休制度的主要改进在于：劳工拥有一个个人账户，雇主将所提取的退休金存入该账户中，并由“劳保局”统一管理。雇员年满 60 岁时，向“劳保局”申请领取个人账户中的累积金，可按月领取，也可一次性给付。在新的劳工退休制度下，劳工工龄可连续计算，而在旧制度下被保险人的工作年限以同一单位为限，因离职或转行，工作年限须重新计算。新制度下，退休金提取采用固定费率，而旧制度下雇主负担采用

① 参加保险合计满 1 年，男性年满 60 岁或女性年 55 岁退职者；参加保险合计满 15 年，年满 55 岁退职者；被保险人在同一投保单位参加保险合计满 25 年的退职者；被保险人参加合计满 25 年，年满 50 岁退职者；被保险人担任主管机关核定的具有危险性、强体力性等特殊性质工作合计满 5 年，年满 55 岁退职者。

② 家属指被保险人的父母、配偶、子女。

弹性费率，以劳动者每月工资总额的2%～15%作为提取标准，应提取多少退休准备金，难以估算。新制度下的劳工工龄计算方式也较为灵活，这避免了企业经营对劳工的负面影响，促进了公平的就业机会。新旧劳工退休制度比较见表6-11。

表 6-11　新旧劳工退休制度比较

项目	新制度	旧制度
法律依据	“劳工退休金条例”	“劳动基准法”
颁布时间	2004 年 6 月	1984 年 7 月
保险对象	适用“劳动基准法”的台湾居民身份劳工	适用“劳动基准法”的劳工
具体规定	采用确定提取制，由雇主在平时为劳工提存退休金或保险费，以个人退休金专户制（个人账户制）为主，年金保险制为辅	采用确定给付制，由雇主在平时提存劳工退休准备金，并以事业单位劳工退休准备金监督委员会的名义，专户专储
工龄规定	工龄不以同一工作单位为限制，也不因转换工作或单位关、停业而受影响	工龄以同一工作单位为限，若因转换工作或因单位关、停业而重新就业工龄则重新计算
退休条件	年满 60 岁，且适用新制工龄满 15 年以上者，可向“劳保局”申请	工作 15 年以上年满 55 岁或工作 25 年以上者可申请退休，或符合劳动基准法规定的其他条件
领取方式	月领或一次性领取退休金	一次性领取退休金
雇主责任	退休金提取率采用固定费率，提取率不得低于 6%	采用弹性费率，以劳工每月工资总额的2%～15%作为提取基准
劳工责任	劳工在 6%内可以自愿提取，并享受税收优惠	劳工无须提取

就业保险。就业保险于 2003 年 1 月正式实施。“就业保险法”施行目的是在提供劳工于遭遇非自愿性失业时，获得失业给付、提早就业奖助津贴、职业训练生活津贴及健康保险费补助等保障，以维持其失业期间的基本生活，并协助其再就业。为构建完整的就业安全体系，台湾当局将失业保险业务从劳保体制中脱离出来，单独立法办理，并与职业训练服务体系结合。就业保险费率以被保险人当月工资的 1%计算，被保险人负担 20%，雇主负担 70%，其余 10%由当局补助。2002 年颁布的“就业保险法”规定，就业保险的主管机构为台湾“行政院劳工保险监理委员会”，其业务由“劳保局”办理，并由“劳工保险监理委员会”负责业务监理及争议审议。就业保险项目除了失业给付外还包括以下内容。

提早就业奖助津贴。符合失业给付申请条件，并于失业给付领取期限期满前就业，并参加本保险 3 个月以上者可获得该项津贴。

职业训练生活津贴。被保险人非自愿离职，向公立就业服务机构办理求职登记，经公立就业服务机构安排参加全日制职业训练者可申请此项津贴。

补助全民健康保险费。领取就业保险失业给付或职业训练生活津贴期间，且参加全民健康保险的失业者，可获得此项补助。

职灾保护。职灾保护的目的是保护受职业灾害影响的劳工权益，同时加强职业灾害预防，促进就业安全及经济发展。该项目除提供“劳动基准法”及“劳工保险条例”给予劳工职业灾害的各项给付保障待遇外，还依据2002年施行的“职业灾害保护法”给予职业疾病生活津贴、身体伤害生活津贴、职业训练生活津贴、器具补助、看护补助、劳工死亡家属补助、退保后职业疾病生活津贴等各项补助。该项法案不仅包括已参加劳工保险的劳工，也将未参加劳工保险的劳工纳入其中。

工资垫偿。该项目主要是为保障劳工因雇主歇业、清算或宣告破产而欠工资时，保障劳工的工资收入。根据“劳动基准法”和其他相关规定，凡适用劳动基准法行业的雇主按当月雇用劳工投保工资总额及规定的费率，缴纳一定数额的积欠工资垫偿基金。当单位因歇业、清算或宣告破产所积欠劳工工资未满6个月部分，经劳工向雇主请求而不能获得清偿时，可以向“劳保局”申请积欠工资垫偿。经“劳保局”查证属实，即可将积欠的工资代垫给劳工，“劳保局”再向雇主要求于规定期限内，将垫款偿还积欠工资垫偿基金。积欠工资垫偿基金是由“行政院劳工保险监理委员会”积欠工资垫偿基金管理委员会管理，基金的收缴及垫偿有关业务则委任“劳保局”办理。工资垫偿制度不仅保障了劳工的工资安全，也有助于企业的经营，有利于企业职工安心工作，改善劳资关系，协助企业渡过难关。

(2) 公务人员社会保险。台湾地区的公务人员社会保险包括公务员社会保险及公私立学校、医疗机构人员等社会保险。台湾地区的公务员制度建立于20世纪五六十年代，其借鉴美国公务员制度进行了重大改革。1958年台湾当局颁布了“公务人员保险法”及其施行细则，取代了之前的文官俸薪福利制度。此后又颁布实施了“公务人员退休法”“公务人员抚恤法”。2005年新修订的“公教人员保险法”逐步取代了之前的相关法律法规，为建立统一完善的公务人员社会保障制度奠定了良好的法律基础。

在新的“公教人员保险法”出台之前，私立学校教职员社会保险单独接受1980年颁布的“私立学校教职员保险条例”的规范。而新修订的公务人员社会保险的对象将私立学校教职员纳入其中，保险项目包括残废、养老、死亡及眷属丧葬四项，给予现金给付，以被保险人当月投保工资为计算标准。保险费率为被保险人每月工资的4%～9%，由被保险人承担35%，当局补助65%，但私立学校教职员由当局和学校各补助32.5%。为确保与旧制度的衔接，该法律规定，原参加公务人员保险或私立学校教职员保险，已缴纳保险费满30年，或缴付保险费未满30年并继续缴纳本保险费届满30年的被保险人，在该保险有效期间，其保险费由各级政府或各私立学校负担。

残废给付。它是指被保险人发生伤害事故或罹患疾病，医治终止后，身体仍遗留无法改善的障碍，符合残废标准，并经有关机构评定为残废者，按照其确定成残当月的参保工资数额给付。残废给付分为因公或服役成残给付和因病或意外伤害成残给付两种。前者全残废者给付36个月，半残废者给付18个月，部分残废者给付8个月。后者全残废者给付30个月，半残废者给付15个月，部分残废者给付6个月。

养老给付。它是指被保险人依法退休，或缴付保险费满15年，且年满55岁的退休者，给予一次性养老给付[①]。

死亡给付。其分为因公死亡给付和因病或意外死亡给付。前者给付 36 个月，后者给付 30 个月，并对因执行公务或服兵役致残或死亡做了明确的规定。

眷属丧葬津贴。它是指当被保险人的眷属因疾病或意外伤害而致死亡者，给予一定数额的丧葬津贴，包括父母、配偶及子女的三种。

公务人员保险分为医疗给付和现金给付两大类。医疗给付包括生育给付和伤病给付。而现金给付则指被保险人在保险有效期内，发生残废、养老、死亡、眷属丧葬等四项保险事故时，予以现金给付，其给付金额以被保险人当月工资为计算标准。

（3）军人社会保险。台湾地区的军人保险制度是从旧的军人优抚制度发展而来的，1950 年台湾当局颁布实施了“军人保险法”，1953 年制定实施了“陆海空军人保险条例”，军人社会保险步入法制化轨道，其保障范围也扩大到全体官兵。1970 年台湾当局对该法律进行修订，并改名为“军人保险条例”，此后经过几次修订，成为现行台湾军人社会保险的法律依据。

台湾军人社会保险自成体系，主管单位为台湾当局“国防部”，其业务委托“中央信托局”人寿保险处负责办理。和其他社会保险内容不同，军人保险的给付项目仅为死亡、残废、退伍三项。军人社会保险的对象为台湾现役军人，包括军官、士官和士兵。除尉官以上军官分担部分保险费外，一般军人的保险费全部由国库支出。而由于军人及其家属可在各级军队医疗单位接受免费的治疗，因此医疗给付不包括在军人保险之中。退伍及残废给付是以被保险人本人为受益人，而死亡给付则是由被保险人的家属受益。军人社会保险的基金除源于被保险人的缴纳外，主要来源于国库，保险费率为被保险人每月保险基数金额的 3%～8%，按月缴付，由被保险人承担 35%，当局补助 65%。

死亡给付。死亡给付分为三类：①因作战死亡，给付 48 个基数[②]；②因公死亡，给付 42 个基数；③因病或意外死亡，给付 26 个基数。若此类给付低于被保险人应得的退伍给付时，则按退伍给付发放。

残废给付。它与死亡给付相似，分为三类，即作战成残、因公成残、因病或意外成残的给付。

退休给付。军人的退休给付以其保险年限和其保险基数确定[③]。

（4）农民社会保险。在正式开办农民健康保险之前，台湾当局制定了“台湾省农民健康保险暂行试办要点”，并于 1985 年 10 月起选择一些医疗资源充足、组织健全的基层农会，试办了几期农民健康保险。1989 年 7 月“农民健康保险条例”开始实施，随后又颁布了施行细则，正式开办农民健康保险。农保对象为农会会员及年满 15 岁以上

---

① 对于 1995 年 3 月 1 日至 1999 年 5 月 30 日缴付保险费满 15 年且年满 55 岁而离职退保者，依原公务人员保险法或原私立学校教职员保险条例规定标准，给予一次养老给付。

② 基数是以被保险人事故发生月的保险基数为标准计算。

③ 保险满 5 年者，给付 5 个基数；保险超过 5 年者，自第 6 年起至第 10 年，每超过 1 年增给 1 个基数；保险超过 10 年者，自第 10 年起至第 15 年，每超过 1 年增给 2 个基数；保险超过 15 年者，自第 16 年起，每超过 1 年，增给 3 个基数；保险满 20 年者，每超过 1 年增给 1 个基数，最高以 45 个基数为限；保险未满 5 年，未曾领残废给付者，按照最后月份缴费标准，退还其以往各月自付部分保险费。

从事农业工作的农民[1]。农民健康保险最初是保险费率为被保险人月投保金额的6%～8%，月投保金额依据农民保险前1年度实际投保工资的加权平均金额拟订。目前核定实施的月投保金额为10 200元新台币，保险费的分担比例为被保险人负担30%，当局补助70%。全民健康保险开办后，农保医疗给付移交“中央健康保险局”办理，农保保险费率改为2.55%[2]。

台湾地区农民保险的实质是农民健康保险，给付范围包括医疗、生育、残废与死亡四种，全民健康保险开办后，医疗给付移交“中央健康保险局”办理。自1995年起，该项保险开始为身心障碍者，依据其残障程度提供保费补助。农民保险的主管机构是台湾“内政部”社会司，在“中央社会保险局”成立之前，业务委托“劳保局”办理。同时农民健康保险监理委员会负责监督农民健康保险业务及审议保险争议。台湾地区农民保险的开办，其参保人数不断增加，至2006年1月底，参保农民数已超过164.5万，占台湾地区总人口的7.22%[3]。

生育给付。申请者为被保险人或其配偶符合一定条件的分娩者、早产者、流产者。分娩或早产者的给付标准按其分娩（早产）当月的投保金额确定，一次性给予2个月补助；流产者的给付标准为流产当月投保金额，一次性给予一个月补助；双胞胎则增加给付。

残废给付。领取该项给付须具备一定的资格条件，根据全民健保医疗院所诊断残废，根据其残废程度确定给付标准。给付标准最低为15等级，给付30日，最高为一等，给付1 200日。

丧葬津贴。该项给付是在被保险人死亡时由殡葬负责人领取，其标准按照被保险人死亡当月的投保金额，一次性给予15个月。

各项具体给付标准如表6-12所示。

表6-12 台湾地区农民社会保险给付标准

类型	给付标准
生育给付	分娩及早产：2个月（20 400元新台币）
	流产：1个月（10 200元新台币）
残废给付	共有15个等级（10 200～408 000元新台币）
丧葬津贴	15个月（153 000元新台币）

资料来源：台湾“内政部”社会司网站，http://www.moi.gov.tw，2006-06-30

2. 全民健康保险

1995年以前，台湾地区虽然有劳工保险、公务人员保险、农民保险和军人医疗照顾等10多种健康保障制度，仅覆盖59%的台湾民众，仍有41%、800多万人口缺乏健康保障，而且大部分为14岁以下的儿童及65岁以上的老人。1995年3月台湾当局颁

① 农会会员一律参加该保险，年满20岁，居住农会组织区域内，实际从事农业申请加入基层农会为会员者，依下列规定：自耕农、佃农、雇农、农业推广工作者、农林牧场从事农作者。

② 被保险人每月应承担保费＝农民的月投保金额×保险费率×被保险人负担保险费比例＝10 200×2.55%×30%＝78.03元新台币。

③ 台湾“内政部”社会司网站，http://www.moi.gov.tw，2006-06-30

布实施了“全民健康保险法”，开始实施全民健康保险，目的是向国民提供更为全面的基本医疗服务，其保障对象和服务范围远远超过了之前的任一项目。全民健康保险实施至今已有 11 年，经过几次修订，并自 2001 年起，将军人也纳入该项保险，成为真正意义上的全民健康保险。

全民健康保险由台湾“行政院”下属卫生署“中央健康保险局”统一管理和运营，作为一项强制性保险项目，台湾当局规定凡符合一定条件者，都必须参加①。全民健康保险的对象分为六大类，保费则依据不同的对象确定（表 6-13）。被保险人持相关有效证件和全民健保卡即可到全民健保医疗机构就医。该项保险的支付类型为疾病、伤害、生育三大类给付，此类给付为门诊或住院诊疗服务。全民健康保险对如何就诊、转诊，如何负担门诊及住院费用，负担比例、医疗机构等方面都有详细的规定。全民健康保险的支出以医疗服务支出为主，其经费主要来自保险费的收入。保险费的负担比率依保险对象类别不同而有不同，低收入户和无职业的荣民，保险费完全由当局补助。为减少医疗浪费，鼓励民众小病到社区诊所医治，需要进一步检查或治疗时再转诊到大医院，近年来开始实施转诊制度，以促使健保资源的有效运用，使患者得到更好的治疗。

表 6-13 全民健康保险具体规定

类别	参加全民健保的保险对象			投保单位
	本人	保费	眷属	
第一类	1. 政府机关、公私立学校专任有给人员或公职人员	被保险人及其眷属自付 30%，投保单位负担 70%。私立学校教职员的保险费，则由被保险人及其眷属自付 30%，学校负担 35%，中央或直辖市主管教育行政机关补助 35%	配偶；直系血亲亲属；被保险人双亲等直系血亲亲属未满 20 岁，满 20 岁且无职业，年满 20 岁无谋生能力或仍在学校就读无职业者（以上均需无职业）	所属机关、学校、公司、团体或个人
	2. 公、民营事业、机构的受雇者	被保险人及其眷属自付 30%，投保单位负担 60%，其余 10%由当局补助		
	3. 前两项被保险人之外的有一定雇主的受雇者	被保险人及其眷属自付 30%，投保单位负担 60%，其余 10%由当局补助		
	4. 雇主或自营业主	被保险人及其眷属自付全额保险费		
	5. 专门职业及技术人员自行执业者	被保险人及其眷属自付全额保险费		

① 具有台湾居民身份，符合下列规定资格之一的人，都应该参加全民健康保险：曾有参加本保险记录或参加本保险前四个月继续在台湾地区设有户籍者。在台湾地区设有户籍，并且是有一定雇主的受雇者。在台湾地区办理户籍出生登记，并且符合被保险人眷属资格的新生婴儿。在台湾地区未设有户籍，而在台湾地区领有居留证明文件，并符合被保险人及眷属资格者，自在台居留满四个月时起，亦应参加本保险。但有一定雇主的受雇者不受四个月之限制。大陆地区配偶持团聚事由的旅行证，自在台连续停留满四个月起依附台湾地区配偶投保。

续表

类别	参加全民健保的保险对象			投保单位
	本人	保费	眷属	
第二类	1. 无一定雇主或自营作业而参加职业工会者	被保险人及其眷属自付60%，其余40%由当局补助	配偶；直系血亲亲属；被保险人双亲等直系血亲亲属未满20岁，满20岁且无职业，年满20岁无谋生能力或仍在学校就读无职业者（以上均需无职业）	所属的工会、船长公会、海员总工会
	2. 参加海员总工会或船长公会会员之外雇船员			
第三类	1. 农会及水利会会员，或15岁以上实际从事农业工作者	被保险人及其眷属自付30%，其余70%由政府补助	配偶；直系血亲亲属；被保险人双亲等直系血亲亲属未满20岁，满20岁且无职业，年满20岁无谋生能力或仍在学校就读无职业者（以上均需无职业）	农会、渔会、水利会
	2. 无一定雇主或自营作业而参加渔会为甲类会员，或15岁以上实际从事渔业工作者及领取抚恤的军人遗属			
第四类	1. 应服役期及应召在营期超过2个月的义务兵，军事学校学生，经“国防部”认定的无依军眷及在领恤期间的军人遗属	保费由其所属机关全额补助	无	“国防部”联合“后勤司令部”留守业务署
	2. 服替代役期间的役龄男子	由“内政部”全额补助	无	“内政部”役政署
第五类	符合《社会救助法》规定的低收入户成员	在省，由“中央”社政主管机关补助35%，县（市）政府补助65%；在直辖市，则由直辖市政府全额补助	无	户籍地的乡（镇、市、区）公所
第六类	荣民或荣民遗眷的家户代表	保费由“行政院国军退役官兵辅导委员会”补助；眷属的保险费自付30%，其余70%由该委员会补助	配偶；直系血亲亲属；被保险人双亲等直系血亲亲属未满20岁，满20岁且无职业，年满20岁无谋生能力或仍在学校就读无职业者（以上均需无职业）	户籍地的乡（镇、市、区）公所
	前五类被保险人及其家属以外的家户户长或代表	被保险人及其眷属自付40%，由当局补助40%		

注：眷属及第六类被保险人均须为无职业者

3. 社会救助

1980年以前，社会救助工作的指导性法律一直是1943年颁布的“社会救济法”，此后又颁布实施了一些单行法律。1980 年新的“社会救助法”颁布实施，它是台湾地区社会救助事业的一个新起点。新的社会救助的目的是照顾低收入者及救助遭受急难或灾害者，协助其自立，保障他们的基本生活。而对于有工作能力的低收入者，通过以工代赈，协助其摆脱贫困。新的社会救助不仅提供现金援助，还提供相关的服务。“社会救助法”规定，社会救助的主管机构为台湾“行政院内政部”，在地方则为地方政府。社会救助分为生活扶助、医疗补助、急难救助及灾害救助四个部分。

“社会救助法”规定，对于被救助的低收入户必须为符合一定考核标准的家庭，并定期对该类家庭进行调查①。社会救助所需的各项经费由各级主管机关分别编列预算支付。

（1）生活扶助。符合条件的低收入户可向当地主管机关申请此项救助。生活扶助主要以现金形式支付，如因实际需要，可委托适当的社会救助机构、社会福利机构或其他家庭收容。生活补助种类较多，有家庭生活补助、儿童生活补助、子女就学生活补助等。对于年满 65 岁的老年人、怀孕超过 6 个月的孕妇及残障者增加 20%～40%的现金补助。以工代赈是生活扶助的一个特殊项目，是对于有工作能力者，通过协助其接受职业训练、就业服务、创业辅导或以工代赈方式帮助其自立，并对该类家庭提供诸如产妇及婴儿营养补助、托儿补助、教育补助、居家服务等特殊项目救助和服务。

（2）医疗补助。低收入户的伤、病患者及患严重伤、病，所需医疗费用超过本人或扶养义务人能力者，可获得此项补助②。另外，低收入户参加全民健康保险的保险费，由有关政府主管机关补助。

（3）急难救助。对于家庭户中因人口死亡无力殓葬者、家庭中人口因遭受意外伤害而导致生活陷入困境者或家庭主要生活承担人因患重病、失业、服兵役、入狱而无法工作导致生活陷入困难者可申请此项救助。

（4）灾害救助。因遭受水、火、旱灾害而导致重大损失，影响生活者，可给予此项补助。灾害救助不仅给予一定的现金补助，而且协助受灾者处理善后工作，如帮助修建房舍、设立临时灾害收容场所、提供粮食等。

4. 社会福利

社会福利是台湾地区社会保障体系的重要组成部分。20 世纪 70 年代以来，台湾当局先后颁布一系列社会福利法案，如 1973 年“儿童福利法”、1980 年“老人福利法”及其实施细则、1981 年“残障福利法”，标志着社会福利制度走上了法制化的轨道，并成为台湾地区社会保障制度发展的一个新的标志。21 世纪以来，台湾当局又颁布出台了新的法律文件，如 2003 年的“儿童及少年福利法”，2004 年的“身心障碍者保护法”，台湾地区的社会福利制度处于进一步完善之中。

在社会福利的实施方面，台湾一直采取公办的公共服务和私营的志愿服务并举的原则，提供社会福利设施，强调专业服务。台湾地区现行的社会福利主要包括儿童福利、

---

① 符合家庭总收入平均分配全家人口，每人每月在最低生活费以下，且家庭财产未超过规定标准。最低生活费以当局公布的当地最近 1 年平均每人消费支出的 60%确定。

② 但参加全民健康保险可获得医疗给付者，不得再申请此项。

老人福利、妇女福利、身心障碍者福利等项目，其发展仅次于社会保险。

（1）儿童福利。1973 年台湾当局制定颁布了“儿童福利法”，此后经过几次修订，它是台湾地区儿童福利制度的主要法律依据。儿童福利的对象为未满 12 周岁者，主管机构最初为“内政部”，1999 年“内政部”儿童局成立，专门负责儿童社会福利工作。其主要负责儿童福利法规及政策的研制、监督、指导等方面的工作，而地方政府则负责儿童福利的具体操作。经费来源于政府的年度预算及社会福利基金，私人或团体的捐赠，及儿童福利基金。儿童福利的主要措施包括：妇幼卫生、儿童保健、家庭辅导、贫苦家庭补助、儿童教保、儿童行为问题辅导、儿童保护及不幸儿童收容安置等。鼓励各级主管机关兴办托儿所、儿童乐园、儿童医院、儿童康乐中心、儿童图书馆、儿童紧急庇护所、儿童心理卫生中心等福利设施。台湾地区的儿童福利的对象不仅包括传统意义的贫困、失依者，而是将所有儿童包含其中。2004 年 9 月，实施达 30 年之久的“儿童福利法”废止。2003 年，“儿童及少年福利法”颁布，新法律对不同主管机关的工作，如主管机关、卫生主管机关、教育主管机关、新闻主管机关等做了更为详细的规定，同时对儿童及少年的保护措施规定也更为明确。

（2）老年福利。1980 年颁布的“老人福利法”及其后的“老人福利法实施细则”是台湾地区老年社会福利的主要法律依据。老年福利的对象为 65 岁及以上的老年人，该项福利的主管机关为“内政部”社会司，在地方为各级政府。“内政部”主要负责老年福利政策的研究、制定及监督，而地方政府则负责老年福利政策的具体实施，如兴办各类长期照护、养护、安养、文康、服务等老人福利机构，提供居家护理、居家照顾、家务服务、友善访亲、电话问安、餐饮服务、居家环境改善等类型服务。老年福利还包括针对老年人的保护措施，即对那些家庭疏于照料、遭受虐待、遗弃的老年人提供保护。其经费主要来源于政府每年专列的老人福利预算，社会福利基金及私人或团体捐赠。台湾当局除了为老年人提供福利服务和设施外，还为符合条件且年满 65 岁的老人提供每月 3 000 元新台币的敬老福利生活津贴。面对老龄化社会的到来，台湾鼓励三代同堂，对于符合政府房租住条件的三代同堂家庭优先提供。自 20 世纪 90 年代台湾地区实施全民健康保险计划后，政府为年满 70 岁的中低收入老人健康保险费提供全额补助，同时也为他们提供重病住院看护补助费。台湾地区的老年社会福利与社会保险中的老年给付、社会救助、全民健康保险共同构筑了台湾地区老年社会保障体系。此外，台湾当局根据“老年农民福利津贴暂行条例”的规定，自 1995 年起实施老农津贴，对象为年满 65 岁，申请时参加农民健康保险，且参加时间在 6 个月以上者，给予每月 5 000 元新台币的津贴①。

（3）妇女福利。台湾地区的妇女社会福利的主要法律条文为 2000 年颁布的“特殊境遇妇女家庭扶助条例”，该项法律主要是帮助 15 岁以上、65 岁以下处于特殊境遇的妇女，帮助她们解决生活困难，给予紧急照顾、协助其自立自强及改善生活环境。服务项目包括紧急生活扶助、子女生活津贴、子女教育补助、伤病医疗补助、儿童托育津贴、法律诉讼补助及创业贷款补助。台湾地区妇女社会福利的主管机关为“行政院内政

① 包括已领取劳工保险老年给付的渔会甲类会员，且会员年限达 6 个月以上者。

部”社会司，并于1997年成立了“行政院”妇女权益促进委员会。各地方兴建妇女福利机构，如妇女福利服务中心、妇女中途之家、庇护中心、单亲家庭服务中心，提供妇女庇护、法律咨询、妇女职业培训、单亲家庭扶助等项服务，近年来又推出了对外籍配偶的帮助服务项目，如生活适应及其他支持性服务。与其他福利项目有所区别，妇女福利主要是针对遭遇特殊困难的妇女的扶助。

(4) 身心障碍者福利。1980年“残障福利法”的颁布，标志着台湾地区残障福利走上法制化的轨道。2004年在原法律基础上修订颁布的“身心障碍者保护法”，成为现今台湾地区保障身心障碍者合法权益的主要法律依据。根据新法规定，身心障碍者福利的保障对象指个人因生理或心理因素导致其参与社会及从事生产活动功能受到限制或无法发挥，经鉴定符合卫生主管机关所规定残障等级者。身心障碍者福利的主管机关为“行政院内政部”，该项福利经费来源于各级政府按年专列的身心障碍福利预算、社会福利基金、身心障碍者就业基金专户及私人或团体的捐款。其福利项目包括医疗及康复服务、协助就学及补贴、就业训练及服务、低收入身心障碍者的生活及辅助器具补助，以及提供各类的居家服务及社区服务[①]。对于此类人员参加社会保险，政府根据其家庭经济情况及残障等级给予不同程度的补贴。另外，台湾当局对身心障碍者如购买政府住房、房屋租金及贷款、搭乘公共交通工具等方面实施优惠措施。鼓励地方政府自行或结合民间资源设立教育、医疗、护理、康复、庇护、职业训练等机构为残障者服务。

三、台湾地区社会保障制度评价

台湾地区社会保障制度虽起步较晚，但其发展速度较快。作为亚洲经济四小龙之一，在20世纪80年代经济发展中取得令世人瞩目的成就，这为其社会保障制度的完善和发展提供了有力的经济支持。

台湾地区社会保障制度的总体目标是减少贫穷，协助合法居民获得基本需求，进而达到重新分配所得的功能。时至今日，已形成了以社会保险为核心的综合的社会保障体系。台湾地区社会保障制度的特点和存在的问题如下所示。

(1) 适度的社会保障水平。台湾地区社会保障制度在建设过程中大量借鉴了日本和其他欧美发达资本主义国家的成功经验，但也充分注意到了福利国家社会保障制度中存在的财政负担过重和效率低下等问题，再加上台湾地区一直将社会保障支出的目的定位为减少贫穷、协助合法居民获得基本需求，进而达到重新分配所得的目的。因此，多年来台湾地区保持了适度的社会保障水平，从而成功地避免了因社会保障水平不适度对社会经济长远发展的负面影响。

(2) 适时建立的失业保险制度。20世纪70年代以后，台湾地区经济的迅猛发展，劳动密集型的电子工业和制造业吸纳了大量的劳动力，因此，台湾地区的失业率在20

---

① 居家服务：居家护理、居家照顾、家务助理、友善访视、电话问安、送餐到家、居家环境改善及其他相关居家服务。社区服务：复健服务、心理咨询、日间照顾、临时及短期照顾、餐饮服务、交通服务、休闲服务、亲职教育、资讯提供、转介服务及其他相关服务。

世纪70年代到90年代中期始终平稳地保持在2%以内并且与其他国家和地区比较长期保持相对较低的失业率。但到2002年失业率达到5.2%，是1990年的3倍。其主要原因在于80年代以后的产业结构提升，大量境外劳动力的进入以及加入WTO对传统产业的冲击等。台湾当局在社会各界的舆论压力和不断敦促下开始将失业保险建设作为社会保障改革重点之一，2002年颁布的“就业保险法”更完善了失业保障的立法。虽然目前台湾失业保障体系仍不完善，仍存在失业保险覆盖率和失业保险标准有待提高等诸多问题，但是，适时建立并不断改进的失业保险制度无疑将会对未来台湾地区的社会稳定起到关键性作用。

（3）难以一统的社会保险制度。1995年以前，台湾地区社会保险虽然项目繁多，但都是以职业划分，各自为政。这种社会保险方式虽然表面上在一定程度上满足了“各个层次”居民的不同生活需求，但是保障程度的不均衡造成社会再分配的不公平，从而多次引起不同社会群体的抗议，导致了潜在社会矛盾的不断加深。虽然1995年以后，台湾当局开始着手建设各类全民社会保险项目，但是由于改革不彻底，全民保险和职业保险分庭抗礼，并且过多地为某些社会群体和阶层保留利益，无法完全实现全民保险标准的统一，难以彻底解决分配不公平的社会矛盾。此外，各类保险项目重叠，不可避免地产生了许多损耗，造成社会资源浪费。

（4）亟待改革的养老保障体系。台湾地区社会保障制度中多项职业保障涉及老年人给付，并于1980年颁布了专门的“老人福利法”，从而使台湾地区老年保障的覆盖率达到了较高水平，但是由于这种老年给付方式更多从职业角度出发而不是从收入水平出发，导致各种给付水平的差异较大。另外，从国际比较角度来看，台湾地区老年人生活所需仍然较大程度来自于家庭的子女供养和自身劳动收入而非社会保障。同时，因台湾地区近年来老龄化趋势不断加重，老年社会保障水平较低仍然是影响社会稳定的主要因素之一。虽然台湾当局对此早有一定认识，但是由于政府实施力度不够等诸多不利因素的影响，台湾地区统一的老年保障制度始终未能得以实施，因此一系列相关社会问题难以得到彻底的解决①。

第六节　中国香港地区社会保障制度

香港是一个国际化的大都市，素有东方明珠之称，其居民以华人为主体。经过多年建设，香港政府成功地建立起社会保障的基本架构，社会保障的规模和水平有了长足的进步。尽管香港的社会保障体系仍存在不足之处，但从整体上看，为社会成员提供生活安全网的目标已经达到，它保证了市民的基本生活，在维护社会稳定方面发挥着重要的作用。

① 张颖，范思. 台湾社会保障制度改革及评价. 辽宁行政学院学报，2003，(6)

一、香港地区社会保障制度历史沿革

香港开埠后，陆续吸引了大批华人前来谋生，由于前景不甚明朗，许多人将父母妻儿留在家乡，只身赴港，因此，来港的内地居民，多数为单身男性，只有一些经济条件较好的居民才携眷在香港居住。20世纪以后，这种情况有了某种程度的改变，但相对于内地的大家庭而言，仍然显得人单势孤。这些海外漂流的华人失去了家庭的保护，失去了原有的社会关系纽带，当他们遭遇到失业、疾病、伤残等天灾人祸时，便会陷入求助无门的悲惨境地。因此，香港自开埠伊始，便是一个社会保障需求十分强烈的社会，当地华人在陷入困境时迫切需要政府和社会伸出援手。然而，在1950年以前，港英当局以人口流动性太大，大部分华人无意久居香港为借口，拒绝为本地居民提供任何社会服务。在这一时期，社会保障主要以民间自救与互济的形式出现，具体而言，有两类民间组织承担了社会保障的主要责任，其一是华人社团，其二是宗教团体。

20世纪50年代，港英政府开始介入社会保障事务，1953年，建立了强制性的雇主责任制，实施雇主责任强制保险。同时由于各类自愿性机构已无法承担各种救济事务，香港政府开始有限度地介入社会服务。1958年，港英政府社会局改名为社会福利署，主要负责救助受灾及贫困人口，实施应急社会救济。60年代中期以后，香港开始逐步建立面向低收入者和弱势群体提供援助的社会福利计划。1965年，香港政府发布了第一个社会福利政策白皮书，开始提供以津贴形式为主的社会福利，这标志着香港社会保障事业进入发展阶段。

20世纪七八十年代是香港社会保障发展的重要时期。1971年，第25任港督麦理浩管理下的港英政府从维持香港社会稳定的角度出发，提出了改善民主的多项举措，社会保障就是其中之一，其出台了社会保障的各项措施，涵盖社会保障各个方面。在社会救助方面：1971年改进了公共援助计划，实行入息审查的公援计划；1973年开始实施伤残老弱津贴和实施伤亡赔偿计划；1978年开始实行老年经济状况调查补贴与残疾补贴制度。在就业保障方面：1977年开始实施新的失业保险政策，根据某些条件对失业者提供现金援助，建立免费的公共职业介绍制度；1979年开始实施意外伤害条例。这一时期，由于工伤事故频繁，政府强制雇主为其雇员购买劳工赔偿保险。

20世纪80年代后，香港政府对其社会保障制度进行了进一步的修改补充，1980年开始实施经济状况调查补贴；1988年开始实施老年经济状况调查补贴；实行普遍较高的津贴，对贫穷、失业、年老、残疾者的现金帮助，以及对住房、教育等方面的福利措施进行改进。

1997年，随着香港回归祖国，其社会保障制度与其他社会制度一样也处于转型之中，强制性公积金制度可以说是新时期最富有成效的社会保障项目。

二、香港地区社会保障制度主要内容

香港社会保障制度主要内容有：以综合援助计划为主体的社会保障计划，社会福利津贴及服务，强制性公积金制度、公务员社会保障等内容。香港社会保障制度以社会保险为核心的发展十分有限，而社会救助、社会福利及服务则发挥了极为重要的作用。

1. 社会保障计划

社会保障计划由香港政府卫生福利及食物局属下的社会福利署负责，项目主要包括综合社会保障援助计划（简称综援计划）、自力更生支援计划、综援长者广东及福建省养老计划、公共福利金计划、意外事故赔偿计划等项目。

（1）综援计划。综援计划最初为1971年设立的公共援助计划，该项计划最初主要是针对赤贫者提供现金援助。1992年，港英政府将公共援助计划更名为综援计划。与原有的公共援助计划相比，综援计划将公共援助金与各种补助金合起来，为不同人士提供定额援助金，并提高了基本金额。综援计划的目的是以收入补助的方法为那些在经济上无法自给的人士提供安全网，使其收入达到一定水平，以应付生活上的基本需要。综援计划的资金主要来源于税收和政府收入资助，但享受该福利的人士需接受经济状况审查。在新的综援计划下，保障对象为老人、失业者、收入较低者以及由各种原因而导致的经济困难者，为他们提供现金津贴。

该计划对申请者有一定的要求，须为香港居民最少7年并在申请日前连续居港最少一年。同时申请人必须通过入息及资产审查，即申请人及其家庭成员每月可评估的总收入必须低于他们在综援计划下所认可的每月需要总额①。同时，社会福利署对15～59岁身体健康正常的申请人，如失业或每月从工作中所赚取的收入或工作时数少于所定标准，要求他们积极地寻找全职工作，依照社会福利署规定参加自力更生援助计划。

综援计划下援助金类别大致可分三类：长期个案补助金、单亲补助金和社区生活补助金。

长期个案补助金的领取者是指有60岁以上的老年人、伤残或经医生证明为健康欠佳成员的受助家庭，如连续领取援助金达12个月或以上，可按家庭中这类成员的人数，获发每年一次的长期个案补助金，作为更换家居用品和耐用品之用。根据2006年的标准，长期个案补助金，单身者每年为1 430港元；有2～4名老年人、伤残人或经医生证明为健康欠佳成员家庭的年补助金为2 865港元；有5名以上老年人、伤残或经医生证明为健康欠佳成员家庭的年补助金为3 825港元。

单亲补助金则是指单亲家庭每月可获发单亲补助金，以顾及单亲人士独力照顾家庭所遭遇的特别困难，其补助金额为每月225港元。

社区生活补助金是指经医生证明残疾程度达100%或需要经常护理而非居于院舍的受助人每月可获发社区生活补助金，以顾及严重残疾人士在社区生活可能需要较多的费用。这项补助金从2005年11月起执行，补助金额为每月100港元。

不同类别的申请人可获不同的标准金额，以应付生活上的基本需要（表6-14）。申请人也可获得特别津贴以应付个人或家庭的特别需要，如租金、学费、必需的交通费

① 资产限额：健全的成人单身人士的资产限额为2.2万港元；儿童、老人、伤残单身人士的资产限额为3.4万港元。对于家庭的资产限额，根据家庭中健全人及老年、伤残人数来确定。例如，一个七人家庭，其中包括两名健全成人、三名健全儿童、一名伤残儿童及一名老人，这个家庭的资产限额为10.9万港元。

等。根据香港社会统计局的资料，2003～2004 年度获得综援计划资助者达 29 万人。

表 6-14　香港援助标准（单位：港元）

类别	每人每月标准金额			
	单身人士	家庭成员		
60 岁及以上老年人				
健全/残疾程度达 50%	2 280	2 150		
残疾程度达 100%	2 760	2 440		
需要经常护理	3 885	3 560		
60 岁以下健康欠佳/残疾的成人				
健康欠佳/残疾程度达 50%	1 930	1 750		
残疾程度达 100%	2 410	2 085		
需要经常护理	3 530	3 205		
残疾儿童				
残疾程度达 50%	2 570	2 240		
残疾程度达 100%	3 050	2 725		
需要经常护理	4 165	3 850		
60 岁以下的健全成人				
单亲人士/需照顾家庭人士		1 750[1]	1 580[2]	1 400[3]
其他健全成人	1 610	1 435[1]	1 295[2]	1 150[3]
健全儿童	1 930	1 600[1]	1 440[2]	1 280[3]

1）有不超过 2 名健全成人/儿童的家庭

2）有 3 名健全成人/儿童的家庭

3）有 4 名或以上健全成人/儿童的家庭

注：表格中内容为自 2006 年 2 月 1 日起生效的金额

资料来源：香港政府社会福利署网站，http://sc.info.gov.hk，2006-06-30

（2）自力更生支援计划。该计划是综援计划的一个延伸，主要是为了鼓励和协助申请综援计划的失业者寻找有薪工作，使其能够自食其力。社会福利署联合劳工署、雇员再培训局、建造业训练局、香港社会服务联会等提供积极就业援助，提供个人服务，鼓励和协助失业的申请人积极寻找工作，并提供积极就业网上资讯服务。同时还提供社区工作，通过安排参加社区工作，使失业申请者在寻找工作的同时，加强自尊自信和培养工作习惯，为将来就业做好准备。自力更生支援计划的申请人可豁免计算部分收入，鼓励申请人继续工作。

（3）综援长者广东及福建省养老计划。该计划是向符合申请资格并选择到广东或福建省养老的综援计划受助的老年人继续提供现金援助。申请人须是香港永久居民，在香港居住最少 7 年且年龄在 60 岁或以上；在申请前已连续领取综援金最少 1 年。对符合资格的申请人可获每月发放 1 次的综援标准金额及每年发放一次的长期个案补助金，但不会获发特别津贴或其他援助金（如租金津贴、特别膳食津贴、交通费用津贴）。当受助人不幸去世，负责其安葬事宜的亲友，可向社会福利署申请安葬费津贴。

（4）公共福利金计划。公共福利金计划是为严重残疾或年龄在65岁以上的香港居民，每月提供现金津贴，以应付因严重残疾或年老而引致的特别需要。这项计划包括普通伤残津贴、高额伤残津贴、普通老龄津贴及高额老龄津贴。除普通老龄津贴外，在该计划下发放的津贴均无须申请人接受经济状况调查。公共福利金申请人须为已是香港居民最少7年；在申请日前连续居港最少1年①。同时需要在领款期间，继续在香港居留；没有领取本计划下的其他津贴或综合社会保障援助；并非被拘禁或监禁。

公共福利金计划下的具体津贴：其一，普通伤残津贴。领取者须经指定部门证明为严重残疾，其严重残疾情况将持续不少于6个月者可领取普通伤残津贴，补助额为每月1 125港元②。其二，高额伤残津贴。除要符合上述普通伤残津贴的资格外，还须经由指定部门证实在日常生活中需要他人不断照顾；以及并没有在政府或受资助院舍或医院管理局辖下的医疗机构接受住院照顾，或在教育统筹局辖下的特殊学校寄宿。符合这些条件者可领取高额伤残津贴，补助额为每月2 250港元。其三，普通老龄津贴。年龄在65～69岁且收入及资产并没有超过规定的限额者可领取该项津贴，补助额为每月625港元。其四，高额老龄津贴。年龄在70岁或以上者，补助额为每月705港元。

（5）意外事故赔偿计划。意外事故赔偿计划包括交通意外伤亡援助计划、暴力或执法伤亡赔偿计划和紧急救援服务。在意外事故赔偿计划下，申请人无须供款，亦无须接受经济状况调查。

交通意外伤亡援助计划。1979年，香港政府制定了《交通意外伤亡者（援助基金）条例》，设立交通意外无辜受害者计划，以缓解受害者的财政困难。这项计划旨在向道路交通意外受害人或其赡养人（如受害人死亡）迅速提供经济援助。此计划无须考虑受惠人的经济状况，或有关交通意外是因谁人的过失而造成。援助金按受害人的伤亡情况支付。

暴力及执法伤亡赔偿计划。这项计划目的是提供经济援助给因暴力罪行或因执法人员使用武器执行职务，以致受伤者或其赡养人（如受害人因伤死亡）。

紧急救济服务。依据《紧急救援基金条例》，该计划是为天灾或其他灾祸的受害人提供膳食（或以现金代替膳食）及救济物品。这项计划旨在提供现金援助给因火灾、台风、水灾或其他自然灾害而需要紧急救援者；所发放的补助金属援助而非赔偿性质。

2. 社会福利及服务

香港社会福利及服务内容广泛，包括家庭及儿童福利服务、临床心理服务、医疗社

---

① a. 非法留港的人士以及并非以定居原因获准在香港居留的人士（如输入劳工和旅客），均不符合资格申请公共福利金。b. 在2004年1月1日前已成为香港居民的人士可获豁免上述（a）项居港七年的规定。c. 18岁以下的香港居民如申请伤残津贴可获豁免上述（a）项居港七年及（b）项连续居港一年的规定。在核实公共福利金申请人是否符合在申请日期前连续居港一年的规定时，如申请人在该段时间内在香港以外的地方就学（只适用于伤残津贴申请人）或从事有薪工作而又能提供文件予以证明，有关的离港日数可获考虑豁免计算。又如申请人因病需在香港以外的地方接受治疗而又能提供足够理由及文件证明其情况，社会福利署署长可酌情考虑豁免计算有关的离港日。

② 普通及高额伤残津贴自2006年2月1日起生效。

会服务、康复服务、安老服务、青少年辅导服务及违法者服务等项目。社会福利一方面提供一定的经济和实物援助，同时也为需要提供服务的人士提供专业的社会服务。

（1）家庭及儿童福利服务。该项目旨在帮助维系和加强家庭凝聚力，促使家庭和睦，协助个人和家庭预防或应付各种问题。提供包括领养幼儿、家务指导、体恤安置、家庭危机支援、家庭生活教育、寄养、儿童住宿照顾、预防及处理虐待长者、露宿者、性暴力受害者、防止自杀等多项服务内容。例如，为因父母双亡、被父母遗弃及非婚生且父母未能抚养的儿童寻找适合的家庭；为需要帮助的家庭或个人提供膳食、护理及家务料理；为受虐待的妇女提供临时性的收容；为低收入家庭的学龄儿童入托或学龄前教育提供资助服务；等等。

（2）临床心理服务。该项目主要是为情绪、思想或行为上有困扰者提供专业服务，其目标是通过提供包括心理及智力评估和心理治疗等服务，协助受困扰者渡过难关。临床心理学家会根据接受服务者的问题，进行一系列有系统及客观的心理评估，并做出分析，制订心理治疗的方案。

（3）医疗社会服务。主要是各政府诊所和若干医疗资助中心，医务社工人员为病人及其家属提供及时的心理社会辅导和援助，协助他们处理、解决因病或残疾而引起的情绪及生活、人际等方面的问题。同时，也为他们提供经济或实物援助，如减免医疗收费、申请基金资助等。

（4）康复服务。该项目对象为肢体伤残、弱能、弱智和精神病患者及职业康复者。为他们提供日间训练、住宿照顾、康复、就业或业务拓展机会等方面的服务项目。其服务由有关部门统筹安排，如设立“庇护工场”，“展能中心”，住宿院舍和社区康复中心，使身心伤残者尽快康复，充分发挥他们的体能、智能和适应社会生活的能力，并鼓励他们融入社会。

（5）安老服务。该项服务目标是协助老年人在其所在的社区安度晚年，并鼓励家庭成员在家中赡养和照料老年人，提高老年人的社区归属感，提高其生活质量；同时也为有特殊需要的老年人提供院舍服务，使其有尊严地生活。安老服务的内容主要分为两部分内容：一是为老年人提供社区支援服务，如老年活动中心、社区照顾服务、日间护理服务、改善家居及社区照顾服务、提供长者支援；二是对于难以独立生活的老年人，提供安老院舍照顾服务，如长者宿舍、安老院、护理院等。

（6）青少年辅导服务。香港该项服务主要是向低收入家庭儿童和青年人提供支援服务，以满足他们的发展需要，同时也向各类社会边缘青少年（如滥用药品者、接受警戒者）提供服务。青少年辅导服务的目的在于鼓励青少年参与有意义的社会活动，培养有益于他们身心健康的兴趣。为此，各社区设有青少年中心，有关部门还实施青少年实践计划，以辅导形式吸引青少年参与和推广新的社会服务项目，展现他们的潜在才能。

（7）违法者服务。其主要目标是有效协助违法者的社会康复，该项服务采用特别设计的治疗方法，引导违法者重新回归社会，改过自新，对社会有所贡献。违法者服务包括社区层面的感化服务和感化/住宿院舍的服务两个层次。在社区层面上有社会服务令计划、社区支援计划、监管释囚计划等；在感化/住宿院舍主要有感化院、收容所及羁留院服务。

以上的各种社会福利服务，如果从服务的层面上划分，又可分为以社区为基础的服务和各类机构专业服务。以社区为基础的服务，即以基层社区为单位，为本社区的居民提供各项服务。例如，以保护妇女和儿童为目标的家庭辅导服务，日间托儿所；为老年人提供的活动中心，日间护理，社区照顾；为违法者提供的社区支援等。各类机构的专门服务，即那些社区基础的特征不显著、服务性质或数量不宜限于一个社区内者，则可以成立跨社区的专门机构，服务于不同社区，如针对老年人的院舍服务，针对违法者的感化院所服务，针对残障者的康复服务，和领养寄养服务等就属于这一类。

3. 公屋建设计划

政府公屋制度是香港社会保障制度的一项重要内容，该计划不仅协助有需要的家庭入住合适而且能力可负担的住房，同时提供包括管理、妥善的保养维修，以及其他相关的房屋服务。房屋委员会（简称房委会）管理下的公屋建设计划包括租者置其屋计划（简称租置计划）、居者有其屋计划（简称居屋计划）以及置业资助贷款计划（简称置贷计划）三种。

（1）租置计划。从1962年港英政府实施该计划至今，已有近半数人口享受了这项福利。该计划是为那些真正有住屋需要，但又无法负担其他类别居所的家庭而设立的。租置计划下居民的平均轮候时间为3年，而对于符合申请条件的老年单身者及符合条件的老年家庭享有一定的优先权。申请租置计划的一般家庭必须具备一定的条件①，而且申请人及其家庭成员的每月总收入及现有总资产净值不得超过房委会规定的最高收入及总资产净值限额②。

（2）居屋计划。1978年，港英政府推出居屋计划，该计划主要让合乎资格的香港市民能以低于市场价格买下政府建造公屋，成为业主。与租置计划相同，香港政府对申请人资格须进行严格的审查，只有符合条件的低收入家庭才可享受。由于出售的房屋单位属于受资助的公营房屋，因此买卖及按揭均有若干限制。对于已购置公屋的香港市民，可以根据房屋首次售出日起计的年期，通过不同途径出售。购屋不超过2年的，居屋业主必须将房屋以原价售回房委会；购屋3～5年，公屋业主可以选择把该房以房委会评定的回购价售回房委会；5年以上的，业主除了可将房屋在居屋第二市场转售给合资格人士外，也可以先缴付补价给房委会，然后把公屋在公开市场出售、出租或

---

① a. 申请人必须年满18岁，申请人及家庭成员必须现居住香港并具有香港居留权，其在香港的居留不受附带居留条件限制。b. 18岁以下人士必须与父母或合法监护人一同申请。c. 申请人与其他成员的关系必须为夫妇、父母、子女、祖父母、孙、未婚兄弟姐妹，或愿意与申请人共住并倚靠其供养的亲属。d. 申请表内所有已婚家庭成员，必须与配偶一同申请（已离婚、配偶并未获准在港居住或已去世者除外）。e. 申请人只可与其中一位已婚子女一同申请。f. 在配屋时，申请书内至少一半的家庭成员必须在香港住满7年并仍在香港居住。18岁以下的子女不论在何处出生，只要父母其中一人居港满7年，或在香港出生并已确立香港永久性居民身份，一律视作已符合7年居港期规定。g. 在申请登记时及直至获配公屋后签订租约前期间，申请人及其家庭成员不得拥有或与人共同拥有任何住房楼宇、签订协议购买住房楼宇，或持有一间拥有住房楼宇的公司一半以上的股权。

② 收入及总资产净限额分为单身者及一般家庭收入及总资产净值限额和无亲属关系的老年人总资产净值限额两类。单身者每月最高收入限额为6800港元，总资产净值限额为17.3万港元；一般家庭收入每月最高限额根据家庭人口数的不同而有所区别，如5口之家的每月最高收入限额为1.6万港元，总资产净值限额为39.6万港元。而无亲属关系的老年人总资产净值限额，以2人家庭为例，每月最高收入限额为1.24万港元，总资产净值限额为46.8万港元。

以其他方式转让。目前房委会已接纳了政府的建议，从 2003 年起无限期停建及停售居屋计划单位。

（3）置贷计划。置贷计划于 2003 年 1 月推出，其目的是为合格的香港市民提供置业资助。该计划共有两种资助方式：一种是获得一笔免息贷款 53 万港元（分 13 年摊还），或 39 万港元（分 20 年摊还）；另一种是每月按揭还款的补助金 3 800 港元（共 48 期），单身人士减半（表 6-15）。对于成功申请置贷计划者只可领取其中一种资助。房委会已于 2004 年 7 月 14 日通过即时终止置贷计划。

表 6-15　置业资助贷款计划资助方式（单位：港元）

资助方式	两人或以上家庭	单身人士	还款/资助方式
免息贷款	530 000	265 000	分 13 年每月等额摊还
	390 000	195 000	分 20 年每月等额摊还
每月按揭还款补助金	每月领取 3 800	每月领取 1 900	为期 48 个月，无须偿还

资料来源：香港特别行政区房委会网站，http://sc.housingauthority.gov.hk，2006-06-30

4. 强制性公积金计划

强制性公积金计划（简称强积金计划）是一项强制性储蓄项目。在实施强积金计划前，香港大约只有三分之一的工作人口享有退休保障，而且主要是公务员和学校教师的公务员退休保障，及雇主自愿为其雇员设立的职业退休计划，但这些不足以为全体劳动者提供退休保障。由于人口出生率降低及预期寿命的延长，香港人口急剧老化。2004 年，65 岁及以上老年人口占总人口比例约为 12%，但预计到 2033 年将上升至 27%。人口老化即意味着今后的就业人口须为更多的退休者承担生活支出。基于这些情况，建立全面的退休保障制度对香港来说已是刻不容缓。在香港各界的积极争取下，2000 年 12 月正式实施强积金制度，作为香港退休者的三大支柱之一（其他两大支柱为由政府管理、通过税收资助的社会安全网；个人自愿储蓄和保险），其目的是帮助香港工作人口享有基本退休保障。

依据《强制性公积金计划条例》（1995 年制定），除少数特殊人群外①，凡 18～65 岁的雇员（包括符合条件的临时雇员）和自营劳动者，都必须参加强积金计划。其法定缴费率是由雇主和雇员各缴纳雇员收入的 5%（合计为 10%）。若雇员月收入少于 5 000 港元，雇员本人可以不用缴费，雇主仍必须按雇员收入的 5%缴费；若雇员月收入超过 2 万港元，雇主和雇员只需分别缴纳 2 万港元的 5%；雇主和雇员可以额外进行自愿性缴费，自雇人员的缴费比例为月收入的 5%。

强积金计划采用完全基金积累的个人账户制，基金由商业机构运营。强积金计划分为三类，即集成信托计划、雇主营办计划和行业计划。

集成信托计划是最常见的强积金计划。该计划公开让参与雇主的有关雇员、自雇人士及将累算权益转移者参加。这一计划通过集合不同雇主及其有关雇员和自雇人员的供

① 指豁免人士，包括家务雇员、自雇小贩、受法定退休金计划或公积金计划保障的人士、获强积金豁免的职业退休计划成员、受海外退休计划保障或来港工作不超过 13 个月的海外雇员、驻港欧盟下的欧洲委员会办事处雇员。

款，使计划管理更具效能，发挥规模经济的效益。

雇主营办计划只限于受雇于同一雇主及其相关公司的有关雇员参加。因此对于这项计划来说，雇员数目越大，该计划效益越高。

行业计划为雇员流动性高的饮食和建造业而设计。凡受雇于这两类行业的雇员，如果为这两类行业的雇员，只要前雇主及新雇主参加同一行业计划，在行业内流动时便无须转换计划。

为鼓励强积金计划的推行，香港政府制定了税收优惠政策。强制性和自愿性缴费均可以在税前列支，但雇主缴费的上限为雇员总薪酬的15%，雇员及自营劳动者的年缴费在12 000港元以内的部分可免征个人所得税。基金的投资收益不纳税，而且雇员在领取强积金时基本上不用纳税。雇主和雇员缴费、投资收益全部归雇员所有。雇员转换工作时，可将其本人的强积金累积权益全额转移到新雇主的计划账户中。一般情况下，雇员个人账户中积累的养老金必须在雇员达到65岁法定退休年龄时，才可以一次性领取。如果提前退休、永久离开香港、完全丧失工作能力或死亡者可以提前领取。

强积金计划的法定管理机构为强制性公积金管理局，其设有董事会，负责制度框架、执法、监管、催收缴费和协调各金融监管机构等方面的职能。同时金融监管局、证券及期货事务监察委员会、保险业监管处主要监管作为受托人、账户管理人、托管人和投资管理人的金融机构及其行为，重点是监管其公司治理、市场行为和偿付能力。强积金制度为计划成员提供多层保护，以保证在计划管理不善时，仍有能力赔偿成员的损失和改善计划的管理，并建立了补偿基金。

到2006年3月，在香港就业人口中，66%受到强积金计划保障，18%受其他退休计划保障（如公务员退休金计划和获准可不转为强积金计划的职业退休计划），11%无须参加强积金计划保障（多为家务劳动者、18岁以下或65岁以上的雇员或其他豁免人员），仅有5%的人为应参加强积金计划但尚未参加者（图6-2）。2006年6月，强积金计划资产总额为1 510亿港元，月均缴费21亿港元，职业退休计划资产总额为1 947亿港元①。

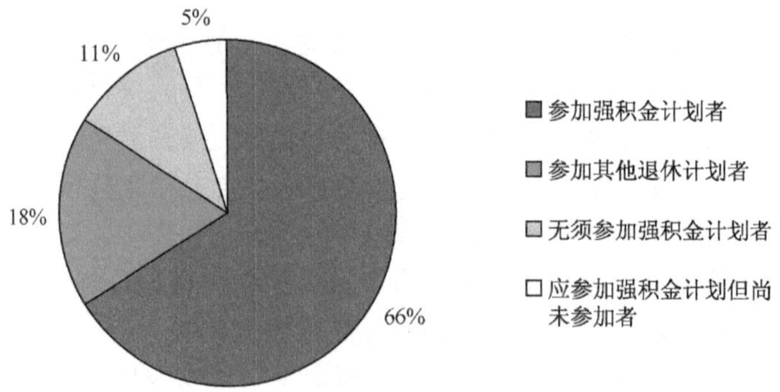

图6-2　香港地区就业人口按所参加退休计划种类

资料来源：香港强制性公积金管理局，http://www.mpfahk.org，2006-06-30

① 香港强制性公积金管理局，http://www.mpfahk.org，2006-06-30

5. 公务员社会保障

公务员社会保障是香港社会保障制度的一个特殊组成部分，保障对象不仅包括政府机关工作人员，也包括之外的公共服务部门工作者。香港政府对公务员实行高薪酬、高福利、职业有保障的政策，以吸引和激励有才干的人加入公务员队伍。

（1）公务员津贴及福利。公务员除了有较为优厚的薪酬外，他们可享有的津贴及福利种类有十多种，津贴项目与金额与职级高低成正相关。

逾时工作及相关津贴是在规定的工作时间外工作，主要是以补假作偿。

额外职务津贴（或纪律部队附加职务津贴）是作为执行所属职系或职级工作范围以外职务的补偿。

辛劳津贴是作为在某些工作环境下执行某些职务的补偿。

轮班工作津贴是作为不定时工作的补偿。

台风当值津贴/黑色暴雨警告当值津贴是作为在特定天气情况下工作的补偿。

膳宿津贴是为奉命离家执行公务的公务员提供的补偿。

医疗及牙科福利是为公务员、退休公务员及其符合条件的家属提供诸如牙科预防、治疗等有关福利。

教育津贴是符合资格的公务员，可申请本地及海外教育津贴，为其子女在认可学校或学院接受全日制教育。

房屋福利是公务员按聘用条款、薪酬、服务年限等条件享有房屋福利。

假期是公务员根据其聘用条款、服务年限及薪金，除病假及分娩假外，在公务不受影响条件下可获得的假期。

旅费是公务员可获得的旅费，包括首长级公务员的度假旅费和公务员为其子女申请的学生旅费。

（2）公务员退休制度。香港公务员退休金计划分为新旧两种均无须供款的法定退休金计划。旧退休金计划主要依据《退休金条例》，主要适用于在1987年7月1日前退休的公务员。新退休金计划是在1987年制定的，主要依据《退休金利益条例》，适用于在1987年7月1日至2000年5月31日期间按可享退休金条款受聘的公务员，以及那些在1987年7月1日前受聘，但在1995年12月31日前或指定的选择期前选择加入这项计划的人员。两种计划下的退休年龄有所差别：旧退休金计划下的退休年龄为55岁，在新计划下的退休年龄为60岁。2000年6月之后工作的公务员则加入到公务员公积金计划中，在该计划之下，一般公务员的退休年龄为60岁。公务员公积金计划下的整体财政保持在不超过薪酬开支18%的水平，政府对此的供款，包括强制性及自愿性供款，并按累进供款率计算。

三、香港地区社会保障制度评价

（1）从保障对象来看，香港社会保障的整体目标是帮助社会上需要经济或物质援助者，为他们提供基本及特别需要，其社会保障制度的主要服务对象是中低收入阶层、社会弱势群体。同时，作为一个以华人为主体的社会，其重视家庭在社会保障中的作用，而且民间团体和慈善机构一直作为重要的力量活跃在社会保障舞台上。

（2）从保障发展来看，香港社会保障制度建设起步于20世纪60年代，但发展缓慢，主要是当时的香港政府只将社会保障视为对社会起修补作用的无足轻重的工具，奉行“大市场，小政府”政策的结果。70年代和80年代是香港社会保障发展的重要时期，政府颁布并实施了一系列的社会保障政策，社会保障的基本框架至此形成。80年代后，香港政府先后对社会保障制度进行了调整，对住房、医疗、教育等问题的解决均有了改进。1997年香港特别行政区政府成立后，其社会政策的主导思想仍是力求减少政府责任，加大个人的自我保障。

（3）与东南亚其他国家和地区相比来看，香港的社会保障援助制度在社会保障中发挥着十分重要的作用，是香港社会保障制度的主体。香港社会福利署推出的无须供款的社会保障制度，从开始之初的服务对象单一的社会保障援助计划，发展为综合社会保障援助计划。各项援助津贴标准不断提高，并根据物价水平进行调整。保障面也在不断扩大，在此计划下符合条件的社会弱势群体，老年人、失业者、单亲家庭、收入较低者以及由于各种原因而经济困难者可以获得定额的津贴补助。而交通意外伤亡计划、暴力及执法伤亡赔偿计划，以及紧急救济作为特殊的社会保障援助，为意外事故给居民造成的损失提供赔偿。香港的社会保障援助除了给予帮助对象以现金援助外，重视物质保障与服务保障的结合，针对老年人、伤残人、青年人、妇女及儿童、有犯罪倾向的人和新移民提供相应的专业社会服务。

（4）从保障内容来看，目前香港养老保障的三个支柱为综合社会保障援助计划、强制性公积金制度及公务员退休金制度、自愿性的职业退休计划及个人储蓄性养老计划，为绝大多数劳动者提供了多重的退休收入保障。为缓解人口老龄化所带来的社会问题，保障低收入老年人的基本生活，香港政府通过综缓计划为符合条件的老年人提供了长期个案补助金、社区生活补助金；为选择到广东及福建省养老者设立了专门的援助计划；公共福利金计划为65岁或以上的香港居民，每月提供现金津贴；社会安老福利服务又为老年人提供了社区支援服务和院舍服务。21世纪是人口老龄化的世纪，为减轻未来劳动者的压力，保障老年人的基本生活，香港政府开始实施强制性公积金制度。目前这种采用完全基金积累、个人账户制的强制性公积金制度安排已让超过80%的就业人员加入其中。强积金制度有助于鼓励人们自觉缴费，同时也减轻了政府的财政负担，也为香港的资本市场注入大量资金。其商业性运行保证了其高效率，而强制性、广覆盖、低标准，扩大了保障范围，保证了劳动者的利益。

（5）香港的社会保障社会化程度较高，十分重视社会保障服务，在各项服务中活跃着各社会团体及专业社会工作人士。在香港受到社会团体服务机构的服务对象涉及老年人、青年人、妇女、少儿等社会上需要帮助的成员，其中近70%是老人。

（6）香港特别行政区社会保障管理机构健全。香港社会保障制度的主要管理部门为社会福利署，它是香港特别行政区卫生福利及食物局的一个分支机构，主要管理香港社会保障和社会福利服务的各项内容，如临床心理服务、安老服务、家庭及儿童服务等。社会福利署同时也在香港各区设有办事处，受理申请事宜。另外，香港特别行政区卫生福利及食物局卫生署负责部分医疗保障事务，经济发展及劳工局劳工处负责劳工工伤保障和疾病、生育补助的管理，房委会负责政府公屋计划，强制性公积金局负责强积金的规划和管理，教育局负责教育社会福利的有关事宜，公务员事务局分管公务员社会保障工作。

便民的社会保障服务网络深入基层。各管理部门制定有整套的工作程序，制作宣传册，还设置了热线电话讲解社会保障的申请资格和手续，让前来办理社会保障事务的人更了解其工作程序。重视良好的服务质量和便利服务网络，为不方便者提供上门服务。社会福利署在全港 19 个地区设立了 33 个办事处受理救助申请。针对不同服务对象提供多种服务方式，如电话、上门、网络。其严格的资格审查制度，保证受助者是真正需要帮助的人士。同时社会保障各部门尊重受助者的人权，保护受助人的隐私。

香港社会保障也存在一些不足。一是尚未建立起一个完善的社会保障体系，尤其是没有与其经济发展水平相适应的社会保险制度。香港地区的劳工社会保险主要是以雇主责任制的形式出现，如工伤保险、生育保险，以及强制性公积金出现前的职业退休制度。而政府不愿承担这种责任。二是近年来全球性的失业率普遍提高之际，香港的失业保障明显不足。虽然在社会保障援助计划下有为失业者服务的自力更生计划，但失业保险的发展滞后。香港社会保障主要是对有必要的居民提供现金援助或津贴，其保障理念也抑制了其社会保险及高福利保障的发展。

➢本章小结

东亚福利体制是以日本、新加坡、韩国、中国台湾和香港为代表。东亚福利体制在各自国家和地区特殊的经济、政治和社会条件下得以建立和发展，并呈现多样性的特征。由于市场化程度、工业化程度和收入水平都较低，农民和土地的所有关系、亲属结构、家庭形式和性别关系与发达国家也不同，因此东亚地区的福利体制模式引起诸多学者的争议，但争议围绕的核心是发展型福利体制。该体制的特征表现为：经济成长优于福利分配的决策取向；家庭仍是社会福利提供的主要承担者；政府承担较低的福利责任；福利分配集中在与政权维护有关、受雇于政府部门的军队、公务员等特殊人群。

与东亚其他国家相比，日本的社会保障体系建立得最早，发展得较为完善。

日本社会保障体制的主体是，医疗保险、养老保险、失业保险、工伤事故保险和儿童津贴制度。该社会保障制度的特点是：政府注重个人、家庭在社会保障方面的作用，管理方式多样化、年金制度一体化、负担全民化、保障自我化。面对人口老龄化和低迷的经济发展，日本历届政府持续地加深对社会保障制度的改革。

韩国的社会保障制度始于 20 世纪 60 年代，当时韩国政府实行“先增长后分配政策”，对社会保障的重视不够。80 年代后期开始逐步建立、发展完善该制度，韩国的社会保障体系包括社会保险、公共救助和社会福利服务三部分，以社会保险为中心。其中，社会保险包括年金保险、医疗保险、产灾保险和雇佣保险；公共救助包括生活保护、有功人员保护和灾害救助；社会福利服务包括老年人福利、残疾人福利、儿童福利、妇女福利、流浪者福利等。但是，韩国实施社会保障的历史毕竟还不长，制度方面仍然存在很多问题，“韩国特色的福利经济模式”也还有待实践的检验。

新加坡社会保障体系是通过富有创造性的公积金制度来实施的。中央公积金制度包括公共住房计划、家庭保障计划、住房产业计划、基本及增进投资计划、教育计划、健保双全计划和最低存款计划。新加坡中央公积金制度由政府的中央公积金局直接进行全面管理，已逐步形成了立法保障、制度日益完善、覆盖社会成员的绝大多数、政府支持、雇员及其雇主共同参与的特色，建构了从管理体制到运行方式的独具特色的社会保障体系。但是面对老龄化的挑战，如何保证公积金的保值和增值是新加坡政府面临的一个重要课题。

台湾地区社会保障制度的总体目标是减少贫穷，协助合法居民获得基本需求，进而达到重新分配所得的目的。时至今日，台湾已形成了以社会保险为核心的综合的社会保障体系。台湾地区的社会保障制度主要由劳工社会保障、公务人员社会保障、军人社会保障及农民社会保障几大部分构成。

香港地区社会保障制度起步于20世纪60年代，70年代后，政府颁布了一系列的社会保障政策，社会保障的基本框架得以形成。目前香港社会保障制度主要内容有：以综合援助计划为主体的社会保障计划，社会福利津贴及服务，强制性公积金制度、公务员社会保障等内容。香港社会保障制度以社会保险为核心的发展十分有限，而社会救助、社会福利及服务则发挥了极为重要的作用。其主要服务对象是中低等收入阶层、社会弱势群体，目标是帮助社会上需要经济或物质援助者，为他们提供基本及特别需要。但香港尚未建立起一个完善的社会保障体制，其保障理念不利于高层次福利保障的发展。

➢关键术语

生产性福利资本主义　日本国民健康保险　日本老年人介护保险制度　韩国医疗保险制度　韩国式福利经济模式　新加坡中央公积金制度　新加坡住房产业计划 健保双全计划　台湾地区社会保险　香港地区综合援助计划

➢案例　　　　老龄化给日本社会保障带来的影响[①]

人口老龄化给日本的社会保障制度带来了一系列不利影响。

首先，人口老龄化对社会就业和再就业产生影响。随着老年人口的生存期日益延长，他们当中相当多的人尤其是低龄老年人口都还具有较强的劳动能力，也有参加劳动的愿望。但是，大量老年人口参与就业和再就业的竞争，必然会增加社会就业和再就业的压力。20世纪90年代以来，随着泡沫经济的崩溃，日本的失业率呈上升趋势。1998年4月达4%，同年12月第一次超过美国的失业率达4.5%，2001年7月超过5%，以后数月日益恶化，同年9月达5.3%，10月达5.4%，12月为5.5%。2002年11月29

① 清家笃（Atsushi Seike）. 面对老龄社会的雇佣变革. http://www.fpcj.jp，2005-01-31；王伟. 日本人口结构的变化趋势及其对社会的影响. 中国社会科学院日本研究所网站，http://ijs.cass.cn，2003-05-25

日总务省公布的数据表明，日本10月份的完全失业人数为362万人，比上年同月增加10万人，连续19个月增加，完全失业率为5.5%。日本政府估计，随着经济形势的进一步恶化，日本的失业率有可能进一步上升。

其次，年轻人口的持续减少将使日本缺少劳动力的补充来源。目前，日本已经开始推迟退休年龄，将60岁逐步推迟到65岁。但有人提出在终身雇佣制已经改变的今天，这种延长就业时间的措施看起来似乎是日本式经营的卷土重来。有些人针对劳动力“老化”导致劳动生产率低下的状况，提出了接受外国劳务的建议。据联合国经济及社会理事会推算，为了维持国民经济的发展，日本每年需移民60万人。但是一些发达国家的情况表明，大量引进外籍劳工，会加剧本国劳动力与外籍劳动力之间的矛盾，带来一些社会不安定的因素。为此，日本有关方面建议，日本接受移民最好的方法就是将目标锁定在国内各大学的留学生群体中。日本政府应增加接纳留学生的数量，对那些学有所长的留学生，放宽对他们的就业劳动许可，这样可以将人们担心的移民可能导致社会混乱的问题限制在最小范围。但是，也有日本学者根据日本国立社会保障人口研究所的预测认为，尽管2000～2020年日本将减少约1 200万劳动适龄人口，但靠移民来解决是非常不现实的，部分人士主张挖掘日本国内老年劳动力和妇女劳动力的潜力。而这种潜力的挖掘又会引发诸多矛盾。

最后，人口老龄化对教育领域、产业结构、消费领域的影响。从20世纪90年代初开始，日本升入小学、初中、高中的人数逐年减少，大学生源短缺，使一些学校陷入困境。特别是日本的一些短期大学经营难以为继。短期大学是伴随着第二次世界大战后日本的学制改革发展起来的，最早出现于1950年，是一种学制为2～3年的高等教育机构。短期大学生源短缺与日本青少年人口减少密切相关。在人口老龄化进程中，随着老年人口比重的上升和老年人口数量的增加，老年人口的需求和消费特点对市场和产业结构产生越来越大的冲击，使原有的市场结构和产业结构不再适应老龄化社会的需要，从客观上要求由老年市场需求增长带动相关产业的发展，其中包括所有满足老年人特殊需求的生产、经营、服务等方面的发展。如此庞大的老年人口消费群体，必然要求社会满足其特殊的消费需求，这样就会促进与老年人口群体消费相关的产业的发展，如促进能满足老年人口需求的食品、服装、出行、运动、住房、文化等相关产业的发展。同时，还会促进为老年人服务的服务行业的发展，如需要发展为老年人服务的各种劳务市场，还有老年医院、老人之家、居家老人生活照料等方面的劳务服务。因此，人口老龄化从多方面影响产业结构，推动产业结构的调整。

老龄化给日本社会保障带来的影响远不止这些，我们需要从各个方面来思索其带来的直接和间接影响，并探索适合新环境的改革路径和政策选择。

复习思考题

1. 发展型福利体制的主要内容是什么？
2. 简述日本医疗保险制度。
3. 日本社会保障制度面临哪些困境？改革的方向是什么？

4. 简述韩国的国民年金制度。
5. 什么是新加坡中央公积金制度？
6. 试述新加坡中央公积金制度的具体项目。
7. 简述台湾地区劳工保险。
8. 简述台湾地区全民健康保险。
9. 简述台湾地区社会保障管理体制。
10. 试评述台湾地区社会保障制度。
11. 什么是香港综合援助计划？
12. 试述香港地区的强制性公积金制度。

第七章

全球化背景下社会保障制度的转型

全球化通过扩大商品、服务、资本、劳动力和观念的流动以及通过各国解决全球问题的集体行动而使世界各国经济持续一体化。在经济发展中，通过信息技术革命和跨国公司的作用，部门间以国际分工为标志的世界经济旧格局向突破国界地域空间的全球经济网络新格局转变，其结果是各国都在利用自己的比较优势来提升国际竞争力，国际竞争日益加剧。在社会发展上，全球化带来了社会风险的现代转型，从而导致社会面临更多人为的、制度性的现代社会风险，其结果是消极、被动的社会保障及其相关制度受到全面考验。

第一节 全球化背景下社会保障制度面临的挑战

全球化所带来的社会问题更为复杂，如人口老龄化[①]、失业问题加剧，新贫困现象、社会排斥现象突出，非典型就业呈现等，新社会问题的出现并不意味着原有社会问题的消失和解决，各种社会问题在全球化背景下的重叠使人们面临新的挑战。

一、人口老龄化的挑战

(1) 老龄化浪潮正在冲击全球，老龄化加重了各国社会负担。20 世纪由于生育率的下降和存活率的提高，绝大多数发达国家和发展中国家的老年人口无论是绝对数还是相对比例都出现了较大幅度的增加，相继迈入人口老龄社会。21 世纪人口老龄化趋势

---

① 人口老龄化，指老年人口占总人口比重上升的过程，老年人口通常是指 65 岁以上人口。当老年人口占总人口的比重达到或超过一定水平时，被认为是出现了人口老龄化。在分析和研究人口老龄化时，使用最广泛的指标是老年人口比重和老化系数。

将更加迅猛。

据联合国统计和预测，2002 年，全世界 60 岁以上的老龄人口占世界人口总数的 10%，老年人口达到 6.06 亿人。2020 年将达到 10 亿人，2050 年全球将有近 20 亿老年人。2002 年，世界每 10 人中有 1 个老年人，预计到 2050 年，每 5 个人中有 1 个老年人。2002 年，发达国家的老年人口已经占到总人口的 20%，而发展中地区的老年人口占总人口的 8%。

1950～2002 年，世界人口的潜在支持比已经跌落，每个老年人相应的劳动年龄人口从 12 个下降到 9 个，并在继续跌落。到 21 世纪中叶，潜在支持比将下降到 4，即每个老年人对应 4 个劳动年龄人口。潜在支持比对于社会保障制度，特别是对于传统的社会保障制度来说，具有重要意义，因为在这种制度中，当前的劳动人口负担当前退休人口的退休金①。

（2）全球人口老龄化，对社会保障制度造成直接挑战。全球人口老龄化对社会保障制度的挑战中首当其冲的是工业化国家，它表现为：①当前的退休人口领取退休金给付的时间比以前更长了。②社会保障体系的缴费年数由于比以前实际工作时间的减少而减少了。③出生率的下降导致费基不断相对缩小，这三个趋势的互动使财政形势不断恶化。④就业人口更迟进入劳动力市场，失业人口更长时间的失业也是导致费基不断缩小的一个原因，社会保障基金的储备由此逐渐下降。预期寿命的增加伴随着人口出生率的下降导致赡养率不断攀升。据预测，到 2020 年赡养率将增加 50%，要满足赡养率提高的需要，就必须将社会养老支出占 GDP 的比例增加 5%～7%②。

1985 年，OECD 国家养老金支出大约占社会福利支出的 36%，由于人口老年化的加速变化，政府的养老金支出也必将急剧上涨。据估计，从 1995 年到 21 世纪中叶，工业化国家的养老金支出占 GDP 的比重预计将会增加一倍，其中，丹麦从 6.8%增长到 11.5%，德国从 11.1%增长到 17.5%，挪威从 5.2%增长到 11.5%，西班牙从 10%增长到 19%，日本从 6.6%增长到 16%，荷兰从 6%增长到 11.4%③。

在美国，美国的福利支出一直以政府财政赤字作为支持，社会福利和医疗保险支出长期以来影响美国预算赤字的结构。社会保险和医疗福利支出到 2003 年占美国 GDP 的 7%，约 7 890 亿美元。据估算，到 2030 年这一比例将提高到 12%。这些开支在今后 10 年将使联邦政府赤字达到 1.5 万亿美元。如果不削减福利项目的规模，到 2040 年，美国联邦政府的预算就会从 2003 年占 GDP 的 19%增加到 27.1%。美国 7 700 万生育高峰期出生的人口到 2008 年和 2011 年将达到领取社会保险和医疗保健福利金的年龄，伴随着人口老龄化，美国预算赤字问题将变得更为严重。2004 年年初，美国医疗社会保险托管委员会在其年度报告中称，美国保险保障资金不足的状况十分严峻。到 2018 年，社会保险支出将出现赤字，2042 年整个体制将破产。另外，由于目前医疗费用支出增

① 联合国人口司经济社会事务部. Population Ageing 2002. http://www.un.org，2002

② 郑秉文. OECD 国家社会保障制度改革及其比较. 经济社会体制比较，2004，(5)

③ 吉尔伯特 N. 社会福利的目标定位：全球发展趋势与展望. 郑秉文，等译. 北京：中国劳动社会保障出版社，2004：3

长过快，医疗保险体制将于2019年破产①。

在德国，据德国联邦统计局的调查和推算，到2050年，德国人口数将从2003年的8 200万下降到7 000多万，一半以上的人口将超过50岁，1/3的人口超过60岁。德国人口出生率的高峰是20世纪50～60年代，这批人将在2020年后相继达到60岁，进入老年人行列。从60年代后期起德国生育一直处于低潮，现在每个德国家庭平均只有1.4个孩子，而这一家庭人口比例主要是300万土耳其人和众多前南斯拉夫等外国移民的存在，因为这些移民家庭的孩子都在3个以上②。生育率降低和人口老龄化，给19世纪创建的养老保险体制带来极大的冲击。德国的退休保险体制实行的是代际转移支付。按照一般规律，最合理和有效的比例应该是每三个在职员工养活一个退休人员。而德国目前的人口状况要求每100个在职人员为44个退休者提供退休金。按照现在人口生育率和人口老龄化的发展进程，再过20年，100名在职员工就须养活78个退休者，也就是说，现有的保障制度将面临巨大的挑战。

近年来德国经济发展迟缓，失业率居高不下。2004年年初，德国政府曾预言经济“已渡过最困难时期”，但德国经济总体形势重新出现消费不振、出口不畅、工作机会外流以及投资不足等现象。目前，为了支付养老金，德国政府每年要拿出700多亿欧元来补贴。德国人越来越多地把矛头指向了德国福利制度的弊端。1965年，德国社会生产总值的9.8%用于福利支出，到2003年是17%左右。德国政府开支的相当大一部分用于福利和补贴。1970年德国国债占GNP的18.6%，而2002年超过61%。仅支付利息一项就成为政府的沉重负担，2002年此项开支占德国全部开支的11%，致使对教育和基础建设的投资不断缩减，1970年时德国这方面开支的比例还占16%，而2002年联邦、州和市镇三级的投资却仅为6.2%③。

从亚洲来看，日本作为亚洲较早进入老年化社会的国家，亚洲的日本老年人口的增长速度为美国的7倍。目前日本大约6个工作的人抚养一位老人，而到2025年，将由3人抚养1人。据预测，2030年时，74岁以上的老人比例将接近欧洲人口的12%，79岁以上的高龄老人也将占其总人口的7%。亚洲的韩国、新加坡及中国的香港和台湾地区也面临着同样的困局。

在日本，少子化和老龄化问题日趋严重，加上失业人数有增无减，社会保障制度遇到了前所未有的严峻考验。根据2004年9月日本总务省公布的人口推算数据，日本65岁以上人口占总人口比例已达19.5%。到2015年，这一比例达25%，甚至有可能在2050年超过1/3，日本已经成为全球老年人口比例最高的国家④。

据厚生省预测，包括医疗保险和养老保险在内，2025年，日本社会保障方面的总支出将由现在的86万亿日元猛增到152万亿日元。由此可见，日本在社会保障方面的负担今后将越来越沉重，社会保障制度面临的考验将越来越严峻⑤。

---

① 严悦，邵娟. 福利改革之争成为美国大选敏感地带. 全球财经观察，2004，(10)

② 柴野. 德国：老龄化危及社会保障体系. 光明日报，2003-06-17

③ 邱丹，于宏源. 欧洲：被福利制度压弯了腰. 半月谈，2005，(11)

④ 范文仲. 老龄人口比例全球最高，银发社会吞噬日本财富. 新财富，2005，(10)

⑤ 王朝才. 日本90年代以来的财政政策. 财政研究，2002，(7)

老龄人口正以年均2%的比率快速递增，已高出平均人口的增长率。发展中国家的人口老化速度比发达国家快，贫穷国家无力应付，使老年人口成了这些国家的额外负担，并有可能引发经济危机。

二、非典型就业的挑战

1. 非典型就业产生的背景和表现形式

全球化主要是通过国际分工模式变迁与产业结构变迁两条路径影响劳动市场。在传统的就业政策下，全职劳动用工是劳动市场中的常态，在经济全球化与后工业主义的冲击下，生产方式由传统的福特主义，逐渐转向强调专业弹性化的后福特主义[①]，劳动市场的弹性化已成为各国对付经济结构转型过程中必要的措施。

劳动市场的弹性化包括了数量上、功能上、时间上以及薪资上的弹性化，通过这些弹性化的措施，企业得以快速调整员工数量、工作时间、工作内容以及工作组织，来适应全球市场上产品周期的缩短、消费市场日渐多元化与个人化的需求等方面的多变，开始改变以传统全职劳动者为主轴的劳动市场，逐渐出现了多元化聘雇的“非典型就业”（atypical job，atypical form of employment）。在这个新的模式下，许多适应劳动市场弹性化的雇佣方式应运而生。一般来说，非典型就业形式包括非全日就业、临时就业和自营就业，这三种形式中的任何一种都是多样性的，部分工时劳动者、短期聘雇工、外包工、定期合同工以及派遣劳动等不同方式。其区别在于每周工时工作的长短、工作合同长短等，但与传统的全职劳动者相比，其共同的特点是雇主无须为其付出年金及健保等劳动附加成本。

过去几十年已经显示出非典型工作计划处于稳健发展过程中。纵观发达国家，非典型工作涉及大约三分之一的经济活动人口，尤其涉及妇女、青年人和老年人群体，非典型工作在发达国家越来越常见。下面是三种常见的非典型就业[②]。

（1）非全日制工作。非全日制工作一般认为是一周工时不足30小时的工作。在过去的20多年中，占OECD组织国家总就业人口的比例不断上升。在20世纪80年代至90年代末这段时间，它几乎占欧洲和日本就业岗位增长的一半，尽管这些国家之间可能存在很大的差异，非全日制工人占总就业人口的比例在不同国家也有很大的差异，在斯洛伐克这一比例只有2%，而在荷兰则高达33%。总体来讲，大多数的非全日制工是女性，非全日制工接受的培训也比较少。

（2）临时就业。临时就业包括定期就业（短期或定期合同），虽然其增长程度不如

---

① 第二次产业革命建立现代大工业之后，西方企业主要实行以福特公司为代表的福特主义生产方式，它是指以市场为导向，以分工和专业化为基础，以较低产品价格作为竞争手段的刚性生产模式。这种生产方式的主要特征是：①大规模生产；②标准化产品；③垂直型的组织形式；④刚性生产，即劳动技能、管理结构、组织边界及产品等方面所表现出的刚性特征；⑤生产者决定论；⑥寡头垄断型的市场结构。后福特主义是指以满足个性化需求为目的，以信息和通信技术为基础，生产过程和劳动关系都具有灵活性（弹性）的生产模式。它在许多方面具有与福特主义完全不同的特征：①大规模定制；②水平型组织形式；③消费者主权论；④弹性生产；⑤竞合型的市场结构。

② 莱温斯基 R. 社会保障和劳动力市场发展：通过强化安全促进灵活性. 载：2001～2004年社会保障的发展与趋势. 北京：国际社会保障协会第28届全球大会，2004

非全日制就业显著，但在许多国家呈上升趋势。这种上升趋势的部分原因与修改劳动法规有关，因为修改后的法规为雇主提供了更大的灵活性，有可能雇佣固定工作期的工人。1991～2001年，在24个登记总就业数增长的OECD国家中，其中10个国家的临时就业至少占就业增长的25%。在欧洲，临时就业涉及13.5%的女性和12%的男性，总体上，这些工人大多是年轻人，具有较低水平的教育程度，并集中在初级职业中（包括销售和服务业、农业和建筑业）。

（3）自营就业。在很多国家，自营就业占总就业的份额一直在增长，但在有些国家，它占的份额处于相对稳定或有所下降的状况。在14个OECD国家中，自营就业在1976～1996年是增长的。在很多国家，其增长率在20世纪90年代超过了民间就业。这种增长主要集中在发展速度最快的经济部门，以及高技能的职业群体中。在欧盟，国家之间有很大的差异，2000年共有17%的人口从事自营就业。

2. 非典型就业对传统社会保障制度的挑战

非典型就业已被认为是企业在全球化经济下，为了提高竞争力的一种重要回应策略，这种类型劳动者在劳动市场中的比例开始逐渐上升。对相当一部分人来讲，劳动生活正在由典型的全日制、连续的和终身的工作向日益增加的非全日制、间断的和分阶段的工作演变。与此对比，与收入关联或缴费型的常规的社会保障模式已发展成为连续的、全日制的、随后全面退休的终生就业职业模式。结果是，与非典型就业有关的变化无常的、不连续的或低收入的就业将会对参与社会保障计划，以及随后获得足够津贴待遇产生影响。

从常规的缴费型的社会保障制度角度来看，在很多从事非典型工作劳动者与从事标准就业的劳动者所获得的就业条件、工资和津贴都不相同的情况下，与非典型就业有关的日益增长的劳动力市场的“灵活性”被认为会产生负面的影响。如果社会保障制度要发挥保护劳动者的作用，就需要开发常规缴费型之外的社会保障体系。也就是说，不论就业形式如何，需要确保向劳动者提供基本收入保障，同时还要保持其现有生活水平。值得一提的是，有关私营养老计划对老龄人的保护与现收现付制社会保障计划一样，对从事非典型工作的劳动者都是存在问题的。

在这种情况下，目前的社会保障制度面临三方面的挑战[①]：①需要增加社会保障的灵活性。这需要在不排除非典型工作和使从事非典型工作的劳动者不受到“惩罚”之间寻找到平衡点。②要应对标准线性的生命历程模式的变革（受教育之后终身全日制工作，然后是完全退休模式）。应通过政策革新，在追寻某一模式时向人们提供更多的选择。不只是简单地对社会和经济变革做出反应，社会保障体系还应该积极地设计出提供足够收入保障的政策措施。设计良好的措施，包括去除消极因素，可以使工人应对就业状况变化，如在全日制和非全日制之间转换，反之也是。或在就业与自营就业之间转换，以及同时兼顾受教育与部分工作，或兼顾部分工作与部分退休。另外，这些选择办法需要同某个人的工作生涯背景相结合。事实上，若社会保障提供更大的收入保障，则可促使上述不同就业状况转换，或根据个人需要，同时适应多种状况。有了这种保护措

① 莱温斯基R. 社会保障和劳动力市场发展：通过强化安全促进灵活性. 载：2001～2004年社会保障的发展与趋势. 北京：国际社会保障协会第28届全球大会，2004

施，工人对各种不同工作的安排可能有更高的热情：如今，多数工人喜欢稳定的工作，这已成为人们的共识。③政策方面对非典型工作面临的挑战和变化的生命历程需要做出响应，应以一体化的方式设计和提供有关政策。在社会保障实践活动需要更大灵活性的同时，还需要确保有足够和连续的收入保障来达到这一目的。

三、新贫困的挑战

1. 新贫困产生的背景和表现形式

从 19 世纪至 20 世纪，有三种不同的“历史系统性的贫困”：一是 19 世纪产业工人阶级的贫穷化；二是 1945～1970 年，部分穷人无法分享经济成长成果，也就是在现代化过程中的少数族群；三是经济全球化所造成的，并且 20 世纪末的贫穷，不同于从前，主要在于受其冲击者并非只是传统上的弱势群体，其他白领和中产阶级也会被冲击①。

在全球化背景下，贫穷问题已经不限于弱势团体（如残疾人），如今贫困问题开始表现在有工作能力的人群，向白领群体扩张，于是有了“新贫困”（new poverty）概念的出现，它表现为：依赖社会救助者数目的增加，失业与不确定就业情形的增长、负债与财务困境的上升、单亲家庭数目的增加以及游民问题的恶化等。特别是“新贫”的出现并不意即“旧贫”的消失，交替作用使得原有贫困群体更加雪上加霜。在一个有正常工作能力的人都不易找到工作的社会里，低生产力或不具备完全工作能力的弱势团体必然更加困难，进而影响到其经济与社会参与的机会，渐渐被排除到社会主流之外，而且这样的效果会往其下一代延伸，形成底层阶级（underclass）。

新贫困群体形成的主要原因是：①经济结构转型。由于科学技术的进步，就业制度的转变表现为大制造业占主导的就业体制被服务业就业体制代替。在过去的 20 多年中，制造业的就业机会大幅度下降，这个过程在低技能人口比较集中的传统工业地区表现得非常明显。首先，在制造业部门，新增的工作岗位总量上还是少于失去的工作岗位，长期失业的水平几乎在每个工业化国家都有所上升。失业水平的上升与生活在贫困线以下人口之间存在很强的统计相关。其次，在服务业部门所创造的大量就业岗位报酬低，没有保障，工作不稳定。在西方国家的劳动力市场中，由于专业文凭低而被永久阻挡或者边缘化在劳动力市场外的人数不断增长，他们不再正式寻找正规工作，而是转入临时性的、不稳定的工作。城市服务部门的工作岗位大幅度增加，在这些行业工作的人报酬低，没有职业前途，他们创造的收入不足以支撑一户家庭的基本生活，家庭会陷入严重的困难境地。劳动市场的变化引发了恶性的循环，加剧了失业的风险。年龄、性别、失业时间、承担不稳定的工作的时间、家庭支持的能力和社会政策对失业人员的保护程度等多种因素的共同作用会加大贫困的风险。以女性为户主的单亲家庭最容易陷入贫困。在多数西方国家，以女性为户主的单亲家庭的大幅度增长已经导致贫困的女性化。高失业率还对福利国家的财力产生冲击。高失业必然严重制约公共支出，使纳税的公众反对国家支出。②家庭和人口变化的影响。这种影响主要表现为人口老化、亲属关系的弱化和合法婚姻的脆弱化以及对外来移民的歧视不断加剧。人口老化产生了大量低收入家

---

① Harrington M. The New American Poverty. New York: Holt, Rinehart and Winston, 1984

庭。移民人口的流动为西方国家带来了严重的社会问题，许多移民家庭被排斥在社会网络之外。而依赖赡养的老年人、单亲家庭、被社会孤立的个人和资源有限的家庭等，由于需要供养许多陷入困境的家庭成员，家庭负担繁重，抵抗贫困风险的能力减弱。③福利国家的财政和国家保障危机导致国家福利项目的削减和私有化。由于财政危机和对国家干预的过多需求，福利国家不得不采取紧缩政策甚至私有化政策，结果国家干预的数量和质量都呈现下降趋势，国家对社会民众的保护程度减弱，贫困风险增大。在不同国家福利体制下城市贫困的风险是不同的。在德国和南欧国家的保守福利模型下，贫困风险主要存在于家庭、亲属、社区及自愿团体的保护能力与国家保险、收入支持和财政再分配的国家政策交叉的地方。如果家庭和亲属承受的责任和义务负担过重，一旦福利国家体制失效，家庭就会陷入贫困。在英国和美国的自由福利体制下，贫困很可能是劳动力市场力量作用的结果。竞争力弱和技能较差的个人，他们在家庭和国家福利服务两方面都得不到很好的保护与补偿。少数民族群体、新移民和受去工业化影响的工人家庭，在劳动力市场享有较少的权利，他们的这种弱势地位会传给下一代，因而陷入恶性循环。劳动力市场的作用还引起机会较多的群体与那些受排斥的群体之间的社会劳动分工，并由此产生了持续的两极分化现象。斯堪的纳维亚模型中建立了国家主导的直接和普遍的福利服务。高水平的国家福利制度保护了所有公民免遭市场力量破坏性的影响。然而，由于就业制度的结构变化，享受国家保护的人日渐增多，导致国家财政紧张并形成恶性循环，从而损害了国家的金融状况。福利政策可能引发的金融崩溃正在导致贫困化危险的蔓延[①]。

经济社会转型已经引起了西方社会的贫富分化，贫困化成为全球化下的一个严重的社会问题，产生了大量的弱势群体。其中老年人、单亲家庭、失业和低收入者、少数民族族群以及外来移民在这过程中最容易成为新贫困群体的主要成员。一般来说，新贫困群体最具代表性的三个群体是：①低薪的贫穷工作人口（working poor）；②有工作能力却失业的人口；③女性单亲家庭等。

新贫困群体处于长期失业、低度就业、低薪就业等边缘位置。他们的特征主要表现为：①他们有工作能力，但没有工作；新贫困群体不乏曾接受过高等教育的人们；②他们受到社会排斥，不被列入社会救助体系；③在经济全球化下，部分中产阶级被迫落入新贫困群体；④新贫问题更复杂、更难解决的，因为它牵涉到社会保障、更牵涉到劳动就业。

绝对贫困和相对贫穷概念已被使用数十年，新贫困主要用于区分那些传统上被视为穷人者和那些因经济条件改变而被排除者，特别是在英国，不同于旧贫困主要反映的是经济周期性的衰退；新贫困是结构性的，主要是建立在“新经济体系”（new economy）上，它可使所有的社会阶层都可能陷入就业的不安全。新贫困就如同法国的社会排除[②]。

---

① 钱志鸿，黄大志. 城市贫困、社会排斥和社会极化：当代西方城市贫困研究综述. 国外社会科学，2004，(1)

② Silver H. Social exclusion and social solidarity：three paradigms. International Labour Review，1994，133 (5，6)：568-569

社会排斥[①]通常被理解为个人权力的丧失以及社会结构的障碍所导致的一部分群体无法获得与公民权相称的资源，表现为个人或群体无法正常参与社会活动的过程。在这个意义上，欧洲委员会对社会排斥的界定是："社会排斥指在多元并且变迁的因素之下导致人们被当前社会中的交易活动、服务及其权利所排斥。其中，贫穷是最明显的现象之一。社会排斥也指在住房、教育、健康及接近服务上的权利被不适当的处置。它对个人及团体有影响，尤其是居住在城市或乡村地区之间不同所受到的差别待遇和隔离。"[②]这一定义最有影响，被广泛使用。欧洲理事会还进一步认为：社会排斥是一个过程，在这过程当中，某些人因家境贫困或基本能力不足及未能获得终身学习的机会，或因遭受歧视，以致被推至社会边缘，无法全面参与各项社会活动。社会排斥令这些人无法找到工作、赚取收入、获得教育机会、融入社会和小区网络的活动。结果，由于这些人根本无法接触到权力及决策机关，以致他们经常感到无助，认为自己无力控制影响其日常生活的决定[③]。在21世纪，英国与欧盟广泛地使用社会排斥作为社会问题的讨论，而贫穷强调的是不足（inadequate）；社会排斥强调剥夺（deprivation）阻碍了人们参与社会活动或使用公私服务的权利。

从社会排斥评估内容上看，已有社会排斥指标体系主要针对收入、就业、教育、住房、健康五个主要方面进行测量，同时结合生命周期，发展出了不同生命阶段的具体指标。社会排斥评估超越了传统的贫困概念：由财务劣势转变到多层面劣势，由静态分析转为动态分析，由个人或家庭扩大到社区，从聚焦分配转向聚焦关系，由侧重社会关系的连续性转向灾难性中断。

2. 贫困与排斥对社会保障制度的挑战

欧盟各国的失业率在20世纪90年代前半期明显呈上升趋势，并且在90年代中期达到了很严重的程度。在欧盟15国，1995年除了小国卢森堡以外，其他所有国家的失业率都在6%以上，有7个国家的失业率在10%以上。失业问题最严重的西班牙在1994年失业率竟达到了23.9%的高峰，也就是说在几乎在每4个劳动力中就有1人处于失业状况。长期居高不下的失业率，使欧盟陷入了一个"低经济增长—高失业率—高财政赤字"的困境之中。20世纪80年代以来，英国的在职低收入问题越来越明显，英国的就业者的收入差距拉大，低收入者长期大量存在，1992年英国低收入者的工资水平实际上比1975年更低[④]。

劳动就业政策的新自由主义变革不仅给美英等发达国家的"就业奇迹"蒙上了一层阴影，而且随着劳动就业政策新自由主义变革在世界各国的逐渐推行，给大部分经济转

---

① "社会排斥"（social exclusion）的概念首先由法国学者勒努瓦（Lenoir）在1974年提出，是特指那些不能分享经济增长成果的人，包括残疾者、自杀者、老年患者、药品滥用者、青少年犯罪者、反社会者等。他们共同点是无法适应工业化社会生活而沦为社会弱势群体。社会排斥的概念起初在20世纪六七十年代并没有被广泛采用，直到80年代末90年代初才流行起来。目前，"社会排斥"已经成为欧盟社会政策研究的重点。

② European Commission. Towards a Europe of Solidarity. Communication from the Commission 542. Brussels: Brussels Press，1992

③ European Council. Joint Report on Social Inclusion. Luxembourg: Office for Official Publications of the European Communities，2004：10

④ 关信平. 当代欧洲贫困问题及欧盟的反贫困政策研究. 社会政策网，http://www.chinasocialpolicy.org，2002-07-25

型国家以及发展中国家的劳动就业带来了一场灾难。大规模失业加剧了“劳工的边缘化”，将越来越多的劳工排斥在了劳动力市场的边缘而不能进入较稳定的核心劳动力市场。“劳工边缘化”的最严重的社会后果是进一步加剧了“社会排斥”，使“边缘化劳工”不仅在经济上，而且在社会关系上、心理上、政治参与上和文化上长期处于匮乏之中。

第二节　全球化背景下社会保障制度的改革

在艾斯平-安德森（Esping-Andersen）看来，福利国家体制的真正危机，在于既存的福利国家制度建构与外在全球经济变迁的脱节[①]。因此，如何适应全球经济变迁，即成为各福利国家改革的重点，特别是20世纪80年代以来，福利国家改革均倾向市场化、自由化和国家解除管制取向，但因福利体制的不同，各国的改革路径和策略仍有较大的差别。

一、福利国家的改革路径

1. 北欧福利国家改革所采取的斯堪的纳维亚改革路径

斯堪的纳维亚改革路径（Scandinavian route）主要侧重于积极劳动市场措施、社会投资策略、社会服务扩张和性别平等化，采取家庭政策和劳动市场改革，同时用社会投资策略结合了这两方面的改革。

北欧福利国家在面对经济全球化时，在家庭方面，出现了离婚率升高，单亲家庭比重增加，最为重要的是出生率的下降现象。在劳动力市场方面，也出现了服务业部门的扩展，妇女参与率的增加，技术劳工的需求增加新现象。因此，该路径的改革强调的是由福利国家提供就业机会，尤其是偏向妇女的，并由福利国家补贴其工资，这样妇女即使在服务业的中下层就业，也不致像美国产生贫穷或下层阶级的现象。同时，福利国家也强调教育与训练的社会投资策略，即提供开放的教育机会或训练机会，让妇女与其他员工均有向上流动的机会。这种偏向妇女的就业，使北欧社会福利国家的改革不同于英美新自由主义改革路径。这种制度安排可造就妇女的独立与人格尊严，使两性人力达到最佳运用，并且外出就业会造成对服务的需求增加，更有助于以服务业带动经济发展。

针对以上改革，艾斯平-安德森以瑞典的经验为例指出，国家主要的任务是通过若干公共部门的投资强化双薪家庭制度安排，其目的是减轻妇女投入劳动力市场时所面临的家庭负担，同时也因为妇女加入劳动力市场而减轻夫妻中任何一个人在生命历程中，由于结构性或摩擦性失业而造成收入中断的经济困难，所以，配套的措施包括：日间托

---

① Esping-Andersen G. Social Foundations of Postindustrial Economies. New York: Oxford University Press, 1999

儿及托老照护；职业再培训计划等，这些措施被称为社会投资策略[①]。艾斯平-安德森认为通过这种积极的劳动市场的政策，去工业化后的失业问题可以获得缓解，通过社会工资[②]（social wage）的方式，工作贫困的问题可以避免，通过提供开发与职业训练计划，低薪劳动者向上层流动的可能性增加。

2. *以英国和美国为主的新自由主义改革路径*

新自由主义改革路径（neo-liberal route）主要侧重解除管制，并以劳动市场与工资的弹性化来解决经济衰退和失业问题。

在英国、美国、加拿大等国家采取经济自由化措施，尤其是工资的弹性化，在这个意义上，国家要解除最低工资的限制，解雇的条件更加宽松，对于雇主的附加成本必须降低。这样一个低工资的就业市场才能形成，去工业化后的庞大失业问题才能获得解决。像英国解除最低工资水平的设定，因而出现很多低工资的就业机会，而且很多是非全日制的工作，造成收入不平等快速恶化。艾斯平-安德森通过研究指出，在美国，妇女进入一个低技术、低工资的服务业就业后，可能一辈子就待在那个工作岗位上，不像在北欧有一些因素有助于个人脱离低技术、低工资的服务行业，一是北欧福利国家所提供的服务业就业机会的工资是一种社会工资，它高于市场上的工资并且是由国家补贴的工资，同时工资水平也高于美国由市场决定的工资；二是北欧开放的终身学习的教育体系或职业训练更有助于个人缩短在低层次服务业的就业时间；三是北欧这种低层次服务业的就业经常只不过是个人的第一个职业，而非终身的职业，即个人有较多向上流动的机会。因此，在英国和美国，强调充分就业，但却和平等成为不兼容的现象[③]。

3. *保守主义的福利国家改革所采取的劳力减少的路径*

劳力减少的路径（labor reduction route）主要侧重鼓励提早退休，让年轻人能进入劳动市场以缓和失业问题。德国、法国、意大利都是采取这种劳动力减少的策略。例如，在德国，整个经济非常强调竞争性和创新性，但在总体上，就业机会增加有限，所以由国家补贴劳动力提早退休，而形成不增加就业机会的经济成长。同时，在福利国家的政策更具选择性，也就是国家增加对劳动市场局内人的照顾，包括提高工资、提供较好的社会保险和年金等，但企业或国家采取不增加核心的全时工作，只增加非全时、弹性运用的用工，如在意大利就解冻原来非全时劳工的聘雇。

除了劳动力市场的策略，欧洲大陆保守主义的福利国家也采取家庭主义，由家庭（主要是妇女），承担原本在北欧由福利国家提供的服务。在艾斯平-安德森看来，欧洲大陆这种以家庭为承担社会风险的保守主义体制，将无法适应自 20 世纪 80 年代以来逐渐出现的后工业主义的经济结构，原因是未来的经济结构以服务业为主，它能创造大量的工作机会但工资水平不高。在欧洲，一方面，传统工会强大的势力与偏向社会福利政

---

① 李碧涵. 福利国家向右走：工作福利国家的创新性改革. 载：健康政策的变动与创新趋势：迈向多元、整合的福利体制国际学术研讨会论文集，2005

② 广义的社会工资应该把所有的政府开支都当做社会工资，因为这些公共支出归根到底都是为了整个社会的利益。狭义的社会工资是指社会工资只是政府在教育、健康、住房等方面的开支。社会工资即工人在不工作的情况下，仅仅依靠国家而获得的收入。它包括失业补偿、普遍的公共补助以及其他相关项目。

③ Esping-Andersen G. Post-industrial class structures: an analytical framework. *In*: Esping-Andersen G. Changing Classes: Stratification and Mobility in Post-Industrial Societies. London: Sage Publications, 1993: 7-31

策的政党执政，使得政府的政策对于劳动条件的保障与劳工家庭的保护较为周全，整体社会对工资的差距倾向于拉近以达到尽可能的平等。但是，在产业结构的冲击下，大量从传统制造业中释放出来的低级劳动者使得这个目标的实现出现巨大的调整。其结果是虽然保证了社会平等的目标，但却以高失业率为代价；并且，过度强调以男性全日制劳动者为中心所建立起来的社会保障制度，结果形成局外人/局内人的二元劳动力市场，这样必然会造成待遇优厚的男性全日制劳动者享有优厚的社会保险给付与严格的劳动保护，但劳动力成本会很高。在这一僵化的劳动力市场下，还将会牺牲其他可能的潜在就业者，包括在家操持家务的妇女以及准备进入劳动力市场的年轻人。所以，欧洲大陆保守主义不鼓励妇女外出就业，而重视她们提供照顾小孩、老年人等的服务，而且也主张社会福利与服务的削减可由妇女来替代承担。

艾斯平-安德森将福利国家受全球经济的外在冲击比喻为特洛伊城的劫掠。当代在特洛伊木马里面的危险战士就是全球化、老龄化以及家庭不稳定，而且市场与家庭均告失灵。他认为，特洛伊城也就是第二次世界大战后的福利国家，是为了处理当时的风险结构而产生的，它起先的服务对象是没有技术或半技术性的产业工人。他们的阶级风险主要是根据原有的、战前的工人问题而界定。而无论所采取的是普遍式的、特定目标的或是合作主义式的路径，福利国家最大的贡献是连接了阶级划分，将劳工阶级归为社会公民。有了福利国家，跨阶级的凝聚才得以形成。艾斯平-安德森认为当代福利国家体制如何处理“特洛伊木马”，完全要看它如何面对就业（和失业）问题与新的人口老化和家庭问题，这是后福特社会新衍生出的生涯风险，就看福利国家能否有一套新的风险管理的策略，可以由市场、家庭或福利国家来吸收新的社会风险，而第三者，即福利国家的风险吸收就牵涉到非商品化或去家庭化等家庭、就业和健康照顾问题。

总之，开放经济下的民族国家，其国家权力因经济转型、国际化、弹性化的生产体系和来自全球环境的风险挑战而不断被弱化和空洞化；同时国家自主性丧失的同时也产生了跨国协调的需求，但国家仍须主动提出各项政策以化解不断增加的社会冲突。

二、福利国家的改革策略①

1. 工作福利

派克（Peck）根据艾斯平-安德森提出的福利国家三种转型路径，进一步阐述了福利国家采取的工作福利策略（workfare strategies）。派克认为工作福利策略在不同福利国家有不同的形式。

（1）自由主义体制福利国家，如美国、加拿大、澳大利亚、瑞士和英国等，其资产调查和有限的社会移转支付显示其社会福利是臣服于市场分配，因此其工作福利策略也是高度发展的，其在福利依赖的个人化模型分析脉络下强调市场诱因，也就是工作福利是高度依附在劳动力之上的。

---

① Peck J. Workfare States. New York：Guilford Press，2001；转引自李碧涵. 福利国家向右走：工作福利国家的创新性改革. 载：社会暨健康政策的变动与创新趋势：迈向多元、整合的福利体制学术研讨会论文集，2005

（2）保守主义体制福利国家，如德国、法国、意大利、奥地利等国，在历史上国家扮演核心角色在授予社会权与维持地位层级，因此其工作福利策略也是国家导向，一方面为了避免已巩固的地位权力面临崩解，另一方面则与劳动市场重整相结合。

（3）社会民主主义福利国家，如瑞典、挪威、丹麦和芬兰，则是在极大化福利提供的脉络下采取平等、普遍主义和社会权非商品化的原则，因此其工作福利策略是在普遍主义与社会重分配的残存承诺下而导向结构性调整，并且着重人力资源的（再）投资。

派克认为这三种由社会福利主义转向工作福利主义的共同路径，代表福利国家体制针对源于20世纪70中期的福利危机做出工作导向的响应。虽然各国之间政治与制度形式各有不同，但显而易见的是工作福利主义已开始蔚为国际现象。

2. 劳动体制

在20世纪90年代，欧盟15国纷纷致力于改革劳动体制及强化教育与职业训练。其劳动体制改革包括：①从事失业保险改革，降低失业给付的所得津贴率①，或缩短给付期；②降低雇主支付的社会保险捐，并且大幅松绑就业保护法规；③降低基本工资与平均工资的比率，工时弹性化，并鼓励雇佣部分工时劳动者。此外，欧盟国家积极改革教育与职业训练，增加职技学校与产业界互动。如果以“工作保护立法”来衡量各国弹性劳动市场改革的情况，1998年比1980年后期的工作保护立法较为宽松的国家有澳大利亚、丹麦、比利时、荷兰、瑞典、德国和意大利等国，也就是这些国家的劳动市场具有弹性化趋势。荷兰也采经济自由化政策、减薪、减税、降低实质最低工资和弹性化劳动市场，但加强保障从事高度弹性工作的劳工，包括其年金和失业给付。

3. 弹性劳动市场

弹性劳动市场在各国的运作各有不同。派克认为，弹性劳动市场的本质是它是地方社会和管制情境下的产物，而且弹性劳动市场就嵌入其中。派克认为英国劳动市场特性是竞争性弹性（competitive flexibility）是指劳动市场的选择性地解除管制，建立更个人化的就业关系，并且使劳动力暴露于尖锐的竞争压力下；德国则属于结构性弹性（structural flexibility）是指较有组织的劳动市场，高工资结构加上很好的社会保障，集体化的政治结构和工作场所有高质量（如跨技术）的弹性。因此劳动市场弹性化可以指更进步的工作规范，但也可指贫穷、剥削和不安全。

第三节　全球化背景下社会保障制度的转型

随着全球化进程的加快，世界各国在提升国际竞争力的压力下，更强化其社会保障制度的全面改革，但是各国由于不同的福利体制，在面对全球化的挑战下，有的缩减福利并引进更多的市场机制，有的强调家庭、社区和非营利组织的多元化福利提供，有的则增加公共社会投资并强化公民的社会参与。总的来看，社会保障制度正在发生以下几

① 所得津贴率是指失业给付金额占其失业前薪资的比率。

个方面的转型。

一、以工作福利为导向的社会保障

20 世纪 80 年代兴起的全球化强调的是国家解除管制和经济自由化。因此，在新右派主导的全球化潮流之下，凯恩斯福利国家必须寻求新的国家形式：熊彼特式工作福利国家（Schumpeterian workfare state）即提倡创新、国际竞争力和企业家精神，而针对工作福利特性而言，则是指着重在创造工作机会、工作弹性和技能再训方面。

“工作福利”（workfare）始于美国里根政府时期。1981 美国联邦政府通过有关立法以后，工作福利制才真正成为一项在各州得到实施的政策，到 1986 年美国已经有 29 个州实施了不同形式的工作福利制政策。至 20 世纪 80 年代中期，不论是共和党还是民主党，在福利改革的议题上双方均支持“工作福利共识”（workfare consensus）。在美国，克林顿激进的福利改革和布什在任期间实行的救助政策使这一制度得到加强，在英国，布莱尔政府已经把福利制工作项目推向其现代化改革的最前沿，改革的目标是要以公私部门之间新的伙伴关系为基础广泛实施，福利制工作项目结束救助体系中长期存在的“依赖文化”，但是，很显然，这一“更严格更加以市场为导向”的救助政策有非常强的美国式的工作福利制特点。20 世纪 90 年代后期，布莱尔的新工党对工作福利国家的提倡较接近美国的工作福利国家取向，而远离于欧洲其他福利国家的改革方向。

在北欧的社会民主体制国家，福利与就业政策是属于“生产主义”，而不是英美的“工作福利”，虽然表面上“生产主义”好像是在呼应英美的“工作福利”。艾斯平-安德森认为，工作福利表示接受工作才能得到社会福利，但是北欧的“生产主义”却表示福利国家必须保证所有人具有要去工作的必要资源和动机（而且也要有工作机会），因此，开放的教育体系与职业训练计划和终身学习的教育过程就显得格外重要①。

最近几年北欧在全球化的压力下，已开始对福利国家与劳动市场大力改革，并使用“工作福利国家”（workfare state）一词。1981 年，OECD 发布了一个著名的报告，提出建设地方化、私有化和突出个人责任的社会救助体系的目标，标志着北欧福利政策意识形态上的转变，进入 90 年代之后，以挪威、瑞典、丹麦为代表的社会民主主义福利国家，开始依据这个目标在社会救助体系中构建以地方化、市场化和突出个人责任为特点的工作福利制，工作福利制的地方化色彩表现在救助责任从国家向市政当局的转移，中央政府只负责提供宽泛的救助方针，而工作福利项目的具体的设计工作则由地方市政当局完成，社会救助金的水平也是由地方分别制定，根据地区不同可以有很大变化，同时与救助责任地方化相伴随的是救助责任从公共向个人的转移，在 90 年代，北欧各国有关被救助者的权力与义务的规定出现了很大转变，工作福利制在继续以往的对被救助者的寻工义务要求的同时，最大的创新在于增加了一种非常不同的义务，即作为对救助金的回报，有劳动能力的被救助者必须参加市政当局提供的工作或者培训活动，现在，

① 李碧涵. 市场、国家与制度安排：福利国家社会管制方式变迁. 载：全球化下的社会学想象：国家、经济与社会学术研讨会论文集，2000

虽然北欧的收入维持体系并没有被工作福利制索取代，但工作福利制已成为北欧福利体系的重要组成部分[①]。这种政策转变，使得北欧先前福利国家“非商品化”趋势弱化，代之而起的新发展是相当程度的“再商品化”。

20世纪后半叶，特别是90年代以后，发达国家开始从无条件资助向强调受助者义务和条件限制的社会支持政策转变，越来越多的国家要求受益者参加工作，并以此作为交换来获得社会救助。在具体政策实施上，澳大利亚规定失业救助金领取人必须努力寻找就业机会，并接受政府安排的再培训计划，否则剥夺救助金领取资格。丹麦1998年开始实施积极社会政策法框架下的促进就业计划，将参与工作和接受救济联系起来。法国1997年立法后开始重新实施一项青年资助计划，为有劳动能力的青年获取社会资助规定了强制性的工作。德国的工作岗位创造方案以相关立法框架为基础，旨在尽可能创造工作岗位提供给青年失业者，而不是只向失业者提高社会救助。荷兰1998年启动了求职者雇用计划，首先关注青年未就业者，其次关注年长者中长期失业者，鼓励福利接受者求职就业。挪威1991年开始实施了两个计划：一是依据社会服务法案，支持地方政府采用工作福利政策；二是为无保险人群提供的一些积极的劳动力市场计划。英国也采用了两个强制性的新政计划，一个针对青年，一个针对长期失业者，通过福利和工作挂钩的方式促使被救助者进入劳动力市场。美国通过一系列法律来促进福利享受者重新就业，如规定单身母亲每周参加一定时间以上的工作才能继续享受相关资助。这些政策的实施表明福利国家的改革使福利制度的价值体系发生了巨变，通过强调义务和权益对等，要求有劳动能力的受益者回归工作来减少福利依赖，普遍性的救济理念受到质疑并在制度实践中得到了修正[②]。

总之，“工作福利”是指凡接受政府福利补助者，必须接受政府或立法规定的与工作有关的特定义务，引入“工作福利”制度后，社会福利金就由无偿给付转变为有偿领取。工作福利的定义有三个主要因素：工作福利是强制性的，工作福利根本上要工作，工作福利实质上和最低国家福利支持的政策相关。据此，工作福利可以定义为要求人们通过工作来换取社会支持的福利政策。

自20世纪80年代以来，福利国家的转型重点在于实行工作福利国家的改革；其目的是通过提倡工作以减少福利依赖，并通过劳动市场取向的政策选择，以促进在劳动市场的参与。20世纪90年代，欧洲各国的工作福利国家，在面对经济全球化的挑战和提升国家竞争力的压力下，一方面，强调福利供给模式的转向，主要表现在：缩减福利供给、强调家庭或社区福利供给，共同强调社会保障的市场化、多元化和效率化；另一方面，强调公共财政投资于社会福利、劳动市场，以及教育与训练所具有的积极性效果。在这个意义上，传统的福利国家倾向于把权利作为不附带任何条件的要求，这样的福利政策不仅会无限度地增加政府的财政负担，更重要的是，它滋长了公民对国家的无限度的依赖，侵蚀了人的社会责任感。而积极福利国家则认为无责任即无权利，责任和权利相统一。它反对那种传统的倾向于把福利视为不附带任何条件的种种权利要求的观念，

---

① 肖萌. 发达国家的工作福利制对中国低保政策的启示. 中国青年政治学院学报，2005，(1)

② 葛道顺. 西方“工作福利”制度及其实践. 中国劳动保障报，2005-05-18

主张福利既是每个人的权利也是每个人的义务和责任；在福利不断增加的同时，个人的责任和义务也应当不断地延伸。并且，每一个公民仅仅具有对社会负责的意识是不够的，他还应该具备对社会及个人负责的手段和技能。例如，一个失业的人，在领取失业救济金的同时，应当履行主动寻找工作的义务并争取获得胜任新工作的技能。因此，主动的、负责任的个人是工作福利为导向的社会保障核心所在。

二、以社会投资为手段的社会保障

自20世纪90年代年中期以来，西方各国都开始探索社会福利改革之路，福利国家模式再次转型。许多国家开始加强对社会政策领域的积极干预，重视社会福利支出的人力资本投资功能，增加社会福利支出对经济发展的促进作用。这些新的社会政策改革结果被研究者称为“社会投资国家”模式。不仅被用来描述转型中的西方福利国家，甚至被认为是未来社会福利国家的蓝图。

在经济全球化和知识经济的新国际环境中，竞争优势取决于具有高度灵活性、高技能和受到良好教育的劳动力队伍。一个人缺乏知识和技能是知识经济时代的主要风险，再分配性质的社会保障还不足以真正消除风险，而必须通过社会投资增强其融入市场和社会的能力。社会投资国家主要通过教育和培训来实现人力资本投资，特别重视儿童的未来机会，有明显的未来取向。

“社会投资国家”概念的创始者是安东尼·吉登斯，他用“社会投资国家”来描述介于“新自由主义”模式和第二次世界大战后西方福利国家模式之间的“第三条道路”福利国家模式。吉登斯提出了“社会投资国家”的概念。他对“社会投资国家”的描述为：“福利开支将不再是完全由政府来创造和分配，而是由政府与其他机构（包括企业）一起通过合作来提供。这里的福利社会不仅是国家，它还延伸到国家之上和国家之下。”[①] 社会投资国家的主要原则可以简要地表述为：在任何可能的情况下要投资于人力资本，而不是直接给予利益。

英国社会政策研究者利斯特认为，“英国社会正义委员会”（Commission on Social Justice）1994年发布的报告《社会正义：国家复兴战略》引起了人们对“社会投资国家”概念的关注。报告中提出：“要重视提供以体现社会正义和经济繁荣为目的的经济机会，社会保障应通过社会投资和机会的再分配，而不是结果的公正来实现。”[②] 1998年4月，英国工党政府公布了《我们国家的新动力：新的社会契约》的绿皮书，提出了新福利制度的八项原则，其主旨是，调整福利国家的基本任务，从提供普遍的社会保障向促进就业、帮助弱势群体的方向过渡，从社会福利的管理者向服务者过渡[③]。

为适应经济全球化和信息科技的发展，西、北欧各国都加大教育投资，增加就业培

---

① 吉登斯 A. 第三条道路：社会民主主义的复兴. 郑戈译. 北京：北京大学出版社，生活·读书·新知三联书店，2000：132

② 胡昌宇，陈晓律. 试析布莱尔工党政府的成功之道. 南京大学学报，2006，(2)

③ 顾俊礼，田德文. 福利国家论析：以欧洲为背景的比较研究. 北京：经济管理出版社，2002：148

训，提高劳动者的劳动技能。布莱尔政府不断提高教育投资占 GDP 的比例，在就业培训方面，1999 年英国有 15.9%的工作年龄的人接受了岗位培训，接受培训的年轻就业者的人数是年长者的 2.5 倍[①]。为推动“终身学习”战略，政府建立了个人学习账户，并与企业沟通合作，企业在招收新雇员时，可向政府申请职业培训费。德国政府新的改革方案规定，企业必须提供培训岗位，否则向其征收培训费。

强调社会公正和经济效率的统一，强调变被动的恩惠式福利为主动的进取式福利，变事后补救性福利为事前预防性福利，变生活福利为工作福利，也就是强调福利国家不仅仅意味着“社会支出”，还应该意味着积极进行“培训和教育性的社会投资”。对于失业者来说，尤其是对于大批失业者，国家帮助的重点不再仅仅是通过发放救济金来提供保护，而是对其进行职业技术培训，帮助其掌握新技术，提高就业能力。“授之以鱼不如授之以渔”，为接受新工作或冒险进行新创业做好准备。对国民来说，政府通过为国民提供良好的教育条件来提高其素质，使个人具备适应新经济发展的知识技术能力。

三、以社会融和为目的的社会保障[②]

现代社会福利制度的预设目标是满足社会成员基本物质需要，提供基本的社会安全环境。当前，随着欧洲整合进程的加快，各成员国进展的速度落差使得各个领域适应“欧洲化”成为一个问题。经济整合与社会整合进度之间的明显落差，使得内部市场迅速整合时，带出社会整合的需求。特别是欧共体成立后，其成员国家特别是英国、法国、德国等都面临社会排斥问题，急需改变社会政策来改变社会福利资源的分配。欧盟针对这一情况，积极促进社会融合（social inclusion），由此推动了反社会排斥的实践和社会政策的发展。为了加快欧洲一体化的步伐，欧盟各成员国在对福利国家的改革中，已把社会排斥作关注的焦点问题，并把反社会排斥作为欧盟各成员国制定社会政策的重点。

欧盟的社会政策是“建立在辅助性原则基础上的。每个成员国都有责任组织其社会保护制度并为之筹措资金，联盟则有责任协调那些旨在保护行使其权利、在联盟内部流动的人的社会保障项目”[③]。因此，在此原则的基础上，欧盟与各成员国通过开放协调法（open method of coordination）机制[④]不断改变社会资源的分配，积极干预社会成员

---

① 裘援平，柴尚金，林德山. 当代社会民主主义与“第三条道路”. 北京：当代世界出版社，2000：311

② 林闽钢，董琳. 欧盟反社会排斥政策探讨. 载：童星. 公共管理高层论坛第 3 辑. 南京：南京大学出版社，2006

③ 田德文. 欧盟社会政策与欧洲一体化. 北京：社会科学文献出版社，2005：383

④ 开放协调法一词出现于 2000 年在里斯本召开的欧洲高峰会结论中，但在《马斯特里赫特条约》（又称《欧洲联盟条约》）建立起欧洲货币联盟时，便有类似的程序协调各国的经济和财政政策。依据《欧洲联盟条约》第 98、99 条，欧盟已经尝试由委员会及部长会议每年提出“广泛经济政策准则”（Broad Economic Policy Guidelines），再由高峰会采纳要求各成员国提出执行进度报告，说明如何制定执行国内经济政策以符合欧盟的经济金融目标。如果出现偏离，部长会议即提出无法律约束力的建议请个别成员国改进。在总体经济调控上，“广泛经济政策准则”的软性治理方法与《成长与稳定协议》的硬性治理方法形成组合，来确保欧洲经济金融的稳定，并促进整体经济政策之间的协调和效率。

不利的状态，同时提高社会成员的社会参与，实现福利国家向福利社会的转型。

世界银行认为：社会融合本身是一种动态历程，使弱势群体不受空间限制而与社会中的其他人在教育、生活、工作等方面相互依赖，达到完全融入的目的；或者，避免威胁社会稳定的巨大差异出现，保障贫穷人口享有受教育、医疗及基本生活所需，即能够参与、决策自身的生活。因此，社会融合是为达到社会的机会均等，全面参与①。

欧盟认为实现每个社会成员能够融入社会的标准是：教育、培训、工作、住房、社区服务、医疗照顾都得到保障。例如，1999 年欧洲结构基金（European Structural Fund）和欧洲区域发展基金组织的目标是促进经济发展和社会弱势群体的融合。其社会融合要素为：支持社会发展，实现长期失业者的经济和社会融合，对残疾人群帮助，对囚犯的技能培训，社会公共设施和机构的资金供给。

在这个意义上，社会融合与反社会排斥在目的上是相通的，均是实现社会整合(social integration)。社会融合可以看成是反社会排斥的一种形式，即反社会排斥不仅包括通过外界力量的介入来制定并推行社会政策，还包括通过民众的参与、内部能力的增强、民众提高自身对社会政策的选择权和话语权方面的社会融合。

（1）欧盟反社会排斥政策目标。欧盟委员会于 2005 年 2 月提出了新社会议程(new social agenda)，修正社会议程的目的是与里斯本策略（Lisbon Strategy）一致，就是让欧盟在 2010 年成为全球最具竞争力的经济体。新议程中提出的劳动市场和社会保障制度现代化，将刺激欧盟运用国际竞争、技术发展和人口分布情况改变所带来的机会，让欧盟成员国在保护社会弱势群体的同时，也能拥有一个快速流动的劳动市场。以 2010 年为规划年限的最新社会议程，针对欧洲民众极为重视的议题，如贫穷、健康照护、退休金、社会保障、公司资产重组效益等，提出了一系列的方案和行动计划。

（2）欧盟反社会排斥政策工具。欧盟各种基金是欧盟反社会排斥的主要社会政策工具。1958 年，欧盟成立了欧洲社会基金（European Social Fund，ESF)，由于社会基金是欧盟规定各成员国按一定比例交纳筹集而来的，所以基金支出的范围就有着特定的对象性和项目性，单从反社会排斥领域而言，主要是为了抑制失业与改善工作环境，并加强教育与职业训练。欧盟借助社会基金在以就业为核心的反社会排斥领域发挥了巨大作用。1988 年，欧盟将社会基金、农业指导暨保证基金的指导部分以及区域发展基金三项工具合为欧洲结构基金。1993 年，欧盟再将渔业指导基金（Financial Instrument for Fisheries Guidance，FIFG）纳入结构基金。此外，在 1993 年《欧洲联盟条约》正式生效时，条约中再度强调区域凝聚力的重要性，并设立凝聚基金（Cohesion Fund)，针对 GDP 低于欧盟平均值 90%以下的成员国，向其提供资金来改善环境及基础建设。

（3）欧盟反社会排斥政策对象。欧盟反社会排斥政策除了以较落后的国家及其地区外，主要是针对特定群体展开的，包括青年、老年人、残疾人、妇女等丧失正常生活权利的群体。其中，青年是欧盟反社会排斥中首要关注的群体，而就业是关系到青年群体

① World Bank. Social inclusion of vulnerable groups：a background paper for the ADB/World Bank Social Forum. Manila，Leyshon，November 1999：9-12；转引自李易骏. 社会排除：流行或挑战. 社会政策与社会工作学刊，2006，10（1）

能否正常生活的核心要素，因此这一要素成为欧盟制定社会政策的重中之重。在项目推行中，欧盟着重落实在教育和培训方面的工作，同时社会政策的范围也从“健康与安全”扩大到“工作条件”“职业培训”“工人的信息与咨询”“整合被排除在劳动市场之外的人们”等方面。

欧盟在劳动力市场上，力推欧洲就业策略（European Employment Strategy, EES），它涵盖了一系列的特别刺激就业措施，可说是在欧盟下促进就业的最高指导原则。随着欧洲一体化的不断被推进，外来劳工社会排斥问题成为焦点，为此，欧盟庇护政策开始成为欧洲高峰会上的重要议程。

（4）欧盟公民参与。社会排斥最基本的表现就是能力的丧失，通过民众参与的方式，可以减轻职能机构的工作负担，提高资源的使用力度，增强人们自身的能力。欧洲社会融合大会的讨论也认为，激励并发动公民参与是解决社会排斥的有效方式。2000年10月召开的高级首脑会议一致通过欧洲反社会排斥应达到的目标之一就是促进公民在就业、权利、服务和资源获得等方面的参与。

萨拉切诺（Saraceno）认为，社会排斥中的不参与和参与不足是基于公民权利的分析。个人被社会排斥，是个人作为公民参与国家、社区、公民社会活动权利没有实现的问题。公民权是一种基于每一个人同等权利的社会契约，而社会整合是个人间的自由选择的结合，并非个人与社会体间的关系。对于欧陆国家，尤其是法国的共和传统而言，个人与社会间的一致协同关系是社会整合的核心。公民权利的主张中，又包括两个分支，除了政府制度规定、福利资格权的给付，同时也认为社会（社区）参与是维护公民权利的重要基础。与反社会排斥有关的公民权利，是一个比单一群体、单一种族和单一社区的公民权利更广泛的概念，它指向社会融合，特别是欧洲国家的社会融合[①]。

总之，全球化在不同程度上影响了全球社会保障制度的发展，其中，国家、市场与家庭的制度角色仍是造成社会保障制度转型不同特点的重要因素，同时，福利国家的社会管制方式的制度变迁是组成当前全球资本主义的重要部分之一，也将是决定未来资本主义变化的要素之一。在这个意义上，国家与市场必须发展出新的制度关系，通过福利国家的制度安排，包括对劳动市场、家庭、教育、健康与环境保护等各种制度新的建构，才会有助于未来社会发展出较稳定的经济社会秩序。

➢本章小结

全球化带来了社会风险的现代转型，从而导致社会面临更多人为的、制度性的现代社会风险，其结果是消极、被动的社会政策及其相关制度受到全面挑战。全球化所带来的社会问题更为复杂，人口老龄化、失业问题加剧，新贫现象、社会排斥现象，非典型就业在全球化背景下的重叠使社会保障制度面临新的挑战。

如何适应全球经济变迁成为各福利国家改革的重点，特别是20世纪80年代以来，福利国家改革均倾向市场化、自由化和国家解除管制取向，但因福利体制的不同，各国

---

① 彭华民. 社会排斥与社会融合：一个欧洲社会政策的分析路径. 南开学报，2005，(1)

的改革路径和策略仍有较大的差别。福利国家的改革路径为：①北欧福利国家改革所采取的斯堪的纳维亚改革路径；②以英国和美国为主的新自由主义改革路径；③保守主义的福利国家改革所采取的劳力减少的路径。福利国家的改革策略为：①在工作福利方面的改革；②在劳动体制方面的改革；③在弹性劳动市场方面的改革。

随着全球化进程的加快，世界各国在提升国际竞争力的压力下，更强化其社会保障制度的全面改革，出现了全球化下社会保障制度的转型：①以工作福利为导向的社会保障；②以社会投资为手段的社会保障；③以社会融和为目的的社会保障。

➢关键术语

非典型就业　新贫困　社会排斥　工作福利　弹性劳动力市场　社会投资国家　社会融合

➢案例　欧盟社会排斥与社会融合①

社会排斥理论的研究支持社会政策的制定。它在社会政策的具体运作过程中，演化为可操作性的指标。欧共体在社会融合的指导原则下，早在20世纪80年代就在其文件中使用社会排斥的概念。欧共体认为社会排斥不能简单地归为资源不足，反社会排斥是个人和家庭能够保障有体面的生活条件，整合于劳动力市场、整合于社会的过程。在反排斥的过程中，参照对成员国的要求，欧共体执行促使每一个社会成员能够融入社会的标准是：教育，能熟练地掌握基本技能，培训，工作，住房，社区服务，医疗照顾。显而易见，社会排斥在这里成为一个政策性和操作性的概念。欧共体的社会排斥概念整合了制度安排要素，如教育和医疗照顾，强调了在制度安排机制下的福利资源再分配。

欧盟国家中，英国在社会排斥理论研究和社会政策研究中居于领先的地位。英国政府在20个世纪90年代成立了社会排斥部（Social Exclusion Unit），专门研究和处理社会排斥问题。英国政府定义的社会排斥是人民或者是地区遭受失业、低技能、低收入、简陋的住房、高犯罪率、不健康和家庭破裂等问题的综合影响，不能有效地参与社会生活的状况。英国政府认为社会排斥有很多向度，上面的问题只是部分例子。社会排斥还有一个重要的特点是，这些问题是相互关联和相互影响的，形成了一个复杂的变动的怪圈。

基于欧盟成员国中英国、法国、德国、意大利等对社会排斥理论的研究，以及社会排斥问题的广泛出现，欧盟对社会排斥的研究和反社会排斥的社会政策的发展越来越重视。社会排斥被1988年启动的“欧洲共同体反贫穷行动”认定为一个问题领域；欧洲共同体委员会在1993年布鲁塞尔的会议上，发表了《增强欧洲团结：加强反社会排斥的斗争，培育整合》；紧接着欧洲共同体委员会发表了促进社会融合的名为《欧洲社会政策之路：选择联合》白皮书。作为一个政治的、经济的跨国家组织，欧共体在社会排

① 彭华民. 社会排斥与社会融合：一个欧盟社会政策的分析路径. 南开大学学报，2005，(1)

斥研究中起了促进的作用。在 20 世纪 90 年代早期，欧盟还资助了关于社会排斥研究的国际会议，讨论如何消除因社会排斥而形成的贫穷问题。

社会政策是反社会排斥的主要手段，这是欧盟社会政策研究紧跟社会排斥理论发展的主要原因。根据 Duffy、Gordon 等的研究，贫穷和社会排斥是紧密联系在一起的。1999 年 11 月在赫尔辛基举行的会议上，欧洲理事会要求欧洲委员会准备一份与经济、社会和生态可持续发展政策相吻合的长远策略的建议，并于 2001 年 6 月交至欧洲理事会。欧洲委员会提交《建设一个可持续的欧洲：欧盟可持续发展策略》给欧洲理事会 。在该文件中，欧盟向贫穷和社会排斥宣战的具体政策目标是：①欧盟要对根除贫困的工作做出决定性的贡献。②到 2005 年 1 月，就业率提高到 67%，2010 年提高到 70%，到 2005 年 1 月妇女就业率提高到 57%，2010 年超过 60%。③到 2010 年，18～24 岁人员中接受中等教育以下，且没进一步接受教育和训练的人数希望减少一半。

欧洲委员会（2001 年）计划在欧盟国家中采取下列政策和措施来实现减少以至达到消除社会排斥的目标：①通过繁荣经济、提高就业率、开辟新的社会参与途径来消除社会排斥。②加强欧洲就业政策的实施。限定维持和提高工作地位的共同方法，并将其作为一个总目标包括到 2002 年的就业指导方针中。③到 2001 年年底，完成更新既定法规的工作，实施在就业、职业训练、晋升和工作待遇方面男女平等对待的原则。④在 2001 年，同意实施社会融合计划的建议。⑤到 2001 年年底确认关于工作地位、反对社会排斥的指标。⑥到 2002 年提出为儿童和其他扶养者提供照顾和家庭救济金体系方面的指标。⑦提出一些指标以确保男女之间在支持工资方面不存在差异。

欧盟还制定了《2002～2006 年的反社会排斥的行动项目方案》，积极促进反社会排斥的行动。在促进社会融合的过程项目中，推行各个成员国家协调配合开放协调法。在这个协调配合开放协调法过程中，欧盟就业、社会事务与平等机会分委会根据阿姆斯特丹条约第 136、137 款，于 2000 年 3 月在里斯本再次讨论并确认贫穷和社会排斥是影响欧盟十年发展战略目标实现的大问题。欧盟需要通过新的方法来实现社会融合，即通过公开计划方案来实现于 2010 年前消除贫穷和社会排斥的目标。这个公开计划方案包括欧盟反社会排斥的社会政策和实行过程中的具体行动方案。它有以下关键内容：①组成社会保护委员会，讨论社会保护中社会保险政策、社会救助政策的改进和实现。②将欧盟在 2000 年订立的消除贫穷和社会排斥的共同目标提交就业、社会政策、健康和消费事务委员会并在 2002 年得到具体的子目标的修改和决定。在这个基础上，欧盟形成共同的反社会排斥到达社会融合的目标。③制订了各个成员国家反贫穷和社会排斥的行动计划，第一个计划在 2001 年通过，第二个计划在 2003 年通过。④形成关于社会融合的联合备忘录。⑤形成关于社会排斥的联合报告。⑥形成成员国之间共同认可的关于社会排斥的指标，比较各个成员国家反社会排斥的工作，协调反社会排斥的政策，评价社会融合的进展。⑦制定社区行动项目，鼓励各个成员国家在反社会排斥的行动中互相合作。⑧社会排斥和社会政策的研究。欧盟成员国家和地区的指标反映了社会排斥和贫穷问题。欧盟将社会政策作为一个手段，鼓励移民和少数民族接受合乎地区社会生活水平住房。

欧盟的社会排斥研究和反社会排斥的政策是多方面的，反贫穷和社会排斥是欧盟社会政策调整的重心，欧盟希望能够制定内容完整的反社会排斥的社会政策，协调成员国之间的反社会排斥行动，以便对被社会排斥的成员进行保护。

复习思考题

1. 全球化下社会保障制度面临的困境是什么？
2. 全球人口老龄化对社会保障制度的直接挑战是什么？
3. 非典型就业的特点和表现形式有哪些？
4. 简述新贫困的产生的背景、原因。
5. 简述社会排斥概念。
6. 简述福利国家的改革路径。
7. 试述全球化背景下社会保障制度的转型。

参 考 文 献

艾斯平-安德森 G. 2003a. 福利资本主义的三个世界. 郑秉文译. 北京：法律出版社

艾斯平-安德森 G. 2003b. 转变中的福利国家. 周晓亮译. 重庆：重庆出版社

安德生. 1972. 瑞典史. 苏公隽译. 北京：商务印书馆

奥斯本 D，盖布勒 T. 1996. 改革政府：企业精神如何改革着公共部门. 上海市政协编译组，东方编译所编译. 上海：上海译文出版社

巴尔 N. 2003. 福利国家经济学. 郑秉文，穆怀中，等译. 北京：中国劳动社会保障出版社

巴尔 N，怀恩特 D. 2000. 福利经济学前沿问题. 贺晓波，王艺译. 北京：中国税务出版社

贝弗里奇 W. 2004. 贝弗里奇报告. 劳动和社会保障部社会保险研究所译. 北京：中国劳动社会保障出版社

贝克 U. 2004. 世界风险社会. 吴英姿译. 南京：南京大学出版社

勃里格斯 A. 1991. 英国社会史. 陈叔平，刘城，刘幼勤，等译. 北京：中国人民大学出版社

布莱尔 T. 1995. 新英国：我对一个年轻国家的展望. 曹振寰，等译. 北京：世界知识出版社

陈银娥. 2004. 社会福利. 北京：中国人民大学出版社

陈祖洲. 2000. 论英国新右派的福利观. 南京大学学报，(5)

邓大松. 1999. 美国社会保障制度研究. 武汉：武汉大学出版社

蒂特马斯 R M. 1991. 社会政策十讲. 江绍康译. 香港：商务印书馆（香港）有限公司

丁纯. 2000. 德国社会保障体制的现状与改革. 国际经济评论，(3，4)

丁建定. 2004. 瑞典社会保障制度的发展. 北京：中国劳动社会保障出版社

丁开杰，林义. 2004. 后福利国家. 上海：上海三联书店

丁易. 1998. 德国社会保障制度及其改革. 中国工业经济，(6)

高鹏怀. 2004. 历史比较中的社会福利国家模式. 北京：中国社会出版社

葛道顺. 2005-05-18. 西方“工作福利”制度及其实践. 中国劳动保障报

顾俊礼，田德文. 2002. 福利国家论析：以欧洲为背景的比较研究. 北京：经济管理出版社

国际劳工局. 2004. 社会保障：新共识. 北京：中国劳动社会保障出版社

国际社会福利协会日本国委员会. 1988. 各国的社会福利. 张萍译. 北京：华夏出版社

何增科. 2000. 公民社会与第三部门. 北京：社会科学文献出版社

和春雷，等. 2001. 当代德国社会保障制度. 北京：法律出版社

胡昌宇，陈晓律. 2006. 试析布莱尔工党政府的成功之道. 南京大学学报，(2)

怀特科 W H，费德里科 R C. 2003 . 当今世界的社会福利. 解俊杰译. 北京：法律出版社

黄安年. 1998. 当代美国的社会保障政策. 北京：中国社会科学出版社

黄黎若莲. 2001.“福利国”、“福利多元主义”和“福利市场化”探索和反思. 社会保障制度，(1)

吉登斯 A. 2000a. 超越左与右——激进政治的未来. 李惠斌，杨雪冬译. 北京：社会科学文献出版社

吉登斯 A. 2000b. 第三条道路：社会民主主义的复兴. 郑戈译. 北京：北京大学出版社，生活·读书·新知三联书店

吉登斯 A. 2001. 失控的世界. 周红云译. 南昌：江西人民出版社

吉登斯 A. 2002. 第三条道路及其批评. 孙相东译. 北京：中共中央党校出版社

吉尔伯特 N. 2004. 社会福利的目标定位：全球发展趋势与展望. 郑秉文，等译. 北京：中国劳动社会

保障出版社
吉尔伯特 N，特雷尔 P. 2003. 社会福利政策导论. 黄晨熹，周烨，刘红译. 上海：华东理工大学出版社
姜守明，耿亮. 2002. 西方社会保障制度概论. 北京：科学出版社
金重远. 1997. 战后西欧社会党. 上海：上海人民出版社
经济合作与发展组织秘书处. 1990. 危机中的福利国家. 北京：华夏出版社
李琮. 1989. 西欧社会保障制度. 北京：中国社会科学出版社
李立芸. 2004. 瑞典的福利制度改革. 社会福利，(9)
李易骏. 2001. 全球化对社会政策的挑战：兼论台湾个案初探. 台湾社会福利学刊，(2)
李易骏. 2006. 社会排除：流行或挑战. 社会政策与社会工作学刊，10 (1)
里斯本小组. 2000. 竞争的极限——经济全球化与人类的未来. 张世鹏译. 北京：中央编译出版社
林闽钢. 1996. 老龄化：对日本社会的冲击. 社会，(10)
林闽钢. 1997. 现代社会保障. 北京：中国商业出版社
林闽钢. 1998. 德国社会保障的现状和改革. 当代社会保障，(3)
林闽钢. 2002a. 福利多元主义的兴起及其政策实践. 社会，(7)
林闽钢. 2002b. 社区福利资源的开发与整合. 中国社会保障，(9)
林闽钢，等. 2001. 走向全球化的中国社会保障制度改革. 北京：中国商业出版社
林闽钢，董琳. 2006. 欧盟反社会排斥政策探讨. 载：童星. 公共管理高层论坛第 3 辑. 南京：南京大学出版社
林闽钢，李建秋. 1995. 新加坡的社会保障——公积金制度评价. 当代社会保障，(3)
林闽钢，刘立强. 2002. 建构责任多元化的中国社会保障制度. 学海，(1)
林闽钢，王章佩. 2001. 福利多元化视野中的非营利组织研究. 社会科学研究，(6)
林万亿. 1994. 福利国家——历史比较的分析. 台湾：巨流图书公司
刘诚. 2004. 德国社会保障法律制度述评. 南京社会科学，(3)
刘继同. 2005. 个人主义与市场经济：自由主义社会福利理论综合评介. 北京电子科技学院学报，(9)
刘军宁. 1998. 保守主义. 北京：中国社会科学出版社
吕学静. 2001. 各国社会保障制度. 北京：经济管理出版社
罗桂芬. 2001. 欧盟一体化框架下北欧社会政策及福利模式的重新定向. 国外社会科学，(6)
罗斯纳 H J. 2005. 工业国家的福利政策经验对发展中国家的借鉴意义. 社会保障研究，(1)
米什拉 R. 2003. 资本主义社会的福利国家. 郑秉文译. 北京：法律出版社
莫泰基. 1993. 香港贫穷与社会保障. 香港：中华书局（香港）有限公司
穆怀中. 2002. 社会保障国际比较. 北京：中国劳动社会保障出版社
牛文光. 2004. 美国社会保障制度的发展. 北京：中国劳动社会保障出版社
彭迪先. 1949. 世界经济史纲. 北京：生活书店
彭华民. 2005. 社会排斥与社会融合：一个欧洲社会政策的分析路径. 南开学报，(1)
皮尔逊 P. 2004. 福利制度的新政治学. 汪淳波，苗正民译. 北京：商务印书馆
祁峰，刘海军. 2002. 日本的社会保障制度及改革走向. 经济纵横，(10)
祁亚辉. 2005. 划分福利国家制度模式的新方法. 理论与改革，(3)
钱宁. 2005. 论全球化背景下社会福利理论的价值取向——对新自由主义和“第三条道路”社会福利思想的反思. 云南大学学报，(1)
钱志鸿，黄大志. 2004. 城市贫困、社会排斥和社会极化：当代西方城市贫困研究综述. 国外社会科学，(1)

仇雨临. 2003. 加拿大社会保障制度的选择及其对中国的启示. 北京：经济管理出版社
任保平. 1998. 影响社会保障模式选样的一般因素分析. 陕西师范大学学报，(2)
萨缪尔森 P A. 1992. 经济学. 第 12 版. 高鸿业，等译. 北京：中国发展出版社
萨瓦斯 E S. 2002. 民营化与公私部门的伙伴关系. 周志忍，等译. 北京：中国人民大学出版社
森 A. 2005. 论社会排斥. 经济社会体制比较，(3)
尚晓援. 2001. "社会福利"与"社会保障"再认识. 中国社会科学，(3)
邵芬. 2003. 欧盟诸国社会保障制度研究. 昆明：云南大学出版社
沈洁. 2004. 日本社会保障制度的发展. 北京：中国劳动社会保障出版社
史探径. 2000. 社会保障法研究. 北京：法律出版社
世界银行. 1992. 防止老年危机，保护老年人及促进增长的政策. 北京：中国财政经济出版社
斯哥 R，伯仁特 C. 2004. 地球村的社会保障：全球化和社会保障面临的挑战. 华迎放，等译. 北京：中国劳动社会保障出版社
苏春红. 2005. 德国社会保障制度述评. 山东社会科学，(8)
孙炳耀. 2000. 当代英国瑞典社会保障制度. 北京：法律出版社
孙光德，董克用. 2000. 社会保障概论. 北京：中国人民大学出版社
田德文. 2005. 欧盟社会政策与欧洲一体化. 北京：社会科学文献出版社
童星. 2002. 社会保障与管理. 南京：南京大学出版社
王翔. 2003. 北欧国家社会福利制度的观察与思考. 财经论丛，(6)
王燕阁. 1996. 法国社会保障情况. 国际信息资料，(6)
王振华. 2001. 挑战与选择：中外学者论第三条道路. 北京：中国社会科学出版社
魏新武. 2003. 社会保障世纪回眸. 北京：中国社会科学出版社
文军. 2001. 西方多学科视野中的全球化概念考评. 国外社会科学，(3)
谢若登 M. 2005. 资产与穷人：一项新的美国福利政策. 高鉴国译. 北京：商务印书馆
馨芳，国太，劲民. 1994. 世界各国的社会保障制度. 北京：中国物资出版社
亚诺斯基 T，希克斯 A M. 2003. 福利国家的比较政治经济学. 姜辉，于海青，沈根犬译. 重庆：重庆出版社
杨栋梁，沈士仓. 2002. 日本社会保障体系的特点及现存问题探析. 日本研究，(3)
杨冠琼. 2000. 政府治理体系创新. 北京：经济管理出版社
杨冠琼. 2001. 当代美国社会保障制度. 北京：法律出版社
杨贵言. 2004. 当代东亚问题研究简论. 北京：人民出版社
俞可平. 2000. 治理与善治. 北京：社会科学文献出版社
曾国安. 1995. 德国社会保障制度的内容、特点及评价. 长江论坛，(2)
张桂琳，彭润金，杨光，等. 2005. 七国社会保障制度研究：兼论我国社会保障制度建设. 北京：中国政法大学出版社
张颖，范思. 2003. 台湾社会保障制度改革及评价. 辽宁行政学院学报，(6)
章晓懿. 2004. 社会保障：制度比较. 上海：上海交通大学出版社
郑秉文. 2003. 经济理论中的福利国家. 中国社会科学，(1)
郑秉文. 2004. OECD 国家社会保障制度改革及其比较. 经济社会体制比较，(5)
郑秉文. 2005. "福利模式"比较研究与福利改革实证分析——政治经济学的角度. 学术界，(3)
郑秉文，方定友，史寒冰. 2002. 当代东亚国家、地区社会保障制度. 北京：法律出版社
郑秉文，胡云超. 2004. 英国养老制度市场化改革对劳动力市场的影响. 中国人口科学，(2)
郑功成. 2004. 社会保障学：理念、制度、实践与思辨. 北京：商务印书馆

周弘. 1998. 福利的解析：来自欧美的启示. 上海：上海远东出版社
周弘. 2001. 福利国家向何处去. 中国社会科学，(3)
周弘. 2002. 社会保障制度能否全球化. 世界经济，(8)
周弘. 2004. 国外社会福利制度. 北京：中国社会出版社
周永新. 1991. 社会福利的观念和制度. 香港：中华书局（香港）有限公司
周永新. 2003. 全球化与社会福利. 社会政策与社会工作学刊（台湾），(2)

第二版后记

本书是江苏省高校劳动与社会保障专业的主干课教材之一。

本书由林闽钢担任主编，负责拟出全书的写作提纲和统稿工作，并整理参考文献；周薇、周蕾担任副主编。全书由多位作者合作完成，具体分工如下：第一章（林闽钢）；第二章第一节和第二节（郁晓霞）、第三节（林闽钢）；第三章第一节（林闽钢、陈泉辛）、第二节（陈泉辛）、第三节（许鑫）；第四章第一节（林闽钢、祝建华）、第二节和第三节（祝建华）；第五章第一节（林闽钢、董顺花）、第二节和第三节（周蕾）；第六章第一节（林闽钢、董琳）、第二节（董琳）、第三节（董顺花）、第四至六节（周薇）；第七章（林闽钢）。

本书于2007年2月出版了第一版，经过八年的时间，得到了读者的广泛肯定，前后印刷六次，目前已成为国内许多高校劳动与社会保障专业相关课程的主要用书，这是我们起初没有想到的。当然，在使用过程中，我们也发现书中存在的一些问题和不足。我利用这次再版的机会，在周正和霍萱两位助手的帮助下，对全书进行了修订，调整了部分内容，补充了一些最新的资料，力图使这本教材更成熟和更完善。

林闽钢

2015年2月26日